"法大史学"丛书

多元视域下的
近世法律与中国社会

邓庆平◎主编

中国政法大学出版社

2020·北京

图书在版编目（CIP）数据

多元视域下的近世法律与中国社会/邓庆平主编. —北京：中国政法大学出版社，2020.10
ISBN 978-7-5620-9653-5

Ⅰ.①多…　Ⅱ.①邓…　Ⅲ.①法制史－研究－中国－近代②社会发展史－研究－中国－
近代　Ⅳ.①D929.5②K250.7

中国版本图书馆CIP数据核字(2020)第179088号

书　　　名　多元视域下的近世法律与中国社会
　　　　　　Duoyuan Shiyuxia de Jinshi Falü yu Zhongguo Shehui

出　版　者　中国政法大学出版社

地　　　址　北京市海淀区西土城路25号

邮寄地址　北京100088信箱8034分箱　邮编100088

网　　　址　http://www.cuplpress.com (网络实名：中国政法大学出版社)

电　　　话　010-58908289(编辑部) 58908334(邮购部)

承　　　印　保定市中画美凯印刷有限公司

开　　　本　720mm×960mm　1/16

印　　　张　20.5

字　　　数　330千字

版　　　次　2020年10月第1版

印　　　次　2020年10月第1次印刷

定　　　价　95.00元

导　言

近十几年来，处于法学学科建制中的中国法律史研究，已逐渐成为历史学研究中的一个热点，其研究方法和发展方向，即法律史研究的"法学化"还是"史学化"问题，更是学界争论的焦点。[1]为了推进史学界和法学界在法律史研究领域的对话和交流，中国政法大学人文学院历史研究所从 2013 年开始举办"法律与社会"系列学术研讨会，截止到 2018 年已陆续举办三届。三届会议的主题分别为："中国近代法律与社会转型"（2013 年）、"交涉中的西法东渐"（2016 年）、"多元视域下的近世法律与中国社会"（2018 年）。第三届会议于 2018 年 11 月 2 日至 4 日在北京举行，来自国内著名高等院校及科研机构的 30 多名学者出席了此次会议，分别围绕法律史研究的文献与方法、族群史与法律史、地方档案与法史研究、区域社会史与法律史、基层社会的法律实践、中西历史文化比较视野下的法史研究、近现代法律改革等主题展开研讨。这册小书就是此次会议的部分参会学者的论文结集。

本次会议的主题为"多元视域下的近世法律与中国社会"，其主旨在于倡导从法律史、社会史、政治史、思想文化史等多元研究视角出发，综合考察近世中国的国家治理、法律制度、司法实践以及与之相关的社会问题。这一主旨的提出，是与近几十年来法律史在研究旨趣与方法上的变化相呼应的。

早在中国近代法律史学科的创建之初，法学传统与史学传统就不乏交流与合作，对于运用多学科的理论与方法进行法律史研究，也早在 20 世纪 40 年代瞿同祖先生出版《中国法律与中国社会》这部法律社会史的开山之作时，就已经得到充分的体认和践行。瞿氏一直强调"研究法律必须放到社会中

---

[1]　可参见胡永恒:《法律史研究的方向：法学化还是史学化》，载《历史研究》2013 年第 1 期，第 178~189 页。

去",倡导"用社会学的方法和观点去研究中国传统社会",因此《中国法律与中国社会》"既是一部法制史,也是一部社会史的书"。[1]

瞿同祖开创的法律史与社会史相结合的研究取向,由于各种原因,直到20世纪80年代以后才在中国学界得到进一步发展,这与新时期法律史、社会史在学术话语体系和方法论层面的变化有关,特别是社会史研究的复兴及法律社会学理论的传播。由于研究路径的变化,学者们以"法律史"取代传统的"中国法制史"。将"法"的涵义扩大,不仅研究法律制度和司法实践,也研究"中国人'法律'经验各不相同的观照与解释",[2]在"国家—社会"框架下讨论国家法律制度与构成社会秩序的习俗、惯例、礼及官民行动的关系,[3]为法律文化史与法律社会史开启了新的研究领域。

20世纪末,集中了滋贺秀三、寺田浩明、岸本美绪、夫马进四位日本学者法律史研究成果的论文集在中国出版,在国内学术界引起了强烈反响。滋贺秀三对于清代民事纠纷解决机制以及情、理、法关系的揭示,寺田浩明对明清权利观念与诉讼模式的分析,都对中国传统法理研究进行了新的探索。[4]差不多同时期,以黄宗智教授为核心的加利福尼亚大学洛杉矶分校(UCLA)的中国法律史研究群,也在广泛利用诉讼档案的基础上,提出了清代民事审判中的"表达"与"实践"、介于"官府审判"与"民间调解"之间的"第三领域"等极具启发性和讨论意义的概念和理论问题,体现了"新法律史"的特征。[5]这些学者的研究成果,在世纪之交的中国学术界引发了激烈的争

---

〔1〕 参见王健:《瞿同祖与法律社会史研究——瞿同祖先生访谈录》,载《中外法学》1998年第4期,第17页。

〔2〕 梁治平:《法律史的视界:方法、旨趣与范式》,载《中国文化》2002年第19、20期,第156页。

〔3〕 代表作品如梁治平:《清代习惯法:社会与国家》,中国政法大学出版社1996年版;张仁善:《礼、法、社会》,天津古籍出版社2001年版;可参见张小也对20世纪八九十年代法律文化史和法律社会史研究的评论,张小也:《官、民与法:明清国家与基层社会》,中华书局2007年版,第6~14页。

〔4〕 [日]滋贺秀三等:《明清时期的民事审判与民间契约》,王亚新、梁治平编,法律出版社1998年版。

〔5〕 参见黄宗智:《法典、习俗与司法实践:清代与民国的比较》,上海书店出版社2003年版;黄宗智:《清代的法律、社会与文化:民法的表达与实践》,上海书店出版社2007年版;黄宗智、尤陈俊主编:《从诉讼档案出发:中国的法律、社会与文化》,法律出版社2009年版;尤陈俊:《"新法律史"如何可能——美国的中国法律史研究新动向及其启示》,载《开放时代》2008年第6期,第70~95页。

论[1]，产生了巨大影响。

进入 21 世纪以后，法律史研究早已跳出传统法制史的范围，延伸至国家法律制度、司法审判程序、中西法律文化比较、基层社会治理、民众的诉讼策略和法律观念等更广泛的领域。与之相应的，法律史研究的文献来源也大幅拓展，传统的法律史文献，如成文法典、中央司法档案、判牍、官箴书，等等，仍受到研究者的重视，同时，地方档案、契约文书、石刻、族谱等大量新史料"被发现"并日益进入法律史研究者的视线。比如近年来随着四川南部县档案、冕宁档案，浙江省龙泉档案的发现、整理和精细化研究，使得我们可以更加深入地了解清代以来的司法实践、地方资源竞争与基层社会治理。建基于这样的研究实践，已经有学者意识到围绕地方诉讼档案，研究者不仅可以"在具体的案例和司法实践中梳理法律、诉讼制度的变化"，还能从中了解"人们的日常生活、社会关系和经济活动的细节，以及民众的社会、法律观念的演变"[2]。看似剧烈冲突的诉讼纠纷，其实折射的是无数普通人的日常生活和区域社会的历史进程，当"我们深入到这些诉讼两造的生活世界中去，就会发现，与诉讼直接或间接相关的生活面向要比案件所简单体现出来的复杂多样和丰富多彩得多"[3]。因此，法律史的涵义可以进一步拓展，正如本书作者之一的赵世瑜教授在会议主题发言中所说，法史不仅仅是法制史和诉讼史，还应该是生活史、人际关系史、秩序破坏与重建的历史，更是国家制度、乡里制度与人的生活实践的互动史。

本书主旨"多元视域下的近世法律与中国社会"，就是对上述法律史研究取向和发展趋势的一种呼应。从研究视角和主题来看，收入本书的各篇论文大致可以分为四组：

第一组收入了此次会议的两场主题演讲，内容皆围绕法律史研究的文献

---

[1] 参见 [日] 寺田浩明：《清代民事审判：性质及意义——日美两国学者之间的争论》，王亚新译，载《北大法律评论》1998 年第 1 卷第 2 辑；易平：《日美学者关于清代民事审判制度的论争》，载《中外法学》1999 年第 3 期。

[2] 杜正贞：《近代山区社会的惯例、契约和权利——龙泉司法档案的社会史研究》，中华书局 2018 年版，第 20 页。

[3] 赵世瑜：《透过生活细节还原历史现场——〈龙泉司法档案选编〉的启示》，载《光明日报》2019 年 11 月 14 日，第 15 版。

与方法展开，探讨法律史研究的多元路径。

第二组为族群史视域下的法律史研究，将明清以降的诸多法律问题置于族群关系的框架中进行探究，讨论满、回、彝等不同族群在国家治理、司法体制和社会变迁等方面的历史。

第三组为区域社会史视域下的法律史研究，运用地方档案、契约文书、碑刻、族谱等民间文献，围绕基层社会的各类纠纷展开法律史与社会史的研究，揭示特定区域的社会秩序与民众的日常生活。

第四组为思想文化史视域下的法律史研究，集中讨论明清至近代法律思想与观念的变化，强调与近代西方历史文化及法制传统的比较分析，同时揭示不同时代法律人的司法实践和知识体系。

这些论文无论是研究时段与主题，还是运用的史料与研究方法，都极为丰富和多元。对于一些传统的法律史问题和文献，研究者多在既有成果的基础上，提出了新的解读方法或研究角度；而在如何运用、解读地方档案、碑铭、契约文书、族谱等民间文献方面，与会学者从宏观的理论、方法及微观的研究实践上，都进行了有益的尝试和讨论。应该说，本书展示了与会学者在"多元视域"及"法律与社会"研究旨趣上的学术努力，同时也体现出这样的研究实践还有相当大的发展空间。因此，我们还将继续举办这样的学术会议，为不同学科背景和研究视角的学者提供对话交流的平台，也恳请各位学界师友向我们提供可贵的批评和建议。

最后，需要补充说明一下，由于论文发表周期、与本书专题契合等多方面原因，参会学者在会议上提交的主题报告与本书收录的论文并不完全一致。为了如实保存会议研讨情况，我们也将会议综述附录于本书末尾，以飨读者。

编者谨识

2019 年 11 月 25 日

于北京

目 录
CONTENTS

法律·思想·文化

附　录

文献·方法·路径

文献的变身与"法史"是什么

北京大学历史学系　赵世瑜

近些年来，研究法史的同仁出了很多成果，当然前提是有很多珍稀的、多卷本的法制史文献得到整理和出版，听说一些地方的司法档案今后还将继续不断地整理和出版。在研究者有了更多材料可以更方便地进行研究的同时，对这些材料的产生和制造就需要投入更多的关注。

首先，什么是文献的变身？我们通常说的法史文献，主要包括法典和判牍这两大类。所谓法典就是政府、国家的那些律令格式等，判牍就是地方官在司法审判过程当中留下来的一些文字记录。显然，法典里那些律条的来源是非常多元的，而最后写成律条的那些文件，原来是不是一开始就作为法律的文件出现，也是不一定的。当它们被变成了一种规则，而且作为量刑依据的时候，它们才成为法典的内容或者法律的律条。比如有很多东西或来自于礼制，或来自于一开始的道德约束。

在早期社会中人们形成的风俗习惯，会在文明时代逐渐进入法律，而这个过程又是连续不断的，不只是在上古时期或者历史的早期。在中国几千年的文明史中，各种各样不同的东西，不断地进入到这些叫作法典或者法律里边，比如非汉人群的文化进入到汉人的社会，那么自然也就会进入汉人的法典或法律，而且这是一个内容持续丰富的过程。

另外一类就是审判记录，有的是按照相关程序存档留下来的，我们现在叫司法档案，也有很多是官员的个人兴趣。今天我们见到的整理出版的很多判牍，像我们的会议论文当中也有一些涉及的，经常是官员个人留下来的一些记录。这些记录在现存的司法档案当中比较少见，所以我将它看作一种工作日记或者工作记录。

今天我们围绕清代或民国所做的法史研究，用得比较多的是一些司法档案，包括州县一级的，我也一直在拜读这些研究作品。当我们去看这些原始的档案时，会发现这些档案实际上是个"大杂烩"。我在曲阜师大参会时讲过，"档案是个大杂烩"，虽然叫它司法档案，但它里面包括的各种各样的东西是不是原本就是用来打官司的？这个很难说，我后面还会再讲。司法档案包括审讯记录、诉状、各种证据，还有判词等，这些东西，有些是为打官司出现的，有些证据一开始就不是为打官司出现的，我们今天还不是很清楚这里面的所有材料是如何产生出来的，大家可以进行讨论。我觉得我们可以专门召开学术会议，讨论司法档案中材料的原始用途和意义。所以我的结论就是，其实很多文献和材料，只有在进入或者在司法审判过程当中，才变身为"司法档案"或者法史资料，它有个变身的过程，而不是最初的"原生态"。

因此，如果我们想要用好这些材料的话，不管做的是不是法史研究，首先必须要回到这些材料的"原生态"，看它们原来是什么文献，是在什么样的情况下产生的，这些材料的背后有很多复杂的过程需要去梳理。所以有很多后来打官司用的资料，不管它是不是进入司法审判过程，或者是不是我们研究法史所用的那些资料，都需要从源头上去仔细甄别，这会帮助我们更深刻地理解"打官司"或者"司法"的意义。

以契约文书为例，中国的契约文书出现的很早，像敦煌吐鲁番文书里面就有很多契约文书，我看到行内有很多学者认为，契约文书的出现，本身就是因为先有了证据意识，所以它可能就是为了打官司而出现的。关于这个问题我没有研究过，故没有发言权，只是把这个问题提出来。我们上课的时候，和学生一起讨论材料，有个学生提供了一些比较晚近的契约文书。我这里举其中两个内蒙古的契约文书做例子，一个乾隆年的，一个嘉庆年的：

> 立出租地约人白艮架。今因官差紧急，将自己蒙古西南滩开荒地二块，西一块，东至王全智，南至张姓，西至张姓，北至道；东一块，东至道，南至李姓，西至王全智，北至道。四至分明，情愿出租与王合全永远耕种为业，许退不许夺。每年出租地租麋子二石二斗五升，钱三百文。秋后交还。现支押地钱六千文。日后若有蒙古民人争夺者，有白艮

架一面承当。恐口难凭，立租约存照用。大清乾隆五十六年三月三十日立。

第一份乾隆年间的契约是说一个蒙古人，叫作白艮架的，找了一个借口（蒙古人通常会用这种"官差紧急"的借口），把自己名下的户口地（已写清四至）长租给一个汉人（可能是过去走西口出去的山西人），"许退不许夺"，应该就是一种永佃权的意思。收获后要交这么多租子，还需要6000文的押租，以后出现任何纠纷都是由这个蒙古人自己去解释，最后说明为了避免争端，所以立下了这个契约。

> 立出租荒地约人根庆、五林计、丁真利三人，因差事紧急，将自己本营子村北荒地一块，东至租主，西至小路，南至路，北至租主。四至分明，情愿出租与杜友英永远为业。全众言明，每年出地租钱一百五十文整。现支过压地钱三百文。每年秋后交收。不许长支短欠，恐后无凭，立租荒地约存照用。嘉庆九年四月初三日立。[1]

第二份也差不多，是另外一批同家族的蒙古人，因为"官差紧急"的原因把自己的一块地租给一个汉人永远为业，也基本是永佃的意思，也是写"压"。有的写这个"压"，有的写那个"押"，可能是押租的意思，一看这就是汉人的传统。将这两个契约和我们熟悉的汉人社会的契约仔细比较，其实还是有一些差别。一个就是它基本上都没有写土地面积，只写四至，可能跟这些土地原来就没有向政府交税有关，相当于八旗的旗地。这些户口地在政府的册籍上是什么情况是另外一回事，但应该与汉人的民地情况不太一样。另一个更重要的是它落款的地方没有立约双方的姓名，没有中间人，也没有按手印，所以看起来就很奇怪。因为没有这些要素而且是白契，一旦打起官司来，这个可以不算数，没签字没画押，凭什么认呢？按照汉人的法律依据效力就不太足，当然临时为了打官司去伪造一下也是有可能的。

这两份契约是收在学者编的书里的，原始状态不太清楚，印出来的图片

---

〔1〕 以上所引两份契约参见杜国忠藏：《清代至民国时期归化城土默特土地契约》（第3册），内蒙古大学出版社2012年版。

完整不完整也不清楚，所以我的想法未必正确。我在想，一开始订立这个契约就是为了打官司吗？我怀疑这样一张纸也许就是汉人写出来哄骗蒙古人的，那时蒙古人不识汉字，汉人随便写一个纸条，表示内容都写清楚了。其实本来按道理就是口头说一说就可以了，但为了体现契约的神圣性和有效性，就写成书面的。而且它也没有写一式两份（有的契约是写了的），也没有"各执一份为凭"这样的表述，所以到时候怎么用来做证据，对于这一点我表示怀疑。所以这样的契约要么是双方互相非常熟悉——这就是走走形式；要么就是汉人写来应付蒙古人的，使蒙古人可能觉得用文字写出来，肯定就不会要赖。

当然还有许多别的材料，比如像碑刻，有的时候立在庙里，有的时候立在各种各样不同的地方，其中很多都是处理纠纷的文字记录，甚至也有一些是真正经过官司后，把判词、官司的整个的过程也刻在那个地方了。有很多碑刻所记录的内容是没有进入到司法审判过程当中的，也有一些是进入之后又出来了，出来以后又作为具有法律效力的一种证据又回到了民间的规约当中，作为民间规约的一个组成部分。

再比如说我们都知道的族谱，在我看来它就是一部生活指南。将其定义为何取决于利用的方式和所面临的情况。族谱虽然可能在某些形式上非常类似，但是实际上可能都是不一样的，因为它的目的可能是不一样的，它到底是部什么书要具体去看，不能一概而论。所以我们要想了解这些资料是做什么用的，还得回到和这个资料的制造有关的那些人、那些地方去，才能了解这些资料一开始是做什么用的。当然真正打起官司来，族谱也是有用的。因为有些契约、判词里就会提到族谱对于此事是如何记载的，并将之作为一个证据或判案参考，还有很多在所谓的司法档案当中作为证据的其他文献资料也是如此。说到这里，就不得不提到费孝通先生的"文字下乡"。

为什么文字会下乡？"文字下乡"的机制究竟是什么？当然这个比较复杂，需要有多方面的考虑，泛泛地从文化传播的角度解释是不行的。我个人觉得，至少要考虑其中之一点，就是与我们法史研究比较有关的，即"文字下乡"是在社会组织的构建过程中进行的。对秩序的建立或者是重建是需要有记录的，不管这个组织由何种人群构成，是行政的、家族的，还是宗教的、属地的组织，凡是组织就有为某种目的而形成的秩序，因此就需要有记录。这些记录是为了保证秩序的稳定和延续，和法律具有共同的特性。虽然其间还是有一些差别，但我们可以把这样一些东西看成民间典章。正是由于这些典籍的存在，所以我们的研究还是应该回到文献的原生态。

传统的法制史研究确实是基于固化为法典的文献，因为有些东西会被固化到法条上。在新的所谓法律社会史的研究当中，很多研究会从州县的"司法档案"甚至是中央的"司法档案"入手，这些研究都专注于国家的各级司法审判过程，因为研究所用的材料都是在司法审判过程当中使用的材料，是透过司法档案来看社会的方方面面，但这样看到的社会可能就是社会的很小一部分——是从这些进入到司法审判程序以后形成的材料当中来看到的社会。比如，为什么我们看到的诉讼多集中户婚、田土这两类事情上呢？因为这不仅触碰到百姓的核心利益，也触碰到国家的核心利益，这部分档案留存下来的就比较多，但这并非社会的全部。因此我们倡导回到文献的原生态，在进行研究时需要分辨后来用作诉讼证据的不同文献最初是为什么做出来的。

其次，什么是文献的"原生态"？族谱是一种组织性的集体策略，它的用途和目的决定其不是一种个人策略。而契约一开始不是书面的，而是一种口头约定，"文字下乡"以后才书面化了，其产生的目的不一定就是为了打官司。碑刻是作为个体或者群体行为的一种长久制度、长久记录，人们出于对某些东西长期存在的希望而刻碑。因为刻碑比纸质记录的成本要高多了，所以人们希望它是一种长久的记忆，即所谓"勒诸贞珉，以传永久"。还有对中短期行为的一些记录，像账本、书信、日记，等等。总而言之，这些东西都是基于记忆需求的传承，并不是为诉讼而产生的。它们所具有诉讼证据的功能或者能够"变身"为诉讼证据，就必须具有某些契机才可以发挥实现。即使是变身之后，它们同时也还具有"变身"之前的功能，不意味着变为司法的证据或者材料之后，以前的、非证据性的功能就不存在了，它们还具有原来的那些性质。

最后，讲讲我所理解的什么是"法史"的问题。上上周我跟学生们一起讨论资料，中国政法大学人文学院历史研究所毕业的一位同学提供了他研究的一个案例，我觉得是非常有意思的一个个案。他讲的是湖北黄陂的《范氏宗谱》，前面几个版本的谱都已经不在了，这个四修的基本上是以三修的民国谱作为基础修出来的。据这个谱里面讲，初修在康熙，二修在同治，这两个时间点非常重要，不仅仅因为是修谱的时间点，更重要的是在这两个时间点内无论是国家还是他们那个湖区的地方都发生了非常重要的一些变化，这样我们就会比较容易理解，为什么这个族谱当中会保存很多跟诉讼有关的材料。在我看来，这并不是司法审判过程或者透过司法审判过程来看待社会的一个问题，为什么在这两个时间点修族谱，实际上是文献学或者史学史意义上的研究。所以，首先应该做一个族谱本身的研究，即它是如何编写出来的。

谱中提供了同治和民国争夺湖区草洲码头两场官司的诉状和堂谕等诉讼材料、康熙年间相关诉讼的堂谕，还收有明弘治和清康熙的三份契约和嘉庆的碑记，以及关于家庙和村庙兴废的记录。我认为如果确有康熙和同治这两修的族谱的话，它们与其说是两次官司的产物，不如说是两场争斗的直接结果。而民国码头章程的起草，则是民国谱修撰的直接诱因。所以，我希望通过好像打官司的这些事情，看到三次修谱的原因，我们就会比较了解这个谱的原生态是什么样子的。如果推展开来，简单地概括，这背后就是一个社会的构建，是一个从无序到有序的故事。所以没必要非得给文献戴一个帽子或者定一个性质，比如说是否非要叫"司法档案"，而是说要先把材料搞清楚，然后你想讲的问题自然而然地就出来了。

因此在我看来，法史有非常多重的面向，它可能是同时具备各种面向的，也可能是单一的侧面：第一，法史是生活史的一部分，这不展开讲，大家都非常明白。第二，法史是人际关系史。第三，法史是秩序破坏与重建的历史，不管是什么样的秩序，大大小小的都包括，家族的、水利的、社区的，甚至税收的、土地的，等等。第四，法史是国家制度、乡里制度与人的生活实践的互动史，所以现在我们通常所研究的法制史和诉讼史，都只是这种综合性或者多面性概念其中的片段。从这个意义上来讲，我希望未来能够这样来看——法史可以是一种方法论，把全部的历史都涵盖在内。如果对全部的历史都能够以一种新的视角去阐释，法史自然就是一种方法论，而不是一个学科的分支领域。

法制史与区域社会史

深圳大学人文学院　张小也

　　作为专门史，法制史学科不仅有自己的研究对象和方法，也需要专门的技术。法制史研究可以帮助我们观察法律的变化，同时也可以观察社会的变化。我认为法制史研究是非常重要的，它所投射的领域是其他专门史不可替代的，当然，我也希望它能够在方法论层面有更多贡献。

　　作为史学出身的法制史研究者，我的视角、方法和材料无疑会与法学出身的研究者有所区别，这里我从自己的一些具体研究出发，向大家汇报一下我在区域社会史中以民间文献为主进行法制史研究的一些感受，以及我是如何勾连区域社会史研究与法制史研究的。

　　有关诉讼争产的记载是民间文献中最常见的内容，因为官方文献的局限性，研究明清时期的民间纠纷和民事诉讼很大程度上要依靠这些文献，这是毫无疑问的。然而我们在利用民间文献进行法制史研究时，也需要意识到它的结构性特征。换句话说，这些文献的形成和叙事是有套路的，所以首先要意识到它们的文化意义，而作为历史学者，我们还需要把它们放在区域社会的发展脉络当中去观察。总之，一方面要看到这些材料的结构性，另一方面要把这个结构背后的历史过程揭示出来，从而形成对法制史更加深刻的理解。

　　湖北麻城的帝主庙就是一个有趣的例子。因为近代以来战乱频繁，再加上革命比较彻底，所以湖北的地面历史遗存是比较少的。因此，在鄂东这个地方还留有帝主庙这样规模比较大的传统建筑群是很令人惊奇的事。它坐落在麻城市区西边的五脑山上（现在五脑山已经是国家级森林公园了）。据百度百科介绍，帝主庙建筑群主要包括一亭（静心亭）、二门（一天门、二天门）、三宫（紫微宫、玉清宫、威灵宫）、四殿（拜殿、帝主殿、祖师殿、娘娘殿）。实际上我在那里考察的十二年间，帝主庙增加了很多部分，也有一些部分的名称发生了变化。

五脑山下有毛姓聚族而居，我在调查中发现他们的族谱当中有一幅图，叫"五脑山祠堂图"。我拿到的族谱是民国时期修成的，但祠堂图的成图年代不明。细看这个祠堂图，就会发现它正是今天的帝主庙建筑群，只是其中很多部分的名称与今天不同。这个祠堂图的旁边有个图序："右地在邑西五脑山，先人所遗也。神庙居中，宗祠庙左，祠后道峰书院，大书四字'西郭旧庄'悬匾，明德堂矣。院右首库房，库右首历建聚峰楼一座，铸有凤韶公妣二像，建此楼使后裔永垂不朽耳。右首前厨房一间，其有天井巷路，俱抵娘娘殿后殿左墙角为界。各庙僧所造新旧房廊屋宇，各梁必书毛姓山主。"

因为一直关注中国历史上的土地权利问题，所以"山主"二字立刻吸引了我的注意力。在对毛氏族人进行访谈的过程中，他们提到，即便是现在，毛氏宗族到了举办大规模宗族活动的时候，还是到帝主庙里去吃饭，庙中无偿供给使费。可知这个宗族与帝主庙之间在历史上的关系是传承至今的，而且这里面是有故事的，为了弄清这个关系和其中的故事，首先可资利用的自然是毛氏族谱。

据族谱记载，毛氏祠堂原本不在这里，而是在山下，明末的时候移到山上帝主庙的位置。据《祠堂迁修记》："五脑山紫微侯庙左毛氏建立宗祠，合族登荐之所也。考旧谱载，祠堂原设古坟凹一世祖讳廷元公墓前，明崇祯丙子岁，庙僧横暴，欲占此山，族众将祠堂复迁于五脑山明德堂之下，神庙之左，矧以隆福荫通门而守此土耳……迄今三百年"。又据《祠堂原记》[嘉庆三年（1798 年）撰]：

> 按祠堂之设，原在古坟凹廷元公墓前。明崇祯丙子岁，族人有到五脑山采樵者，庙僧恃悍殴斗，致死族人二位，凶手还庙，云云。有罗和尚者云，尸尚在否？曰：在。罗和尚命即以剃刀削发为僧形，别换衣服僧服。讹云流言山主打死和尚，诉于官。时大中丞梅之焕正削籍里居，尚以墨笔理县事，况梅素欲于五脑山凉亭处葬坟，庙僧遂主梅而不主毛，

梅则执掌其事，坐以命案，族众赴狱者十有八九，即户长、生员舜图者亦遇其难，伴狱。中秋，讳羽仪、讳元晖，古城畈讳祈蕃者得乡捷报，族众藉劈狱门，族人有在狱者得出。舜图公至梅，怒其恣事，梅汗颜一时，且恕曰：兄不必介意此事也。而庙僧则畏送官治，尽潜山逃，故其时有谣曰："一江鲍三毛，和尚遍山跑。"遂迁祠堂于五脑山东北隅明德堂之下，永传万代云。若夫羽仪公辈乡试得捷者，固为祖宗之德报，然其先有乱判云："一抱三茅草，烧出一口缸。"后则三毛一江一鲍也。

后者比较具体地讲述了一个明崇祯年间的故事。毛姓是五脑山的山主，但族人上山砍柴的时候，庙里的僧人蛮横阻止，把毛氏族人打死，并到县里控告，声称山是庙产。梅之焕是当地非常有名的仕宦，曾任甘肃巡抚，当时因事获罪，回到家乡，但是仍有权势，因此县官在他面前不敢理事，将审案的权力拱手相让。而梅之焕自己也觊觎五脑山的风水，因此和僧人勾结在一起，抓了毛氏宗族的很多人，毛氏一族落在下风。后来事情突然发生反转，因为毛氏族人当中有好几个人都中了科举，梅之焕也不得不改变了态度。

对于这个极富戏剧性的事件，首先需要解释的就是，在族谱中关于它的记载成文时间是在嘉庆三年（1798 年），而这篇文字出现的直接原因是嘉庆二年（1797 年）的争产纠纷。"胡姓修五脑山神庙威灵宫，僧等欲占五脑山以为子孙之业，乘夜将祠堂前一重偷盖，将祖先牌字窃去，称为圣父殿。又暗磨聚峰诸字，将聚峰腹脏窃去，使无凭证。幸宗祖有灵，次日族众踊跃上山，一时将屋一拆改为祠堂，搆讼数年，僧皆输败，别有案卷可考。此皆祖宗之灵而不舍此土也，此亦世守也。"［嘉庆三年（1798 年）撰］这是一个典型的为解决现实矛盾而追溯历史的书写方式，其中提供了一个重要信息，那就是在迁祠堂上山之前，他们在山上已经有一个叫作聚峰楼的建筑，其中有塑像，这在《重修聚峰楼小记》中交代得更加清楚："五脑山之后有聚峰楼者，即吾族凤韶祖像也。往来朝谒者讹呼为圣父母，所以然者，前因山僧刁痞，欲占韶祖遗像及诸山基以为子孙之业，暗磨聚峰诸字，又将聚峰腹脏窃去，使无凭证。吾族曾经控案，蒙邑侯亲斟勘，幸祖宗有灵，暗磨之字复现，此则吾祖之不舍此山也。明矣。"［道光十七年（1837 年）撰］

聚峰楼这一类建筑在明清的麻城乃至鄂东地方被称为家庙。关于鄂东的家庙，徐斌在他的研究中已经给了比较清楚的说明，这不是唐代制度规定的家庙，而是为族中名人塑像并加以拜祭的场所，当然，其实二者之间在礼仪的理解上有勾连之处。今天的鄂东仍然存在大量的家庙，仍是某一姓的私庙，但里面一般不再是族中某位名人的塑像，而是常见的佛道神像。

聚峰楼里拜祭的是毛凤韶夫妇的像，他是正德、嘉靖年间毛姓所出的仕宦。同一时期，毛姓还出了以理学而著名的另外一个人，即道峰公——毛凤起。《重修祠堂前序》云："胜朝隆万间，产理学名儒二祖，其一曰思溪公，其一曰道峰公，遂建道峰书院于五脑山神庙之东北。讲学授徒。而后人即祠其先世曰，此前代以往皆道学之士，而其子若孙长抱此箕裘于不坠也。"《文学志》云："嘉靖壬辰，诏举贤良，敦行遗逸之士，有司以凤起应辞不就，知县陈子文筑道峰书院，复其徭役，以居就教者日众……崇祯年间，后人奉其牌位于五脑山明德堂祀之。"按，"明德堂者，即道峰书院之堂也。公生则讲学其中，卒则凭依于其内，固其宜也。"明显可以看出这两段记载之间有断裂和接续之处，即知县所建道峰书院与五脑山上毛姓所建明德堂之间的关系，而这个关系在麻城县志和毛氏族谱的另外一些记载中可以揣摩得出。据乾隆六十年（1795 年）《麻城县志》记载，"道峰书院，在牛棚山，明嘉靖间知县陈子文为隐士毛道峰建，今废。"《重修五脑山聚峰楼书院祠堂记》则云："其（道峰书院——笔者注）先在牛棚山下，邑令程子文为道峰公建，后人移置于此，而其堂则颜曰明德堂。书院之前为毛氏宗祠，则毛氏合族荐馨之所也。魏武所书万古高风旧藏于此。"《道峰书院兴废志》云："公故后，书院亦圮，后人移置于五脑山紫微侯神庙之左，以明德颜其堂，仍以道峰书院颜其门，盖不忘先人之志也，有清一代，族人多读书其中"。也就是说，道峰书院是知县为毛凤起所建，毛凤起死后，书院渐渐废圮，毛姓族人将其移置五脑山上，命名为明德堂，其性质与聚峰楼一样，都是"家庙"。

在毛氏宗祠上山之前，聚峰楼和道峰书院已在五脑山上，它们无疑宣示了毛氏的地位和权利，但崇祯时期与庙僧发生冲突后，毛氏族人又将祠堂迁至山上，是因为祠堂能够聚集起更多族人的力量，对山产的控制力度比作为"家庙"的聚峰楼和作为专祠的道峰书院（二者的性质也有相通之处）更大。

总之，经过毛氏家族长时间有意无意地经营，五脑山的建筑群呈现出如下样貌，"庙之后有楼，耸然而高，曰聚峰楼，明金宪凤韶公读书处也……楼之左为道峰书院，理学道峰公讲学授徒处也……书院之前为毛氏宗祠，则毛氏合族荐馨之所也。魏武所书'万古高风'旧藏于此。"[1]从建筑物来看，五脑山建筑群经历了庙—道峰书院+聚峰楼+庙—毛氏宗祠+道峰书院+聚峰楼+庙的变化过程。从毛氏对山产的权利来看，其山主地位的来历虽已不可考，但不断建筑（移建）于五脑山上的家庙祠堂等建筑与庙宇中的神明交织在一起，无疑在起到固化作用。

早在2003年，当我第一次接触并利用汉川黄氏族谱中的《湖案》进行研究时，是感到非常新鲜的，当然，那个材料确实不错。[2]但是这么多年过来，我发现这类材料是普遍存在的，它们无非就是讲某个产业是属于自己宗族的，但宗族为了保有这些产业必须进行建设，产生更强的向心力和凝聚力，否则无法应付长年的诉讼。作为一种叙事套路，需要我们去考虑一些其他的东西。

首先，这些产业的初始产权是不明确的，我们看到的这些族谱中，最有意义的产权证明从来不是如契约这样明确的证据——特别是家族早期产业的产权，根本就没有契约等证据，而是修庙建祠这样的文化建设活动。我曾经写过一篇文章讨论这个问题，我在文中指出，在清代，这种提出权利证明的方式是不合法的，法律条文甚至规定不能使用墓碑族谱等证据，但是它们却极有合法性，不仅在民间秩序中得以落实，而且官员判案时也往往要依据它们。[3]

其次，连续的诉讼，在族谱记载当中是落实产权的一种重要方式。事实上，在很多情况下，对于早期产权的落实，除了所谓经过诉讼及判决之外，宗族都拿不出更权威的证明。值得注意的是，判在传统叙事中是一个重要且有趣的内容，在唐代科举中，判是"身、言、书、判"四种考察形式之一。在文学作品当中，明清小说往往喜欢在结尾处写上一段审判，包括阴司审判，所以我们对于"判"的形式与含义是情有独钟的。以对连续诉讼的"记载"

---

〔1〕 民国《（麻城）毛氏宗谱》，《重修五脑山聚峰楼书院祠堂记》。

〔2〕 参见张小也：《明清时期区域社会中的民事法秩序——以湖北汉川汈汊黄氏的〈湖案〉为中心》，载《中国社会科学》2005年第6期。

〔3〕 Zhang Xiaoye, "Legitimate but Illegal: Case Studies of Civil Justice in Ming and Qing Dynasties", *Études chinoises*, 28 (2009), pp.73-94.

作为"管业"的依据，既权威又有趣。

日本学者寺田浩明先生用"来历"二字归纳清代权利的证明，所谓来历，其极端表达方式就是纯粹的讲故事。我在研读赵世瑜老师的文章时很受启发，这篇文章中讲到山西赵县与洪洞二县之间有"三七分水"的传统，"洪赵二县人性硬，为争浇地敢拼命，油锅捞钱断输赢，分三分七也公平。"并没有明确的记载说明为什么这么分，只有一个故事传说在当年的分水之争中，二县的人以"油锅捞钱"的玩命办法划定了用水的比例。而今天因用水而受益的人每年都去祭祀在"油锅捞钱"的过程中勇于牺牲的英雄。[1]

作为故事，真实的历史过程会逐渐退后，而某些细节会逐步变形或放大。在赵老师的文章中，提到一个叫张良的村子，传说其村民在"油锅捞钱"的比拼中胆怯了，所以至今他们每年去参加祭祀时都要提一只鸡，用当地人的话来说即"草鸡"，就是认怂害怕的意思。在我曾经研究的汉川黄氏宗族中也有这样的故事。汉川黄氏有十个房头，第十房叫作"怕死黄"，之所以如此，据说是因为当年黄氏宗族被官府冤枉并抓走许多人的时候，他们因害怕而逃走了，后来虽然重新回来，但是名声已经落下了。

当然，我认为"怕死黄"的故事实际上有着联宗的背景，正如张良村拿着"草鸡"参加祭祀活动，应该是加入村落联盟的一种说法。但是总的来说，正如方慧容老师年轻的时候写过的《"无事件境"与生活世界中的"真实"》那篇文章中所讲，当生活世界的真实进入"无事件境"之后，它就失去了时间的概念，事实也不再重要，对于历史记忆来讲特别有效的是这些故事。[2]

总之，从元史学的角度看，来历就是故事，二者是同质的。在这个意义上，可以说族谱中对于诉讼的记载就是一种叙事结构。意识到这点，可以使我们能够更加恰当地处理民间文献中那些看起来有时间节点的事件。另外，作为历史学者，我们应该意识到这个结构是有历史过程的。

---

〔1〕 赵世瑜：《分水之争：公共资源与乡土社会的权力和象征——以明清山西汾水流域的若干案例为中心》，载《中国社会科学》2005 年第 2 期。

〔2〕 方慧容：《"无事件境"与生活世界中的"真实"——西村农民土地改革时期社会生活的记忆》，载杨念群主编：《空间·记忆·社会转型——"新社会史"研究论文精选集》，上海人民出版社2001 年版，第 467~586 页。

为了解释初始产权缺位这一现象，我曾引用寺田浩明先生的说法，"从所谓唐宋转折当中，从均田制那种授田的方法到土地自由流动买卖，它是实际占有的一个过程而没有一个授权的过程"[1]。这是他作为法学家的解释。但后来我认为仅有这一种解释是不够的，历史上的土地虽然没有所谓授权的过程，但有过产权登记制度，随着赋税对象逐渐落实到土地上，无论官民都需要对土地有个清晰的认识。对于土地的丈量登记，在历史上有过几次关键点。但是，土地的权利证明最终向连环的契约、连续的诉讼的方向发展，其中的具体环节还有待于更加细致的考察。

最后，这套关于诉讼的叙事方式使得民间文献乃至民间文化都变得更加丰富。我们晚近的族谱内容丰富，精彩纷呈，很大程度上和这些诉讼故事的加入有关。不仅如此，这些故事还促进了地方文化建设。在我曾经做过的江夏龙泉山研究中，清代地方文献《灵泉志》以所谓明代灵泉"八大家"（即当地的八个有名的家族）跟楚王争地的故事为出发点，追溯了这些家族远至汉唐的"历史"。事实上，通过分析文献可以看到，龙泉地方文化发展的起点大致从明末清初开始，主要借助地方的几位重要官员和宗族建设，也借助了地方志的编纂活动。这一段当地文化的制造过程，构成了今天江夏名人辈出、色彩丰富的历史。[2]总之，族谱等民间文献以记载连续诉讼的方式证明产权的合法性，对于争讼的连续记载也成就了家族文化乃至区域社会文化建设的丰富内容。

综上所述，在区域社会史的视角下进行的法制史研究，沟通了官方与民间文献，一方面可以深入到技术层面，如文本的生成；另一方面可以做成"大历史"，这是以法制史作为出发点的一个区域社会的历史，二者可以互为方法论，并由此深化对整个文化、历史的认识。

如前面赵世瑜老师所讲，从事法制史研究的学者，不能只看到一个"法"字，并因而限制了自己对资料的搜集和理解。法制史研究不应该是狭窄的，

---

〔1〕 ［日］寺田浩明：《权利与冤抑——清代听讼和民众的民事法秩序》，载 ［日］滋贺秀三等：《明清时期的民事审判与民间契约》，王亚新、梁治平编，法律出版社 1998 年版，第 191~265 页。

〔2〕 参见张小也：《地方志与地方史的建构——以清代〈江夏县志〉与民间文献〈灵泉志〉的对比为中心》，载《清史研究》2012 年第 3 期；张小也：《何谓"来历"：从〈灵泉志〉看明清时期土地权利的"证据"》，载《江汉论坛》2012 年第 9 期。

当我们接触到更多的材料，了解到材料背后更加复杂的背景，就能够逐渐丰富我们对历史上法律现象的认识，也更有利于我们把握其发展的内在脉络。这就是我在研究工作中的一些想法，不揣冒昧，请大家批评。当然，落实到历史学的本位上，这在根本上还是一个文献读法的问题。

法律·国家·族群

札付、官府、清真寺：从札付看明朝政府对清真寺的管理[*]

中央民族大学历史文化学院　丁慧倩

　　学界对明朝管理清真寺的研究肇始于民国时期。1947年，金吉堂为北京东四牌楼清真寺创立五百年撰写了纪念小册子，《月华》杂志以"敕赐清真寺的五百年"为题收录了部分内容。1985年，李兴华、冯今源编的《中国伊斯兰教史参考资料选编（1911—1949）》一书收录了《月华》上的这篇文章，并根据东四清真寺收藏的作者手稿补充了清真寺的金石、人物等内容，仍以"敕赐清真寺的五百年"为题。金吉堂在这本小册子里录入了一份顺治元年（1644年）颁给东四牌楼清真寺掌教马承业的札付，在引用资料中也开列有"马掌教札副"一条。同时，金文指出："按前明制度，凡礼拜寺住持必须领得礼部发给之札，以为凭据"[1]。此后，通过对各地清真寺碑文的收集和整理，有关明代颁行"札"或"札付"的零星记录浮出水面，学界也逐渐认识到尽管明朝政府中没有专门管理清真寺的机构建置，但清真寺并没有完全脱离官府，明朝对清真寺确有某种形式的管理。如余振贵在《中国历代政权与伊斯兰教》一书的明代部分中写道："明朝政权管理清真寺教职人员的一项重要措施，是颁发'札副'（公文）。就是说明代清真寺掌教要向礼部清吏司申请，并履行注册登记手续，在政府下发'札副'后，始可正式履任。"[2]勉维霖则在关注伊斯兰教清真寺世袭掌教制的产生原因时提出，"有明一代，一

---

　　[*]　本文原发表于《世界宗教研究》2016年第5期，收入本书时略有修改。

　　[1]　金吉堂：《敕赐清真寺的五百年》，载李兴华、冯今源编：《中国伊斯兰教史参考资料选编（1911—1949）》（上册），宁夏人民出版社1985年版，第495页。
　　[2]　余振贵：《中国历代政权与伊斯兰教》，宁夏人民出版社1996年版，第133页。

些较大的寺坊掌教，都必须经过当地官府批准认可，发给劄副。这样掌教就可以'冠戴荣身，仍准免差徭'。官方对掌教这种特殊优遇，为世袭掌教制创造了良好的条件，一旦荣任掌教，名利尽收，岂能轻易放弃，总要世代垄断，保持这种既得利益。"[1]

明朝对清真寺的管理在一定程度上可以理解为是对前代遗留回回人[2]后裔管理方式的重要一环。由于回回人的日常生活以宗教信仰为中心，清真寺在回回人群体中拥有极其重要的地位，官府对清真寺的管理直接与回回人的社会生活相关。另一方面，当回回人失去元代色目人的高位之后，面对新的社会环境，必有新的生存之道，清真寺的活动方式也势必受大环境的影响而有所改变。因此，厘清明朝管理清真寺的具体方式，不仅涉及回回人的宗教信仰与活动在明朝的实际状况，触及明朝治下回回人的具体生活境遇以及该群体发展变化的新趋向，同时也有助于了解明王朝对元朝历史遗产的继承和改变。目前，学界对明代清真寺劄付的研究尚属初步。本文即从明代遗留下来的清真寺劄付等文献入手，揭示明朝政府对清真寺的管理方式，以及劄付制度对清真寺的影响。

一、礼部与两京敕建清真寺：劄付的颁行

目前笔者看到的清真寺劄付有三份，[3]一是嘉靖四十二年（1563年）河南怀庆府河内县水南关清真寺掌教张林请劄的文件，被重刻于清光绪三十三年（1907年）《重修碑记》之前；[4]一是杨永昌在《漫谈清真寺》一书中收录的明崇祯年间北京牛街礼拜寺劄付；[5]一是金吉堂为北京东四清真寺创立五百年撰写的纪念小册子中收录的清顺治元年（1644年）十月十八日颁发给

〔1〕 勉维霖主编：《中国回族伊斯兰宗教制度概论》，宁夏人民出版社1997年版，第179页。

〔2〕 回族是现代民族的标准称谓，不能称现代回族为回回，但回回、回回人是历史名词。蒙古语中的"撒尔塔兀勒"被翻译成中文——回回。"撒尔塔兀勒"的词根Sart带有"商人"含义。历史上被称为回回人的人群不完全等同于现代的回族。本文是在历史语境下使用回回和回回人这些学术名词，特此说明。——作者注

〔3〕 文章发表后，又陆续发现与清真寺劄付相关的碑刻等资料。

〔4〕 李兴华、秦惠彬、冯今源、沙秋真：《中国伊斯兰教史》，中国社会科学出版社1998年版，第306页。

〔5〕 杨永昌：《漫谈清真寺》，宁夏人民出版社1981年版，第25~26页。

该寺掌教马承业的札付。

　　清真寺内的明清碑刻中也时有"札付"一词出现。如南京弘治五年（1492 年）《敕建净觉、礼拜二寺碑记》记载，洪武二十一年（1388 年）西域鲁密国人[1]亦卜剌金、可马鲁丁等人"为征金山、开元地面，遂从金山境内随宋国公归附中华"。前元的残余势力纳哈出盘踞于辽河以北的金山。洪武二十年（1387 年），在冯胜统帅的明军的压力下纳哈出投降。亦卜剌金、可马鲁丁等人即于此时内附明朝，后"钦蒙高帝喜其宾服，钦赏纻丝银钞等物，着落礼部给与脚力，前往永平府搬取家小赴京居住"，从此被安置在帝都南京，并敕建两座清真寺，"将可马鲁丁等五户分在望月楼净觉寺居住，子孙习学真经，焚修香火，祝延圣寿，寄籍江宁县，优免差役"。到了永乐三年（1405 年），"内钦取四户上京，着在四译馆[2]教习子孙，至今优免差役"，其余的回回人，"见存九户，在此习学本教，祝延不缺，节奉礼部札付"。[3]从寺院敕建的时间为洪武时期推断，获得札付的时间或许也在洪武年间，这两座清真寺很可能是最早获得札付的清真寺。

　　从碑文中"节奉礼部札付"一句可以看出，明朝为亦卜剌金和可马鲁丁等人所建净觉、礼拜两座清真寺，其札付由礼部颁发。不仅是这两座清真寺，前揭济南清真寺、水南关清真寺碑刻和东四清真寺札付中均提到了"礼部"。水南关清真寺申请札付的文件呈送到礼部祠祭清吏司。[4]清顺治元年（1644

---

　　〔1〕 鲁密国，《明史·西域传》作"鲁迷"，指奥斯曼帝国。参见张星烺编注：《中西交通史料汇编》（第 1 册），中华书局 1977 年版，第 366 页。

　　〔2〕 《天方至圣实录年谱》《清真释疑补辑》均写作"四译馆"。明永乐五年（1407 年）设"四夷馆"，隶翰林院，后改隶太常寺。四夷馆内设回回馆。碑文中的"四译馆"应为"四夷馆"。四夷馆于清初避讳"夷"字，更名四译馆。明代的四夷馆在清代文献中存在被改写为四译馆的现象，如《四库全书总目提要》中称明人耿志炜"万历癸丑进士，官至提督四译馆少卿"。参见（清）永瑢、纪昀主编：《四库提要总目全书》，周仁等整理，海南出版社 1999 年版，第 974 页。

　　〔3〕 （清）刘智编译：《天方至圣实录年谱》卷二十《赞讼碑记序说》，载周燮藩、沙秋真主编：《清真大典》（第 14 册），黄山书社 2005 年版，第 352~353 页。（清）唐晋徽《清真释疑补辑》一书也收入此碑文，个别字句有所差异。参见周燮藩、沙秋真主编：《清真大典》（第 18 册），黄山书社 2005 年版，第 93 页。碑文注释，可参见冯今源：《三元集——冯今源宗教学术论著文选》，宗教文化出版社 2002 年版，第 292~295 页。

　　〔4〕 李兴华、秦惠彬、冯今源、沙秋真：《中国伊斯兰教史》，中国社会科学出版社 1998 年版，第 306 页。

年）北京东四清真寺的札付，开头是"礼部祠祭清吏司为恳恩给札冠带住持以便焚修事"。[1]此外，在所见的其他清真寺碑刻中，札付之颁行也与礼部有关。如明正德十六年（1521 年）定州《重修清真礼拜寺记》记载该寺在武平伯陈勋的帮助下得以重修，工程告竣后，请陈勋代请敕额，"陈公未及行而殁"，其弟陈熹袭爵后，想继其兄志，为定州寺讨封，遂与礼部侍郎张昱相商："定寺敕额，先兄有志于请求而未逮，吾欲有以成之，可乎？"张昱回答说："敕命未易倅得。予职宗伯也，天下寺院皆其所司，予且额之。"张昱不仅为定州寺题匾"清真礼拜寺"，而且"查勘得寺原系古刹，仍给札付住持，以荣之焉"。[2]由此可见，清真寺作为一座宗教寺院，礼部对其拥有管辖权，具体工作由祠祭清吏司负责，札付由礼部下发。

明洪武二十六年（1393 年）颁布的《诸司职掌》指出礼部下设的祠部"掌祠祀、享祭、天文、漏刻、国忌、庙讳、卜筮、医药、道佛之事"。[3]洪武二十九年（1396 年），改祠部为祠祭清吏司。正德《明会典》记载礼部祠祭清吏司执掌诸事与《诸司职掌》记载一致。[4]明代礼部并没有设立管理伊斯兰教寺院的专门机构或针对其信仰特点制定专门的管理办法，颁给清真寺的札付是援引了对佛道寺院的管理方法而施行的。

明朝建立之后，朱元璋针对佛道二教的诸多弊端，采取整顿和限制的措施，制定管理佛道寺院、僧道人士的政策，设立僧录司、道录司管理全国的佛寺和道观。洪武十五年（1382 年）四月，规定："凡各寺、观住持有缺，从僧、道官举有戒行、通经典者，送僧录、道录司考中，具申礼部，奏闻方许。"[5]《明会典》南京礼部祠祭清吏司事例条下有"凡南京僧道录司申到各

〔1〕 金吉堂：《敕赐清真寺的五百年》，载李兴华、冯今源编：《中国伊斯兰教史参考资料选编（1911—1949）》（上册），宁夏人民出版社 1985 年版，第 495 页。

〔2〕 马生祥：《定州清真寺元明清三幢古碑之校点》，载《回族研究》2002 年第 3 期，第 83 页。碑文研究，参见丁慧倩：《明代军卫与回回人——以北直隶定州〈重修清真礼拜寺记〉为例》，载《回族研究》2012 年第 3 期。

〔3〕 《玄览堂丛书初辑十二》之《诸司职掌》（上），正中书局 1981 年版。

〔4〕 正德《明会典》卷八十《礼部三十九》，载《文渊阁四库全书》（第 617 册），台湾商务印书馆 1986 年版，第 758 页。

〔5〕 《明太祖实录》卷一四四，洪武十五年四月辛巳，台湾"中研院"历史语言研究所 1962 年版，第 2263 页。

寺观住持名缺，本部覆勘明白，咨礼部札付住持"。[1] 礼部通过下发札付的方式控制僧道寺院住持的遴选，得到札付的住持即得到了官府对其寺院管理权的承认。

住持是一寺之首，用以指称佛道寺院的首领。元至正八年（1348 年）《重修寺记》记载泉州穆斯林中的宗教人士有四种："摄思廉，犹华言主教也。益绵，犹言住持也。没塔完里，犹言都寺也。谟阿津，犹言唱拜也。"[2] 其中"摄思廉"为阿拉伯语音译，即谢赫·伊斯兰，意为"伊斯兰教长老"。《伊本·白图泰游记》中提到"中国每一城市都设有谢赫·伊斯兰，总管穆斯林的事务"[3]，与碑记中称摄思廉犹如主教的说法一致，摄思廉是区域性的教务管理者。"益绵"为阿拉伯语音译，今译为伊玛目。从其地位犹如"住持"这一点看，益绵应是元代清真寺中地位最高的教职。明代清真寺碑记中多称其为"掌教"，而官方称谓为"住持"。明代清真寺的住持与佛道寺院的住持一样都是寺院的首领，礼部通过颁发札付给清真寺的住持，认可其教务领导地位，拥有札付的住持也就拥有了官府承认的宗教身份，同时，清真寺的宗教活动得到了官府的许可。

有一点应该注意，净觉、礼拜二寺不是普通的寺院，而是敕建清真寺。净觉、礼拜二寺敕建的时候，明朝的都城在南京。永乐十九年（1421 年）以后帝都北迁，北京城内外也出现了几座敕赐清真寺，即清真、礼拜、普寿、法明四寺[4]。

前揭弘治五年（1492 年）《敕建净觉、礼拜二寺碑记》中明确记载净觉、礼拜二寺为洪武时期赏赐给西域鲁密国人亦卜剌金、可马鲁丁等人的。亦卜

〔1〕正德《明会典》卷一〇五《礼部六十四·南京礼部》，载《文渊阁四库全书》（第 617 册），台湾商务印书馆 1986 年版，第 958 页。

〔2〕《泉州伊斯兰教石刻》，宁夏人民出版社、福建人民出版社 1984 年版，第 9 页。《重立清净寺碑》现存于泉州清净寺内，碑文镌刻于明正德二年（1507 年）。元至正八年（1348 年）吴鉴撰写的碑文名为《清净寺记》，《重立清净寺碑》是明人依据地方志收录的《清净寺记》重新勒石成碑。

〔3〕[摩洛哥] 伊本·白图泰：《伊本·白图泰游记》，马金鹏译，宁夏人民出版社 1985 年版，第 552 页。

〔4〕"清真寺"指牛街清真寺；"礼拜寺"指东四清真寺；"普寿寺"指西城区什锦坊街清真普寿寺；"法明寺"现已不存，原址在东城区安定门内交道口北二条内。参见拙文《明清北京城区及关厢地区的清真寺》，载《回族研究》2015 年第 1 期。

刺金和可马鲁丁的身份是归附明朝的回回人，他们受明政府的安排，居住在南京，明朝为他们修建清真寺以示恩遇。

在北京，据东四清真寺《敕赐清真寺兴造碑记》记载，东四清真寺由明代后军都督府都督同知陈友创建，后受敕封，"恩赐额曰清真寺"。[1]陈友先世为西域人。[2]《明功臣袭封底簿》称"陈友原籍直隶滁州全椒人，永乐元年充骁骑右卫中所马军操备"。陈友随明成祖两次征讨北元。宣德二年（1427年）随"内官林春往赤金蒙古卫公干"，当年升为本卫所实授百户。宣德十年（1435年）升为副千户。[3]正统年间明朝与瓦剌之间多有战事，通使活动也很频繁。陈友不仅多次参与征伐瓦剌的军事活动，还因"谙晓夷情"，代替年老的神策卫达官千户阿老丁出使瓦剌。[4]此后，陈友的武阶不断升迁，到正统十四年（1449年）七月，陈友以都督佥事的身份随英宗亲征。[5]土木堡之变后，朱祁钰于正统十四年九月六日登基。当月二十五日，升陈友为都督同知，"往南京选调精壮官军一千员名，赴兵部尚书靖远伯王骥处听调以剿苗贼"。[6]二十七日，便命陈友"率官军前往湖广贵州征剿苗贼"。[7]陈友从此离开北京，在湖广、贵州一带征伐苗民。英宗复辟后，陈友奉召还京，封武平伯，进荣禄大夫、柱国，于宁夏等处与瓦剌作战。天顺二年（1458年），因军功进封流侯。天顺四年（1460年）三月陈友病故，其长子陈能袭伯爵位。弘治三年（1490年）追封陈友为沔国公，谥武僖。其子孙世袭爵位，直到明亡。[8]

东四清真寺在明代由马姓家族出任掌教。金吉堂抄录的《马氏家谱》称

---

〔1〕 王东平：《北京东四清真寺"敕赐清真寺碑"考》，载《回族研究》2010年第1期，第158页。

〔2〕《明英宗实录》卷三一三，天顺四年三月丙午，台湾"中研院"历史语言研究所1962年版，第6569页。

〔3〕《明功臣袭封底簿》，载屈万历主编：《明代史籍汇刊》，台湾学生书局1970年版，第569页。

〔4〕《明英宗实录》卷二十四，正统元年十一月己未，台湾"中研院"历史语言研究所1962年版，第488页。

〔5〕《明英宗实录》卷一八〇，正统十四年七月癸巳，台湾"中研院"历史语言研究所1962年版，第3488~3489页。

〔6〕《明英宗实录》卷一八三，正统十四年九月壬寅，台湾"中研院"历史语言研究所1962年版，第3589页。

〔7〕《明英宗实录》卷一八三，正统十四年九月甲辰，台湾"中研院"历史语言研究所1962年版，第3595页。

〔8〕《明史》卷一六六《陈友列传》，中华书局2003年重印，第4489页。

其先祖于洪武年间赐名马信，其后人"领众拜天，祝延圣寿，后先相望，俱常住是焉"，且从弘治年间开始拥有礼部下发的札付。清顺治元年（1644年）十月礼部又下发给当时的掌教马承业札付。[1]

《漫谈清真寺》一书收录有明崇祯三年（1530年）牛街礼拜寺的札付文献。寺内保存的明代碑刻记述了该寺的创建过程：

> ……京之都城西南隅去五里许，始为草创构□小室数□乔有□额爰及□初宣德二年金吾指挥同知李……
> ……奏请寺额，蒙宪宗皇帝敕赐曰礼拜寺。[2]

这块撰写于明弘治九年（1496年）的《敕赐礼拜寺记》部分碑文漫漶不清，较难辨识。从上引碑文片段看，清真寺的修建似与宣德二年（1427年）金吾卫指挥同知李姓者有关，该寺获得敕名的时间为宪宗成化年间。

另一块撰写于万历四十一年（1613年）的碑文《敕赐礼拜寺记》的记载较为清晰：

> 宣德二祺，瓜瓞奠址，正统七载，殿宇恢张，唯成化十年春都指挥詹昇题请名号奉圣旨曰礼拜寺。[3]

结合两块碑的记载，牛街礼拜寺至迟在宣德二年（1427年）就已初具规模，正统七年（1442年）进行了扩建，至成化十年（1474年）由都指挥詹昇请得敕额。[4]詹昇以通事的身份活跃于英宗、宪宗时期，出使瓦剌、撒马尔

〔1〕 金吉堂：《敕赐清真寺的五百年》，载李兴华、冯今源：《中国伊斯兰教史参考资料选编（1911—1949）》（上册），宁夏人民出版社1985年版，第495～496页。

〔2〕 《敕赐礼拜寺碑记》拓片收藏于国家图书馆，编号：4564；另见北京市宣武区伊斯兰教协会编著：《清真古韵：北京牛街礼拜寺》，文物出版社2009年版，第195页。碑文见姜立勋、富丽、罗志发：《北京的宗教》，天津古籍出版社1995年，第212～213页。王东平对该碑部分内容进行了辨识，参见王东平：《明碑所载官员助修北京清真寺考》，载《史学史研究》2010年第1期。本文对碑文拓片文字的辨识与王文略有不同。

〔3〕 北京图书馆金石组编：《北京图书馆藏中国历代石刻拓本汇编》（第59册），中州古籍出版社1990年版，第59页。

〔4〕 刘东声、刘盛林注释：《北京牛街志书——〈冈志〉》，北京出版社1991年版，第6页。

罕、哈密、女真等地，[1]成化十年（1474 年）时，已升任都指挥佥事[2]，碑文中"都指挥"的全称应为都指挥佥事。成化十九年（1483 年）十一月，"命锦衣卫故带俸都指挥佥事詹昇子铭袭父原职指挥佥事"，[3]说明詹昇亡故时的流职为都指挥佥事，由锦衣卫带支俸禄，其世职为指挥佥事，由其子詹铭世袭。

从明代清真寺所留碑刻资料看，敕建（赐）清真寺主要在两京，清真寺的修建、敕封与明初归附回回人以及为国效力的元代回回人后裔有密切关系。如前所述，归附人可马鲁丁的后裔在四夷馆供职，像陈友这样以军功起家的回回人在明代文献中也多有记载。明朝建立后，在与北方、西北等地政权的交往中，回回人扮演了重要的角色。明蒙之间在土木堡之变以前形成朝贡与遣使的双向关系，"先是正统初瓦敕遣使臣赴京朝贡，朝廷亦遣使送至瓦敕，因留至明年，仍与虏使同来，岁以为常"。[4]蒙古赴明使团中有回回人结成商团随贡使来明朝经商，如正统十三年（1448 年），来明朝的迤北瓦剌脱脱不花王及也先使臣并买卖回回阿里锁鲁檀等共 2524 名，其中脱脱不花王使臣 414 名，也先使臣 1358 名，买卖回回 752 名。[5]明朝与帖木儿王朝有贡使往来，洪武二十年（1387 年）"撒马儿罕驸马帖木儿遣回回满剌哈非思等来朝贡马十五匹、驼二只"[6]，由此"开通道路"[7]。在这样的情形下，明朝派出的使臣、通事中自然也少不了回回人的身影，陈友、詹昇都出使过蒙古地区，

---

〔1〕 参见王东平：《明碑所载官员助修北京清真寺考》，载《史学史研究》2010 年第 1 期，第 107~108 页。

〔2〕《明宪宗实录》卷一三五，成化十年十一月庚辰，台湾"中研院"历史语言研究所 1962 年版，第 2542 页。

〔3〕《明宪宗实录》卷二四六，成化十九年十一月癸丑，台湾"中研院"历史语言研究所 1962 年版，第 4170~4171 页。

〔4〕《明英宗实录》卷一八〇，正统十四年七月己卯，台湾"中研院"历史语言研究所 1962 年版，第 3479 页。

〔5〕《明英宗实录》卷一七三，正统十三年十二月庚申，台湾"中研院"历史语言研究所 1962 年版，第 3326 页。

〔6〕《明太祖实录》卷一八五，洪武二十年九月壬辰，台湾"中研院"历史语言研究所 1962 年版，第 2779~2780 页。

〔7〕（明）严从简：《殊域周咨录》，余思黎点校，中华书局 1993 年版，第 483 页。

洪武三十五年（1402 年）"西域回回者鲁剌丁等使哈剌火州还"〔1〕，天顺七年〔1463 年〕派詹昇出使撒马儿罕。〔2〕明初回回人群体的活动，为敕建（赐）清真寺的出现创造了条件。

二、从两京到地方：获取札付范围的扩大

明代的敕建（赐）清真寺获得礼部下发的札付，其生存与发展得到了来自官府的保障。而敕建（赐）清真寺的存在对其他地方的清真寺而言，又具有非同一般的意义。这从清真寺保留的相关文献中可以得到印证。嘉靖四十二年（1563 年）礼部颁给水南关礼拜寺掌教张林的札付，内容如下：

> 大明嘉靖四十二年九月二十一日奉上谕饬礼部为比例请给札付以便焚修祝延圣寿事。照得祠祭清吏司案呈本部，送通政使司连状。据张林禀称，年四十五岁，系河南怀庆府河内县南关礼拜清真寺掌教，切照京师建立礼拜寺，缘系奉敕修理，并给掌教札付，俾专焚修祝延圣寿，各处分立寺院，事体相同。以故嘉靖三十二年易州同教李善，正德十三年大兴县同教陈俊，成化七年凤阳府同教常福，俱已敕给掌教札付，领众焚修，祝延圣寿，与京师礼拜寺毫无二致。今林系本县在城四图人，自承祖教以来，通习经文，众举为掌教，领本郡教下人焚修祝延圣寿。因思林与李善等事属一律，未曾请给札付，恐事无从约束，有失焚修，如蒙俯准，乞送礼部祠祭清吏司，查照比例，给赐札付，祝延圣寿，庶恩典便宜□情。禀部送司，查照前例，相应准给。案呈到部，拟合就行。为此合行札仰张林前去本寺掌教，领众焚修，祝延圣寿，毋得混乱清规，致干未便，须至札付者。〔3〕

---

〔1〕《明太宗实录》卷十二下，洪武三十五年九月戊戌，台湾"中研院"历史语言研究所 1962 年版，第 219 页。

〔2〕《明英宗实录》卷三四九，天顺七年二月辛未，台湾"中研院"历史语言研究所 1962 年版，第 7021 页。

〔3〕 李兴华、秦惠彬、冯今源、沙秋真：《中国伊斯兰教史》，中国社会科学出版社 1998 年版，第 306 页。引文参照碑石和胡云生《传承与认同——河南回族历史变迁研究》一书收录的碑文进行校正，"札副"应为"札付"；"在城四围人"应为"在城四图人"；"致于未便"应为"致干未便"，意为"以至于导致不便"。笔者对个别标点也有改动。胡云生：《传承与认同——河南回族历史变迁研究》，宁夏人民出版社 2007 年版，第 308 页。

细读碑文发现张林向礼部请札的第一个理由是，"切照京师建立礼拜寺，缘系奉敕修理，并给掌教札付，俾专焚修，祝延圣寿，各处分立寺院，事体相同"，即各地清真寺将自己的身份描述为京师敕建礼拜寺的"分立寺院"，均以"焚修祝延圣寿"为己任，因而比照敕建清真寺之例申请札付。这一理由并非申请札付的张林或上呈礼部公文的地方官府凭空捏造，"以故嘉靖三十二年易州同教李善，正德十三年大兴县同教陈俊，成化七年凤阳府同教常福，俱已敕给掌教札付，领众焚修，祝延圣寿，与京师礼拜寺毫无二致"。可见张林请札援引的第二条理由是已有多个清真寺比对京师清真寺事例获得了礼部颁发的札付，张林"自承祖教以来，通习经文，众举为掌教，领本郡教下焚修祝延圣寿"，说明他在本清真寺内已经取得了掌教的身份，实际掌握了本清真寺的宗教权力，但他的掌教身份尚未得到官方认可。由于"林与李善等事属一律，未曾请给札付"，所以请札，希望其掌教身份得到官方的承认。

张林请札的申请"禀部送司，查有前例，相应准给，案呈到部，拟合就行"，可见张林请札的公文经地方官府之手呈送到礼部掌管宗教寺院的祠祭清吏司，依据已有事例，比对其他清真寺的情况颁给张林札付，"为此合行札仰张林前去本寺掌教，领众焚修，祝延圣寿"。张林从此成为被官府认可的本地清真寺宗教领袖。

河南水南关清真寺的这块碑文对清真寺掌教请札的过程记载得很详细，从中也透露出当时各地清真寺的情况，易州掌教李善、大兴县掌教陈俊、凤阳府掌教常福以及河内县水南关掌教张林都是拥有札付的清真寺掌教，这几个地名涉及明代的保定、顺天、凤阳、怀庆四府，分属北直隶、南直隶和河南省。

北直隶保定府易州清真寺掌教李善的名字出现在隆庆六年（1572年）《易州清真寺实授住持记》中。碑文称清真寺建于景泰初年（1450年），嘉靖三十三年（1554年）"司教者张勋、李善、丁凤援例通告赴部给付文实授住持，而遂祈天祝圣之愿"。[1]因此到张林嘉靖四十二年（1563年）请札时，李善已有札付。

---

〔1〕《易州清真寺实授住持记》，该碑现存河北省易县清真寺。碑文另见河北省地方志编纂委员会编：《河北省志》（第68卷《宗教志》），中国书籍出版社1995年版，第185页。

山东济南府历城县礼拜寺弘治八年（1495 年）碑记称掌教陈玺乃正统年间掌教陈礼之子，"弘治戊申，知府蔡公晟暨知县盛公敬，请于藩司荐于礼部札付来住持其寺，继其志，述其事"。[1]

南直隶崇祯《松江府志》记载："真教寺即礼拜寺，在郡西关外，国初两京奉旨敕建为西域人朝天之所，松江于永乐初建，与俗呼回回坟接壤，礼部给札住持赛孝祖"。[2]

山西潞安府清正南寺乾隆年碑记提到该寺明代掌教"马公讳贵者乃有明礼部请札之掌教"。[3]

这样看来，明代各地清真寺都可能通过申请礼部的札付得到官府的认可，这也与王岱舆的记录相互印证。王岱舆在《正教真诠·群书集考》里收录了一段文字：

> 洪武元年敕建礼拜寺于金陵，御书百字赞，褒美清真，以示优异。……世宗肃皇帝敕名净觉寺，行令礼部给与札付，冠带荣身，仍准免差徭，令供职焚修。今奉皇上、圣人在天子之位，崇礼重教尤迈千古者也。伏念末教何幸，节蒙列圣敕旨恩例，敢不欣然祇奉，凡以崇是教者用度真化以阴翊皇化也耶。以故真教流行于天下，各省教人钦遵，外随方建寺，各赴京比例，请给札付，住持寺院。[4]

---

〔1〕《济南府礼拜寺重修记》，载余振贵、雷晓静主编：《中国回族金石录》，宁夏人民出版社 2001 年版，第 76 页。该碑现存济南南大寺内。

〔2〕《日本藏中国罕见地方志丛刊》之《〔崇祯〕松江府志》（上册）卷五十二，书目文献出版社 1991 年版，第 1377 页。

〔3〕乾隆三十年（1765 年）《清正南寺地亩碑记》，该碑现存长治清真南寺。

〔4〕（明）王岱舆撰：《正教真诠》，载周燮藩、沙秋真主编：《清真大典》（第 16 册），黄山书社 2005 年版，第 34~35 页。《正教真诠》在清代曾多次刊印，现知有顺治十四年（1657 年）年刊本、雍正七年（1729 年）清真堂刊本、乾隆六十年（1795 年）余浩洲刊本、嘉庆六年（1801 年）广州清真堂刊本、同治十二年（1873 年）锦城宝真堂刊本、光绪三十年（1904 年）镇江清真寺刊本等多种。参见白寿彝主编：《回族人物志》（清代），宁夏人民出版社 1992 年版，第 194~195 页；杨晓春：《关于 1931 年中华书局刊本〈正教真诠〉的版本渊源及相关问题》，载《西北第二民族学院学报（哲学社会科学版）》2008 年第 3 期，第 36~40 页。嘉庆六年（1801 年）广州清真堂刊本附有"群书集考"，其所引内容皆出自明代典籍。同治十二年（1873 年）锦城宝真堂刊本在清真堂刊本的基础上又补入了清雍正朝以来的上谕、题摺、奏稿等文献。

可见两京敕建清真寺的存在为各地清真寺获得官府认定提供了契机，借着明朝政府对两京清真寺的敕封，地方上的清真寺也得到了官方的承认。

三、在正祀与淫祀之间：获得札付的现实意义

敕建（赐）清真寺的存在为各地清真寺的生存提供了可以比例、援引的官方制度，这条途径在制度上走得通，也确实引起了各地清真寺申请札付的活动，那么获得札付对于伊斯兰教寺院到底有何意义呢？大多数清真寺碑文都没有述及，但《敕建净觉、礼拜二寺碑记》中的一句话引起了笔者的注意。

刘智《天方至圣实录年谱》中收录的该碑碑文记载撰碑者为"吴郡王鏊"，时在"弘治壬子秋九月"，即弘治五年（1492年）。[1]唐晋徽《清真释疑补辑》则指出碑文由"赐进士奉训大夫右春坊右谕德吴郡王鏊撰文，赐进士奉训大夫司经局洗马西平杨杰书丹"。[2]

王鏊，字济之，南直隶苏州府吴县人，生活于景泰至嘉靖时期，成化十一年（1475年）进士，第一甲第三名。[3]杨杰，字廷俊，山西平定州人，成化十四年（1478年）进士，第二甲第十八名。[4]弘治四年（1491年）八月，王鏊、杨杰因参修《宪宗纯皇帝实录》告成受到赏赐，王鏊由翰林院侍讲升詹事府右春坊右谕德，杨杰由翰林院侍讲升詹事府司经局洗马。[5]

王鏊和杨杰会为坐落于南京的清真寺撰文、书丹，是因为弘治五年（1492年）二人都在南京。弘治五年（1492年）七月，"命右春坊右谕德王鏊、司经局洗马杨杰为应天府乡试考试官"。[6]王鏊在《应天府乡试录序》

〔1〕（清）刘智编译：《天方至圣实录年谱》卷二十《赞讼碑记序说》，载周燮藩、沙秋真主编：《清真大典》（第14册），黄山书社2005年版，第353页。

〔2〕（清）唐晋徽辑：《清真释疑补辑》，载周燮藩、沙秋真主编：《清真大典》（第18册），黄山书社2005年版，第93页。

〔3〕朱保炯、谢沛霖编：《明清进士题名碑录索引》，上海古籍出版社1980年版，第302页。

〔4〕朱保炯、谢沛霖编：《明清进士题名碑录索引》，上海古籍出版社1980年版，第1672页。

〔5〕《明孝宗实录》卷五十四，弘治四年八月丁卯、辛未，台湾"中研院"历史语言研究所1962年版，第1043、1067页。

〔6〕《明孝宗实录》卷六十五，弘治五年七月辛巳，台湾"中研院"历史语言研究所1962年版，第1245页。

中写道"弘治五年七月戊寅，上命右谕德臣鏊、洗马臣杰，考应天府乡试。壬午陛辞，赐膳，遂行。八月癸卯抵府治，乙巳燕府治，遂入锁院"。[1]可见王鏊和杨杰在当年八月到达南京，九月王鏊为清真寺撰写了碑文。

《敕建净觉、礼拜二寺碑记》碑文开头王鏊便申明伊斯兰教与明朝秉承的儒家道德规范没有冲突，他说："西域教门，精微韫奥，宏博广衍，自君臣、父子、夫妇、昆弟、朋友之伦，以至天文、医卜、农圃、小道之术靡不该存[2]，靡不与中国情俗相仿佛"。王鏊说洪武帝敕建二寺的缘由已无人知晓，但看了各姓敕命文书的记载后才知道敕建二寺是因为洪武年间西域归附的鲁密国人亦卜剌金、可马鲁丁等人受命将家小迁居南京，所以敕建净觉、礼拜二寺以便安扎。接着，王鏊写道："高帝聪明神武，非其教实有可遵，果不谬于中国先王之道，恶能与居与处、免役免徭？且布匹钞锭之频颁，紵丝靴袄之屡给，若是，则净觉、礼拜二寺之基洵非淫祠可比。"王鏊用反证和对比的方式强调两座清真寺与明王朝的关系，以此确立其存在的合理性。

王鏊所说的"淫祠"是指不合国家礼制规定而进行祭祀活动的祠庙。明朝对被认定为"淫祀"与"淫祠"的信仰一直予以打击。洪武三年（1370年）规定"天下神祠无功于民不应祀典者即淫祠也，有司无得致祭"，[3]朱元璋要求礼部制定国家的祭祀规范，划定民间可祭之神并禁止淫祠活动，中书省依旨大体确定了民间祭祀活动的范畴：

> 禁淫祠制曰：朕思天地造化，能生万物而不言，故命人君代理之。前代不察乎此，听民人祀天地，祈祷无所不至，普天之下民庶繁多，一日之间祈天者不知其几，渎礼僭分莫大于斯。古者天子祭天地，诸侯祭山川，大夫士庶各有所宜祭具，民间合祭之神，礼部其定议颁降，违者罪之。于是中书省臣等奏：凡民庶祭先祖、岁除祀灶、乡村春秋祈土谷

---

〔1〕《弘治五年应天府乡试录》，载屈万里主编：《明代史籍汇刊》⑩《明代登科录汇编》4，台湾学生书局1969年版，第1653页。

〔2〕冯今源认为此处的"靡不该存"应为"靡不赅存"，意思是没有不包括的。参见冯今源：《三元集——冯今源宗教学术论著文选》，宗教文化出版社2002年版，第292页注释3。

〔3〕《明太祖实录》卷五十三，洪武三年六月癸亥，台湾"中研院"历史语言研究所1962年版，第1035页。

之神，凡有灾患祷于祖先，若乡厉邑厉郡厉之祭，则里社郡县自举之，其僧道建斋设醮，不许章奏上表投拜青词，亦不许塑画天神地祇及白莲社、明尊教、白云宗、巫觋扶鸾祷圣、书符咒水诸术，并加禁止，庶几左道不兴，民无惑志。诏从之。[1]

从中书省的奏疏中可以看出，祖先、灶神、土谷之神以及都乡、邑、郡的一些祭祀活动均在可祭祀之列，对僧道的斋醮活动有一定限制，而"白莲社、明尊教、白云宗、巫觋扶鸾祷圣、书符咒水诸术"全在禁止范围，应属淫祀之列。这里没有提到伊斯兰教的信仰和寺院。

洪武时期对"淫祠"的打击和拆毁比较严厉，永乐至成化年间，佛道二教和其他宗教信仰逐渐兴盛，创建了很多新的寺观。从弘治年间开始，厘正祀典、禁毁"淫祠"的活动再次兴起，力度更大，一直持续到万历初年（1573 年）。[2]

明初对宗教寺院的数量也有限制。洪武二十四年（1391 年），明廷下令清理释道二教寺观，归并寺院，"又令天下僧道有创立庵堂寺观，非旧额者悉毁之"。到三十五年（1402 年），"令清理释道二教，凡历代以来及洪武十五年以前寺观有额者，不必归并，新创者归并如旧"。[3]额定以外的寺观是为"淫寺"。明代对新建寺院始终保持约束的态度。[4]伊斯兰教的清真寺服务于一种域外传入的宗教，且十分固定地指向一个元代遗留下来的特殊人群，因而不可能上升为国家正祀，清真寺被纳入宗教庙宇额数之内的可能性也不太大。

王鏊的碑文撰写于弘治五年（1492 年）。弘治元年（1488 年）四月，礼科给事中张九功上奏国家常祭之外，又有各种神明祭祀，"乞敕礼部稽之祀

〔1〕《明太祖实录》卷五十三，洪武三年六月甲子，台湾"中研院"历史语言研究所 1962 年版，第 1037~1038 页。

〔2〕 参见赵现海：《明代毁"淫祠"现象浅析》，载《东北师大学报（哲学社会科学版）》2002 年第 1 期。

〔3〕 正德《明会典》卷九十五，载《文渊阁四库全书》（第 617 册），台湾商务印书馆 1986 年版，第 879 页。

〔4〕《礼部志稿》卷三十四，《清理寺观》，载《文渊阁四库全书》（第 597 册），台湾商务印书馆 1986 年版，第 639~640 页。

典，尽为厘正，及一切左道惑人之事通为禁止"。孝宗命礼部"考详何神立于何代，何神有功于国，何神泽及生民，今何神应祀与否"。尚书周洪谟等官员建议"凡宫观祠庙，非有功德于民，不合祀典者，俱令革去。间有累朝崇建，难于辄废者，亦宜厘正名号，减杀礼仪，庶尽以礼事神之心"。[1]在毁"淫祠"的社会背景下，王鏊力证净觉、礼拜二寺的敕建身份，说明其宗教活动具有合法性，不属于"淫祠"范畴。各地清真寺为敕建（赐）寺院的分立寺院，自然也不是"淫祠"。正德定州清真寺碑记载："定城之西有礼拜寺在焉，盖元至正戊子普公之所重建也"，礼部侍郎张昱"查勘得寺原系古刹，乃给札付住持，以荣之焉"。[2]可能在制度运作上，前代遗留的寺院比较容易得到承认，所以定州寺的"古刹"身份帮助其获得了札付。

明代的伊斯兰教和清真寺面临着与元代完全不同的生存环境，而明代文献对伊斯兰教寺院所进行的宗教活动是否符合礼制的规定鲜有述及，两京的清真寺带有敕封的头衔，似有足够的理由说明自己存在的合法性，但各地规模不一的清真寺则很有可能会徘徊在"正祀"与"淫祀"之间。在这种形势下，伊斯兰教和清真寺存在被国家制度边缘化的可能，如果不在国家制度的范围内寻求变通的途径，那他们的处境将更加艰难。于是，借助于明朝官府敕建、敕赐清真寺的机会，各地清真寺通过援引朝廷对敕建（赐）清真寺和其他宗教寺院的管理模式获得来自官方的认定，将自己的宗教活动描述成"祝延圣寿无疆，祈祷地方宁静"[3]，在身份上、形式上将自己与众多"淫祠""淫祀"分开，即使无法成为"正祀"，至少也可规避被毁"淫祠"运动波及的危险。

四、结语

穆斯林大规模进入中国发生在元代，从表象上看是蒙古人西征的直接结果，蒙古人终结了阿巴斯王朝的统治，掠夺了大量穆斯林人口，并把他们带入汉地。如果更长远地看，"哈里发时代的伊斯兰世界地处欧亚非大陆的相交

---

〔1〕《明孝宗实录》卷十三，弘治元年四月庚戌，台湾"中研院"历史语言研究所1962年版，第304~305页。

〔2〕马生祥：《定州清真寺元明清三幢古碑之校点》，载《回族研究》2002年第3期，第83页。

〔3〕杨永昌：《漫谈清真寺》，宁夏人民出版社1981年版，第25页。

区域，扼守自基督教欧洲至东方诸国和从地中海到印度洋的水陆通道，远程的过境贸易十分发达"。[1]伴随商业活动的展开，新的穆斯林居住点在东方出现，唐宋时期中国东南沿海地区的蕃坊便是穆斯林商人的集聚之地。倭马亚王朝从 7 世纪中期开始征服中亚，到 8 世纪中期，阿巴斯王朝与唐朝在中亚地区展开争夺，怛罗斯之战后，其势力范围扩展到了锡尔河流域。[2]倭马亚王朝在中亚强制推行伊斯兰教，拉开了中亚伊斯兰化的序幕，到蒙古人西征之前，中亚诸突厥王朝均信奉伊斯兰教。因此，穆斯林进入中国的潮流源于唐宋时期，蒙古人的西征只是改变了他们进入中国的方式、扩大了规模。

明朝代元而起，继承元朝多元民族的统治格局。在明初的历史背景下，明朝统治区域内部人群多元，居住于中原的蒙古、色目人转而成为大明子民。明初对北元的征伐，以及对内附人的优待政策，促使故元官军内附明朝，学术界普遍认为洪武时期脱离元朝的归附者在 60 万至 70 万之间。永乐初年（1403 年）又出现了新的以北方各族大小头目为主自愿南下的移民潮。此后，来自撒马儿罕、漠南、漠北、辽东边外的内附者络绎不绝。[3]从明朝各地清真寺修寺碑刻题名记载看，回回人活跃于社会的各个层面，尤其是来自军卫系统的回回人成为支持清真寺活动不容忽视的力量。[4]这正是明初大量吸纳前元官军、安插卫所的结果，也体现了明朝政权的多民族特点。

明朝秉承"神道设教"的实用主义方式对待宗教问题，主要从宗教与国家相关的意义上进行管理，对佛教、道教、伊斯兰教的态度一致，即宣扬宗教阴翊王化的政治功能，扶持符合明朝统治需要的宗教。[5]相应的，清真寺在申请札付时使用"祝延圣寿"来描述本寺进行宗教活动的目的，迎合了明朝统治的需求。

---

〔1〕 哈全安：《中东史 610—2000》（上），天津人民出版社 2010 年版，第 231 页。

〔2〕 魏良弢：《阿拉伯进入中亚与中亚伊斯兰化开始》，载《新疆大学学报（哲学·人文社会科学版）》2005 年第 3 期。

〔3〕 奇文瑛：《明代卫所归附人研究——以辽东和京畿地区卫所达官为中心》，中央民族大学出版社 2011 年版，第 11~23 页。

〔4〕 参见拙文《明代军卫与回回人——以北直隶定州〈重修清真礼拜寺记〉为例》，载《回族研究》2012 年第 3 期。

〔5〕 对明朝宗教管理制度和政策的研究，参见赵轶峰：《明代国家宗教管理制度与政策研究》，中国社会科学出版社 2008 年版。

　　佛道二教以本土信众为主，伊斯兰教则不同，主要流传于特定的人群。明朝对伊斯兰教的宽容态度，表现出"因俗而治"的管理精神。清真寺札付的施行从两京敕建（赐）清真寺扩展到各地大小不一的清真寺，其现实意义是双向的。从官方的角度说，札付是明朝政府管理清真寺的手段，同时也通过对清真寺的控制间接触及了王朝境内回回人的日常生活，达到"以教驭回"的目的。从民间的角度看，札付的颁行代表了伊斯兰教在明王朝统治下的合法地位，它不仅保障了清真寺的存在与运行，也承认了王朝境内回回人宗教生活的合法性。

明清"水田彝"的国家化进程及其族群性的生成
——以四川冕宁白鹿营彝族为例

山东大学儒学高等研究院 龙 圣

一、引言

边疆族群是如何整合进国家的？这一问题，是理解"大一统"中国形成的重要途径。长期以来，学界习惯于用国家政治、经济、军事和教育制度从中心向边缘的推移来描述其过程。这种"自上而下"的视角，事实上仍然延续着中国传统的以中原为中心"一点四方"的思维模式，将边疆族群进入国家视为被动的接受过程，而未能充分考虑其能动性。[1]

上述不足促使后来以科大卫、刘志伟、陈春声、萧凤霞等为代表的"华南学派"尝试以"自下而上"的视角，来理解华南及其族群与国家的关系。围绕地方如何整合进国家这一问题，他们从礼仪传统、传说故事、神明崇拜等角度进行了深入探讨。例如，科大卫认为，礼仪改革构成了国家与社会关系最重要的部分，而且可能是边陲地区整合到国家过程中最重要的元素。[2]他指出，学校祭孔和朱子《家礼》早在宋代的广州就已经出现，由此开启了珠江三角洲国家化的序幕，但这一地区真正被吸纳进国家主要还是在明代。随着明初以来里甲编设、科举恢复，由地方人士推动的正统礼仪在 16 世纪遍

---

〔1〕 本文原发表于《社会》2017 年第 1 期，作者在原文基础上进行了适当的修订，感谢《社会》编辑部授权本书转载。蓝勇：《历史时期西南经济开发与生态环境》，云南教育出版社 1992 年版，第 5~6 页。

〔2〕 参见科大卫：《现代中国的国家与礼仪：评"民间社会"论争》，载氏著：《明清社会和礼仪》，北京师范大学出版社 2016 年版，第 298~311 页。

及珠江三角洲乡村，宗族借助礼仪将自己"士绅化"，地方由此被整合进国家的"礼教"秩序当中。[1]刘志伟指出，为开发和控制沙田，明初在珠江三角洲定居的老居民利用种种国家制度和文化象征——如建构符合国家礼仪以及具有士大夫传统的宗族[2]，祭祀象征正统性的北帝[3]——把自身在地方上的权力与王朝正统性相联系。[4]

华南研究显示，随着明初以来户籍、土地、税收及科举等制度的推行，地方群体为获得资源控制的优势，往往有意识地利用制度、礼仪、文字、信仰、传说等象征正统的手段建构起地方社会对国家的认同，从而使国家秩序得以在边疆确立和巩固。边疆族群由此被整合进"大一统"国家当中。概言之，"华南学派"在探讨边疆族群的国家化进程时，强调当地人的能动性，将"大一统"国家的形成理解为地方积极利用国家话语进行社会建构的过程。[5]

与华南的经验不同，詹姆斯·斯科特（James C. Scott）敏锐地注意到，我国西南边疆的部分高地族群在国家化进程上有其特殊性。他指出，居住在泰国、老挝、缅甸、柬埔寨、越南以及中国西南四省（川、黔、云、桂）部分地区海拔300米以上的高地族群，长期采取刀耕火种、不用文字等手段逃离国家统治。直到晚近国家力量绝对强大，这些高地族群才最终结束无政府的状态。[6]在斯科特的描述中，我们看到高地就像是一个吸纳人口的容器，

〔1〕 参见科大卫：《国家与礼仪：宋至清中叶珠江三角洲地方社会的国家认同》，载《中山大学学报》1999年第5期；科大卫、刘志伟：《宗族与地方社会的国家认同——明清华南地区宗族发展的意识形态基础》，载《历史研究》2000年第3期。

〔2〕 参见刘志伟：《地域空间中的国家秩序：珠江三角洲沙田-民田格局的形成》，载《清史研究》1999年第2期；刘志伟：《从乡豪历史到士人记忆——由黄佐〈自叙先世行状〉看明代地方势力的转变》，载《历史研究》2006年第6期。

〔3〕 刘志伟：《神明的正统性与地方化——关于珠江三角洲北帝崇拜的一个解释》，载中山大学历史系编：《中山大学史学集刊》（第2辑），广东人民出版社1994年版。

〔4〕 萧凤霞、刘志伟：《宗族、市场、盗寇与蜑民——明以后珠江三角洲的族群与社会》，载《中国社会经济史研究》2004年第3期。

〔5〕 刘志伟：《地域社会与文化的结构过程——珠江三角洲的历史学与人类学对话》，载《历史研究》2003年第1期。

〔6〕 James C. Scott, *The Art of Not Being Governed：An Anarchist History of Upland Southeast Asia*, New Haven：Yale University Press, 2009.

不断有平地上的人迁入其中，逃离国家，却看不到高地上的人迁向平地，融入国家，因此高地族群的国家化进程显得相当晚近、被迫和单一。那么，高地族群的国家化是否还存在其他的方式？其过程对族群性（族群性质和文化特征）的生成有着怎样的影响？本文将以四川冕宁白鹿营"水田彝"这一个案对这些问题作进一步的探讨。

二、从高山到平地：明万历年间白鹿营彝族聚落的形成

白鹿营，是四川省冕宁县河边乡新安行政村下的一个地名。在当地，汉、彝杂居，已连成一片，难分彼此。由于白鹿营彝族居住在平坝地区，种植水稻，故被称为"水田彝"。而从现存文献来看，其聚落的形成可追溯到明朝万历年间，与宁番卫招募高山彝人充当营兵、抵御地方叛乱有关。

（一）万历三十六年宁番等卫的叛乱

白鹿营所在的冕宁县位于大渡河南岸。发源于该县北部的安宁河，其向南流经今西昌、德昌、会理、盐源等县市，最后注入金沙江。历史上，安宁河一线东有大凉山罗罗（彝族），西有雅砻江番部（藏族），是沟通川滇、控扼番罗的战略要地。因此，明朝初年沿着安宁河流域自北向南设有越巂（今越西县）、宁番（今冕宁县）、建昌（今西昌市）、建昌前（今西昌市）、会川（今会理县）、盐井（今盐源县）六卫及八守御千户所，屯军五万八千名，以保障川滇要道的畅通。[1]此外，明朝又在卫所之下设建昌、德昌、威龙、普济等土官辅助统治。[2]

明初，宁番、建昌等卫兵多粮足，军力强盛。至明万历年间，由于环境恶劣、粮饷拖欠、卫官剥削等原因，卫军大量逃亡，只剩五千余名。宁番等卫势力衰退，难以有效控制周边部落。[3]此外，自明朝中期以来，该地区最大的土官——建昌卫土指挥使安氏接连缺乏子嗣，其族人为争袭土职而屡次

〔1〕（清）黄廷桂等：《四川通志》，载《景印文渊阁四库全书》（第560册），台湾商务印书馆1986年版，第61页。

〔2〕（明）李贤：《明一统志》，载《景印文渊阁四库全书》（第473册），台湾商务印书馆1986年版，第556页。

〔3〕（清）黄廷桂等：《四川通志》，载《景印文渊阁四库全书》（第560册），台湾商务印书馆1986年版，第61页。

教唆周边部落反叛，祸及当地卫所。[1]因此，明后期宁番、建昌等卫周边部落的反叛变得日益频繁。

万历三十六年（1608年）十月二十二日，因争袭之故，建昌卫土官安世隆被部下刺杀身亡，随后引起一系列地方叛乱。时任四川巡抚的钱桓对此有详细的记载：是年十月二十七日，宁番卫梅子村西番白衣呷与数十罗罗烧抢刘家屯，砍伤汉人刘仲礼。次日，大凉山沈喳、桐槽（今属喜德县）等罗罗与打冲河（雅砻江上游支流）两岸山区的洗租、坝险、瓦都等寨西番、罗罗在泸沽（今冕宁县泸沽镇）、高山堡会合，劫掠宁番卫中所屯。二十九日，宁番卫军人杨勋一家八口遇害，数十人被掳，余众纷纷逃散。十一月初二至初六日，各部再度焚掠宁番卫屯堡，抢劫军人王庆二、秀才周化新等家，掳去步于启等十二人及牛马财物，杀死一人，打伤三人。初七日，宁番卫天王屯、李百户屯、大堡子遭到劫掠，四十余人遇难。初八初九两日，各部又联合攻打宁番卫吴海屯、文莊屯、天王屯、李百户屯、景百户屯、高山屯、郑百户屯等，掳去杨植三全家，并声言围攻宁番卫城。十二月初七日，坝险、雪坡、桐槽、沈喳等寨数百人兵分两路向宁番卫城进发，沿路烧抢屯堡，掳去陈奇策、周熙、陈嘉福等人，杀死一人，抢去各屯牛马等财物。同月二十五日，阿都等寨千余人又分四路围攻宁番卫城，在遭到守城官兵阻击后始陆续散去。[2]

（二）招募营兵与白鹿营等彝族聚落的形成

明后期的宁番卫军力日衰，遇到叛乱，无力抵御，以致屯堡屡被劫掠。为免形势恶化，该卫不得不从民间招募武装，以应对叛乱：

> 据报情形，则宁番一带涂炭已甚，该卫署印千户李应春、操捕镇抚欧应时招能捍御，而夷且戕官梗道，羽书不通，径行阻绝。[3]

"招能捍御"，说明宁番卫在卫军不足的情况下从民间招募了一批武装来

---

〔1〕（清）顾炎武：《天下郡国利病书》，载《四库全书存目丛书》（史部第172册），齐鲁书社1996年版，第118页。

〔2〕（明）钱桓：《按蜀疏草》卷九，中国国家图书馆藏，清抄本。

〔3〕（明）钱桓：《按蜀疏草》卷九，中国国家图书馆藏，清抄本。

抵御叛乱。所募武装的情况，在康熙五十二年（1713年）的一份档案中有比较详细的记载。

> 本年八月十五日，据南山营夷民普车、脚呼、沈喳、别咱一十二家等诉前事，词称情因万历三十六年夷人大反，烧杀屯堡，地方空虚，无人掌渡，公文稽迟，往来阻隔，有宁番卫绅衿头人于冕山赵操司台前公呈招蚁等赵四一十二家于南山营摆渡，拨给中前二所绝业荒田四十八石，承粮四石八斗，令蚁祖等开垦抵纳，上而应渡公文粮草，下而看守河西路道。[1]

以上材料反映出叛乱发生后宁番卫招募武装的一些重要信息。第一，在当地汉族官兵逃亡严重、无人可募的情况下，宁番卫从附近少数民族当中招募了一批营兵来应对叛乱。第二，营兵帮助宁番卫看守道路、传递公文、撑船应渡等，这与明代文献记载当时"戍官梗道、羽书不通，径行阻绝"的情形相吻合。第三，就族别而言，所招营兵为彝族，而且是居住在高山地区的彝族。如上文提到的沈喳、别咱皆是明代大凉山有名的"黑罗罗"（即家奴众多、势力强盛的"黑彝"）。上文的"冕山赵操司"，乃冕山桥守御千户所赵千户。该千户所隶属宁番卫，位置逼近大凉山腹地，与越巂卫相近。宁番卫正是通过该千户所招来高山彝族。可见，所谓"招能捍御"，其实是指招募有势力且愿为卫所效力的高山彝族来抵御叛乱。第四，作为回报，宁番卫将河谷地带的荒芜田地拨给彝兵耕种。因此，彝兵得以从高山迁到平坝定居，从而形成彝族聚落南山营。

事实上，万历三十六年（1608年）宁番卫招募的营兵不止南山营一处。康熙五十二年（1713年）的另一份档案记载，"（前缺）反乱，设立赵操司，招夷立为八营，以为护身之符"[2]。可知，当时宁番卫一共招募了8个营的兵力。除南山营外，白鹿营也是其中之一。白鹿营鲁姓彝族收藏的一份明代契约对此记载：

---

〔1〕 清代冕宁档案，档案号：400—49。

〔2〕 清代冕宁档案，档案号：1—31。

计开白鹿沟白鹿营夷民自□□坐落白鹿营一十四里，其地方四至，东至齐菩萨，南至齐朱家坟，西至水沟，北至齐烧人厂……文香水沟四至，上齐白塔沟，下齐沙帽石，两边齐山脚旱地，中共齐水沟……留此遗约，子孙永远为照。其有水田、旱地交与戥之、阿思、刻牛、哈拉、脚糯、落牛，此夷人六兄弟耕种开垦栽种，其俞宅子孙不得后来争论。

万历三十六年冬月初一日立字人俞洪。[1]

如前，土官安世隆于万历三十六年（1608 年）十月二十二日身故，二十七日叛乱即起。而这张契约立契时间在万历三十六年（1608 年）冬月初一日，即叛乱发生的第四天，可知白鹿营鲁姓祖先在叛乱发生后不久即被宁番卫招为营兵。关于这点，鲁姓乾隆五年（1740 年）的一份资料有更为明确的记载：“情因夷民先年住居巴姑，因万历三十六年番夷大叛，无人看守地方。蒙余守爷拨夷看守白鹿沟，世代守法。”[2]可见，白鹿、南山二营皆形成于万历三十六年（1608 年）。而且，两者在某些方面具有相似性。

第一，二者皆属冲要，是宁番卫“招能捍御”的重要据点。南山营位于安宁河与白鹿河的交汇处，乃交通枢纽，故设该营负责传递文书、撑船应渡。而白鹿营（所在之地名叫“白鹿冲”或“白鹿沟”）位于南山营以西，是打冲河东岸山区向安宁河平坝延伸的缓冲地带，也是附近山区部民进入宁番卫的必经之地（参见图 1）。据载，明后期山区部民常通过白鹿冲进入并骚扰宁番卫屯堡，“各番贼朝夕出没，东西抢掠，势甚猖獗，恐稍迟缓，益难收拾。又查前贼俱系白宿瓦、阿都、阿尾、坝险等寨番夷，屡年劫害，巢穴在于麻科等一十六村寨，路通宁番卫，地名白鹿冲”[3]。由前可知，阿都、坝险等寨正是万历三十六年（1608 年）叛乱的主要参与者，因此叛乱爆发后，宁番卫随即招募鲁姓祖先等众人在白鹿冲开设白鹿营，以抵御上述各寨对卫所屯堡的侵扰。而鲁姓祖先之所以被招为营兵，一个重要的原因就在于他们有兄弟六人，其下又各有不少家奴，人多势众，符合宁番卫“招能捍御”的需求。

---

〔1〕《万历三十六年俞洪立契》，冕宁县鲁洪友藏。

〔2〕《乾隆五年厄易诉状》，冕宁县鲁洪友藏。

〔3〕（明）钱桓：《按蜀疏草》卷九。

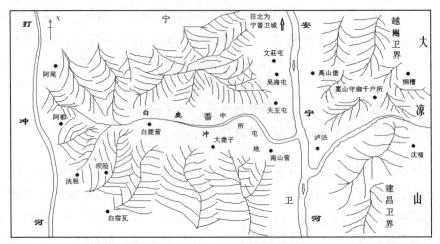

图1　明代后期宁番卫白鹿营及其周边形势示意图

　　第二，与南山营彝族一样，白鹿营鲁姓祖先原本也是高山彝族。上文提到鲁姓祖先原本居住在巴姑，其后迁到白鹿营。据明代文献记载，巴姑是越嶲卫高山地区的一个罗罗寨落，与卫所官兵交往密切。万历三十二年（1604年）二月十九日，越嶲卫徐世忠家遭脚白、那古等人烧抢。二十二日，巴姑罗罗就帮助官兵将脚白擒获。[1]可见，巴姑罗罗是越嶲卫附近的高山彝族，平时与卫所关系较好。这是宁番卫能在叛乱发生后迅速招来鲁姓祖先充当营兵的一个重要因素。此外，在田野调查过程中，鲁姓亦称其祖先来自凉山腹地——越西、昭觉，可与明代文献记载的巴姑位置相印证。综合文献与调查可知，白鹿营鲁姓祖先原本也是高山彝族，因被宁番卫招为营兵，才由高山迁往安宁河平坝定居，从而形成白鹿营这一彝族聚落。

　　第三，除南山营以外，白鹿营彝族也获得了大片的土地资源。据上述契约记载和笔者实地考察可知，白鹿营鲁姓祖先获得的土地主要包括山地和水田两部分。其中山地位于今冕宁县河边乡河边场以南不远处，当地人称之为"鲁家山"。该山坐南朝北，有三条山脊向平坝延伸，分别叫作"菩萨山""灵牌山""祖坟山"。水田则位于鲁家山下的平坝上，以河边场后的一条水沟〔即万历三十六年（1608年）契约记载的"文香沟"〕为界，延伸到鲁家

――――――――――
〔1〕（明）钱桓：《按蜀疏草》卷九。

山脚下的水田皆属鲁姓彝族所有。土地资源的获得具有重大的意义,它一方面为白鹿营、南山营等彝族聚落的形成奠定了基础;另一方面也改变了这些彝族的生产方式,使其从高山上的放牧和渔猎经济向平坝上的农耕经济转变。"水田彝"也因此逐渐与高山彝族区别开来。

三、清初至乾隆晚期的白鹿营及其彝族特征

白鹿营等彝族聚落在战乱中形成,不久之后又经历了明清更迭、三藩之乱等重大变故,这些动荡使得位于平坝上的白鹿营长期保持着自身的独特性。从清初直到乾隆晚期,白鹿营在聚落形态、权力格局和风俗文化等方面,与周边汉族村落皆有很大的不同。

(一)"夷多汉少"的聚落形态

如前所述,明后期白鹿营附近汉族屯堡稀少,其所在的白鹿沟甚至一度被视为"贼巢"。这一"夷多汉少"的局面在入清后很长一段时期仍得以延续。

清初,宁番等卫势力进一步衰退,先是遭到附近山区部落的入侵,"顺治十八年,总镇王明德调征川东后,凉山各寨番猓啸聚,大众盘踞冕山、相岭,劫杀桐槽站屯堡,商旅不行,塘拨不通"[1]。后因吴三桂叛乱,卫所沿边各部也纷纷反叛,"苗蛮俱叛为贼,处处把截,道路不通"[2]。受其影响,许多原属宁番卫管辖的地方纷纷脱离控制,白鹿营也不例外。直到康熙四十九年(1710年),它才随同附近的几个寨落向清朝投诚。由于它们都是彝族聚落,故清朝在白鹿沟设立白路土百户(亦写作"白露土百户")一名,下辖饿巴堡、大湾子、洗租、马石甲、五里牌五大寨落。[3]白鹿营,是饿巴堡寨落下的一个小聚落。在此之前,白鹿营一度游离于卫所之外,附近汉人罕至,更无汉人聚落。

土司设立后,上述局面逐渐有了变化。据载,康熙晚期以来,白鹿营附近开始陆续有零星的汉人迁入。例如,叶显青原为建昌卫礼州人,在康熙末

[1] (清)黄廷桂等:《四川通志》,载《景印文渊阁四库全书》(第560册),台湾商务印书馆1986年版,第56页。

[2] (清)赵良栋:《奏疏存稿》,中国国家图书馆藏,清康熙刻本。

[3] 《民族问题五种丛书》四川省编辑组编:《四川彝族历史调查资料、档案资料选编》,四川省社会科学院出版社1987年版,第248页。

年移居白鹿。[1] 又如，陕西西安府鄠县人王昇元于康熙四十七年（1708年）至宁番卫做买卖，于雍正二年（1724年）搬往白鹿居住。[2] 雍正六年（1728年）宁番卫改冕宁县后，为钳制土司，清朝在白鹿沟设立白路汛（隶属怀远营），逐渐形成以该汛为中心的汉人聚落——河边堡。尽管如此，其汉人数量直至乾隆晚期都十分有限。乾隆五十九年（1794年），冕宁知县阳丽中便指出，该县有泸沽、冕山、河边堡等镇店村庄共计二十四处，其中"惟泸沽、冕山为最胜之地，居民铺户约有百十余家，其余仅有数十余家，参差不齐，人民稀疏"[3]。可见，迟至乾隆晚期，白鹿营附近虽已逐步形成汉人聚落，但因汉人数量稀少，并未能改变白鹿营附近"夷多汉少"的聚落形态。

（二）以"耆宿"为主导的权力格局

至少从清初以来，宁番等卫的非汉民族聚落都自立有"耆宿"，负责管理地方各种事务。康熙四十九年（1710年）的一份档案对此记载，"本朝定鼎六十余年，番蛮率皆畏威怀德，无敢横肆，但土司民人旧有宣抚司、宣慰司、千户、百户管辖，部落亦有自立耆宿头人聚处山谷者"[4]。通常，每一聚落设耆宿一名，某些较大的聚落则设有多名，而多个聚落又可联合选出一名总耆宿。例如，宁番卫儿斯寨落由秃别爵右堡、喇嘛堡、阿自尔堡、七儿堡、哑喳堡、那乌堡、坡那堡七个聚落构成。秃别爵右堡较大，设有董不呷额鲁、案不阿布两名耆宿；其余六堡较小，各设一名耆宿；此外，董不呷额鲁还是儿斯七堡的总耆宿。[5] 耆宿是地方领袖，有较高的权威和地位，负责处理地方大小事务。关于这点，儿斯百姓曾表示："我们蛮子但遇地方上有事，都要报之耆宿，听他的话。"[6]

康熙四十九年（1710年）设立土司后，宁番卫各土司虽然名义上统辖有

---

[1] 清代冕宁档案，档案号：1—1。

[2] 清代冕宁档案，档案号：42—29。

[3] （清）阳丽中：《冕宁县志清册》，载《故宫珍本丛刊》（第17册），海南出版社2001年版，第93页。

[4] 中国第一历史档案馆编：《康熙朝汉文朱批奏折汇编》（第3册），档案出版社1984年版，第90~91页。

[5] 清代冕宁档案，档案号：15—26、15—27、15—28。

[6] 清代冕宁档案，档案号：15—28。

为数不等的聚落，但聚落的实际管理仍由各自的耆宿负责。但与此同时，耆宿开始受官方干预，其任职需经官方备案和发给委牌。尽管如此，耆宿的权威并未动摇，反而得到了官方认可。这点可从雍正五年（1727年）官方发给白鹿营耆宿必车的委牌看出：

> 为此牌给该耆宿等遵照，嗣后务宜约束村寨夷人保固地方，各安住牧，上纳大粮，不得拖欠抗□，共享太平之乐。其有偷牛盗马，拉绑人口，招匪类勾引滋事以及私行认纳卡帐，查出一并重究……右给白鹿营耆宿必车，准此。[1]

由上可知，白鹿营虽属白路土百户管辖，但耆宿必车才是具体的管理者，负责约束部落、维持治安、派催赋役，等等。在必车之后，其子厄意（亦作"厄易""厄义"）继承了白鹿营耆宿一职，"照得白鹿营耆宿必车业经年老，难以拨派差役。其子厄意，今看得年力健壮，堪以替补，合行委知……右牌给白鹿营耆宿厄意，准此"[2]。据记，厄意从雍正五年（1727年）起任白鹿营耆宿，雍正十一年（1733年）获牌连任，直至乾隆初年（1736年）。此后，厄意之弟恩易（亦作"恩义"）接任白鹿营耆宿一职。乾隆七年（1742年），恩易在官府扶持下，获得了更高的权力和地位：

> 照得本营所属白鹿沟地方为番保杂居之地，其中各堡夷寨俱有耆宿管理夷务，若不委总耆宿一名管束办理夷情事务，必至互相推委卸，事无以专其责成，今本府查得耆宿一名恩易，为人勤慎办事，甚属急公，堪以委用总耆宿事务。[3]

白鹿营耆宿恩易出任白鹿沟总耆宿，其权势已超出白鹿营的范围，具有了跨村落的权威。这表明官方希望通过扶持基层精英，削弱土司势力，以深入控制基层社会的目的。这点在乾隆十四年（1749年）官方发给恩易的委牌

---

〔1〕《雍正五年二月委白鹿营耆宿必车牌文》，冕宁县鲁洪友藏。
〔2〕《雍正五年又三月委白鹿营耆宿厄意牌文》，冕宁县鲁洪友藏。
〔3〕《乾隆七年委白鹿沟总耆宿恩易牌文》，冕宁县鲁洪友藏。

中有进一步的体现：

> 照得白鹿地方设有百户一名，然夷多众繁，管理不周，安分畏法者
> 固有，而为匪作歹者甚多……而百户一人不能独理，今认得众夷内惟有
> 恩易（中残）壮，堪以委用耆宿头目之职，诸事合同百户办理……右牌
> 仰白鹿营总管耆宿恩易，准此。[1]

对比前后两张委牌，虽然两者在内容上都是委以恩易总耆宿之职，但后者将委任的原因归咎为土司"管理不周""一人不能独理"，并进一步明确了总耆宿的职责是"诸事合同百户办理"。这既有突显总耆宿的地位和赋予其跨村落权力的意味，也流露出官方希望通过扶持总耆宿来削弱土司权威的目的。而此次继任总耆宿后，恩易在地方上的权势也的确有所增长，就连土司也得让其三分。例如，乾隆二十一年（1756 年），冕宁县安姓土司与白鹿营恩易等人发生山地纠纷，结果土司屈服，不得不向恩易等人写立字据：

> 立判文约石古鲁安土司同男二人，今判到白鹿营菩萨山上下梁子三架，比日当面言定，交与恩易、鲁必成护养山场菩萨山，永远掌管，不许砍伐……今恐人心不一，立判约存据。
> 凭中：菊花、杀答、吴加、阿保、普铁、必租、普滋、日歪、录木呷
> 乾隆二十一年十月廿日立判约石古鲁安土司同男代笔安代书[2]

另外，道光二十四年（1844 年）的一份资料记载，"情民祖籍原系白鹿地界，居住数十载，遗留菩萨山、灵牌山、祖莹山共三架，累代看守禁习，迄今二十余辈，毫非不染，春耕度食，不卜乾隆二十年突遭安土司争占无据，出约与民，并无祸由"[3]。结合两份资料可知，安土司欲侵占白鹿沟总耆宿恩易家族山地失败，被迫写立字据。为挽回颜面，字据虽承认山地归恩易等人所有，但是是以"判给"的口吻写就。通过这个案子可以看出，在官府的

---

[1]《乾隆十四年委白鹿沟总耆宿恩易牌文》，冕宁县鲁洪友藏。
[2]《乾隆二十一年安土司判约》，冕宁县洪友藏。
[3]《道光二十四年正月夷民为汉霸夷业报存免患事》，冕宁县鲁洪友藏。

扶持下，耆宿在地方上的权威日益增长，形成与土司分庭抗礼的局面。

乾隆二十八年（1763 年），恩易病故，耆宿一职仍由其子龙神保继承，"查白鹿营恩义病故，所遗耆宿一缺未便乏人。今看验得伊子龙神保年力精壮、语殊诚实、办事勤龟，堪以委用，拟合行委……右给耆宿龙神保，准此"[1]。龙神保任白鹿营耆宿始于乾隆二十八年（1763 年），截止时间不明，但一份乾隆五十五年（1790 年）的契约仍记载有"耆宿龙神保"字样[2]，说明直至乾隆晚期，白鹿营的管理仍然以耆宿为主导。

（三）彝族文化的延续

自定居平坝后，白鹿营等彝族与之前相比有更多机会接触卫所汉族官兵，然而直到乾隆后期他们仍延续着浓厚的本民族文化，受汉族影响较小。据乾隆中后期编修的《皇清职贡图》记载：

> 冕宁县虚朗、白露土司多西番种，亦有罗罗，服食与右所等处略同，性顽狡，喜斗，出必操弓弩，颇以耕种为业，妇女多不事纺织，常沿河捕鱼以食。[3]

上文"右所"指的是隶属于盐源县会盐营的右所土千户，《皇清职贡图》对其管辖的彝族亦有描述："盐源县右所土千户居喜得寨，所管罗罗椎髻、短衣，佩刀跣足，常击竹筒于腰，妇女挽髻束帕，衣裙亦同近边民妇，性顽黠，颇知耕牧织作，岁输庄麦为赋。"[4]结合两段材料，可看出乾隆中后期白路土司所管白鹿营等彝族社会的文化状况：

第一，生产方面。白鹿营等彝人以"耕种为业"，这与其定居平坝后获得土地资源是分不开的。此外，女子不善纺织，以捕鱼为副业，则说明其在农业经济发展的同时，仍带有少量渔猎经济的残余。

第二，服饰方面。白鹿营等彝族男子椎髻、短衣、赤足，常带武器出入，

---

〔1〕《乾隆二十八年委白鹿营耆宿龙神保牌文》，冕宁县鲁洪友藏。

〔2〕《乾隆五十五年邓姓立约》，冕宁县鲁洪友藏。

〔3〕（清）傅恒：《皇清职贡图》，载《景印文渊阁四库全书》（第 594 册），台湾商务印书馆 1986 年版，第 609 页。

〔4〕（清）傅恒：《皇清职贡图》，载《景印文渊阁四库全书》（第 594 册），台湾商务印书馆 1986 年版，第 609 页。

与清朝汉族男子装束差异较大。彝族女子挽髻束帕，衣裙则与沿边地区汉族女子相似。

第三，姓名方面。白路土司百姓大多使用彝名，极少使用汉名。如雍正五年（1727 年）到乾隆晚期白鹿营的四位耆宿必车、厄意、恩易、龙神保，皆使用彝名，仅有极个别例外，如耆宿家族中的鲁必成。可见，白鹿营等彝族直到乾隆晚期依然延续了较多的民族文化。

四、乾隆晚期以来白鹿营"水田彝"的形成

清初至乾隆晚期，白鹿营在聚落形态上"夷多汉少"，在权力格局方面以耆宿为主导，在文化上延续了较多的彝族文化。这种局面随着乾嘉之际移民的大量到来被打破，白鹿营与移民一同被编入保甲体系。在与同甲汉人的互动过程中，白鹿营彝族的聚落及经济形态、权力格局和风俗文化与此前相比都有了极大的转变，国家认同感日益增强，最终形成有别于高山彝族的"水田彝"。

（一）聚落与经济形态的演变

随着清前期四川移民开发的不断深入，至乾隆中期，四川盆地的开发趋于饱和。因而乾隆晚期以来，许多人迫于生存压力纷纷转向开发较晚的川边土司地区谋求生计。而冕宁县偏居川西南，又辖有二十余家土司，因此成为流民前往开发的主要地区之一。乾隆五十五年（1790 年），冕宁知县汤兆祥就提到有流民潜入本县土司地区开荒："惟怀远夷疆隙地最为辽阔，向来流民藏匿其中开垦火山"[1]。此处的"怀远夷疆"指冕宁县西南部怀远营附近的白路、河西、墟郎等土司地区，流民常潜入其中焚林开荒，谓之"开垦火山"。白鹿营属白路土司所管，情况亦然。据载，乾隆后期已有流民在其后山开垦种地：

> 立写承恳文约人邓成富、邓成述因先年混单开山地二段，有众姓人等公议，自来后山原系牧牛之地。因此耕种并无草场放看，今三屯公议放牛践踏，有富、述情愿写出恳约，来年永不耕种，若有言不复初，仍蹈前辙，恳从三屯人等执约复公，自干领罪，今恐人心不古，立写永不

---

[1] 清代冕宁档案，档案号：158—4。

耕种文约与众姓人等为凭为据。(中略)

乾隆五十五年七月初四日立承恳文约邓成富、邓成述[1]

契约显示,有邓成富、邓成述二人在白鹿营等聚落后山开垦种地,破坏了山上的草场,不利于放牧,于是众人放牛践踏邓姓所开山地,并要求二人写立字据,保证今后不再耕种。

嘉庆年间,因川陕白莲教起义的影响,又有流民大量到来并涌入冕宁等土司地区,"宁远府属夷地,多募汉人充佃。自教匪之乱,川民避入者增至数十万人,争端渐起"[2]。文中的"宁远府"设于清雍正六年(1728年),下辖冕宁、西昌等州县。"夷地"即指宁远府所属州县的土司地区。嘉庆年间大量移民进入冕宁等州县土司地区,这进一步引起了当地聚落形态的演变,"有汉、夷共居一处者,有汉、夷间杂零星散处者,有汉民自成村落者"[3]。至此,土司地区先前"夷多汉少"的局面被打破。新形成的汉族聚落、汉彝杂居聚落对土司聚落形成包围之势,汉彝间的界限因此变得日益模糊。白鹿营所属的白路土司地区的情况也是如此,其道光年间的一份残缺户口册对这一变化有所体现,详情如表1所示。[4]

表1　道光年间白路土司汉彝户口统计表

族属	身份	户数/户		人数/人	
彝	地主	45		151	
汉	佃户	35	98		221
	买户	20	74		
	当户	15	45		
	不详	2	4		
汉彝人等		117		372	

[1]《乾隆五十五年邓姓立约》,冕宁县鲁洪友藏。
[2] 赵尔巽等撰:《清史稿》,中华书局1977年版,第11457页。
[3] 中国第一历史档案馆编:《清代皇帝御批彝事珍档》,四川民族出版社2000年版,第826页。
[4]《民族问题五种丛书》四川省编辑组编:《四川彝族历史调查资料、档案资料选编》,四川省社会科学院出版社1987年版,第325~328页。

通过上表可以看出白路土司地区聚落及经济形态的变化。

首先，在聚落形态方面，至道光年间，白路土司地区的汉彝人口比例变化巨大。在表 1 记载的 117 户当中，汉人 72 户共 221 人，彝人 45 户共 151 人，汉人在数量上已经超过彝人。日益增多的汉人聚落逐渐对白鹿营等土司聚落形成四面包围之势，这使得白鹿营及其附近地区先前"夷多汉少"的聚落形态发生了逆转性的改变。

其次，在经济形态方面，表 1 显示汉人主要是通过佃种、购买、押当土地三种方式在白路土司地区落脚。白鹿营鲁姓彝族文书对这三种土地流转方式均有所记载。例如，道光二十四年（1844 年），就有汉人黄凤高向白鹿营彝人鲁贵元租种山地，佃户黄凤高每年向地主鲁贵元缴纳地租三硕二斗。[1]除租佃外，白鹿营彝人也有将土地卖给或当给汉人的情形。例如，嘉庆二十三年（1818 年），彝人铁租、牡牛以十两银子的价格将山地一段卖与汉人宋国才。[2]道光十年（1830 年），彝人寿长将旱地一段当与汉人康子云，收取当钱一千文。[3]道光十八年（1838 年），又有彝人鲁鸡祖将旱地一段当与汉人陈志凤、陈志敖，收取当钱四千文。[4]在上述三种土地流转方式当中，租佃形式最多，这使得地主经济发展成"水田彝"的主要经济形态。

（二）耆宿及其权威的消失

随着乾隆晚期以来汉人数量的增长，保甲制亦扩展到土司地区。保甲组织成为地方权力中心并主导地方事务，将耆宿权威边缘化，导致耆宿最终走向末路。土司社会原有的权力格局因此得以转变。道光六年（1826 年）白鹿营等聚落所立"禁山碑"便透露出这一变化趋势。兹将碑文摘引如下：

　　本年六月初四日，据民人宋钦、邢奠安、杨国荣、潘君凤、呌咱、克丫等禀称清乡六甲新白三屯后山，原系汉夷共采薪之处，历年公同议禁，不许外来流民在山解板伐木，免致惊山降雪，有害粮田，今被肖成元同领数十人逐日在山解伐，雪雹猛雨，节次涨水，冲坏粮田无数，合

---

〔1〕《道光二十四年二月初八日黄凤高立租种山地文约》，冕宁县鲁洪友藏。
〔2〕《嘉庆二十三年三月二十六日铁租等立杜卖旱地文约》，冕宁县鲁洪友藏。
〔3〕《道光十年十月二十二日寿长立出当旱地文约》，冕宁县鲁洪友藏。
〔4〕《道光十八年腊月初八日鲁鸡祖立出当旱地文约》，冕宁县鲁洪友藏。

沟遭毒，为此禀请驱逐，万民沾感等情。[1]

碑文显示，道光年间有流民肖姓人等在白鹿营等聚落的后山伐木解板，导致水土流失，冲坏山下粮田，故众人联合起来向官府控告，并于获胜后立碑禁山。然而，领导此次地方事务的并不是白鹿营的耆宿，而是与其同甲的宋钦、邢奠安、杨国荣、潘君凤等汉人。据鲁姓资料记载，这些汉人都是晚近搬来的移民，例如宋姓来自冕宁前所，邢姓来自建昌，潘姓来自大春口。此外，下文即将出现的一些汉人亦是新移民，如谢姓来自西昌河东，邓姓来自冕宁菩萨渡，赵姓来自冕山，等等。[2]可见，与白鹿营一起编入保甲的新移民迟至道光年间已开始主导地方事务，以至于白鹿营耆宿逐渐从地方权力的中心走向边缘。

造成汉人开始主导地方事务的原因主要有二：第一个原因与土地登记有关。由于土司地区汉人剧增，清朝在嘉庆十八年（1813年）进行了清查，"凡汉种夷地，无论佃当顶买俱令呈验纸约、木刻，划清界址，载入册内，并散给门牌，编联填写，俾得互相稽覆。一载有余，始将夷界户口、地土编查清楚"[3]。通过清查对汉人在土司地区的土地进行登记和征税，表明官府承认了汉人移居土司地区的合法性，为其势力的发展奠定了基础。第二个原因与官府在土司地区推行保甲制有关。在清查过程中，官府趁机在土司地区编设保甲[4]，白鹿营与其他汉族聚落同被编入"清乡六甲"。在保甲制下，地方事务多由保甲组织主导，耆宿的影响力日渐减小。这点在道光晚期同甲汉人与白鹿营耆宿家族的争山一案中体现得尤为明显。

道光二十三年（1843年）末，白鹿营等聚落在汉人主导下贴出一张告示，其内容如下：

　　　　立出帖人刑玉魁、谢芝华、罗应富、邓元洪、鲁学礼、邓世晖、鲁桂、宋德荣、潘廷发、谢之□因先年白鹿营、菩萨山二屯所昔山场数年

─────────

〔1〕《道光六年新白三屯禁山碑》，冕宁县鲁洪友藏。

〔2〕《白鹿营外来汉人姓氏清单》，冕宁县鲁洪友藏。

〔3〕 中国第一历史档案馆编：《清代皇帝御批彝事珍档》，四川民族出版社2000年版，第829页。

〔4〕 清代冕宁档案，档案号：70-4~16。

有余，开木成林，被人私砍，目今二屯议论，公昔公砍，勿得争论，余等出帖奉告是实。[1]

白鹿营后山是耆宿家族的祖遗山场，并非同甲汉人所有，但告示却以"公昔公砍"为由，将其强说成公共山场。该帖还将当时的白鹿营耆宿"鲁学礼"之名列入其中，似乎意在表明耆宿家族也赞同此事。但稍后贴出的一张告示却又删掉了鲁学礼、鲁桂二人的名字：

> 立出帖人刑玉魁、谢芝华、罗应富、潘廷发、邓士晖、宋德荣、邓元洪等，因先年白鹿营、菩萨山二屯所昔山场数年有余，开木成林，被人私砍，目今二屯议论，公昔公砍，勿得争论，余等出帖奉告是实。道光二十三年十二月吉日立帖。
>
> 新白汉夷三屯人等知悉于正月初十日齐集贞祥寺公同商议开山进山，倘有一二人不到者，具罚钱一千二百文，不得见怪，勿谓言之不先也。[2]

对比两张告示，有两点值得注意：首先，第一张告示中的鲁学礼、鲁桂二名有可能为汉人擅自添加，目的在于混淆视听，制造耆宿家族认同山场为公山的假象。但事实上，耆宿家族并不认可，随即将此事告到营汛和土司衙门："不意今春，陡然白鹿营间出贫棍之人，两次三番出帖晓谕，齐集开砍菩萨山三架等语……被伊砍伐开垦，水尽山穷"[3]。因此推测，第一张告示发布后遭到耆宿家族反对，汉民才在第二张告示上将鲁姓二人名字删去。

其次，第二张告示提到的贞祥寺，应是清乡六甲白鹿营等村的"甲庙"。甲庙是保甲制度下的组织。清代冕宁县约在雍正六年（1728年）前后大规模编设保甲，其原则如其他州县一样以一百户为一甲，由于冕宁各村人户较少，通常是几个村合起来编为一甲。如后山、王二堡等村合编为一甲；羊桊沟、黄泥坡、河边堡等村合编为一甲；中屯、詹家冲等村合编为一甲；沙坝、羊

---

〔1〕《道光二十三年禁山告示》，冕宁县鲁洪友藏。

〔2〕《道光二十三年禁山及开山告示》，冕宁县鲁洪友藏。

〔3〕《道光二十四年白鹿营鲁姓诉状》，冕宁县鲁洪友藏。

房子等村合编为一甲，等等。[1]在甲之上为乡，一乡由数个甲组成，全县共计四乡。具体是：福宁乡六甲，阜宁乡五甲，长宁乡五甲，清宁乡八甲。[2]乾隆后期开始，冕宁各乡多去掉中间的"宁"字，简称福乡、阜乡、长乡、清乡。在上述保甲体系下，每甲包括数个村落，立一座或数座庙宇，形成一甲一庙，或一甲多庙的格局。比如清宁乡八甲三郎庙、清乡七甲观音寺、清乡六甲文昌宫、阜乡五甲土地庙、福乡又三甲三官庙，都是各甲的甲庙。[3]甲庙设有会首若干，在地方上扮演多种角色，如调处甲内纠纷、案件，举办庙会，管理各甲所属山场等。[4]尤其在山场方面，各甲都有其对应的一片山场，其封禁、砍伐等活动都由甲庙出面组织。例如，冕宁县文家屯、吴海屯、蜡拉白等村先前均属清乡四甲，后因人口增长，遂分作两甲：文家屯为清乡正四甲，吴海屯、蜡拉白等为清乡又四甲。但分甲后，正四甲的大庙一直控制着原四甲的山场，不让分出去的又四甲砍柴，后经官府剖段，原四甲山场被分割为两部分，一部分归正四甲，由其大庙管理，另一部分归又四甲，由其关帝庙管理。两甲分别在各自甲庙内立碑示众。[5]按照保甲制度下甲庙管理甲内山场的传统，白鹿营鲁姓被编入清乡六甲后，在汉人看来其山场就应该归其甲庙贞祥寺统一管理，所以才有了争山一事。由此可见，白鹿营被编入保甲之后，作为保甲组织的甲庙成为地方权力的中心，主导其地方事务，耆宿的权威则日益被边缘化，最终走向没落。

由于发现及状告及时，此次争山案以白鹿营耆宿家族胜利、汉人失败收场，"至道光廿十四年，汉民等出帖要霸砍夷山，夷兄约撒、受长等赴白鹿汛、申百户并乡保各处具有存报。后有汉民叠入夷山砍树，经夷拿获，均出字据"[6]。在这次事件中，虽然同甲汉人争山失败，但他们的势力日益壮大，

[1] 清代冕宁档案，档案号：111—21、149—57、149—63、131—12、55—36、55—37、157—76、146—67、60—51、58—5、58—6、150—46。
[2] (清)阳丽中：《冕宁县志清册》，载《故宫珍本丛刊》（第17册），海南出版社2001年版，第93页。
[3] 清代冕宁档案，档案号：63—66、222—31、166—85、168—31、230—34。
[4] 清代冕宁档案，档案号：222—31、168—31、230—34。
[5] 凉山彝族自治州博物馆等编：《凉山历史碑刻注评》，文物出版社2011年版，第228页。
[6] 《道光三十年白鹿营鲁姓诉状》，冕宁县鲁洪友藏。

已公然挑战耆宿家族，而耆宿在整个事件中并无作为，其族人采用"报官"的方式才保住家族财产，可见白鹿营耆宿在地方上的权威已极大衰退。

道光三十年（1850年），同甲汉人又卷土重来，再度争山："邓士辉、赵绪广等串武生邓元麟、陶得明欺夷良弱，本月初三日，恶耆陈忠英叫夷去观音寺向说，伊等劝留夷山入公砍伐，夷未应允。恶等肆凶，要将夷捆送白鹿汛，畏（惧）跑逃。"[1]对此，白鹿营耆宿家族显得十分谨慎，他们联合了冕宁县沙沟营、洗密窝等地共五房族人一同向冕宁县衙门申述。经判决，耆宿家族胜诉：

> 情夷堂弟鲁受长等报邓士辉等汉霸夷茔一案，沐准差提。殊邓元麟等恃衿勾串，得霸夷山，潜来朦恩封禁。恩镜高悬，照被奸思，批饬勘拿。本月廿四日，恩书奉票拢境，同地保周具来、申百户查勘，邓士辉指称朦恩封禁即夷菩萨山、祖茔山、灵牌山三驾，邓士辉谋占情实，无言质对。[2]

此案与上次一样，耆宿家族再次胜诉，但内情却颇有不同。一方面，同甲汉人此次争山以武生为后盾，来势汹汹，故耆宿家族更加谨慎，不再去营汛等武官衙门剖断，而是去县衙门找文官告状。另一方面，道光二十四年（1844年）以后的白鹿营鲁姓文书当中再也没有出现"耆宿"字样和鲁姓领导地方事务的记载。此时白鹿营耆宿名目或已被取消，更遑论对地方事务的管理。失去耆宿身份和权威的鲁姓彝人不敢掉以轻心，故举全族之力加以抗争。

综上，随着白鹿营被纳入保甲体制，保甲组织逐渐主导起地方事务，取代了白鹿营耆宿在地方上的权威。至晚清时期，作为村落领袖的白鹿营耆宿彻底退出了地方历史的舞台。

（三）风俗文化的转变

乾隆后期的白鹿营仍旧延续着鲜明的民族文化，随着土司地区汉人的增多、汉彝交往的日益频繁以及文教的传播，晚清时期白鹿营等彝族在风俗文化上亦有了较大的改变。

---

〔1〕《道光三十年白鹿营鲁姓诉状》，冕宁县鲁洪友藏。

〔2〕《道光三十年鲁姓合族诉状》，冕宁县鲁洪友藏。

1. 在服饰方面

乾隆中后期白鹿营等彝族男子依然束发、短衣、赤足，与汉族男子装束迥异。然而，晚清时期二者越发接近，咸丰《冕宁县志》记载彝族男子原本的形象为："罗罗椎髻，竹簪挽于额上，内裹蓝衫，外披黑灰毡衣，蓝白裤，赤足。"[1]但该段文字中又有一行小字解释说："近日，熟夷亦有薙发，服汉服者。"这表明，随着汉彝民族交往的日益深入，晚清时期白鹿营等土司管辖下的彝族男子在服饰上已越来越多地受到汉族的影响。

2. 在姓名方面

清初至乾隆晚期，白鹿营耆宿家族大都使用彝名，极少使用汉名。至晚清时期，他们使用汉姓汉名的情况则已相当普遍。在此不妨以道光三十年（1850 年）白鹿营耆宿家族所立碑刻为例加以说明。兹将碑文摘录如下：

> 窃照倮夷鲁先、鲁受长等之祖山一所，因有汉民贪业霸占，戕伐树木争角，该夷等呈控在案……汉民人等不得恃众沾碍……为此饬仰鲁姓五房人等，鲁先、鲁受长、鲁鸡祖、鲁祖、鲁维茉花并看山之杨吸呷等，遵照牌谕事理。（中略）
> 凭中：百户
> 三官：鲁齐元；洗密窝：鲁维秀、鲁维有；沙沟营：鲁维兴；重孙鲁呋铁、鲁吉宁保、鲁文志
> 同堡：文志、杨铁保、杨铁咱
> 大清道光三十年岁次庚戌瓜月下浣五房合族立[2]

据碑可知，原白鹿营原耆宿家族以"鲁"为姓，并广泛使用汉名，如鲁先、鲁寿长、鲁鸡祖、鲁祖、鲁维茉花、鲁齐元、鲁维秀、鲁维有、鲁维兴、鲁呋铁、鲁吉宁保、鲁文志。而且，同堡其他彝人也多使用汉姓汉名，如文志、杨吸呷、杨铁保、杨铁咱。以上名称，除鲁维茉花、鲁吉宁保较特殊外，其余与一般的汉名无异，已难以辨识其彝人身份。

---

〔1〕 （清）李英粲：《冕宁县志》，载《中国地方志集成·四川府县志辑》（第 70 册），巴蜀书社 1992 年版，第 1006 页。

〔2〕 凉山彝族自治州博物馆等编：《凉山历史碑刻注评》，文物出版社 2011 年版，第 146 页。

3. 在语言文字方面

据白鹿营鲁姓资料显示，光绪年间其家族当中至少就有鲁文治、鲁德治、鲁平海、鲁瓶海四位族人能够通过汉文书写契约。例如，光绪二十八年（1892年），鲁平海就曾代其族人写有借契一张，原文如下：

> 立出借银文约人鲁德大、鲁的兴二人，今因手事不便，要银使用，情愿凭中正借到董仕亮名下白银二十两整，比即三面言明。自借之后每年行利米九斗，其银借至来年十月内，利本如数一并相还，不得少欠分厘，倘若本利不清，情愿将自己水田五斗坐落乱石窖押当，凭随银主耕种拨当，借主不得异言，恐口无凭，立约为据。
>
> 凭中王大才代字鲁平海
>
> 光绪二十八年腊月廿日立约前名[1]

可以看出，晚清时期白鹿营部分彝人已能熟练地运用汉文。究其原因，一方面是因为汉彝经济交往越发频繁，文字记录在经济活动中变得日益重要，促使彝人学习和使用汉文。这点在冕宁其他彝族、藏族等土司地区也不例外。咸丰《冕宁县志》对此记载，"间有读书、习武、游庠序者，惟三大枝为盛，白路次之"，"冕邑之西番、保罗、摩梭，性虽鄙野，近来沐浴圣化，不少读书识字之人"。[2]另一方面，汉文的传播也与移居土司地区的汉族知识分子有关。例如，重庆府长寿县副榜向道华为躲避嘉庆五年的白莲教起义来到冕宁白鹿沟，开设学馆，为当地培养了不少人才，亦促进了地方文化风貌的转变。[3]

此外，晚清时期白路等土司地区使用汉语的情况也变得日益普遍，与嘉庆时期以前形成鲜明的对照。据乾隆四年（1739年）的档案记载，当时白路彝族土司尚不通汉语，为县官做事需代书办理，又因代书耳聋，办事常常出错，"因土职汉话不晓，兼之不明，故以代书耳聋错听，误写衙门使费"[4]。

---

〔1〕《光绪二十八年鲁德大、鲁德兴借约》，冕宁县鲁洪友藏。

〔2〕（清）李英粲：《冕宁县志》，载《中国地方志集成·四川府县志辑》（第70册），巴蜀书社1992年版，第1066页。

〔3〕（清）李英粲：《冕宁县志》，载《中国地方志集成·四川府县志辑》（第70册），巴蜀书社1992年版，第988页。

〔4〕清代冕宁档案，档案号：37—15。

土司不通汉语,其百姓也不例外。例如,彝人噜租先前居住在白鹿营,乾隆三十八年(1773年)搬往坝险(属冕宁瓦都土目管辖),直到乾隆四十年(1775年),他依然"汉语不熟"[1]。晚清时期,上述情况发生了较大的变化。例如,嘉庆《重修大清一统志》记载"倮罗赋性刁顽,不通汉语",而咸丰《冕宁县志》则纠正说"近来亦有能汉语者"[2],说明晚清时期包括白鹿营在内的彝族土司百姓会说汉语者日多。

(四)国家认同的增强

道光以来社会环境不断变化,使白鹿营鲁姓彝人与国家的关系变得更为紧密,其对国家的认同进一步增强。以争山案为例,道光二十三年(1843年)第一次争山,鲁姓彝人的应对办法是向直属的土司和附近的营汛申诉。但在道光三十年(1850年)争山案中,由于对方势力更为强盛,他们调整了策略,选择更能代表国家权威的县衙门进行控告。为获得支持,他们还采取向国家登记土地和纳税的方式来保护自己的财产:

> 蒙县主业已断明,其夷之菩萨山、灵牌山、祖坟山,原系夷等祖遗山场,每年上纳地丁条银一钱二分一厘五毫,乃旧断归于夷五房合族经管,汉民人等不得恃众沾碑,当堂具结在案,嗣后不得以强越占。[3]

选择向国家纳税来强化自身对土地的控制权,说明白鹿营鲁姓彝人已经认识到:在日益变化的社会环境当中,国家不再是可有可无的存在,只有借助国家的力量才能保障自身的利益诉求。在激烈的资源竞争下,白鹿营鲁姓彝人对国家的认同进一步增强。除此以外,白鹿营彝人于道光三十年(1850年)争山案胜诉后编撰了一个关于其山地历史的故事并将之刻在石碑上,用来阻止汉人进山砍伐,而这个故事也透露出他们对国家的强烈认同。其内容如下:

---

[1]《民族问题五种丛书》四川省编辑组编:《四川彝族历史调查资料、档案资料选编》,四川省社会科学院出版社1987年版,第305页。

[2](清)李英粲:《冕宁县志》,载《中国地方志集成·四川府县志辑》(第70册),巴蜀书社1992年版,第1011页。

[3]凉山彝族自治州博物馆等编:《凉山历史碑刻注评》,文物出版社2011年版,第146页。

从来水有源而木有根，况予等之菩萨山岂无由乎？夫菩萨山原自始祖恩易同祖鲁必成洪武二年勤劳王事，安扎于此山之下。至万历三十六年，子孙源流一十四代，汉夷人等并未有越界争占之弊，殊乾隆二十年，有土司贪心顿起，与祖相争此山。予祖凭众叙说昔年情由，土司自知有亏，甘愿退吐，凭众立判约与祖，子孙永远执照，至今数十余年世守勿替……远近汉民若有私行偷砍，予等见实□官，勿怪言之未预。[1]

上文强调白鹿营鲁姓因洪武二年（1369年）祖先恩易和鲁必成为国家效力而获得这片山地。然而洪武二年位于四川大渡河以南的冕宁等地仍在元朝势力控制之下，尚未进入明朝版图。此外，恩易、鲁必成皆为清人，在乾隆年间曾代表鲁姓彝人与安土司打过官司。而且，从洪武二年（1369年）到万历三十六年（1608年）仅240年，若以一般20年至25年为一代推算，至多十二代，不可能有十四代人。短短两行文字，漏洞竟达三处。显然，鲁姓的这个故事带有极大的虚构成分，但在当时却有其重要的意义。一方面，它将鲁姓定居白鹿营的时间从明后期提前到明初，有利于鲁姓对外宣示其对山地的所有权。另一方面，它强调鲁姓山地来自国家的赐予，鲁姓彝人对山地的所有权具有正统性。这种通过虚构故事获取国家权威支持的做法，事实上拉近了鲁姓彝人与国家之间的关系，反映出他们对国家的强烈认同。

在上述争山案中，白鹿营鲁姓彝人通过土地登记、纳税、虚构故事等方式借助国家权威来战胜竞争对手，既促进了国家对基层社会的控制，同时也使地方民众确立起对国家的认同感。两者相互而行。边疆社会由此进一步被整合到"大一统"国家之中，从而变得更为稳固。

综上，随着乾嘉之际大量移民的到来，白鹿营与移民一同被编入保甲。在与同甲汉人的互动过程中，白鹿营彝族有了巨大的转变。在聚落形态上，白鹿营所在土司地区从"夷多汉少"变成"汉多夷少"，大量汉人聚落的形成使得白鹿营等土司聚落日益陷入汉人的四面包围之中。在经济形态上，土地流转频繁，租佃制得到发展，地主经济形成。在权力格局上，汉人的保甲组织在地方上的势力逐步增长，白鹿营耆宿的影响力则逐渐减小，乃至最终

---

[1] 凉山彝族自治州博物馆等编：《凉山历史碑刻注评》，文物出版社2011年版，第146页。

退出了地方历史的舞台,白鹿营彝族在地方族群关系中被边缘化的情形日益显著。在风俗文化上,由于汉彝交往越发频繁及文教的传播,晚清时期白鹿营等彝族穿汉服、用汉姓、取汉名、写汉字、说汉话,呈现出高度汉化的特征。与此同时,激烈的资源竞争亦促使白鹿营鲁姓彝人援引国家权威,国家认同在此过程中获得彰显。至此,近代以来学者们所观察到的"水田彝"业已形成。

五、总结与讨论

明清白鹿营"水田彝"的国家化进程有着不同的阶段,而每一阶段都有新的族群性生成。明晚期,是"水田彝"国家化进程的开端。这一时期以卫所招募营兵为契机,部分高山彝从高地进入平地。在身份上,他们从不受国家约束的化外之民变成卫所直接领导的营兵,开启了其国家化的进程。与此同时,由于环境的改变、土地资源的获得,白鹿营等彝族聚落形成,其生产方式也逐渐从先前的高山游牧和渔猎向平地农耕转变,由此与高山彝族逐渐区别开来。清初至乾隆晚期,是"水田彝"国家化进程的重塑阶段。受明清之际战乱的影响,白鹿营彝族在入清之初一度游离于国家之外。自康熙晚期四川招抚土司开始,他们又再次进入国家体制之内。但在相对封闭的土司制度制约下,直到乾隆晚期白鹿营彝族在聚落形态、基层权力格局和风俗文化上虽有所改变,但仍旧保持着鲜明的独特性,这与晚近人们所观察到的"水田彝"不同。乾隆晚期至清末,为"水田彝"国家化进程的巩固期。这一时期,白鹿营虽仍为土司管束下的一个彝族聚落,但却同来到土司地区的汉人一起被编入保甲。在与同甲汉人的互动过程中,白鹿营彝族发生了剧烈的变化:在聚落形态上被汉人四面包围,在经济上地主经济形成,在地方族群关系中处于边缘化的位置,在文化上兼穿汉服、用汉姓、取汉名、写汉字、说汉话,在观念上国家认同进一步增强。这些新的特点使晚清以来"水田彝"的族群性得以彰显。概言之,"水田彝"的族群性,正是在国家化进程中一步步生成的。脱离了国家化这一脉络,便不能深刻理解其族群性生成的机制及过程。

值得注意的是,虽然在国家化进程中白鹿营彝族接受了汉族的部分文化习俗,形成了新的族群性,但他们并没有完全放弃原有的彝族文化和自我认同，从而成为一个既不同于平坝汉族、又不同于高山彝族的"水田彝"群体。这体现出白鹿营彝族在面临社会变迁时具有的自主性和文化适应能力。"水田彝"的自主性何以存在？郝瑞指出，坚持民族内婚是一个重要的原因。[1]肖雪则将其原因归为宗教信仰的传承。[2]而本文认为，清中叶以来汉彝在地方上激烈的资源竞争，亦在客观上强化了"水田彝"的自我认同。这是其虽身处汉人包围之中，却不被汉人所同化的另一重要因素。

针对边疆族群如何整合进国家这一问题，"华南学派"以珠江三角洲为中心的研究显示，积极对国家制度加以创造性的解释和利用是明清时期边疆族群国家化进程的重要特征。这对于认识传统中国统一性与多样性并存的格局具有重要的启发。不过，其学术实践主要针对平地上的族群而言，对高地族群的国家化进程及特点并没有给予充分的关注。而斯科特对东南亚及中国西南部分省份的研究，则集中讨论了地理高度这一因素对边疆族群国家化进程的影响。他指出高地族群利用地理上的优势，采取长期逃避国家统治的生存策略，直到晚近国家权力绝对强大，才将高地完全纳入统治。这一论断在大凉山高山彝族身上可得到部分的验证。大凉山的高山彝族直到新中国成立前仍以放牧和渔猎为主要生产方式，维系着等级森严的奴隶制社会结构，延续着传统的彝族风俗文化，并依靠山区在地理上的优势与国家保持着距离。他们以大凉山为基地，控制从西昌到大渡河以北山区的道路，并经常对道路沿线的商旅、村落，甚至是安宁河谷地的村庄加以侵扰。尽管晚清、民国年间，国家曾试图将自己的权力深入山区，但收效甚微。这一局面直到新中国成立后才得以彻底结束。由此观之，大凉山彝族进入国家的过程，与斯科特所描述的高地族群国家化进程颇为相符。

然而，以上只是高地族群历史的一个面相，并不能代表高地族群国家化进程的全部。笔者认为，斯科特在认识高地族群与国家的关系方面，过于强调两者的对立，而低估了二者之间合作的可能性。例如，斯科特认为，在差不多两千年的时间里，中原王朝扩张的压力造就了一个将人口不断推向山地

---

〔1〕 〔美〕斯蒂文·郝瑞：《田野中的族群关系与民族认同——中国西南彝族社区考察研究》，巴莫阿依、曲木铁西译，广西人民出版社2000年版，第127页。

〔2〕 肖雪：《凉山平坝彝族丧葬文化变迁的斜向性结构研究——以喜德大石头和冕宁漫水湾为个案》，载《西昌学院学报》2007年第3期。

的单一历史过程。尽管这一压力时有时无，但总是朝着一个方向。[1]在斯科特看来，国家总是单一地迫使低地人群向高地迁徙，而难以见到相反的运动轨迹——即高地族群选择融入国家所控制的低地。在谈到高地族群内部竞争时，斯科特亦强调后来进入高地的族群若军事实力较强，则会迫使原来的族群向更高的地方迁徙；若后来者实力有限，往往只能占据那些位于高处的小块地带。[2]总而言之，不管实力如何，高地的族群之间若发生竞争，他们毫无例外都是继续在高地寻求自己的资源，而不是选择迁往平地。结合 "水田彝" 的案例来看，上述看法有失偏颇。吴恒、郝瑞在四川安宁河谷地区的调查均显示，"水田彝" 原本也是居住在大凉山的高山彝族，后来才迁徙到平坝生活。[3]本文不但利用明清时期的文献证实了这点，而且还对其由高地融入平地国家的过程作了细致的梳理。高地族群为何愿意选择迁往平地国家？吴恒调查有四种原因：一是随土司迁来；二是黑彝触犯习惯法后被迫逃来；三是因反抗斗争失败而逃来；四是祖先为黑彝私生子，因受到歧视而迁来。[4]本文显示，国家的招抚以及赐予其土地资源也是高山彝族选择迁往平坝的重要原因。笔者认为，前四种原因和后一种原因并不矛盾，可以是互为表里的关系。因为前四种可视为内因，而后一种可视为外因。例如，高山彝族之间也存在分化和竞争，战败的一方被迫离开可视为其迁徙的内因，而此时国家招抚这些族群并为其提供可供生存的土地资源则是促动其迁徙的外因。由此观之，高地族群之间若发生竞争，他们也可能向平地国家寻求生存的空间和资源，而并非依旧远离国家。这也决定了高地族群并非一味逃离，最后被迫整合进国家。正如本文所揭示的，高地族群还有另一种国家化的进程，即随着明清时期营兵制、土司制、保甲制的推行，高山彝族从高地进入平地并一

[1] James C. Scott, *The Art of Not Being Governed: An Anarchist History of Upland Southeast Asia*, New Haven: Yale University Press, 2009, p. 142.

[2] James C. Scott, *The Art of Not Being Governed: An Anarchist History of Upland Southeast Asia*, New Haven: Yale University Press, 2009, pp. 140-141.

[3] 吴恒：《安宁河流域自称为 "咪西苏" 的彝族》，载《民族问题五种丛书》云南省编辑组编：《四川贵州彝族社会历史调查》，云南民族出版社1987年版，第33~34页；[美]斯蒂文·郝瑞：《田野中的族群关系与民族认同——中国西南彝族社区考察研究》，巴莫阿依、曲木铁西译，广西人民出版社2000年版，第112~113页。

[4] 参见吴恒的《安宁河流域自称为 "咪西苏" 的彝族》一文。

步步被整合进国家秩序当中。其过程不但造就了他们与高山彝族不同的族群性，导致"水田彝"的形成，而且拉近了他们与国家之间的距离，培养出具有高度国家认同感的边民。这一变化，极大地促进了明清川南边地社会的稳固。

再论清初"光棍例"的成形*

中国政法大学法律史学研究院　李典蓉

　　转眼之间，法史学界对于清代"光棍例"的研究，已逾十个年头。以发表时间论，目前法史学界研究较早的，是 2008 年初学者张光辉在韩国学术刊物《亚洲研究》发表的文章《明清刑律中的光棍罪》[1]，该文讨论了明代与光棍相关的条例；但影响最大的，是学者苏亦工 2009 年在台湾《法制史研究》的《清律"光棍例"之由来及其立法瑕疵》一文[2]。此后学界的研究，多引用苏文观点，或在此基础上继续对清代之"光棍例"进行研究。其间不乏国外学者，如步德茂、张宁、山本英史等[3]。学者步德茂 2013 年底在台湾"中研院"明清国际学术研讨会内发表的会议论文"Human feeling versus Bare Stick Legislation：The ideological Dilemma of eighteen-century Criminal Justice"将光棍罪与清代中国刑案结合探讨。张宁的文章提出清代雍正朝在为西南边区活动的汉人奸徒（汉奸）定罪时，经常会引用"光棍例"。日本学者山本英史使用薛允升的《读例存疑》分析"光棍例"的变化，惟山本对光棍例的分析重点放在清代对无赖的限制。笔者 2012 年也开始注意到"光棍例"，

---

　　* 本文为国家社科基金一般项目"清代京控与社会危机处理研究"（15BZS063）的研究成果。

　　〔1〕 张光辉：《明清刑律中的光棍罪》，载《亚洲研究》2008 年第 5 期，第 147~160 页。

　　〔2〕 苏亦工：《清律"光棍例"之由来及其立法瑕疵》，载《法制史研究》2009 年第 16 期，第 195~243 页。

　　〔3〕 步德茂：《十八世纪山东的杀害亲人案件：贫穷、绝望与讼案审理中的政治操作》，载邱澎生、陈熙远编：《明清法律运作的权利与文化》，联经出版公司 2009 年版；张宁：《18 世纪的"汉奸"认定与"隐形"的法律文献》，载《法制史研究》2012 年第 21 期，第 163~190 页；[日] 山本英史：《光棍例的的成立とその背景》，载《中国近世の规范と秩序》，东洋文库 2014 年版，第 201~245 页。

2015 年在台湾《法制史研究》也发表了一篇文章，回应了苏文对旗下人与
"光棍例"的推论〔1〕。

当时笔者专注的重点在于两点，第一，清初"光棍例"应当继承自明代
问刑条例，为何到了清初，反而与旗下人相关？第二，台湾地区在 1985 年制
定的"检肃流氓条例"与大陆地区的"流氓罪"，似乎都可以在清初"光棍
例"的制定与运用过程中找到类似的立法心态。笔者认为尽管"光棍"名称
已被取代，现代"流氓"的行径仍与"光棍"互有继承。但此刻再细想，人
类社会中某个群体可以具备存续性与共性，有的时代叫他们"无赖"，有的叫
"光棍"，有的叫"流氓"，却不能完全据此论证说：光棍罪与流氓罪有法源
的直接继承关系。即便有，如此的论证也是比较粗浅的。

本文在前人的研究基础之上，试图再进一步理解清初"光棍例"被重视
并且被列入康熙朝的《现行则例》的原因。

一、未载刑律：明代的光棍条例

根据学者们的研究，清初的"光棍例"，最早的版本是顺治十三年（1656
年）事例，例文为：

> 凡恶棍设法索诈内外官民，或书张揭帖，或声言控告，或勒写契约、
> 逼取财物，或斗殴拴挙处害者，不分得财与未得财，为首者，立绞。为
> 从者，系民，责四十板，发边卫充军。系旗下人枷号三个月，鞭一百。
> 其满洲家人私往民间，结伙三人以上，指称隐匿逃人，索诈财物者亦照
> 此例，分别首从治罪。如止一二人者，俱依为从例拟罪。〔2〕

"光棍"之名，并非是清代之创，从清代档案中"guwanggun"字样，可
知此满文名词完全是从汉文音译过来。"光棍"之名应起于元代，昭于明代，
盛于清代。明代的光棍，主要指的是地方上善于恐吓诈欺或包揽特定业务的
无赖不良分子，行径包括成群结党、强索财物，勾结官吏、包揽钱粮、诓骗

〔1〕 李典蓉：《棍徒、奴仆与流氓：对清前期旗下人与光棍例发展的推想》，载《法制史研究》
2014 年第 26 期，第 111~144 页。

〔2〕 （清）允禄等监修：《大清会典（雍正朝）》，文海出版社 1995 年版，卷一七二。

钱粮财物。南京在明代称南直隶，地位仅次于北京。《皇明条法事类纂》在《刑部·白昼抢夺》记载，明英宗天顺八年十一月（1464 年），南京大理寺称，舍人军余家人结成群党，于市集挟制唬吓，诈骗财物，俗称"打光棍"；彼时部议：

> 今后两京城内外附近关乡市镇去处，有等无籍军民、旗校、舍余、匠役人等，不务生业，三五成群，白昼在街撒泼，殴打平人，抢夺财物，及打搅纳户人等取财，号名光棍，通同官攒、斗及人等，入仓搂扒、偷盗官粮事发，问拟明白，犯该笞杖及记赃不满贯徒罪，照依常例发落。若再犯与犯满贯徒罪至杂犯死罪，从重惩处，军旗舍余人等俱发边卫充军，民发口外为民。[1]

张光辉认为这就是明代最早的"光棍例"。这条事例制定，看似与发生在江南地区的恐吓事件相关。但并不是各朝事例皆会被并入律内成为附例，此例在明万历年间编纂问刑条例与《大明律》附例时，并未载入。《大明律集解附例》"白昼抢夺"律下与光棍相关条例为："凡号称喇唬等项名色，白昼在街撒泼，口称圣号，及总甲快手应捕人等，指以巡捕勾摄为由，各殴打平人，抢夺财物者，除真犯死罪外，犯该徒罪以上，不分人多人少，若初犯一次，属军卫者，发边卫充军；属有司者，发口外为民。"[2]按清初黄六鸿语，喇唬乃是一种"贪恶之人"，与光棍行径类似[3]，惟"喇唬"似乎更具方言性质。大明律修纂此例，不用光棍之名，而用喇唬，可能就是因为此例乃是由地方官员题请成例。笔者认为，既然此例不以"光棍"为打击对象，便不能视之为明代"光棍例"。

成为顺治朝大清律参考蓝本的《大明律集解附例》，直接开载"光棍"字眼的条例，主要散布于户律、兵律，反而刑律内并不见"光棍"字样，与

---

〔1〕《皇明条法事类纂·刑部·白昼抢夺》，载杨一凡主编：《中国珍稀法律典籍集成》（乙编第五册），科学出版社 1994 年版，第 340 页。

〔2〕《祥刑典》，载《钦定古今图书集成》经济汇编（第 95 册），鼎文书局 1976 年版，卷三十七，第 423 页。（后文所用皆为本版，故不一一注明。）

〔3〕（清）黄六鸿：《劝民息讼附禁刁讼示》，载《福惠全书》，九思出版社 1978 年版，卷十一，第 125 页。

清初直接制定"光棍例",并且在修律时将其置于刑律之内的情形不同。《大明律集解附例》直接将"光棍"列入治罪对象的,主要有以下条例:

定例时间	例　　文	载入律条名目	具体违法行为	最高量刑
弘治五年 （1492 年）	凡大同三路,官旗、舍人、军民人等,将不堪马匹通同光棍,引赴内外官处,及管军头目收买私马,诡令伴当人等出名,情嘱各守备等官偾,与军士通同医兽作弊、多支官银者,俱问罪。官旗军人调别处极边卫所,带俸食粮差操。民并舍余人等,俱发附近边卫充军〔1〕。	兵律·验畜产不以实	审马作弊	边卫充军
弘治十三年 （1500 年）	在京、在外并各边,但系一应收放粮草去处,若职官子弟、积年光棍、跟子、买头、小脚、跟官伴当人等,三五成群,抢夺斛占堆等项,打搅仓场及欺陵官攒,或挟诈运纳军民财物者,杖罪以下,于本处仓场门首枷号一个月发落;徒罪以上与再犯杖罪以下,免其枷号,属军卫者发边卫,属有司者发附近永远充军。〔2〕	户律·多收税粮斛面	打搅仓场挟诈财物	边卫充军
弘治十三年 （1500 年）	各处盐场无籍之徒,号称长布衫、赶船虎、光棍好汉等项名色,把持官府,诈害客商,犯该徒罪以上及再犯杖罪以下,俱发边卫充军。〔3〕	户律·盐法	诈害客商	边卫充军
嘉靖二十九年 （1550 年）	光棍将马头正身姓名,捏写虚约,投托势要,前去原籍,妄拏正身家属,逼勒取财者。若异姓同恶相济之人,及槌师打手号称喇唬等名,及总甲快手应捕人等,殴人夺财,初犯属军卫者,虽系初犯,若节次抢夺,及再犯累犯笞杖以上者,俱边卫终身〔4〕。	兵律·驿使稽程	投托势要逼勒取财	边卫终身

---

〔1〕《祥刑典》,载《钦定古今图书集成》经济汇编,卷三十,第 328 页。

〔2〕《祥刑典》,载《钦定古今图书集成》经济汇编,卷三十,第 333 页。

〔3〕《祥刑典》,载《钦定古今图书集成》经济汇编,卷三十,第 336 页。

〔4〕《祥刑典》,载《钦定古今图书集成》经济汇编,卷三十二,第 360 页。

定例时间	例　文	载入律条名目	具体违法行为	最高量刑
万历十五年（1587 年）	在京刁徒光棍，访知铺行，但与解户交关价银，辄便邀集党类数十为群，入门噪闹，指为揽纳，捉要送官。其家畏惧罪名，厚赂买减，所费钱物出在解户，致钱粮累年不完。如有犯者，听经该缉事衙门拿送法司，照打揽仓场事例发遣[1]。	户律·揽纳税粮	揽纳邀党	边卫充军
万历十五年（1587 年）	凡号称喇唬等项名色，白昼在街撒泼，口称圣号，及总甲快手应捕等，指以巡捕勾摄为由，各殴打平人，抢夺财物者，除真犯死罪外，犯该徒罪以上，不分人多人少，若初犯一次，属军卫者，发边卫充军；属有司者，发口外为民[2]。	刑律·白昼抢夺	殴打平人抢夺财物	边卫充军

　　笔者之所以不以律名为顺序，使用明代各朝事例内的收录时间排序，因为《大明律》附例并未载明各条例的定例时间，但若将定例时间排序出来，可以比较清晰地认知到，明代针对打击"光棍行径"场所的变迁，以及定例的变化。将明孝宗朝之后开载的会典事例与问刑条例归纳，所谓的"光棍行径"，主要是以各种诈欺或恐吓的方式取掠他人财物，事犯地点通常是与明代缴纳各种实物或折色赋税的场所相关，例如军营、仓场、盐场，或公共水陆交通要衢等地。光棍之行径，最主要还是在于以恐吓、抢夺的方式取财。

　　相较于明英宗天顺八年（1464 年）的"打光棍"事例，明孝宗弘治十三年（1500 年）议定的"打揽仓场事例"，被开载在《大明律》"户律·多收税粮斛面"律下条例时，这条并未载在刑律内的条例，反而成为此后压抑"光棍行径"比照援引最多的条例。例如弘治十四年（1501 年），题准"各司府州县，今后起解钱纱绢布等项，赴部交纳，……其有无籍光棍打揽者，照依在京打揽仓场事例，拿送法司问发充军"[3]。又嘉靖六年（1527 年）"运粮入仓，不许门官、歇家、伴当、光棍人等，揞留粮袋，索要银钱，缉事衙

〔1〕《祥刑典》，载《钦定古今图书集成》经济汇编，卷三十五，第 401 页。
〔2〕《祥刑典》，载《钦定古今图书集成》经济汇编，卷三十七，第 423 页。
〔3〕《祥刑典》，载《钦定古今图书集成》经济汇编，卷三十，第 338 页。

门访出，照依打搅仓场事例问拟发遣"[1]。是否可以这样理解：明朝天顺的"打光棍"事例，是正式说明"光棍"名号，并且将具有光棍行径者，不照常例直接问发"边卫充军"的事例；但是真正成为被明中叶后被广泛引用的光棍条例，是"打搅仓场例"。至于万历年间之后的《大明律》"刑律·白昼抢夺"附例的"喇唬白昼殴打平人"例，可能定例时间较晚，并未成为被广泛援引对"光棍行径"治罪的法律。

比较明万历之后《大明律》内所附诸例，清初的"光棍例"，虽与部分明例互见因果关系，却没有找到直接改写修订自明例的原条例，且明代光棍罪仅止于充军。如此看来，清初之"光棍例"，实际上应当是顺治朝的"新例"。以光棍为名，或许是清入关之前，已经开始翻译明朝的大明会典，其内包括《大明律》与《问刑条例》；再加上明朝末年，"光棍"已经成为当时汉人社会对危害社会秩序者的通称之一，与汉人文化有接触的满洲官员，应当对此语也不陌生。是以清初的官员们，在面对"旗下人"胡作非为时，一致认为这些人就是被明朝称作光棍者，地方上倚仗他人权势，任意诈骗勒索。

清代的光棍确实并非凭空而生，他们在明朝时已经在京师地区或各省要衢活动。清初光棍例之所以屡次调整，都针对旗下人，就是因为一部分的光棍，投充到八旗之下为奴，此类人就是所谓的"旗下人"。经过顺治朝与康熙朝初期屡次的修改，"光棍例"再已经不只是维系京师及各地社会秩序治安的禁令，而是已经成为一个概念脱胎自明代，但事实上针对旗下问题的"新条例"。

二、清初光棍的真实来源

比对明万历三十八年（1610 年）浙江省巡抚高举主持之《大明律集解附例》[2]刻本，以及清初顺治朝《大清律集解附例》[3]，顺治年间《大清律集解附例》的参考蓝本就是《大明律集解附例》，这一点已经是学术共识。《大明律》之后有附例，附例包括了弘治十年（1497 年）奏定"真犯杂犯死罪"、

〔1〕《祥刑典》，载《钦定古今图书集成》经济汇编，卷三十二，第 350 页。
〔2〕 修订法律馆藏刻本《大明律集解附例》，光绪戊申重刊。
〔3〕（清）刚林等纂修：《大清律集解附例》，国家图书馆善本室典藏清刻本。

万历十三年（1585年）奏定新续"真犯杂犯死罪为民例"及比附律条。《大清律集解附例》将《大明律》内所附部分与光棍相关的条例，作了一些调整，名为《大清律附》。例如《大明律附》的"附真犯杂犯死罪例"，其"边卫充军"内："在京在外并各边一应收放粮草去处，若职官子弟、积年光棍、跟子卖头歇家跟官伴当人等，三五成群，抢夺筹斛占堆行暨等项打搅仓场，及欺陵官攒，或挟诈运纳军民财物者，徒以上与再犯杖以下"，在明律中，明确规定犯者籍贯属军卫者，边卫；属有司者，本发附近，现改永远充军。但是在《大明律附》"永远充军"的排比内，却没有看到此条，此条反被《大清律附》改放在"永远充军"的"户例"之下。

同样的，另一条在《大明律附》的"边卫充军"内："在京刁徒光棍，访知铺行，但与解户交关价银，辄便邀集党类，数十为群，入门噪闹，指为揽纳，捉要送官；其家畏惧罪名，厚赂买减，所费钱物出在解户，致钱粮累年不完。如有犯者，听经该及缉事衙门，拏送法司，照打搅仓场事例，属军卫者。"在《大清律附》内直接放在"永远充军"的"户例"之下，并且不分军卫有司，直书"照打搅仓场例发遣"。

按学者田涛考证，《大清律附》奏定，是顺治二年（1645年）[1]。单从二律之律附中事涉光棍之处者比较，除了可以看到大清律将《大明律附》的附例，各按吏、户、礼、兵、刑、工例分外[2]，亦将《大明律附》中部分没有分载按犯罪类型与身份采取加重论刑的条例，取其重者陈列。有人或言，这是对大明律附的改写或是改进，或也是一个清改明制的体现。尤其是发遣刑的改造，清朝不会再恢复明代的军卫，采用的是八旗制度。

（一）京师光棍来源之一：旗下投充人

以清初法律修订的过程而言，要如何将旗制并入汉制律典之中，对刚入关的满洲而言，实是难题。顺治元年（1644年），清朝初入关，京师地区便已出现了光棍任意诈欺取财与抢夺的情形，先不论光棍之来源为何，当时清朝下了一道主要是针对八旗官员对光棍失察与失于约束的处分谕旨：

---

〔1〕 王宏治、李建渝：《〈顺治律〉补述》，载林乾主编：《法律史学研究》（第1辑），中国法制出版社2004年版。

〔2〕 明律之《大明律附》并无吏、户、礼、兵、刑、工例之分，清律始分。

凡光棍借端诈人财物、抢夺市肆，如得财私纵者，步军总尉、步军副尉、步军校等革职；拔什库兵丁，枷号一个月，鞭一百。如失于觉察者，步军校罚俸六个月，步军副尉罚俸两个月，步军总尉罚俸一个月，拔什库兵丁鞭一百。光棍系旗下人，刑部审实，将佐领、骁骑校等，以约束不严议处，每佐领一年内如有光棍一二人者，佐领罚俸一个月，骁骑校罚俸两个月，拔什库鞭五十；三四人者，佐领罚俸两个月，骁骑校罚俸三个月，拔什库鞭七十；五六人者，佐领罚俸六个月，骁骑校罚俸九个月，拔什库鞭八十；七人至十人者，佐领罚俸九个月，骁骑校罚俸一年，拔什库鞭一百，各项匠役该管头目，俱照骁骑校处分，管屯庄拔什库照拔什库处分。若奴仆为光棍者，其主系官，照骁骑校处分；系平人，照拔什库处分，该管官免议〔1〕。

清朝当时可以控制的地区，严格来说，主要就是京畿地区与华北部分地区。所谓的光棍、旗下人光棍、光棍奴仆等，地域应该都是京师与京畿地区的。笔者之前已经为文论证过，存在于京师地区的不安定分子，部分投充到八旗之下。加上明朝京师地区本有权贵，养有家丁随从，这些人不一定都是有家业的良民，有不少是来源于地方上的无籍之徒，如明代条例中所称的"在京刁徒光棍"；各直省地方更有"土豪"，即有势力的地方土霸。清朝入主中原，速度极快，不可能所有汉人都会离开家园，这些人不会随着改朝换代就此消失，换个身份，他们就是"旗下人了"，也就是成为满洲旗人的广义的奴仆〔2〕。

清初的京畿地区的投充人，无疑与圈地相关。顺治元年（1644年），时任巡按直隶真顺广大等处监察御史的卫周胤即言："臣无日不接道、府、州、县申详，与生员百姓呈状，不曰抛荒田亩，则曰逃亡人丁……臣巡行各处，一望极目，田地荒凉；四顾郊原，社灶烟冷。"〔3〕至顺治三年（1646年），卫周胤改任掌河南道事四川道监察御史，复言"今财赋未清，田地多占，妇子

---

〔1〕《祥刑典》，载《钦定古今图书集成》经济汇编，卷三十九，第455页。

〔2〕一般来说旗下人即有旗档，身份分为正身旗人与家人奴仆，户籍分为正户、另户，另记档案、户下奴仆。本文之旗下人，主要针对八旗户下新收投充奴仆。

〔3〕（清）卫周胤：《痛陈民苦疏》，载罗振玉辑：《皇清奏议》，张小也等点校，凤凰出版社2018年版，第8页。

流离，哭声满路。……而圈地占房，生气索然。且满汉文移，一事两行。而满兵踵至地方者，一日有数票，势必无地"〔1〕。卫周胤两疏，第一言京畿边上农地抛荒空虚，也就是因此，八旗入境，得以恣意圈地。土地必有依附之人，当时摄政王多尔衮下令，准许各旗收投京畿地区贫民，以为旗人役使之用。摄政王权势倾国，无人敢直言其非，直至顺治皇帝真正亲政，摄政王死后，身为汉户部尚书的刘余佑方敢言"有身家、有土地者一概投充，遂有积奸无赖，或恐圈地而宁以地投，或本无地而暗以他人之地投，甚且带投之地有限而恃强霸占之，弊百端出矣。……且投充之后，自命满洲，同为一旗之人，并不敢问所行何事；而地方有司明知民冤，亦不敢申朝廷之一法，是投充旗下，即为法度不能加之人矣"〔2〕。

清初官员曾经形容某一群人，"鲜衣怒马，呼群引类，冒东兵之装束，假满洲之声语，道路侧目，地方袖手，如今日之盛者。臣又恐其民与寇无以异，而其害遂不可穷也。……问百里以外各州县地方，朝而刮人，夕而扬去者，果敢惯寇出没乎？抑有土著而莫敢谁何？"〔3〕谁是嚣张的"假满洲人"？自然是新投充的土著光棍。

并不是所有新入旗下的投充人，全都是光棍，但是此类投充旗下的京师土著无赖，是清初光棍主要来源之一，毋庸置疑。顺治十年（1653年），户部尚书噶达洪曾对入关十年来的投充情形，有过这样的陈述：

> 所谓投充，自古无有，为君者一统天下，一民一地，皆为君属，岂可非君之民，非君之地，而欺君营私，擅自专行？是事始于睿亲王，先曾准贫民投充旗下为差，旋即有富家有地者，亦尽投充，自是，便有狡黠之徒，或恐田地被征而带地投充，或无地诈取他人之地投充。况且投充之地有额，如是，倚势强占，弊端百出。自称旗人，为非作歹，肆行

〔1〕（清）卫周胤：《谨陈治平三大要》，载罗振玉辑：《皇清奏议》，张小也等点校，凤凰出版社2018年版，第39页。

〔2〕（清）刘余佑：《请革投充疏》，载罗振玉辑：《皇清奏议》，张小也等点校，凤凰出版社2018年版，第107页。

〔3〕（清）卢铸：《弭盗疏》，载罗振玉辑：《皇清奏议》，张小也等点校，凤凰出版社2018年版，第48页。

害人。收纳投充之主，全不得知，惟信投充人言，纵其妄为。故告御状者，或往都察院、通政司，词讼者蜂拥而至，争相不息，刑审诸兴。况投充后自称满洲，虽系同旗之人，亦不得过问其行走于何事。地方有司虽谙民冤，亦惧而不行国法，以致一经投充旗下，即为法外之人。[1]

投充人究竟如何害人，从以上各官奏疏来看，主要是自认旗人之后，旗人之间彼此又有不相统属之处，汉官本身又不敢约束旗人，反而造成这批新入籍的汉人，益发无法无天。那如何欺人，应当是恐吓手段五花八门之余，总不离一句"仗势欺人"。如顺治八年（1651年），礼科给事中法若贞即言："兵部员外郎臣卜兆麟，被戏子袁守信登门辱骂，横逆难堪，已呈刑部鞭惩讫。又有科臣李生芳，被恶棍傅大扯衣落马，假称旗下人，肆行无忌，欺凌不已。"[2]

（二）京师光棍来源之二：匿名揭帖者

除旗下不法之人外，京师与各省本身尚有明朝末年便已存在的"棍徒"。如顺治三年（1646年）吏科给事中张国宪曾言："明朝锦衣之设也，初以备仪卫、重警跸而已。……盖此辈半出棍徒，巧于捏造，或诱人妄首，引之成词；或窥人厚藏，诈之使贿；或以无为有，私拷示威；或以是为非，饱囊卖法。势之凶横，如虎如狼，如鬼如蜮。"[3]明代锦衣卫有缉访问拿之责，明代后期，厂卫打击异己，风闻言事，即可逮捕，最是明朝朝政之弊。京师地区的不法之徒，利用此事，威逼百姓，诈害取财。顺治十八年（1661年）前后，六科给事中纷纷对京师地区的棍徒诈骗行径提出意见，原来当时有一种人，乘吏部对中央直隶各省地方大计之时，进入京师地区，"捏造匿名揭帖，散布讹言，倾陷本处官长"[4]，意即此等人先在本地勒诈不遂，故意挟仇诬

〔1〕（清）噶达洪题本，顺治十年正月初十日。参见故宫博物院明清档案部编：《清代档案史料丛编》（第4辑），中华书局1979年版，第73页。

〔2〕（清）法若贞：《请正体统正服色疏》，载罗振玉辑：《皇清奏议》，张小也等点校，凤凰出版社2018年版，第93页。

〔3〕（清）张国宪：《请禁访役疏》，载罗振玉辑：《皇清奏议》，张小也等点校，凤凰出版社2018年版，第47页。

〔4〕（清）严沆：《澄清计典七款》，载罗振玉辑：《皇清奏议》，张小也等点校，凤凰出版社2018年版，第347页。

害，赴京越诉，检举其本地地方长官。吏科左给事中杨雍建更上疏直言书写此类匿名揭帖者，便是光棍：

> 为恭绎上谕所禁直言据揭之非，仰祈睿鉴，以肃治体事。臣伏读禁戢光棍之上谕，有云或借端诬陷、伙告伙证，或捏造事款，匿名布揭。可见揭帖者，光棍之伎俩，而公令所首严也。臣见台臣胡来相，嗣后言官纠劾，当明开揭据一疏，内称：言官纠劾，照依督抚按之例，务须明开系某人某处揭报等语。随经部议覆准，似乎揭帖固不可废矣。臣愚以为布揭断宜严禁，而据揭未为定论也。盖言官与督、抚、按异，督、抚、按之举劾，可以据揭；而言官之纠参，不可以据揭也。督、抚、按身历地方，所据与举劾者，由司、道、府、厅之揭报，是官揭也。若在京科道，从无据揭纠参之例，今日明开某人某处揭报，其人非谋诈，即挟仇，大约光棍居多耳，奈何以言官而据光棍之揭耶？吏治之坏，由官邪也，或其人果不肖，乃以无人据揭而不敢斥其非，未免沮言者之气，否则彼具一揭焉据之而指参，此具一揭焉据之而弹劾，草野刁顽，进而有是非之柄，岂所以辨上下、定民志哉？[1]

杨雍建直接将京师地区呈递匿名揭帖者称作光棍。何为匿名揭帖？揭帖本为私人书信，内多私密，明代时揭帖分为两类：

1. 公文书

公文书又可分成两类：一为部院衙门内部通传之公文，即题疏之副本。二为官员之间的秘传公文（非私人书信）。如明宣德八年（1433年）规定，地方各处巡抚官，在朝觐时，可以使用揭帖开具所属不职官员名单，密报吏部检举之[2]。弘治八年（1495年）又规定各处巡抚、巡按，"会同从公考察布、按二司、并直隶府州、县、各盐运司、行太仆寺、苑马寺等官贤否。如无巡抚，巡按会同清军，或巡盐考察。如俱无，巡按自行考察。其布政司、按察司、及分巡、分守，并知府、知州、知县、并司寺正官，各访所属官员

---

〔1〕（清）朱彝尊撰：《光禄大夫兵部左侍郎杨公神道碑铭》，载《杨（雍建）中丞奏疏汇编》，全国图书馆文献缩微复制中心2005年版，第534~536页。

〔2〕《大明会典》卷十三上《朝觐考察》，新文丰出版股份有限公司1976年版，第236页。

贤否，开揭帖送巡抚巡按，以凭稽考。"[1]因此揭帖作为公文书，有副本功能，也有作为检举与考核功能的密信。

2. 公然布告的文书

在明代城坊间张贴的布告，也可称作揭帖。从杨雍建的题疏中，他提到了重要的一点，原来明代揭帖制度，在清初已经变异。明代总督、巡抚、巡按本为中央派遣到地方监察巡视的官员，可以接受下属陈请检举的揭帖，即举报信，并以此揭帖为证据，向中央提出检举。但身为中央朝廷言官的给事中，却不可以照搬此例。总督、巡抚、巡按等官根据的揭帖，皆是出自地方官员，如今京师的给事中接受的揭帖，属于私人举报，甚至还有出自于匿名控告者，"奈何以言官而据光棍之揭耶？"[2]

杨雍建又举例，日前有衙门吏役李时英，以揭帖举报参议韩志道；又有秀才杨尔昌，以揭帖检举举人赵光祚，经过讯问，发现揭帖内容皆不可靠。此疏于顺治十八年（1661 年）三月十七日具题，二十一日奉旨议奏。至该年四月二十三日，吏部议覆吏科给事中杨雍建疏："查科道纠参，有虚即反坐之例，应无庸议。得旨：杨雍建原奏甚明。科道不许据揭纠参，则光棍不敢挟私逞刁，平人不致无辜被陷。着照所请，通行禁饬。"[3]顺治十八年（1661年）初皇帝驾崩，此时帝位已为康熙皇帝继任，惟皇帝年幼未即亲政，最终决议者当为四大辅臣与议政王大臣，吏部如此奉旨回复，可见清廷打击光棍之决心，未因统治者更动而有变化。

这个奏疏除了体现顺治朝京师地区光棍作乱的普遍情形外，还有一点值得留意的，就是揭帖的被利用与科道官的地位。笔者曾经为文论述明末清初科道官的作用，六科给事中原是明代监察制度的高峰，有风闻言事之权，对中央实际的行政影响，远高于地方督抚巡按。若是科道官仅凭揭帖奏事，未免过于轻忽，但也有可能是清初科道官，存有"知其不可而为之"的心思，毕竟改朝换代，旗汉存在着极大的文化隔阂，又有谁敢言告者无冤。

---

〔1〕《大明会典》卷十三上《朝觐考察》，新文丰出版股份有限公司 1976 年版，第 238 页。

〔2〕明清对于实名的控告犹可，但不支持匿名呈词。

〔3〕参见《杨（雍建）中丞奏疏汇编》，全国图书馆文献缩微复制中心 2005 年版，第 537～538 页，与《清圣祖实录》卷二，顺治十八年辛丑夏四月壬寅。

三、在《刑部现行则例》中的"光棍例"

清初的光棍犯事类型，承袭明末的风气之余，又因为八旗制度，影响地域与阶层范围扩大，但不外乎"恐吓""殴打""取财"，与明例禁止之光棍行径，差异不算大。为何"光棍例"会在清朝雍正朝之后，成为一个适用于打击社会扰乱者，以及被其他条例所援引的条例？笔者认为，清顺治朝初期颁布的《大清律集解附例》，即使已经通行在内地十八行省之内，但始终清廷对于这部"急就章"并不满意，更不满意新的统治族群不能适用于这套法律。根据前人的研究，顺治朝大清律，只最早的顺治四年（1647年）版本内有一条突兀的逃人律，具有鲜明满洲特色。但清廷在之后的顺治律版本内删除了这条逃人律，使得修改过后的顺治朝大清律适用对象，仍是以汉人为主，直接针对旗人的律例，基本没有。清初顺治律的删定版，除了调整部分明朝的用语，如中都改成凤阳、夷人改成外国人、将明代年号删去、删去与大明宝钞相关的律文外，基本见不到满洲特色。唯一与满洲相关的用语，便是改明律中的王府将军为王府贝勒。

入关的旗人数十万，究竟应当适用何等法律？从康熙皇帝的多年修律未定的考虑可知，康熙皇帝一直想要调和旗汉关系，不断修律，但终康熙朝六十年，他还是没有同意将数十年来陆续修订的律例颁行；这个工作，最后让雍正皇帝完成。在雍正皇帝即位，将康熙朝大清律的编纂本重新编修颁布之前，清朝在京师地区，各省驻防，以及东三省地区，旗人经常使用的法律之一，即为《现行则例》。在康熙十一年（1672年）间，曾任刑部侍郎与督捕侍郎的姚文然评价："律有条例附于律也，顺治年颁行者也；新例于律与条例之外新增者也。自康熙七年酌复旧章，以新增者名曰例，以附律之条例概名曰律。"[1]此言非常清楚，在康熙朝前期，所言"例"者，是逐年新增之例；本于明律制定之清律"条例"，在这个时期，皆被称作"律"，以别于此时之新"例"。《刑部现行则例》，本为新增之例。然康熙十九年（1680年）《刑部现行则例》，开篇即言：

---

　　[1]（清）姚文然：《姚端恪公外集》卷五，载四库未收书辑刊编委会编：《四库未收书辑刊》（第18册），北京出版社2000年版，第612页。

康熙十八年九月十四日奉上谕："国家设立法制，原以禁暴止奸，安全良善，故律例繁简，因时制宜，总期合于古帝王钦恤民命之意。向因人心滋伪，轻视法网，故于定律之外，复严设条例，俾其畏而知儆免罹刑辟。乃近来犯法者多，而奸宄未见少止，人命关系重大，朕心深用恻然。其定律之外，所有条例，如罪不至死而新例议死，或情罪原轻而新例过严者，应去应存，着九卿詹事科道，会同详加酌定，确议具奏，特谕，钦此。"臣等将刑部现行条例内罪不至死者，新例议死；或情罪本轻，而新条例过严；或律虽有正条，情罪可恶，因时事斟酌所定之例。或应照律者，将例删去，照律遵行，逐件详核，分别应减应留，除不便改者不题外，其所更改条例谨缮册进呈御览，候命下之日，刊刻通行遵行。凡未完事件，俱以奉旨之日为始，照此例遵行，等因。康熙十九年四月二十四日题，二十七日奉旨，依议，册并发。[1]

　　从这段记载来看，可以得知：

　　第一，康熙十九年（1680 年）版本的刑部现行则例，是顺治朝与康熙朝新颁的条例，累加而成的。这些条例，虽然是经过皇帝与刑部认可具有常行之法效力的"现行例"；在现行例之外，仍不断地出现"新例"。

　　第二，在康熙十八年（1679 年）之时，清朝经常使用的法律，是"律"（即《大清律集解附例》）、"现行则例"、"新例"。如此可以进一步推想，没有来得及被载入《大清律集解附例》，顺治十三年（1656 年）后才正式成形的"光棍例"，应当也出现在《现行则例》之内。笔者以康熙朝《钦定古今图书集成》内《祥刑典》载《现行则例》核对，与光棍条例最相关者，即为"恶棍索诈"例：

　　　凡恶棍设法索诈内升、荏任、外升、来京官员财物，或各处张贴揭帖诈财，或告讦各衙门，吓诈官民财物，或勒写借约取财，并因官民斗殴纠聚，用绳系颈，谎言欠债，不容分辩，蜂拥拏去处害，勒写文约，或吓诈财物，不遂其意，竟行打死，此等真正光棍，事发者，不分得财

―――――――――

[1]　《祥刑典》之《刑部现行则例》，载《钦定古今图书集成》经济汇编，卷五十九，第 685 页。

与未得财，为首者立斩，为从者俱拟绞监候，秋后处决。将光棍之家主、父兄，系旗下，鞭五十；系民，责二十板；系官，交与该部议。其光棍如有家主、父兄出首送部者，光棍仍照律治罪外，家主、父兄免其治罪。

与顺治十三年（1656 年）定例相比，这条光棍例最核心的相异点在于：其一，康熙十九年（1680 年）例最高刑为斩，顺治十三年（1656 年）例为绞[1]。其二，为从者，康熙十九年（1680 年）例俱拟绞监候，顺治十三年（1656 年）例则分别旗民，系民，责四十板，发边卫充军；系旗下人枷号三个月，鞭一百。其三，康熙十九年例行连坐之法，光棍之家主、父兄，系旗下，鞭五十；系民，责二十板；系官，交与该部议。

根据清末薛允升的考证，光棍条例乃顺治十三年（1656 年）题准定例，节次修改，康熙十九年（1680 年）间现行例议准，雍正三年（1725 年）修改，乾隆五年（1740 年）改定。其间重大的几次改定分别为：

（1）顺治十八年（1661 年），定京师重大之地，有恶棍挟诈官民、肆行扰害者，俱照强盗例治罪。

（2）康熙七年（1668 年），覆准光棍审实者，照顺治十三年（1656 年）题定条例治罪。

（3）康熙十二年（1673 年），覆准恶棍勒写文约、吓诈财物，聚众殴打，致死人命，审有实据，为首者立斩，为从助殴伤重者，拟绞监候，余仍照光棍为从例治罪。其家主父兄，系旗下人鞭五十，系民责二十板，系官议处，其家主父兄出首者，免议，本犯仍照例治罪。

（4）康熙十五年（1676 年），议定光棍事犯，不分首从，得财与未得财，俱斩立决。

（5）康熙十九年（1680 年），议准恶棍事犯，不分得财与未得财，为首立斩，为从俱绞监候[2]。

比对雍正三年（1725 年）《大清律》[3]与乾隆五年（1740 年）《大清律

---

〔1〕（清）允禄等监修：《大清会典（雍正朝）》，文海出版社 1995 年版，卷一七二。

〔2〕（清）薛允升：《读例存疑》（9），成文出版社 1970 年版，卷三十，第 712 页。

〔3〕《大清律集解附例》，载四库未收书辑刊编委会编：《四库未收书辑刊》（壹辑·贰拾陆册），北京出版社 2000 年版，第 303 页。

例》刑律贼盗门里"恐吓取财"律内附例：

> 凡恶棍设法索诈官民；或张帖；或捏告各衙门；或勒写借约、吓诈取财；或因斗殴纠众系颈，谎言欠债，逼写文卷；或因诈财不遂，竟行殴毙，此等情罪重大，实在光棍事发者，不分曾否得财，为首者斩立决，为从者俱绞监候；其犯人家主父兄，各笞五十，系官交该部议处。如家主父兄首者，免罪，犯人仍照例治罪。[1]

雍正三年（1725年）律对光棍例的改造，主要在于文辞驯雅简化，将满洲刑罚鞭责之刑改为传统"五刑"之笞刑。惟此"光棍例"的主要根基，乃康熙《现行则例》内所载。

此外，康熙《现行则例》内有部分条例，是比照光棍例拟罪，如"霸占要地生理"：

> 凡内包衣下，内外王、贝勒、贝子、公、大臣、官员家人，领本霸占要地关津，任意生理，不令商民贸易，倚势欺凌者，或傍人首告，或受累之人首告，或科道官查出纠参，将倚势欺占之人，在原犯事处即行立斩示众。其人若系内包衣下人，将该管官革职。若系宗室、王以下、公以上家人，将亲王罚银一万两，郡王罚银五千两，贝勒罚银二千五百两，贝子罚银一千三百两，公罚银七百两；将伊等仍交与宗人府从重议处，其管理家务官俱革职。……内包衣王、贝勒等家下，该管官若知而使去，亦革职。王以下、宗室以上，若知而使去，交与该衙门，从重议处。其去人，若伊主知而使去，枷号三个月，鞭一百；伊主不知，私自去者，照光棍处决。[2]

又如"开窑子卖人"：

> 开窑子，与众合伙，将良家妇人、子女诱去勒逼，不肯放出，行卖事犯，不分良人、奴婢，已卖、未卖，审理若系开窑子情真，将为首之

────────────────

〔1〕 田涛、郑秦点校：《大清律例》，法律出版社1998年版，第402页。
〔2〕 《祥刑典》之《刑部现行则例》，载《钦定古今图书集成》经济汇编，卷六十，第696页。

人，照光棍例拟斩立决。[1]

再如"处分金差官役"：

凡金差官员，将解部及部发递解等犯，务必遣有家业正役押解押送。沿途地方官员，详查该犯，沿途有无解役揞勒拷打之处，如无揞勒拷打情弊，照常发行。如有此等情弊，令该地方官即将解役惩治。有揞勒拷打致死者，该地方官申报督抚严审，照律从重治罪。其督捕例内，凡解役伙同逃人，沿途抢夺扰害村庄者，俱以光棍例治罪。[2]

《现行则例》虽并未全数并入雍正朝之《大清律》之律例，但《现行则例》内将其他扰害百姓的行径，援引光棍例治罪，符合康雍两朝的治盗条例的制定模式。笔者曾经引用过两个例子，雍正五年（1727 年）正月，署江西巡抚吏部右侍郎迈柱上奏，雍正四年（1726 年）时湖南地方有自称王大人者，言奉吏部尚书与怡亲王、大学士的凭文，奉旨查勘河道水利，需要调度兵力。湖南巡抚布兰泰深感怀疑，此人并无部文知照，于是咨文吏部。吏部侍郎迈柱认为此辈为光棍匪类，遂禀报皇帝。雍正皇帝朱批回复："大笑话！岂有此理！又一孟光祖矣。连你都生疑，何况属员？愚之极矣，必严加密缉。"[3]

又雍正七年（1729 年），湖南巡抚赵弘恩在湘潭县曹家马头泊，发现有船只上插黄旗，坐有"龙大老爷"，自称奉内府差使，往广东开矿，并有印牌。赵弘恩随即秘密差遣千总吴杰前往堵拿，搜出谕票一张，内写内务府奉怡亲王谕委等字样，印文俱属伪造。经过审讯，龙姓之人承认假冒官使，雍正皇帝批示："今既得实情，当穷究其在京线索，审定后，当以光棍律处之。"[4] 当时笔者并未核对《现行则例》，如今一比对，深感雍正皇帝将称"怡亲王"派委的诈骗之徒处以光棍例，除了要平息康熙朝皇子多年党争的积弊之外，

---

〔1〕《祥刑典》之《刑部现行则例》，载《钦定古今图书集成》经济汇编，卷六十，第 702 页。

〔2〕《祥刑典》之《刑部现行则例》，载《钦定古今图书集成》经济汇编，卷五十九，第 711 页。

〔3〕署江西巡抚吏部右侍郎迈柱，《奏报严查并拘拿光棍匪类假冒大人查勘河道事》，雍正五年正月二十五日。《宫中档雍正朝奏折》（第 7 辑），故宫博物院 1980 年版，第 378 页。

〔4〕湖南巡抚赵弘恩奏，雍正七年十二月初九日。《宫中档雍正朝奏折》（第 15 辑），故宫博物院 1980 年版，第 265 页。

也是深受康熙朝将王府家奴诈骗恐吓之举，视作光棍的影响。

四、结语

笔者之前讨论光棍例时，除了论述旗下家奴适用光棍例的情形，还一并讨论了台湾地区的"流氓条例"[1]，以及1979年《刑法》的第160条"流氓罪"可能与"光棍罪"有些历史渊源。当时认为"光棍例"，具有满洲特色。但是笔者当时忽略了一个细节，也没有在文章中直接体现出来：旗下家奴本指满洲的"包衣奴才"，满文为 booi（家的）aha（奴才），但是顺治九年（1652年），刑部尚书刘余佑提议将旗下旧人与新投充人，分别办理：真正的旗下旧人犯事，即刻送部审问不监禁，只有借势生奸投充人，才需要究办[2]；这其实是一个分别旗汉的重要史料。笔者之后再阅读《现行则例》，才恍然明白，原来清初的"光棍例"，名义上是针对旗下人，实际上针对的就是"假满洲人"。无论是"旗下人"还是地方莠民，这些人基本都是汉人。汉人借旗人之势欺压汉人，更是为当朝汉官所不能容忍坐视。

"光棍例"固然有明代条例作为法源，其所谓的光棍行径亦有明朝的社会背景，顺治十三年（1656年）例，已是清廷为了打击京师地区及其他地方汉人莠民"借势欺人"行径，专门为其量身打造的新禁令。这批"光棍"，无疑会不断制造"旗汉冲突"，在清廷与汉人之间尚未建立良好的沟通方式与信任前，需要不断打击这些借势生事害民者，避免社会冲突升级。至于刑罚最后发展为将主犯不论是否得财，皆要论斩，说明了清初的旗汉冲突，可能有好几次是相当紧张而充满危机的。

最后引一条顺治三年（1646年）吏科给事中林起龙的《请速禁止异端论

---

〔1〕 台湾地区已废除之《检肃流氓条例》中规定，本条例所称流氓，为年满18岁以上之人，有左列情形之一，足以破坏社会秩序者……：一是擅组、主持、操纵或参与破坏社会秩序、危害他人生命、身体、自由、财产之帮派、组合者。二是非法制造、贩卖、运输、持有或介绍买卖枪炮、弹药、爆裂物者。三是霸占地盘、敲诈勒索、强迫买卖、白吃白喝、要挟滋事、欺压善良或为其幕后操纵者。四是经营、操纵职业性赌场，私设娼馆，引诱或强逼良家妇女为娼，为赌场、娼馆之保镖或恃强为人逼讨债务者。五是品行恶劣或游荡无赖，有事实足认为有破坏社会秩序或危害他人生命、身体、自由、财产之习惯者。

〔2〕 台湾"中研院"历史语言研究所：《明清史料》（丙编第四本），刑部尚书刘余佑题本，顺治九年四月二十六日。

言疏》为证:"臣昨日出衙回家,闻途间议论鼎沸,臣即差人密访,皆云皇上将搜民间佛像,满城惊疑,或将纸像尽焚,或将铜佛送寄寺庙,投入沟井,甚至有将宗祖遗容焚毁抛弃。其间奸棍结把搜番,乘机打劫,满京摇动。"[1]清初光棍之可恶,乃在于利用统治者与被统治者的互不信任而牟利,最后导致了严刑专法的产生,最后这样的刑罚藉由比照援引,又回到百姓身上。阅览史册"光棍例"之生,令人触目惊心。可知族群问题,在某些时候,确实比盗贼问题严重,当慎之,慎之。

---

〔1〕(清)林起龙:《请速禁止异端讹言疏》,载罗振玉辑:《皇清奏议》,张小也等点校,凤凰出版社2018年版,第46页。

清末新政与京师司法官员的满汉比例（1901—1912）
——基于《缙绅录》的分析*

中国人民大学清史研究所　胡祥雨

光绪二十七年（1901年），清廷决定实施"新政"。在随后的十年中，清廷在经济、军事、教育、法律等诸多方面进行了大规模的改革。平"满汉畛域"是清末新政的目标之一，在官员选拔上消除满汉差异是平"满汉畛域"的重要一环。[1]随着司法改革的推进，新的司法机构和新式司法人员开始出现。然而，直至清朝灭亡，不管是新机构还是新人员，均未能彻底取代原有的机构和人员。那么，清廷在司法官员的任用上，平"满汉畛域"的效果如何？

学界论及清末司法官员时，多关注新式司法官员，较少分析满汉比例。程燎原细致地考察了清末新式法政人的全貌。[2]李在全对清末新式司法官员群体做了非常精到的实证研究。[3]谢蔚概述了司法改革前刑部官员的身份，仔细考察了法部人事制度以及法部对司法人员的考核与管理。[4]韩涛对大理

---

　　* 本文原刊于《清史研究》2018年第4期。本文系中国人民大学科学研究基金项目（中央高校基本科研业务费专项资金资助）"大数据视野下的《缙绅录》与清史研究"（17XNQJ06）的项目成果。

　　〔1〕　相关讨论可见故宫博物院明清档案部编：《清末筹备立宪档案史料》（下册），中华书局1979年版，第915~960页，尤其是第916、918、938、945、947、952、959页。

　　〔2〕　程燎原：《清末法政人的世界》，法律出版社2003年版。

　　〔3〕　李在全：《制度变革与身份转型——清末新式司法官群体的组合、结构及问题》，载《近代史研究》2015年第5期；李在全：《变动时代的法律职业者——中国现代司法官个体与群体（1906—1928）》，社会科学文献出版社2018年版，第1、3章。

　　〔4〕　谢蔚：《晚清法部研究》，中国社会科学出版社2014年版，第29~32页，第1章第1节，第2、4、7章。

院的官制与官员做了非常精到的分析。[1]遗憾的是，以上学者较少分析清末司法官员的满汉比例。迟云飞等学者研究清末满汉关系时，往往会论及平"满汉畛域"在官员选拔与任用上的措施与效果。然而，由于史料的限制，这些学者未能探究平"满汉畛域"在司法官员的任用上到底有何实际效果。[2]在未作细致研究的情况下，很多学者强调清末官制改革后，统治者反而强化了满人在高级官吏任命时的优势。例如，路康乐（Edward J. M. Rhoads）就一再强调，慈禧太后和载沣均在尚书等高级官吏的任命上比以往更加偏袒满人。[3]

检讨清末司法官员的满汉比例，可以了解平"满汉畛域"这一口号对清末司法官员选拔的影响，进而帮助我们透视清廷在官吏任用上的民族考量。近年来，《缙绅录》数据库的建设为我们考察清末司法官员的民族构成提供了相对可靠的数据。[4]本文依据李中清—康文林研究组研制的《缙绅录》量化数据库，从中选择新政时期（1901—1912年）的数据，分析京师司法官员满汉比例及其变化。其中，光绪二十七年（1901年）春到三十二年（1906年）秋只有13个季度的数据；丙午（1906年）官制改革后，从该年冬到宣统四年（1912年）春共22个季度的数据是完整的。

清末新政前，清朝不存在司法和行政的明晰界限，几乎所有官员均有可能涉及司法事务；新政期间，虽然清廷设立专门司法机构，但由于新的司法机构尚未全部成立清朝就已垮台，故行政和司法的界限在基层也不清晰。鉴于本文不准备考察清末所有官员的民族成分，故本文的研究对象排除一般的行政机构。具体而言，除了在新政中新设的专门处理司法事务的法部、大理院、京师各级审判厅、检察厅外，新政前既有的机构限定在司法审判起到重要作用的京师刑部、都察院、大理寺（这三个衙门合称三法司）。步军统领衙

---

〔1〕 韩涛：《晚清大理院——中国最早的最高法院》，法律出版社2012年版，第140~201页。

〔2〕 迟云飞：《清末最后十年的平满汉畛域问题》，载《近代史研究》2001年第5期；常书红：《辛亥革命前后的满族研究——以满汉关系为中心》，社会科学文献出版社2011年版，第80~125页。

〔3〕 [美]路康乐：《满与汉：清末民初的族群关系与政治权力（1861—1928）》，王琴、刘润堂译，李恭忠审校，中国人民大学出版社2010年版，第120、136、181、198、202页。

〔4〕 虽然由于各种原因，《缙绅录》的数据在细节上存在一定误差，但从整体来看，这种细节上的偏差不影响结论的可靠。

门（审理京师细事案件）、八旗、内务府、宗人府等机构虽然也在审判中起重大作用，但鉴于这些衙署的官员出身一直以旗人为主，所以不在本文的考察范围之内。同理，各省按察使司（1907 年起改为提法使司）以及新政时期各省审判厅、检察厅虽然是重要的司法机构，但官员一直以民人为主，故亦不予以分析。本文重点关注清末京师司法机构中，满（旗人）汉（民人）官员的数量（指数据中的记录数）与比例，进而评估平"满汉畛域"在官制改革中的效果。本文满人指旗人，包括八旗之满洲、蒙古、汉军。汉人出身的官员即民人出身的官员。

一、丙午官制改革前三法司官员的民族构成

丙午官制改革之前，三法司一直为清朝中央重要的司法机构。三法司当中，尤以刑部权力最大，地位也最为重要。和其他中央机构一样，清朝刑部堂司官实行满汉复设，旗人出身与民人出身的官员基本持平。据光绪朝《大清会典》记载，刑部设堂官 6 人，包括尚书 2 人、左侍郎 2 人、右侍郎 2 人，均为满洲、汉人各 1 员。刑部十八司额设司官中，旗人缺为 60，汉人（民人）缺为 57，旗人略多于民人。笔帖式全为旗人，一共 124 人，包括满洲 105 人、蒙古 4 人、汉军 15 人。额外司员[1]（郎中、员外郎、主事等）则无定员。[2]由《大清会典》可知，刑部额设官员中，堂官和司员的满汉比例接近，但加上笔帖式等低级官吏，则旗人（或满人）占有极大优势。

在实际中，刑部的办事官员往往包括大量的额外官吏。如果加上这些额外官吏，旗人和民人官员的人数与比例就会发生较大变化。表 1 是刑部旗人和民人官员人数和比例（记录数）。在有记录的季度中，但凡记录总数低于600 时（1901 年冬、1902 年春、1904 年夏、1905 年夏、1905 年冬、1906 年春季、1906 夏季），旗人官员的比例超过 50%。如果官员总数超过 600，则民人官员的比例超过 50%。仔细比较不同季度的数据，会发现刑部旗人官员数量相对较为稳定，从 257 人到 278 人不等；而民人官员的数量变化则非常大，

---

[1]　清制，诸多官员在授予实缺前，以额外的名义学习行走，积累为官经验。刑部事务繁多，故有诸多额外司员学习锻炼。（光绪）《大清会典》卷七《吏部》。

[2]　（光绪）《大清会典》卷五十三《刑部》、卷五十七《刑部》。

最多时人数达到 570 人（1901 年春），少时只有 171 人（1902 年春）。可以说，民人官员人数决定了刑部官员总数以及满汉比例的变化。

表1　丙午官制改革前刑部官员旗、民身份人数与比例

	旗	民	空　白	其　他	总　数
1901 年春	278（32.74）	570（67.14）	0	1（0.12）	849（100.00）
1901 年冬	257（58.54）	172（39.18）	9（2.05）	1（0.23）	439（100.00）
1902 年春	258（58.90）	171（39.04）	9（2.05）	0	438（100.00）
1904 年春	268（32.41）	550（66.51）	2（0.24）	7（0.85）	827（100.00）
1904 年夏	260（53.06）	228（46.53）	2（0.41）	0	490（100.00）
1904 年冬	273（35.45）	486（63.12）	11（1.43）	0	770（100.00）
1905 年春	276（32.09）	575（66.86）	9（1.05）	0	860（100.00）
1905 年夏	258（58.77）	173（39.41）	8（1.82）	0	439（100.00）
1905 年秋	274（35.49）	486（62.95）	12（1.55）	0	772（100.00）
1905 年冬	257（56.11）	200（43.67）	1（0.22）	0	458（100.00）
1906 年春	257（56.61）	196（43.17）	1（0.22）	0	454（100.00）
1906 年夏	258（50.69）	243（47.74）	8（1.57）	0	509（100.00）
1906 年秋	268（33.80）	509（64.19）	16（2.02）	0	793（100.00）

注：比例在括号中显示，本篇下同。

将刑部额外司员剔除后，余下的旗、民官员数量及变化均较为稳定（图1）。官员数量一直稳定在 265~275 人之间，旗人出身的官员人数在 198~209 之间，民人官员的数量也稳定在 58~65 人之间。三者数据形成的线条都较为平稳，没有大的起伏。

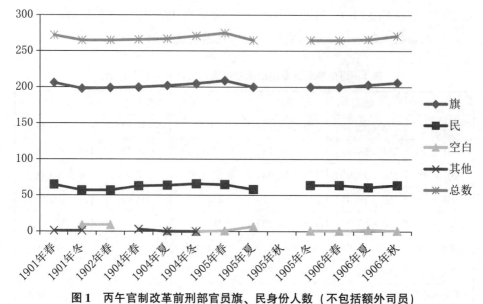

图1 丙午官制改革前刑部官员旗、民身份人数（不包括额外司员）

注：1905年秋的数据无法区分额外司员与额内司员，故数据不适用（下同）。

图1与表1相对照，就可推断出额外司员中，民人官员数量远远超过旗人官员。图2-1的数据可以证明这一推断。在1901年到1906年的数据中，旗人额外司员的数量始终低于民人。旗人出身的额外司员人数变化不大，始终在55人至72人之间。相反，民人出身的额外司员数量则变化非常大，从114人到510人不等。旗人额外司员的比例也远低于民人。据统计，旗人占比最高的1902年春季，也只有34.1%，低于同期民人官员的65.9%。由此图2-1的曲线可知，刑部额外司员总数，与民人额外司员的数量呈正相关，二者的变化曲线几乎一致。

如果将图1和图2-1的数据进行综合（图2-2）比较，不难发现，刑部官员总数也同民人额外司员的数字呈正相关，二者线条的变化几乎一致。相应地，旗人官员（不管是否额外司员）以及非额外司员的民人官员的数据变化不大，三者的变化线条几乎都如直线一般。特别是旗人额外司员和非额外司员的民人官员，由于数据和变化规律均很接近，两条线几乎重合。

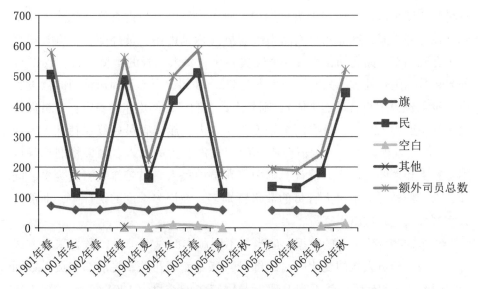

图 2-1　丙午官制改革前刑部额外司员旗、民身份人数

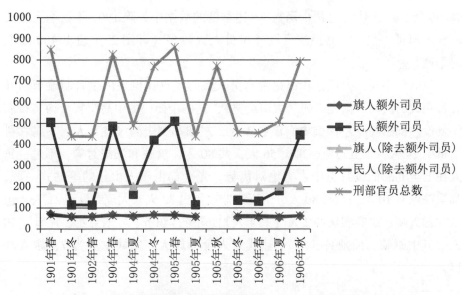

图 2-2　旗人额外司员、民人额外司员、旗人（除去额外司员）、

民人（除去额外司员）以及刑部官员总数的变化

　　任玉雪等人依据 1906 年以前的多部《缙绅录》数据指出，虽然清朝民人

在科举考试中占优，但在中央机构中，旗人出身的官员占有绝对优势。与京师其他五部不同，刑部四至六品中级官员（六部郎中、员外郎、主事等司官品级在五品至六品之间，均属这个层次）中，民人出身的官员占居多数。[1]如果将数据细化处理，只统计每个季度刑部18司、司务厅和司狱司的额设官员（刑部额设中级官员的主体），则其人数和满汉比例均非常稳定：官员数量大多数季度为129人，只有两个季度为133人，旗人官员始终保持在52%～54%之间。这些数字与《大清会典》的记载没有大的出入。如果将刑部额设中级官吏和额外司员一起统计，则中级官员中民人官员较旗人官员为多。同样，由于额外司员中民人官员的数量特别多，在许多季度的统计中，刑部民人官员人数也超过旗人官员。

对于这些变化极大的数据，应当与不同版本的《缙绅录》数据采集方式有关。额外司员人数的变化同《缙绅录》版本密切相关。将刑部官员人数同《缙绅录》版本对照，就不难发现，人数较多的季度（1901年春、1904年春、1904年冬、1905年春、1905年秋、1906年秋），数据均来自荣录堂的《缙绅全书》或是《爵秩全函》。上述季度的数据中，除1905年秋季无法获取额外司员人数外，其余季度额外司员人数较多（即图2-1超出400以上的季度）。

与刑部不同，大理寺和都察院官员人数与满汉比例在丙午官制改革前并无特别大的波动。据光绪朝《大清会典》，这两个衙门的中高层官员均实行满汉复设。都察院设左都御史满汉各1人，左副都御史满汉各2人。下属六科给事中24人，十五道监察御史56人，共80人，满缺和汉缺对等。不过，旗人在七至九品低级官吏中占有绝对优势。光全部由旗人出任的笔帖式一职，都察院就有10人，六科80人，十五道监察御史32人。大理寺设官21人，包括大理寺卿、少卿满汉各2人（共4人），司务厅司务、左右寺丞、评事等10人（其中旗缺、民缺各5），笔帖式6人全为旗人。民缺总数为7，旗人缺14。[2]

---

[1] 任玉雪、陈必佳等：《清代缙绅录量化数据库与官员群体研究》，载《清史研究》2016年第4期。

[2]（光绪）《大清会典》卷六十九《都察院》、卷六十九《大理寺》。清代汉缺可能用汉军旗人，这会影响到旗、民比例。

根据统计（表2和表3），两个衙门的旗人官员始终占到该衙门官员总记录数的一半或以上。其中，旗人官员的人数特别稳定。都察院的旗人官员数量保持在162人至174人之间；大理寺在一直在14人至16人之间浮动。民人官员人数变化比旗人官员的变化要大。都察院最多的记录达103人，最少的只有42人。大理寺最多时有12人，少时则只有6人（大理寺卿汉缺由汉军旗人出任，故民人官员比《会典》规定的汉缺少1人）。当官员总记录数增加时，民人官员的比例就会提高，反之则降低。这反映出与刑部相同的机制：旗人出身的官员人数相对稳定，影响都察院和大理寺官员总数的是民人出身官员的人数变化。不过，这两个衙门民人官员的数量变化虽然比旗人官员要大，但数量始终没有超过旗人官员。

表2　丙午官制改革前都察院官员旗、民身份与比例

	旗	民	空　白	其　他	总　　数
1901年春	173（60.70）	103（36.14）	8（2.81）	1（0.35）	285（100.00）
1901年冬	166（72.17）	56（24.35）	8（3.48）	0	230（100.00）
1902年春	172（73.50）	58（24.79）	4（1.71）	0	234（100.00）
1904年春	174（67.44）	79（30.62）	1（0.39）	4（1.55）	258（100.00）
1904年夏	174（67.97）	81（31.64）	1（0.39）	0	256（100.00）
1904年冬	174（68.50）	71（27.95）	9（3.54）	0	254（100.00）
1905年春	173（67.05）	83（32.17）	2（0.78）	0	258（100.00）
1905年夏	172（74.14）	55（23.71）	5（2.16）	0	232（100.00）
1905年秋	173（68.11）	71（27.95）	9（3.54）	1（0.39）	254（100.00）
1905年冬	167（78.77）	42（19.81）	2（0.94）	1（0.47）	212（100.00）
1906年春	162（77.14）	42（20.00）	5（2.38）	1（0.48）	210（100.00）
1906年夏	169（77.17）	46（21.00）	4（1.83）	0	219（100.00）
1906年秋	168（74.01）	59（25.99）	0	0	227（100.00）

与刑部拥有大量"额外司员"的格局不同，都察院的给事中和御史等缺并未出现类似现象。都察院和大理寺司法上都不起主要作用，不如刑部那样承担大量的司法职责。都察院的主要职责是监察，但监察事务过于重要且繁

琐程度不如司法事务，不能也不必借手于人。至少在我所见的 1901—1906 年的《缙绅录》中，给事中和监察御史均未设有"额外"人员。[1]大理寺衙门存在一定数量的额外官员。比如 1901 年春季，大理寺有额外寺丞、额外评事共 7 名；同年冬季的《缙绅录》则没有任何额外寺丞或评事。不过，大理寺的额外寺丞等官员人数同刑部不在一个数量级上。其中的原因可能在于，大理寺除了司法职责外，其余职掌很少；而且就司法事务而言，大理寺的工作量较少，远不能同刑部相比。

表3　丙午官制改革前大理寺官员旗、民身份与比例

	旗	民	空　白	总　数
1901 年春	16（57.14）	11（39.29）	1（3.57）	28（100.00）
1901 年冬	14（66.67）	6（28.57）	1（4.76）	21（100.00）
1902 年春	15（71.43）	6（28.57）	0	21（100.00）
1904 年春	15（51.72）	11（37.93）	3（10.34）	29（100.00）
1904 年夏	15（62.50）	9（37.50）	0	24（100.00）
1904 年冬	15（55.56）	11（40.74）	1（3.70）	27（100.00）
1905 年春	15（51.72）	12（41.38）	2（6.90）	29（100.00）
1905 年夏	15（71.43）	6（28.57）	0	21（100.00）
1905 年秋	15（55.56）	11（40.74）	1（3.70）	27（100.00）
1905 年冬	15（71.43）	6（28.57）	0	21（100.00）
1906 年春	15（71.43）	6（28.57）	0	21（100.00）
1906 年夏	14（58.33）	9（37.50）	1（4.17）	24（100.00）
1906 年秋	14（50.00）	12（42.86）	2（7.14）	28（100.00）

　　总之，按照规制设定下的额设官员，在丙午官制改革之前，三法司旗人官员始终占有优势。在实际中，即便有额外官员存在，都察院和大理寺官员中旗人官员依然占优。刑部官员总人数和官员满汉比例则主要由民人额外司

---

[1]《缙绅录》所记都察院官员人数的变化主要同都察院都事厅、经历厅和五城御史衙门的属官以及笔帖式人数变化有关。

员的人数决定。丙午官制改革前的 13 个季度中，有 6 个季度的《缙绅录》记载的刑部民人官员超过旗人官员。有些季度（1901 年春、1904 年春、1905 年春、1906 年秋）的刑部额外司员人数甚至超过刑部官员总数的一半。1906 年秋季，民人官员占比最高，达到 64.19%。这些数据从侧面反映出刑部职任之繁重以及司法事务的重要，需要大量额外官员来历练或是协助额设司员工作。《清史稿》如是记载清朝刑部职责：

> 　明制三法司，刑部受天下刑名，都察院纠察，大理寺驳正。清则外省刑案，统由刑部核覆。不会法者，院寺无由过问，应会法者，亦由刑部主稿。在京讼狱，无论奏咨，俱由刑部审理，而部权特重。[1]

二、丙午官制改革后法部官员的民族构成

丙午官制改革，清廷改刑部为法部，专掌司法行政；改大理寺为大理院，作为最高审判机构专掌审判。清末官制改革的一个目标是化满汉畛域。尽管内务府、宗人府以及八旗等衙门的官制变化不大，但就法部、大理院等司法机构而言，清廷确实着力推行不分满汉，因材取官。[2]

新成立的法部虽然专掌司法行政事宜，但死刑复核权的移交需要一个过程，且原来刑部的秋朝审事宜也由法部承担，故法部职责同刑部职责有一定的延续性。据谢蔚的研究，法部对刑部司员和笔帖式，均大量保留。[3]京师各级审判厅、检察厅官员由于受法部管理，故多数版本的《缙绅录》将这些官员置于法部名下。依据《缙绅录》数据，自 1906 年冬至 1907 年夏，法部诸多下设机构和官职名称依然沿用刑部旧制。1907 年秋才有了大的改变。表 4 显示，1906 年冬到 1907 年夏官员总数以及旗民官员的比例都与之前的刑部

---

〔1〕　赵尔巽等撰：《清史稿》卷一四四，中华书局 1976 年版，第 4206 页。

〔2〕　上海商务印书馆编译所编纂：《大清新法令（1901—1911）》（点校本·第 1 卷），李秀清等点校，商务印书馆 2010 年版，第 39、678 页。1907 年端方要求进一步化除满汉任官方面的畛域时提到，除军机处、内阁、翰林院等衙门外，其余部院的满汉分缺制度已经废除。（清）端方：《两江总督端方代奏李鸿才条陈化除满汉畛域办法八条折》，载故宫博物院明清档案部编：《清末筹备立宪档案史料》（下册），中华书局 1979 年版，第 916 页。

〔3〕　谢蔚：《晚清法部研究》，中国社会科学出版社 2014 年版，第 54~56 页。

类似。官员人数较多，且民人超过旗人的 1907 年夏季，其数据恰好来自荣录堂的版本。

自 1907 年秋季开始，法部下辖八司（审录、制勘、编置、宥恤、举叙、典狱、会计、都事）、两厅（承政、参议）、收发所等机构均出现在《缙绅录》上。自此开始，法部官员人数记录不断增加，直到 1909 年方才稳定在八九百人左右。当中旗人官员数量变化较小，民人增加人数较多。自 1908 年冬季开始，民人官员所占比例超过总记录数的一半。此后进一步攀升，到 1911 年秋季达到最高值，66.55%。与之前的刑部相比，法部民人官员的比例有所上升。有意思的是，1911 年秋季，法部官员的空白记录数下降到一两个，从这时起，旗人官员的人数和比例一直呈上升趋势，即便 1912 年春季法部官员总数有所下降时也是如此。

表 4　法部官员旗、民身份人数与比例

	旗	民	空　白	总　数
1906 年冬	255（56.79）	192（42.76）	2（0.45）	449（100.00）
1907 年春	250（54.95）	185（40.66）	20（4.40）	455（100.00）
1907 年夏	260（33.90）	484（63.10）	23（3.00）	767（100.00）
1907 年秋	211（33.28）	407（64.20）	16（2.52）	634（100.00）
1907 年冬	253（40.94）	204（33.01）	161（26.05）	618（100.00）
1908 年春	257（40.34）	224（35.16）	156（24.49）	637（100.00）
1908 年夏	263（40.59）	232（35.80）	153（23.61）	648（100.00）
1908 年秋	275（38.35）	330（46.03）	112（15.62）	717（100.00）
1908 年冬	290（38.56）	386（51.33）	76（10.11）	752（100.00）
1909 年春	289（38.53）	390（52.00）	71（9.47）	750（100.00）
1909 年夏	278（37.36）	396（53.23）	70（9.41）	744（100.00）
1909 年秋	277（36.40）	420（55.19）	64（8.41）	761（100.00）
1909 年冬	276（31.94）	526（60.88）	62（7.18）	864（100.00）
1910 年春	276（31.98）	525（60.83）	62（7.18）	863（100.00）
1910 年夏	276（32.02）	527（61.14）	59（6.84）	862（100.00）

续表

	旗	民	空 白	总 数
1910 年秋	277 （30.37）	584 （64.04）	51 （5.59）	912 （100.00）
1910 年冬	280 （29.91）	604 （64.53）	52 （5.56）	936 （100.00）
1911 年春	275 （29.19）	615 （65.29）	52 （5.52）	942 （100.00）
1911 年夏	292 （29.92）	629 （64.45）	55 （5.64）	976 （100.00）
1911 年秋	284 （33.33）	567 （66.55）	1 （0.12）	852 （100.00）
1911 年冬	310 （34.10）	598 （65.79）	1 （0.11）	909 （100.00）
1912 年春	319 （35.64）	574 （64.13）	2 （0.22）	895 （100.00）

官制改革之前的刑部，除了下属各机构（清吏司等）外，还有为数众多的笔帖式等低级官吏（七品至九品），由旗人垄断。法部设有七品京官、八品录事、九品录事等低级官吏，同时很多季度的《缙绅录》还保留有"裁缺七品笔帖式""裁缺八品笔帖式""裁缺九品笔帖式"等职。这些官员构成了法部低级官吏的主体。虽然法部在笔帖式之外的低级官吏中，也有民人出身的官员，但七、八品官员优先由刑部实缺笔帖式补充，[1]而且《缙绅录》记录中保留大量纯由旗人出任的"裁缺笔帖式"，法部低级官员依然以旗人为主。

如同官制改革前的刑部一样，法部也有大量额外司员（图3）。与刑部不同的是，法部额外司员数量变化相对有一定规律。1907年秋季比较特殊，该季度民人额外司员占到接近八成，且记录数达431人。剔除该季度，法部额外司员的数量以比较缓和的方式逐步增加，直到1911年冬达到最高值。1907年冬到1908年夏季，民人官员占比始终为记录总数的六成多；1908年秋季到1909年秋季增加到七成多；此后则一直维持在八成以上。1911年夏季，民人官员数量和所占比例均达到最大值。自1911年秋季开始，民人官员数量下降，旗人官员的数量和所占比例均开始上升，但占比未能超过记录数的20%。

---

〔1〕 谢蔚：《晚清法部研究》，中国社会科学出版社2014年版，第56页。

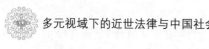
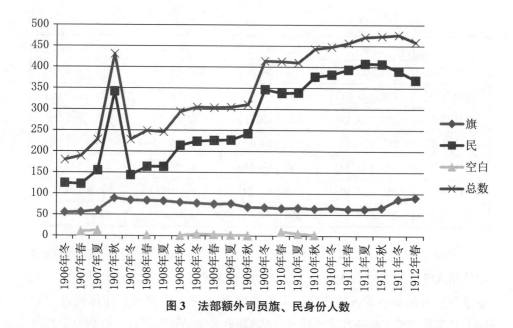

图3 法部额外司员旗、民身份人数

如果剔除法部额外司员（图4），早期法部官员数量及满汉比例均与之前剔除额外司员后的刑部具有一致性。从1906年冬到1907年夏，法部各司数据尚沿用刑部旧制，法部官员总数在263人至269人之间，除了个别空白记录外，旗人约占四分之三，民人占四分之一。旗人、民人官员在数量与比例上都同之前的刑部类似。1907年秋季起，法部新设各司均已在册。虽然该季度实际就任的民人官员同之前变化不大，但旗人官员显著减少，从之前的近200人减少到45人。更大的变化是，空白记录从之前的个位数增加到99人。从1907年冬季起，法部官员总数开始逐步增长，当中民人官员增长较快，旗人官员增长相对较慢，空白记录则逐步下降。到1910年冬和1911年春，民人官员甚至超过旗人官员。虽然很快旗人官员反超，但旗人优势不是特别大。

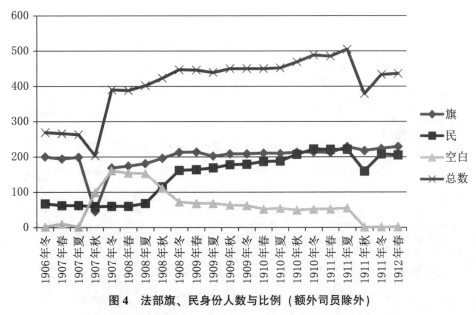

图 4　法部旗、民身份人数与比例（额外司员除外）

注：1907 年秋的修正数字剔除了大量同属于额外的进士（空白记录）。

　　考虑到法部始终保留了大量笔帖式等低级旗人官吏，且民人官员在 1910 年秋季以后并没有比旗人少很多，不难推断出，法部中高级官吏中民人数量迅速增加且超过旗人。图 5 显示，即便将额外司员、候补官员剔除，在法部堂官和额设司官中，民人官员的数量增长也超过旗人。1906 年冬到 1907 年夏季，由于原刑部各司数据依然保留在法部，法部额设堂、司官和以前的刑部一致，旗人官员比民人官员略多。自 1907 年秋季法部各司官员到位后，法部堂司官员的旗、民人数发生逆转。1907 年秋季起，法部堂司官（不包括京师各级审判厅、检察厅官员。这些官员将在下节讨论）等中高级官吏中，民人始终比旗人略多，二者人数均较为稳定。自 1909 年夏季起直至 1912 年春，记录总数始终为 107 或者 106。在最后三个季度，民人官员人数占到六成左右。考虑到法部堂官并未满汉复设，堂官减少到 3 人（有时有效记录只有 2 人），1907 年秋季以后法部额设司官中民人官员始终多于旗人官员——这同之前刑部额设司员中旗人多过民人的情况相反。这表明，法部额设中高级官吏的任用中，破除"满汉畛域"对官员选拔和任命产生了实际影响。

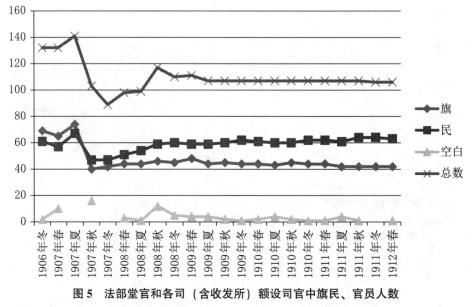

图 5 法部堂官和各司（含收发所）额设司官中旗民、官员人数

注：除 1908 年春至 1909 年春每季度有一名参议厅小京官外，其余均为中、高级官吏。

三、丙午官制改革后审判与检察官员的民族构成

同法部相比，官制改革后审判机构的民人官员人数增加更快。大理寺改为大理院之后，成为清朝的最高法院，其职权大大扩展，官员人数也迅速增加。官职改革前，大理寺官员的数量一直只有 20 余人。据表 5，自 1907 年秋起，大理院人数开始迅速增加，1908 年春突破 100 人，1910 冬突破 200 人，1911 年冬达到最高纪录 222 人。这种官员人数的迅速扩张从侧面说明大理院职掌的扩展。

大理院官员数量的增长主要源自民人官员的增加。相对而言，旗人官员增加不多。大理院旗人官员大部分时间只有 20 余人，1909 年秋季人数最多时也只有 25 人。虽然旗人官员比之前的大理寺有所增加，但由于总数增加更快，旗人官员的比例大大下降。相应地，民人官员数量增加幅度非常大，由此导致民人官员所占比例也大幅提高。在官制改革前，大理寺始终以旗人官员为主。1907 年秋，大理院民人官员数量超过旗人官员。同年冬，民人官员首次超过总记录数的一半。此后，民人官员占总记录数的比例不断攀升，

1908 年秋突破 80%，到 1911 年后接近甚至达到 90%。相应地，旗人官员的比例逐步下降，1907 年冬尚有 21.43%，1908 年至 1909 年下滑到 13%～17% 区间，1910 年秋季下降到 10.53%，此后进一步滑落至 10% 以下。

表5　大理院官员旗、民身份人数与比例

	旗	民	空　白	总　数
1906 年冬	12（63.16）	7（36.84）	0	19（100.00）
1907 年春	0	2（100.00）	0	2（100.00）
1907 年夏	12（48.00）	12（48.00）	1（4.00）	25（100.00）
1907 年秋	9（16.07）	20（35.71）	27（48.21）	56（100.00）
1907 年冬	12（21.43）	32（57.14）	12（21.43）	56（100.00）
1908 年春	18（16.22）	80（72.07）	13（11.71）	111（100.00）
1908 年夏	17（15.74）	79（73.15）	12（11.11	108（100.00）
1908 年秋	22（13.17）	139（83.23）	6（3.59）	167（100.00）
1908 年冬	22（14.38）	129（84.31）	2（1.31）	153（100.00）
1909 年春	2214.86	124（83.78）	2（1.35）	148（100.00）
1909 年夏	21（14.29）	123（83.67）	3（2.04）	147（100.00）
1909 年秋	25（15.24）	136（82.93）	3（1.83）	164（100.00）
1909 年冬	24（14.04）	145（84.80）	2（1.17）	171（100.00）
1910 年春	24（13.04）	155（84.24）	5（2.72）	184（100.00）
1910 年夏	24（12.31）	167（85.64）	4（2.05）	195（100.00）
1910 年秋	20（10.53）	166（87.37）	4（2.11）	190（100.00）
1910 年冬	20（9.57）	183（87.56）	6（2.87）	209（100.00）
1911 年春	19（8.96）	188（88.68）	5（2.36）	212（100.00）
1911 年夏	20（9.13）	194（88.58）	5（2.28）	219（100.00）
1911 年秋	39（10.00）	292（74.87）	59（15.13）	390（100.00）
1911 年秋（修正）	19（8.64）	197（89.55）	4（1.82）	220（100.00）
1911 年冬	42（9.57）	387（88.15）	10（2.28）	439（100.00）

续表

	旗	民	空 白	总 数
1911 年冬（修正）	20（8.97）	202（90.58）	1（0.45）	223（100.00）
1912 年春	19（8.84）	193（89.77）	3（1.40）	215（100.00）

注：1911 年秋季和冬季的数据包括京师各级审判厅、检察厅官员（其余季度，这些官员在法部名下），故官员总数明显多于其他季度。剔除京师各级审判厅、检察厅官员后的修正数据则同其他时期一致。

官制改革前，大理寺额外司员较少，七品至九品低级官员以旗人为主。大理院民人官员中，额外司员、八品录事和九品录事等中级、低级官吏增幅很大，且占比大。从 1908 年春季起，大理院出现额外司员等额外官员记录，人数经常超过额设司员。这些额外司员中民人的比例始终没有低于 85%，多数季度接近或者超过 90%。从 1908 年秋季起，大理寺出现八品、九品录事等低级官吏记录，且民人官员始终多过旗人官员（表 6）。在有额外录事记录的季度中，民人官员占绝对优势。在额设录事中，民人官员更是占压倒性优势。在所有记录中，旗人额设录事只有 1 人，而民人最少都有 31 人。

表 6　大理院录事中的旗、民人数

	八品、九品录事		额外录事		总 数
	旗	民	旗	民	
1908 年秋	1	35	0	10	46
1908 年冬	1	35	0	9	45
1909 年春	1	33	0	10	44
1909 年夏	1	33	0	9	43
1909 年秋	1	35	0	8	44
1909 年冬	1	35	2	8	46
1910 年春	1	35	2	10	48
1910 年夏	1	35	3	21	60
1910 年秋	1	32	0	0	33
1910 年冬	1	31	0	0	32

续表

	八品、九品录事		额外录事		总　数
	旗	民	旗	民	
1911 年春	1	35	0	0	36
1911 年夏	1	35	0	0	36
1911 年秋	1	37	0	0	38
1911 年冬	1	37	0	0	38
1912 年春	1	36	0	0	37

　　据图6，刨除八品录事、九品录事等低级官员以及额外司员、录事等额外官员后，1907 年秋到 1911 年春，大理院额设堂官、司官的总数始终是 56 人，此后变为 54~55 人。自 1907 年秋至 1912 年春，旗人官员大大少于民人官员。从 1907 年冬季起，旗人官员的比例虽然一直保持在 20% 以上，但最高也只有 26.79%。

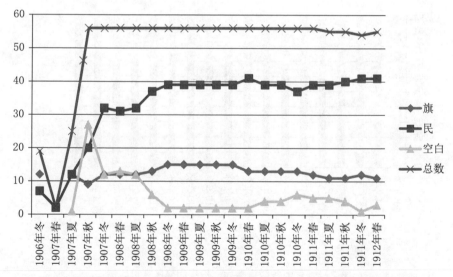

图6　大理院官员旗、民身份人数（额外官员、八品录事和九品录事除外）

　　大理院不同级别官员的满汉比例各不相同，品级越低，民人比例越大。这种局面与官员的选任方式紧密相关。大理院的堂官（正卿、少卿各 1 人，共 2 人）由皇帝特简，实际任命时往往满、汉各一人。大理院中级官吏的选用经历了由调用为主到考试录用为主的过程。最底层的低级官员录事从一开始即采用公开招考的方式加以"委用"。[1]韩涛认为,大理院主干官员基本上在光绪三十四年(1908 年)以前通过奏调方式配备到位,此后通过考试招录的主要是额外司员。[2]这些奏调官员的旗人比例低于堂官,却高于通过考试任用的额外司员和录事。旗人额外司员和旗人录事的超低比例说明旗人在新时期的考试中没有任何优势。

如果我们将眼光下移,京师各级审判厅、检察厅官员中,民人官员人数增长也非常快(图 7-1 和图 7-2)。从 1907 年冬有记录开始,京师各级审判厅、检察厅的记录总数就非常稳定。除了最后两个季度人数为 216 人外,其余季度的人数始终在 157 人至 170 人之间,且大多数季度的数字是 164。1908 年冬季以前,空白记录占绝对多数,但亦展示出在任的民人官员比旗人要多。1908 年冬季空白记录下降到总数的四成,此后空白记录逐季度下降,多数季度占总数的 3 成左右。只有在 1911 年冬和 1912 年春,空白记录下降到个位数,占比不足 5%。

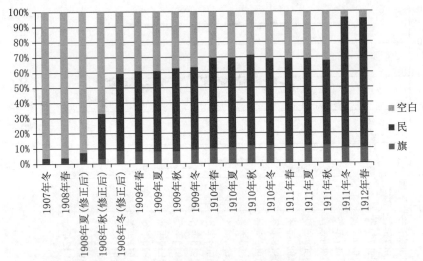

图 7-1　京师各级审判厅、检察厅旗民官员比例

〔1〕 韩涛:《晚清大理院——中国最早的最高法院》,法律出版社 2012 年版,第 58~59、152~154、171 页。李在全:《变动时代的法律职业者——中国现代司法官个体与群体(1906—1928)》,社会科学文献出版社 2018 年版,第 8~9 页。

〔2〕 韩涛:《晚清大理院——中国最早的最高法院》,法律出版社 2012 年版,第 65 页。

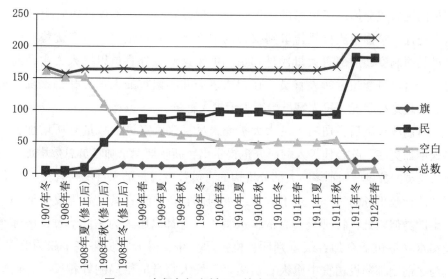

图7-2 京师各级审判厅、检察厅旗民官员数量

注：1908年夏季到冬季各级审判厅、检察厅中包含属于法部的各司人员以及大量七品京官，修正后的数据同其他季度保持一致。

据图7-1和图7-2，在空白记录下降的同时，旗人官员数量始终保持在很低的水平，在1911年秋季之前不到20人，此后最多也只有22人，占记录总数的最高比例只有11.76%（1911年秋）。相反，民人官员数量增幅很大。1907年起始季度只有5人，1908年秋增加到49人；从1908年冬到1911年秋，人数保持在84人至98人之间；最后两个季度猛增到180余人。民人官员占比也一直大幅度高于旗人。自1909年春到1911年秋，即便有相当数量的空白记录，民人官员占总记录数的比例也始终在50%以上。1911年秋起，旗人官员人数虽然有所增加，但增加幅度远不如民人官员。在1911年冬和1912年春季，空白记录分别下降到9人和10人，民人官员占到记录数的85%以上。图7-2清晰地显示出，空白记录和民人官员的数据线相背而驰，几乎成对称状，而旗人官员的线条则比较平稳。不难看出，大量空白记录被民人官员填充。

四、小结与余论

清末新政改变了京师司法机构官员的民族构成。在官制改革前，三法司官员的民族成分体现了浓厚的满洲色彩。额设官员中，不仅低级官吏大量由旗人充任，掌握司法行政与审判权力的中高级官吏也是旗人占有优势。由于官员见习制度，刑部有大量额外司员。由于这些额外官员以民人为主，刑部的民人官员可能超过旗人官员。在司法事务并不繁重的大理寺和都察院，则没有出现这种状况，民人官员始终少于旗人官员。

官制改革以后，司法人员大大扩充，尽管旗人官员的数量有所增加，但民人增加更多。陈必佳等人的研究也揭示出，新政期间京师官员总数增加，但旗人官员的数量增加不多，大部分机构的官员数量增长都来自民人官员。[1]负责司法行政事务的法部，由于大量继承刑部官员，其官员民族构成与刑部有一定的类似之处，特别是二者的低级官吏一直都以旗人为主。不过，法部额设司官（不包括京师各级审判厅、检察厅）中，民人官员略多于旗人官员，这与之前刑部额设司官中旗人官员略多于民人官员的格局刚好相反。在司法审判中起到重要作用的大理院和京师各级审判厅、检察厅官员中，民人官员最终占有绝对多数。

清末司法官员满汉比例的变化同官员选用方式的转变密切相关。李在全认为，丙午官制改革虽然设立了许多新机构，但新设机构的官员多从旧机构继承，全国"新式法官群体"规模只有数百人。到宣统年间，司法官选任逐步采用考选途径，大量学堂毕业生加入司法队伍，新式司法官员达到一千余人。[2]李启成认为经过宣统二年的法官考试，法官任用逐步过渡到以考试为主。[3]由于数据库本身的局限，我们无法得知多少官员出自新式教育，属于新的司法官。清末法部、大理院民人官员数量和比例均不断增加的事实，至少可以证明以下两点：

第一，清末组建新的审判与检察机构时，并没有按照相应比例转入原来刑部的旗人官员，尤其是业务上起主导作用的司员。在民人司员和司官总数

---

〔1〕 陈必佳、康文林、李中清：《清末新政前后旗人与宗室官员的官职变化初探——以〈缙绅录〉数据库为材料的分析》，载《清史研究》2018年第4期。

〔2〕 李在全：《制度变革与身份转型——清末新式司法官群体的组合、结构及问题》，载《近代史研究》2015年第5期；李在全：《变动时代的法律职业者——中国现代司法官个体与群体（1906—1928）》，社会科学文献出版社2018年版，第3章。

〔3〕 李启成：《晚清各级审判厅研究》，北京大学出版社2004年版，第118页。

均增加的情况下，大理院和京师各级审判厅、检察厅的旗人司员总数比原来刑部的旗人司员数量还少。刑部笔帖式等低层旗人官吏，也多留在法部，较少进入大理院或者京师各级审判厅、检察厅。法部虽然保留大量旗人低级官吏，但在《缙绅录》上，经常标记为"裁缺七品笔帖式""裁缺八品笔帖式"。这些人很可能是清廷出于生计考虑才继续让其留在法部的。以上情况在一定程度上表明，清末刑部大多数旗人官员的业务能力没有被看好，被认为不能很好适应新的审判与检察机构。这种清末旗人能力不足的判断可与目前学界的认知相印证。[1]

第二，丙午改制后，旗人在司法官员的选拔中不占优势。大理院录事通过考试任用，直接导致旗人录事的数量极少。京师各级审判厅、检察厅的空缺大量被民人官员填充。由于京师以外的各审判厅、检察厅官员中（包括东三省各级审判厅），民人官员占有压倒性优势，更进一步印证旗人在官制改革后的司法官员选拔中不占优势。考虑到旗人在数量上比民人少得多，在缺少足够政策支持的情况下，新增的旗人司法官员少于民人，是自然而然的。

这种"自然而然"对清廷和当时的政治局势，却有着非同寻常的意义。学界在论述清末满汉关系时，往往强调清廷在各部尚书等高级官员，尤其是"皇族内阁"阁员中，满洲贵族集权的事实。[2]从大理院和京师各级审判厅、检察厅官员选用情况来看，旗人在新时代的竞争中，有被汉人取代的危险。清末提倡的除"满汉畛域"，不只是政治宣传。在司法官员任用上，具有切实的政治内涵。清末地方督抚民人超过旗人已是既定事实，如果清末京师其他部门如司法机构——尤其是审判机构那样，中低级官吏大量被汉人占据，我们就不难理解清廷在中枢要力保满洲贵族的优势。

---

〔1〕 苏亦工认为，晚清时期刑部汉官通过专业知识战胜了满官。苏亦工：《官制、语言与司法——清代刑部满汉官权力之消长》，载《法学家》2013 年第 2 期。李明的研究也表明，清代中后期刑部汉官凭借律学知识逐步掌握了刑部的审判权，造成汉人司员权重的局面。李明：《知识与权力：清代刑部研究》，中国人民大学 2017 年博士学位论文。

〔2〕 参见迟云飞：《清末最后十年的平满汉畛域问题》，载《近代史研究》2001 年第 5 期；常书红：《辛亥革命前后的满族研究——以满汉关系为中心》，社会科学文献出版社 2011 年版，第 116~125 页；〔美〕路康乐：《满与汉：清末民初的族群关系与政治权力（1861—1928）》，王琴、刘润堂译，中国人民大学出版社 2010 年版，第 120、136、181~183、198~202 页。

法律・地域・社会

金代公共资源问题的一个侧面

——以中都大兴府仰山栖隐寺与三家村的"山林"之争为例

内蒙古师范大学历史文化学院 杜洪涛

学术界对于中国古代社会公共资源问题的讨论相对匮乏。据笔者管见，仅有赵世瑜从公共资源的角度剖析了明清时期山西汾水流域的水资源分配问题。[1]本文借鉴其研究方法，将金代仰山栖隐寺与三家村之间的"山林"之争置入公共资源的问题框架内予以探究，力图藉此呈现出金代公共资源问题的一个侧面。

一、乘势而起：金代的仰山栖隐寺

位于中都大兴府宛平县境内的仰山栖隐寺是金代著名的禅寺，[2]关于其创建年代主要有以下两种观点。[3]其一，辽代说。元代赵孟頫奉敕撰写的

---

〔1〕 赵世瑜：《分水之争：公共资源与乡土社会的权力和象征》，载《中国社会科学》2005 年第 2 期。

〔2〕 辽金时期的北京地区有两座仰山寺。其一为本文讨论的仰山栖隐寺，其二为辽金故城之内，"在宣武门至广安门之宣北坊"的仰山寺。参见郑恩淮：《辽燕京佛寺考》，载《考古》1972 年第 3 期。

〔3〕 除下文即将论及的两种主要观点外，还有唐末、大定初年（1161 年）、大定十二年（1172 年）、大定二十年（1180 年）及金章宗在位期间等不同说法。笔者认为，唐末说略嫌证据不足，后几种说法则明显与史实不符。参见马垒：《仰山栖隐寺》，载《北京档案》2011 年第 8 期；（清）于敏中等编纂：《日下旧闻考》（第 6 册）卷一〇四，北京古籍出版社 1981 年版，第 1735 页；（清）唐执玉、李卫等监修，田易等纂：《雍正〈畿辅通志〉》卷五十一，载《文渊阁四库全书》（第 505 册），台湾商务印书馆 1986 年版，第 158 页；（清）于敏中等编纂：《日下旧闻考》（第 6 册）卷一〇四，北京古籍出版社 1981 年版，第 1734 页；（清）孙承泽：《春明梦余录》卷六十六，上海古籍出版社 1993 年版，第 233 页。

《仰山栖隐寺满禅师道行碑》云：“栖隐寺始建于辽，至（满禅）师为二十六代。”[1]其二，金初说。明代刘定之所撰《仰山栖隐寺重修碑》云：“（栖隐寺）创始于金时。”又云：“仰山高耸蟠苍龙，青州来作开山翁。”[2]所谓青州即著名的曹洞宗大师被尊称为青州和尚的希辩（按：或作一辩），据赵万里辑《元一统志》，青州和尚是在天会年间来到仰山栖隐寺的。[3]由此可知，刘定之所谓“金时”系指金初而言。出于史源学方面的考虑，笔者与多数学者一样认同辽代说。[4]

需要强调的是，金初说虽不足据，但刘定之所撰碑文却揭示了辽金之际仰山栖隐寺的变迁。前引刘定之碑文中“青州来作开山翁”一句极为紧要。所谓“开山翁”指开宗立派的祖师，这也就是说，在刘定之看来青州和尚是仰山栖隐寺某个宗派的开山祖师，或许他就是在这个意义上说栖隐寺“创始于金时”的。至于青州和尚是栖隐寺何宗何派的开山祖，刘定之不曾明言。笔者推断他不直接说破的缘由有二：其一，限于文体。此句为碑中所附古体诗的一部分，古人作诗讲究含蓄，故不便点破。其二，青州和尚以禅宗分支曹洞宗的高僧闻名于世，故不必点破。无论刘定之的理由是前者、后者或兼而有之，其结果均是对后人理解其所谓“开山翁”的确切含义造成了困扰。

那么，青州和尚在金朝初年的栖隐寺中承担的角色究竟是禅宗的“开山翁”，还是禅宗分支曹洞宗的“开山翁”呢？青州和尚又是在怎样的历史语境中成为“开山翁”的呢？其实，这是涉及辽金鼎革与辽金时期幽州地区佛教发展史的大问题。

众所周知，辽代统治者以佞佛著称，因此幽州地区的佛教在其统治期间

〔1〕（元）赵孟頫：《仰山栖隐寺满禅师道行碑》，载（元）赵孟頫：《松雪斋诗文外集》，国家图书馆藏清抄本。

〔2〕（明）刘定之：《仰山栖隐寺重修碑》，此碑现在仰山栖隐寺，笔者曾于2011年11月17日前往该寺作田野调查，从而得见此碑。在此碑识读过程中，笔者参考了日本学者松木民雄的拓本及其重新整理后的碑文。参见[日]松木民雄：《北京·楼隐寺の仏塔と碑文——劉定之と趙孟頫》，载《北海道东海大学纪要（人文社会科学系）》1988年第11号。

〔3〕赵万里校辑：《元一统志》卷一《中书省统山东西河北之地》，中华书局1966年版，第24页。按：此书原名为《大一统志》。

〔4〕认为栖隐寺始建于辽代的学者甚多，如郑恩淮、松木民雄等。可参见郑恩淮的《辽燕京佛寺考》；日本学者松木民雄的《北京·楼隐寺の仏塔と碑文——劉定之と趙孟頫》。

得到了进一步的发展。值得注意的是，虽然五代后唐时期从实禅师曾来此弘扬佛法，使禅宗在幽州境内产生了很大影响，[1]但是禅宗并未由此成为辽朝境内最盛行的宗派，其声势远逊于华严宗、律宗等派别。在其他宗派的排挤下，禅宗自辽代中叶起就日趋衰微，而在辽道宗统治时期禅宗遭到了更致命的打击。道宗下令将禅宗最重要的经典著作《六祖坛经》、记述其列祖传法谱系的《宝林传》等"皆与焚弃"，[2]从此禅宗在辽朝境内几乎销声匿迹。[3]

辽金鼎革后，金朝统治者有意识地利用了被辽朝统治者视为异端的禅宗，以此在信仰领域内象征性地展示辽金鼎革。青州和尚就是在这样的历史语境中走到历史前台的。

青州和尚希辩本是宋朝青州天宁寺的长老，金军攻破青州时被俘，耶律将军将他带回燕京。[4]赵万里所辑《元一统志》载："初置之中都奉恩寺，华严大众请师住持，服其戒行高古，以为潭柘再来。至金天会间，退居太湖山卧云庵，既而隐于仰山栖隐寺。骠骑高居安以城北园并寺前沙井归之常住（按：归之大万寿寺之常住）。天眷三年（1140年），召师复住持（按：住持大万寿寺）。"[5]值得注意的是以下两点。其一，青州和尚在金朝统治者的羽翼下，被华严宗信徒奉为住持。所谓"华严大众"即华严宗信徒，而所谓

---

〔1〕（宋）志磐：《佛祖统纪》卷十四，载《频伽大藏经》（第88册），九洲图书出版社2000年版，第201页。《释门正统》亦载此事，参见（宋）宗鑑：《释门正统》卷八，载《频伽大藏经》（第178册），九洲图书出版社2000年版，第696页。另请参考杨曾文：《宋元禅宗史》，中国社会科学出版社，第10~12页。

〔2〕（清）神穆德编纂：《潭柘山岫云寺志》之《历代法统》，释义安续，门学文点校，北京燕山出版社2007年版，第22页。按：大万寿寺原名潭柘寺、龙泉寺，至金代皇统初年始改名为大万寿寺。为避免误解，本文在正文中提到此寺时一概称作大万寿寺。

〔3〕笔者无意排除禅宗在辽末动乱中再度有所活跃的可能性，但是其在辽代后期被统治者视为异端的情况并没有改变。

〔4〕赵万里辑《元一统志》仅言："耶律将军破青州，以师归燕。"没有提供明确的时间线索，而将军姓耶律又使人容易产生他是辽朝将军的错觉。幸而，青州和尚的弟子行通和尚的塔铭可供参证："辩公（按：即青州和尚）……会本朝抚定，来都城。"据此可知，耶律将军乃金朝之将军，青州和尚乃是在金初抵达燕京的。赵万里校辑：《元一统志》卷一《中书省统山东西河北之地》，中华书局1966年版，第24页；（金）释圆照：《甘泉普济寺通和尚塔记》，载（清）张金吾编纂：《金文最》卷一百十二，中华书局1990年版，第1612页。

〔5〕赵万里校辑：《元一统志》卷一《中书省统山东西河北之地》，中华书局1966年版，第24页。

"服其戒行高古"并非青州和尚成为该寺住持的主因。如果不是迫于政治压力,很难设想华严宗信徒会请一位禅宗高僧做其所属寺庙的住持。其二,有意推崇在辽朝后期被视作异端的禅宗并非耶律将军的个人行为,而是在幽州地区行使国家权力者的群体行为,甚至在某种程度上可以被视作金朝政府的宗教策略,召青州和尚住持著名的大万寿寺即是明证。类似的事例还有后文将会提到的青州和尚从权臣完颜宗磐手中为栖隐寺争取到了占据大量"山林"资源的批文。

从以上对辽朝后期将禅宗视作异端与金朝统治者有意提倡禅宗的考述可知,刘定之所谓"开山翁",指青州和尚是栖隐寺禅宗的开山祖师(按:可以兼指曹洞宗,但并非特指曹洞宗)。刘定之的这种说法必须放在辽金佛教发展史的特定语境中去理解,它并不意味着幽州地区、甚至是栖隐寺此前不曾有过禅宗信仰。与此同时,这种说法是有史可证的。《元一统志》载:"青州和尚,天德初示化于仰山。记乃金翰林学士、中靖大夫、知制诰施宜生所撰。其文略曰:'潭柘老人二百年后,放大光明,芙蓉家风却来北方,熏蒸宇宙。岂其大事因缘殊胜亦有数耶?教有废兴,道无废兴,人有通塞,性无通塞。师既来燕,潭柘寂然,师既往燕,曹溪沛然。'"[1]引文描述的是青州和尚在仰山弘扬禅宗佛法的盛况。所谓"潭柘老人"当指唐末五代时期来幽州潭柘寺传教的从实禅师,自彼时至此恰好二百年左右。所谓"二百年后,放大光明",指青州和尚像当年从实禅师那样再一次使禅宗发扬光大。所谓"芙蓉"指曹洞宗名僧芙蓉和尚,所谓"芙蓉家风却来北方"指芙蓉和尚一脉的曹洞宗传入幽州地区。而所谓"教有废兴,道无废兴"及"寂然"与"沛然"的对比都直接点明了辽金佛教史的重大变迁,即禅宗从辽朝后期的异端变成金朝统治者鼎力支持的教派。

栖隐寺的僧众邀请青州和尚做住持不仅是因为政治压力,而是有更深一层的用意,即试图凭借青州和尚与金朝政府的特殊关系保住其占据的大量"山林"资源。[2]据《顺天府志》,青州和尚入主栖隐寺的确切时间是"天会

---

〔1〕 赵万里校辑:《元一统志》卷一《中书省统山东西河北之地》,中华书局1966年版,第24页。

〔2〕 相关讨论详见下文。

戊申"，即天会六年（1128 年）。[1]然《宛署杂记》所录碑刻云："及天会九年有住持普大师将未抚定以前元为主，旧仰山寺道院等四至山林，施每（与?）故青州长老和尚为主。其山林系是本寺山坡，见有施状碑文。"[2]从史源学角度讲，此碑所载更具参考价值。但这两种史料的记载并非不能兼容，即青州和尚入主栖隐寺在天会六年（1128 年），从前任住持手中接收全部寺产并刻碑立石在天会九年（1131 年）。

青州和尚出任住持是栖隐寺历史上的重大事件，凭借他的宗教名望与政治资源，该寺的声誉日隆。虽然在天眷三年（1140 年），他曾应邀出任大万寿寺住持，但不久即将该寺寺务交予其门徒德殷掌管而重返仰山。[3]皇统年间，青州和尚圆寂，其弟子行通和尚继任栖隐寺住持。[4]但在太师尚书令张浩的干预下，青州和尚的另一弟子，远在磁州的法宝接替了行通的位置。[5]张浩与平章政事张晖等人对法宝颇为敬仰，每次到寺拜访必使法宝居中正坐，张浩等陪居侧席。贞元三年（1155 年），张浩等人对法宝的过高礼遇遭到了海陵王的猜忌，法宝就此返回磁州。[6]行通和尚再次担任住持，直至大定四年（1164 年）六月才"以年老谢事"。[7]大定二十年（1180 年），金世宗下令重修栖隐寺，"赐田设会，度僧万人"。[8]泰和六年（1206 年），法宝的三

〔1〕（清）缪荃孙辑：《顺天府志》卷七，北京大学出版社 1983 年版，第 24 页。

〔2〕（明）沈榜编著：《宛署杂记》卷二十，北京古籍出版社 1983 年版，第 296 页。按：此碑为金代碑刻，沈榜标之以"元朝公移"实属误会。关于这个问题该书点校者已经指出（参见该书《出版说明》第 5 页）。

〔3〕赵万里校辑：《元一统志》卷一《中书省统山东西河北之地》，中华书局 1966 年版，第 24 页。

〔4〕（金）释圆照：《甘泉普济寺通和尚塔记》，载（清）张金吾编纂：《金文最》卷一百十二，中华书局 1990 年版，第 1613 页。按：《塔记》载："皇统中，辩老入灭，师继住持数十载。"所谓"辩老"即青州和尚，所谓"师"即行通和尚。

〔5〕（金）翟炳：《长清县灵岩寺宝公禅师塔铭》，载（清）张金吾辑：《金文最》卷一百十，中华书局 1990 年版，第 1597 页。

〔6〕（元）脱脱等撰：《金史》（第 1 册）卷五《海陵本纪》，中华书局 1975 年版，第 103~104 页；同书（第 6 册）卷八十三《张通古传》，第 1861 页。

〔7〕（金）释圆照：《甘泉普济寺通和尚塔记》，载（清）张金吾辑：《金文最》卷一百十二，中华书局 1990 年版，第 1613 页。

〔8〕（清）于敏中等编纂：《日下旧闻考》（第 6 册）卷一〇四，北京古籍出版社 1981 年版，第 1734 页。按：原文"大定二十年正月敕建仰山栖隐禅寺"，误。因栖隐寺创自辽代，故此时当是下敕重修。又按：所谓"度僧万人"仅是泛指其多，未必是实际数字。

传弟子万松行秀出任栖隐寺的住持，由于金章宗对万松行秀礼敬有加，栖隐寺迎来了它在金代历史上最为辉煌的时期。[1]

二、"山林"之争：栖隐寺与三家村的纠纷

寺庙的发展壮大需要有牢固的经济基础，而寺庙所占有的土地是寺庙经济的重要组成部分。法国学者谢和耐指出："在大多数情况下，寺院土地的最早核心部分，是由山地或丘陵地组成的。"[2]栖隐寺也不例外，而且由于坐落在群山之中，该寺的主要地产始终以"山林"为主。[3]

栖隐寺是如何占有大量"山林"资源的呢？笔者认为这个问题可以从以下两个方面来考虑：一方面，辽朝政府有佞佛之风，经常将大量土地赐予寺庙，所以该寺在辽代即已占有大量"山林"。又因为该寺在辽朝后期国家将禅宗视为异端的时候并不信奉禅宗，这样该寺的庙产就一直保持到金初。另一方面，栖隐寺所处的山区历来是民众规避战乱的理想区域，[4]在辽金之际的战乱中这里自然涌入了不少难民。由于依附于寺庙经济是比较理想的谋生手段，逃至此地的人口在找到生路的同时也为寺庙提供了更多的劳动力。栖隐寺完全有可能凭借这些劳动力开发山地，并趁动乱之机进一步扩大所占公共资源的面积。因此，栖隐寺所占"山林"可能在辽金之际有进一步的扩张。

"山林"属于公共资源，如果栖隐寺将过多的"山林"据为己有，势必

---

[1] 金章宗曾亲临栖隐寺，并赋诗刻石。参见（明）陈循等撰：《寰宇通志》卷一《顺天府志》（《玄览堂丛书》），正中书局 1985 年版，第 58 页；另请参见刘晓：《万松行秀——以万松舍利塔铭为中心》，载《中国史研究》2009 年第 1 期。

[2] ［法］谢和耐：《中国 5—10 世纪的寺院经济》，耿昇译，上海古籍出版社 2004 年版，第 118 页。

[3] 刘定之对仰山栖隐寺的地势做过十分精彩的描绘："京师之西，连山苍翠，蟠亘霄汉，所谓西山者也。仰山乃其支垄，而蜿蜒起伏，特为雄胜。所止之处，外固中宽，栖隐寺据之。"（明）刘定之：《仰山栖隐寺重修碑》，碑在今栖隐寺。

[4] 《日下旧闻考》载："循山趾行，夹壁中有村临谷口，为桃源村（按：桃源村即今桃园村，距仰山栖隐寺的路程仅有 2.6 公里）。村前孤峰矗立，中有洞，昔人避兵处也。"《勤公禅师的之塔铭》载："值金国扰攘，（按：此处空缺的主语即勤公禅师，刘姓，此时尚未出家）与父母逃难仰山，因家焉，留寓久之。"（清）于敏中等编纂：《日下旧闻考》（第 6 册）卷一〇四，北京古籍出版社 1981 年版，第 1733 页。（金）西云子安：《金城山白瀑寿峰禅寺第十一代勤公禅师塔铭》。转引自包世轩：《门头沟区伽蓝名僧记》，载《北京文物与考古》1997 年第 4 辑。

会影响到"周边村落"的日常生活。需要说明的是，本文使用的"周边村落"一词并非泛指栖隐寺周围的村落，而是特指那些处在以栖隐寺为核心的寺庙经济体系之外，又与该体系相邻的村落。对于那些依附于寺庙经济的村落，笔者称之为"依附村落"。"依附村落"与"周边村落"的界限视寺庙经济的覆盖范围而定。

以金代栖隐寺为核心的寺庙经济所覆盖的区域究竟有多大？或者说该寺到底占有了多少"山林"资源呢？不无遗憾地说，沈榜所录碑刻虽然提供了大定年间金朝政府重新确认的该寺的"山林"四至，即"东至芋头口，南至逗平口，西至铁岭道，北至搭地鞍"，[1]但是由于时代的变迁这些具体的地名已无从考索，因此该寺所占"山林"的实际面积已无从推算。

幸运的是，最近在栖隐寺重修过程中出土的一块残碑提供了间接的证据。这块残碑所留存的文字不多，但经过仔细比对可以证明此碑即沈榜当年抄录在《宛署杂记》中被误称为"元朝公移"的那块碑刻（按：以下简称"沈碑"）。[2]这也就是说残碑是沈碑的祖本，而沈碑与残碑如有异同便可以相互补充从而构成一个比较完整的文本。

残碑现存文字如下："①西，三家村。②六日，奉大兴府指挥，奉尚书工部符文，今月初八日，承。③李仁莹等告仰山寺僧法诠占固山林。依□制，其僧法诠不合。④僧有天会年间书示、施状，及正隆二年（1157年）告到山林为主文，显。⑤董伯璋等所见除相同外，据委官打量到四至内山林。⑥分付仰山寺僧法诠依旧为主，占固施行。然如此。⑦□□都省详酌，事因蒙批送寺，鞫寺参详，据。⑧本寺僧为主施行。又缘照到□制内明该。⑨约、文字等为主凭验。然是未抚定已。⑩准此时僧尼私不转施等文凭。⑪张藻、评事尹仲连、孙溥权，披断高十、方奴、知法。⑫施行。又缘照得。"[3]这里的序号为笔者所加，用来表示碑文所处行数，次序为自右向左排列。

残碑所存文字与沈碑相应的文字基本相同，只是两个"制"字之前均有一个字的空缺。不知是残碑此处空一格还是原有一字。更重要的是：残碑右

---

〔1〕 （明）沈榜编著：《宛署杂记》卷二十，北京古籍出版社1983年版，第296页。

〔2〕 参见（明）沈榜编著：《宛署杂记》卷二十，北京古籍出版社1983年版，第295~297页。

〔3〕 残碑在今栖隐寺。

侧题写碑名的地方现存"……西，三家村"几个沈榜当年没有抄录的文字。而透过"西，三家村"这几个字，结合沈碑可知：大定年间与栖隐寺争夺"山林"使用权并将栖隐寺告到官府的是三家村的村民。因为沈碑有"本村首领与两争人"的记载，所谓"本村"指与栖隐寺相争之村，所谓"两争人"则分别指涉代表栖隐寺的法诠和代表三家村的李仁莹。[1]

三家村又名三家店，即当代有千年古村之称的三家店村。如今，如果从三家店村出发经 109 国道和 002 县道至栖隐寺，全程为 18.2 公里。如果走石担路和 002 县道，全程为 18.1 公里。此段路程基本都处于群山之中，道路依山势而建，自古及今变化不大。这也就是说，在大定年间，栖隐寺与相距 18 公里路程的村落因"山林"资源的使用权而发生了激烈的争执。据此，历史研究者可以推断金朝栖隐寺所占有的"山林"面积确实非同寻常。

不容否认，栖隐寺与三家村关于"山林"资源的争执发生在大定年间，未必能说明金初的情况。那么，栖隐寺是否在金初即已占有如此多的"山林"资源？是否在当时即因这种公共资源的使用权而与三家村等"周边村落"关系紧张呢？栖隐寺在金朝初年试图凭借国家权力保住所占"山林"的事实，表明栖隐寺在金初即因占有大量公共资源，与"周边村落"关系紧张。如前文所述，栖隐寺主动邀请来自其他佛教派别的青州和尚来做住持，将该寺道院等四至"山林"一并托付给他并刻碑立石为证。该寺这样做的主要目的，正是为了借助青州和尚与金朝政府的特殊关系，保住其占据的公共资源。

现在讨论敢于将栖隐寺告到官府的三家村与这场"山林"诉讼案。三家村位于永定河出山口的左岸，自古以来即是京西地区的交通枢纽。由于地处交通要道，该村村民可以通过兼营商业、运输业等方式谋生，而不必依附于以栖隐寺为中心的寺庙经济体系。[2]与此同时，该村地处永定河畔的滨河平原与山区的交界，恰好处于"周边村落"与占据大量"山林"的栖隐寺发生摩擦的前沿地带。

---

〔1〕（明）沈榜编著：《宛署杂记》卷二十，北京古籍出版社 1983 年版，第 295~296 页。需要强调的是，沈榜的抄录工作做得十分精确，为历史研究者保留了宝贵的史料。

〔2〕当地至今流传的关于三家村最早有三户人家，开了三家客店的传说，说明了此地的商业传统。而《门头沟古村落研究》亦将现名三家店的古三家村归入兼营商业、运输业的"商业村"。（古村落）课题组：《古村落研究》，载 www.gucunluo.com。

在金代前期，由于金朝政府有意扶植以青州和尚为代表的禅宗势力，栖隐寺又凭借青州和尚的宗教声望和政治资源使该寺占据的大量"山林"得到了金朝政府的书面认可。这批使栖隐寺在大定年间胜诉的关键性证据包括金初权臣宋国王完颜宗磐的"书示"，以及玉河县留守司的"文解"。[1]在此期间，三家村等"周边村落"即使不满，也只能忍气吞声。

青州和尚圆寂后，金朝政府依然对始终以青州和尚的嫡传弟子为住持的栖隐寺关照有加。沈碑所载可以为证："此时僧人行愿（按：栖隐寺僧）告到本县，（本县）榜文，禁约军人不得采斫。"[2]据上下文，此事发生在正隆二年（1157年）。[3]此时金朝政府正在发动以掠夺民间土地为目的的扩地运动，而扩地的范围即包括栖隐寺所在的大兴府。[4]不止如此，早在皇统二年（1142年），金朝政府即已颁布法令："占固山野陂湖之利者杖六十。"[5]然而，考虑到栖隐寺的特殊背景，县衙依然出榜来禁止军人使用栖隐寺所占有的"山林"资源。以常理推断，军人尚被禁止，何况民人？

然而，栖隐寺与三家村等"周边村落"的矛盾日积月累，总有爆发的时候。大定十八年（1178年），[6]三家村村民李仁莹以"占固山林"为由将栖隐寺告到大兴府衙门。诉讼的最初结果对三家村有利，因为当此案报送大理寺时，大理寺按照皇统二年（1142年）的相关规定，判定栖隐寺"不合占

---

〔1〕（明）沈榜编著：《宛署杂记》卷二十，北京古籍出版社1983年版，第296页。按：在某种意义上说，将庙产转让给青州和尚并刻碑立石这一行动本身也起到了保护栖隐寺所占山林的目的。

〔2〕（明）沈榜编著：《宛署杂记》卷二十，北京古籍出版社1983年版，第296页。

〔3〕前文云"并隆二年"（按：并隆当为并正隆），引文云"此时"，故笔者认为"此事发生在正隆二年"。（明）沈榜编著：《宛署杂记》卷二十，北京古籍出版社1983年版，第296页。

〔4〕刘浦江：《金代土地问题的一个侧面——女真人与汉人的土地争端》，载《中国经济史研究》1996年第4期。

〔5〕沈碑云："然在制，该占固山野陂湖之利者杖六十。今来本寺自皇统二年未降制以前为主。"据此，"占固山野陂湖之利者杖六十"的法令是皇统二年（1142年）颁布的。参见（明）沈榜编著：《宛署杂记》卷二十，北京古籍出版社1983年版，第296页。

〔6〕沈碑虽然刻于大定十八年（1178年）十月初一日，但碑文中"今月二十六日""今月初八日"的记载表明碑中所记之事必不在十月，即所谓"今月"必非"十月"。刻碑之月既与所记事之月不同，刻碑之年恐亦未必为所记事之年。不过，以常理推断，栖隐寺赢得官司后理应尽快刻碑立石以为凭据，故栖隐寺与三家村因争夺"山林"使用权而发生的诉讼应该发生在大定十八年十月之前。（明）沈榜编著：《宛署杂记》卷二十，北京古籍出版社1983年版，第295~297页。

固"。然而，大兴府官吏在给尚书省的报告中对此提出了不同意见。他们认为，虽然"依制，其僧法诠不合占固"，但栖隐寺"有天会年间书示、施状，及正隆二年告到山林为主榜文，显验为系已久为例之事"。因此，应该按照"抚定已前（按：指金朝统治之前）房院、桑土，不问从初如何为主，有无凭验者，并不得争告条理，其山林合分付仰山寺（按：即栖隐寺）僧法诠依旧为主，占固施行"[1]。接到报告后，尚书省命大理寺重新审验。大理寺重申："今来本僧（按：指代表栖隐寺的法诠）见争山林，虽见收天会年（间）施状、碑文、书示并（正）隆年间榜文，及在后立到私约文字等为主凭验。然是未抚定已前占固为主，既在制有立定不许占固刑名，便是□改"，"难议便准此时僧尼私不转施等文凭，断与僧法诠等为主"。[2]对于大理寺的决定，大兴府官吏仍不肯认同。他们再次给尚书省写报告，指出"今来本寺，自皇统二年未降制已前为主，到今五十余年，即非制后行擅便将山林占固，以此看详，僧法诠既有上项逐节为主凭验，委官辩验得别无诈冒"。"见争山林"理应判给栖隐寺"依旧为主施行，是为相应"。最终，尚书省批准了大兴府官吏的提议。[3]

栖隐寺在赢得诉讼后趁热打铁，恳请大兴府"出给执照，仍出榜禁约施行"。于是，大兴府官吏将栖隐寺的法诠，三家村首领及李仁莹召到府衙，宣布此案的终审结果。同时申明，三家村等"周边村落"的民众"不得于本寺山林四至内乱行非理采斫，如有违犯，许令本寺收拿赴官，以凭申覆上衙，断罪施行，不得违犯"。大定十八年（1178年）十月一日，栖隐寺将此次诉讼的过程及终审结果刻碑立石，作为金朝政府认可其独占"见争山林"使用权的证据。[4]

三、金朝政府管理"山林"资源的制度及其运作

在中国古代社会中，"山林"指生长、栖息或蕴藏于山地上的各种植物、动物以及矿物等自然资源。与淡水资源一样，"山林"亦是中国古代社会中非

〔1〕（明）沈榜编著：《宛署杂记》卷二十，北京古籍出版社1983年版，第295~296页。

〔2〕（明）沈榜编著：《宛署杂记》卷二十，北京古籍出版社1983年版，第296页。

〔3〕（明）沈榜编著：《宛署杂记》卷二十，北京古籍出版社1983年版，第296页。

〔4〕（明）沈榜编著：《宛署杂记》卷二十，北京古籍出版社1983年版，第296~297页。

常重要的公共资源。其一，中国古代社会的建筑物以木质结构为主，"山林"中的各种木材是当时最重要的建筑材料。其二，"山林"中的矿产是关涉到国计民生的重要资源。其三，"山林"是供人观赏、狩猎的休闲场所。其四，"山林"与附近村民的日常生活有着十分紧密的关联。因为，不但"山林"中的动植物可以补充粮食的不足，而且"山林"又是提供柴薪的重要场所。

早在先秦时期，儒家的先哲就意识到了"山林"资源的公共性，孟子与齐宣王的著名对话可以为证。齐宣王问孟子，"文王之囿方七十里"，(民犹以为小)，而"寡人之囿方四十里，民犹以为大。何也？"孟子答道："文王之囿方七十里，刍荛者往焉，雉兔者往焉，与民同之。民以为小，不亦宜乎？臣始至于境，问国之大禁，然后敢入。臣闻郊关之内有囿，方四十里，杀其麋鹿者，如杀人之罪。则是方四十里为阱于国中，民以为大，不亦宜乎？"[1]可见，在儒家先哲眼中，就算是被划入王室园囿的"山林"也要与民共享，即"刍荛者往焉，雉兔者往焉，与民同之"。

帝制时期的历代统治者虽然无法做到将皇家园囿与民众共享，但是通常会将"山林"作为国家统管的公共资源。据《汉书》，元鼎二年（前115年）秋九月，诏曰："仁不异远，义不辞难。今京师虽未为丰年，山林池泽之饶与民共之。"[2]《宋史》载："若瘠卤不毛，及众所食利山林、陂塘、沟路、坟墓，皆不立税。"[3]以上均是国家与民众共享山林资源且不征税的例证。

那么，由少数族群建立的金朝是如何通过制度性的规定管理"山林"资源的呢？这些规定在实际运作中又呈现出怎样的面貌呢？

关于金朝政府管理"山林"等公共资源的制度性规定，《金史》的相关记载仅有两条，而且均是金代中后期的产物。其一，金世宗在与廷臣讨论铸钱事宜时说道："金银（者），山泽之利，当以与民，惟钱不当私铸。"[4]其二，金章宗在明昌二年（1191年），"谕提刑司，禁势力家不得固山泽

---

〔1〕（周）孟轲：《孟子》卷二，载（宋）朱熹：《四书章句集注》，中华书局1983年版，第214页。

〔2〕（汉）班固撰：《汉书》（第1册）卷六，中华书局1962年版，第182页。

〔3〕（元）脱脱等撰：《宋史》（第13册）卷一七四，中华书局1985年版，第4200页。

〔4〕（元）脱脱等撰：《金史》（第4册）卷四十八《食货三》，中华书局1975年版，第1071页。

之利"。[1]第一条史料说明金世宗将包括金银等矿物在内的"山林""陂泽"等资源视作公共资源并完全对民间开放。第二条史料显示,金章宗禁止有权势的家族独占"山泽"之利。

由于上述两条史料出自金世宗和金章宗在位期间,未必能说明金世宗即位以前金朝政府的相关规定。这样,金朝官员在处理前述栖隐寺与三家村的诉讼案中作为判决依据的两条金代前期的制度性规定就显得格外珍贵。其一,"抚定已前房院桑土,不问从初如何为主,有无凭验者,并不得争告。"[2]引文仅言"房院桑土",未言"山林"。而处理"山林"诉讼案的官员援引此条规定断案表明:在金朝官员眼中"山林"可以算作土地资源的一种,因此可以依据土地资源的相关规定判决"山林"的归属。其二,"该占固山野陂湖之利者,杖六十"。[3]

以上两条制度性规定的颁布与金朝的历史情境息息相关。第一条规定应该是在金朝立国之初颁布的。当时,金朝政府通过发动连绵不断的战争迅速吞并了辽朝全境及北宋黄河以北的领土。为了争取新征服地区的大土地所有者的支持,金朝政府对土地、"山林"等资源基本上采取了承认占有者所有权的政策。第二条规定是皇统二年(1142年)颁布的。[4]当时,金朝政局掌握在主战派手中,他们使用武力重新夺取了一度作为议和条件割让给南宋的河南、陕西,并迫使南宋接受了使南宋颜面扫地的"绍兴和议"。此时,金朝政府已经改变了将占据的北宋领土视作缓冲区的策略,决心对中原地区进行更加有效的管理。于是,限制私人势力霸占"山野陂湖之利"的政策就应运而生了。

关于相关制度的实际运作,栖隐寺的个案提供了鲜活的例证。首先,虽然皇统二年(1142年)金朝政府已经明确禁止私自占有"山林"等公共资源,然而栖隐寺却我行我素,继续独享所占"山林"的使用权。突出的例证是,对佛教持贬抑态度的海陵王在正隆二年(1157年)"拘刷僧尼地土园林

---

〔1〕(元)脱脱等撰:《金史》(第4册)卷四十九《食货四》,中华书局1975年版,第1110页。

〔2〕(明)沈榜编著:《宛署杂记》卷二十,北京古籍出版社1983年版,第295~296页。

〔3〕(明)沈榜编著:《宛署杂记》卷二十,北京古籍出版社1983年版,第296页。

〔4〕见前文注释。

内不堪佃，山冈石衬地"时，栖隐寺不但可以"依旧为主"，而且还从县衙手中得到禁止军人使用该寺所占"山林"资源的榜文。[1]

其次，在栖隐寺与三家村的"山林"诉讼案中，相关官员对于金朝政府的制度性规定有着不同的理解，并因此而产生了不同的判决。如前文所述，大理寺官员认为既然皇统二年（1142年）已经禁止私占"山林"资源，栖隐寺就不该独占相关"山林"的使用权。而大兴府官员认为皇统二年（1142年）的法令不能否定在金初颁布的"抚定已前房院桑土，不问从初如何为主，有无凭验者，并不得争告"的规定。因此，栖隐寺依然可以独占相关"山林"的使用权。上述现象表明，金朝政府相关的制度性规定具有相当大的不确定性，国家官员完全有可能根据个人的理解，甚至利益驱动作出随心所欲的判罚。这也就是说，尚书省最终做出有利于栖隐寺的判决，并不是严格执行制度性规定的必然结果，而是三家村弱势地位的体现。

---

〔1〕（明）沈榜编著：《宛署杂记》卷二十，北京古籍出版社1983年版，第296页。

边军与边镇：从《赵全谳牍》看明中叶北部边塞的社会秩序[*]

中国政法大学人文学院历史研究所　邓庆平

一、引言

隆庆五年（1571 年），明蒙关系发生了历史性的转折。明朝封俺答汗为顺义王，许以互市，这就是著名的"俺答封贡"与"隆庆和议"。作为开放互市和交换俺答汗爱孙把汉那吉的条件，明廷也得到了俺答汗缚献的"中国叛逆"赵全、李自馨、王廷辅等九人。对于赵全等人的获擒，穆宗曾感慨："叛逆元凶，频年纠虏入犯，荼毒生灵，罪恶滔天，仰赖上天锡佑，宗社垂庥，虏酋效顺，执缚来献，足泄神人之愤。"[1]可见明廷对赵全等人忌恨之深。

上述事件在明代历史中的重要性毋庸赘言，因而，对于隆庆和议及其前后的明蒙关系、互市贸易等重大问题，学界给予了充分的讨论。[2]作为隆庆

* 本文为"中国政法大学科研创新项目"（项目号:20ZFG77001）的阶段性成果,曾以"边军与明中叶北部边镇的社会秩序——以《赵全谳牍》为中心"为题,发表于《首都师范大学学报（社会科学版）》2019年第 1 期,收入本书时有所修订。

〔1〕《明穆宗实录》卷五十二,隆庆四年十二月丁酉,台湾"中研院"历史语言研究所 1962 年版,第 1293 页。

〔2〕 几乎所有关于明代蒙古史和明蒙关系史的论著中,都有涉及"隆庆和议"与明蒙互市贸易的相关论述。择其要者,如 [日] 和田清:《东亚史研究·蒙古篇》,东洋文库 1959 年版,中译本《明代蒙古史论集》,潘世宪译,商务印书馆 1984 年版; [美] Henry. Serruys, *Sino-Mongol Relations During the Ming* Ⅲ: *Trade Relations*: *The Horse Fairs* (1400-1600), Brussels: Institue Belge Des Hautes Etudes Chinoises, 1975, 中译本《明蒙关系Ⅲ——贸易关系：马市 (1400—1600)》, 王苗苗译, 中央民族大学出版社 2011 年版; 札奇斯钦:《北亚游牧民族与中原农业民族间的和平战争与贸易之关系》, 政治大学出版委员会 1977 年版, 第 2、6、7 章; [日] 萩原淳平:《明代蒙古史研究》, 同朋舍 1980

和议重要内容的赵全等叛逆被擒送朝廷一事，在上述各类研究成果中也多有提及，主要集中在概述丘富、赵全等自山西出边到蒙古土默特部俺答汗驻地，屡屡"纠虏犯边"，招徕汉民垦殖土地，逐渐聚居丰州滩一带，形成蒙汉聚居地"板升"的历史过程。[1]总体而言，赵全等人出边叛降的"后果"——经营板升、纠虏掠边、被俺答缚送明廷以及最终促成"隆庆和议"，明代史料记载丰富，学界也关注较多；而事件的"前因"——赵全众人出边前北部边镇的社会秩序、赵全等人的身份、为何以及如何出边，却鲜少有人论及。这当然是受史料所限，[2]但更主要的原因可能还是在于学者对于赵全等人叛降俺答部前因与后果的意义的重要性有不同认识。

赵全等人被缚送明朝后，宣大总督王崇古及明廷有关部院官员对各犯进行审问，将讯问结果汇集成一件完整的文献——《赵全谳牍》。[3]谳牍全文虽仅有数千字，却记录了赵全及涉案多人的身份、家庭背景、叛降经过以及在俺答部中如何经营等详细情况。通过对这些叛人身份和出边经历的细致勾勒，可以考察明中叶时期，尤其是隆庆和议之前北部边镇社会的诸多面向。边镇地区复杂的军事体制以及由此产生的军人身份的多元性、流动性，在频繁边患中艰难求生而形成的诡谲人情和族群身份的不确定性，明蒙走私贸易的长期存在形成的商业传统，秘密宗教的民间传播及因此勾连起的社会网络，这些内容是解释赵全等人叛降蒙古事件的区域社会历史脉络或"地方性知识"。

年版；杨绍猷：《俺答汗评传》，中国社会科学出版社 1992 年版；黄丽生《由军事征掠到城市贸易——内蒙古归绥地区的社会经济变迁（14 世纪中至 20 世纪初）》，台湾师范大学历史研究所 1995 年版；达力扎布：《明代漠南蒙古历史研究》，内蒙古文化出版社 1997 年版；曹永年撰写《蒙古民族通史》（第 3 卷），内蒙古大学出版社 2002 年版；于默颖《明蒙关系研究：以明蒙双边政策及明朝对蒙古的防御为中心》，内蒙古大学出版社 2015 年版。相关的研究论文更是不计其数。

〔1〕 除上述论著的相关章节外，徐凯曾撰写《赵全其人》一文，载《北大史学》1999 年第 00 期，第 233~239 页，也是集中讨论赵全出边后在俺答部中的活动，并评述其历史功过。

〔2〕 明代史料对于赵全等人出边后的活动情况记载较为详细，如高拱《伏戎纪事》、方逢时《云中处降录》、刘绍恤《云中降虏传》、瞿九思《万历武功录》等，但对赵全等人的身份、叛逃经过却记载得非常简略。

〔3〕 薄音湖、王雄编辑点校：《明代蒙古汉籍史料汇编》（第 2 辑），内蒙古大学出版社 2006 年版，第 107~117 页。看谳牍的行文，应是时任宣大山西总督王崇古会同都察院左都御史葛守礼、大理寺右少卿郜光先、兵部尚书郭乾、锦衣卫掌卫事后军都督府左都督朱希孝等一起审问。据《明代蒙古汉籍史料汇编》编者考证，四库存目据浙江范懋柱家天一阁藏本著录，今本卷末有顺德李文田手书题记，知抄自明抄本。台湾学生书局 1986 年影印清光绪年间顺德李氏读五千卷室传抄明抄本，《明代蒙古汉籍史料汇编》据该版本校点收录，本文使用该校点版。

　　赵全等人的叛降与被缚送回明廷以及最终促成明蒙关系的转变，是明中期被朝廷视为大患的"北虏"问题的组成部分。对于相关问题的讨论，学界已经有了大量的研究成果，在已有如此丰富的研究成果前，如何还能对明中叶的"北虏"问题提出新的理解？赵世瑜师曾指出，同样被明廷视为大患的"南倭"问题，已被置于明中后期海上贸易发展的大背景下重新诠释，而"北虏"问题却仍在传统的游牧民族南侵与明蒙关系的解说框架内进行阐述。事实上，在长城沿线发生的、以明朝和蒙古为主角的一系列事件，可以从"内陆史视角"进行重新思考，使其成为 16 世纪全球史时代变化的组成部分。[1] 此论确为卓见，提出了重新解释明代"北虏"问题的新角度，具有宏大的理论视野。赵师在讨论"隆庆和议"前长城内外的走私贸易传统时，已经注意到"明代的边军在这一双边贸易的特殊媒介，他们与塞外汉人及与原籍商业网络的关系"，是"区域社会经济史研究中的重要课题"，可惜并未展开论述。笔者以为，这可能不仅仅是"区域社会经济史"的重要课题，在复杂的明代边镇军事体制下，边军的身份、生存境遇、谋生活动，构成了明中叶时期北部边镇社会秩序和结构性问题的主要内容，也因而成为考察明代"北虏"问题不可或缺的视角。《赵全谳牍》中所述之史实，恰好为这个问题提供了生动的个案和讨论的起点。

二、边军身份与明中叶北部边镇的军事体制

　　对于赵全等人出边的经过及在俺答部中的作为，《明穆宗实录》有如下简略的交待：

> 虏执我叛人赵全、李自馨、王廷辅、赵龙、张彦文、刘天麒、马西川、吕西川、吕小老官等来献。初，赵全与丘富从山西妖人吕明镇习白莲教，事觉，明镇伏诛，丘富叛降虏。全惧，召其弟龙、王廷辅、李自馨，从富降俺答倕，边外古丰州地居田作，招集中国亡命，颇杂汉夷居之，众数万人，名曰"板升"。俺答授全等皆为酋首。丘富死，全等益用事，数引虏入犯，破城堡，杀吏卒，无岁不至，边境苦之。已而，试百

　　〔1〕 赵世瑜：《时代交替视野下的明代"北虏"问题》，载氏著：《在空间中理解时间：从区域社会史到历史人类学》，北京大学出版社 2017 年版，第 131~154 页。

户张彦文、游击家丁刘天麟（作者注："麟"当为"麒"之误）、明镇子吕西川及边民马西川、吕小老等先后降虏，与全等皆居板升。[1]

相比实录中的记载，《赵全谳牍》所述各主要案犯的身份和出边经过更为详实，笔者将谳牍中涉及人物的相关信息进行了整理，汇总为下表，以便后文的讨论。[2]

姓 名	身 份	出边情由
周 元	湖广黄冈县人，因在本县书写，积年害民，问发大同威远卫充军，拨赴本边守墩。	嘉靖二十四年（1545年），叛投虏地。
丘 富	大同左卫舍余。[3]	跟随吕明镇传习白莲教，事发，吕明镇被处决，丘富恐被缉拿，于嘉靖二十八年（1549年）投入俺答部下，用为头目。
赵 全	山西行都司云川卫右所已故百户赵雄下余丁。	与丘富一起跟随吕明镇传习白莲教，事发后，仍在左卫四峰山村居住。嘉靖三十四年（1555年），有本村人声言要将白莲教禀官，赵全慌惧，遂领妻李氏、二子三女、弟赵龙等二十余口，由宁房堡师家口出边，一同投顺俺答男铁背台吉部下为兵。
张彦文	被掳走回，通晓夷语，投充大同正兵营通事，有功升大同后卫后所试百户。	嘉靖三十二年（1553年）六月初五日，大同总兵官岳懋领兵至灭虏堡巡边，偶遇大举达虏入境，张彦文卖阵媚虏，将军情泄与熟识虏酋，致岳懋并五百余名官军战死，张彦文仍回该营领兵，莫敢举发。嘉靖四十年（1561年）十一月，张彦文跟随时任大同总兵刘汉前往平虏、汤西河等处，与贼对敌，见得贼众，又因素日卖阵媚虏得计，恐事败露，于是丢弃弓矢出边，投入俺答部下，升为头目。

---

〔1〕《明穆宗实录》卷五十二，隆庆四年十二月丁酉，台湾"中研院"历史语言研究所1962年版，第1292页。

〔2〕表中的相关信息均据《赵全谳牍》整理得出，部分内容略有精简。

〔3〕关于丘富的身份，《赵全谳牍》缺载，《万历武功录》中有记，参见（明）瞿九思：《万历武功录》卷七《中三边·俺答列传中》，载《续修四库全书》（第436册·史部），上海古籍出版社2002年版，第434页。

续表

姓　名	身　份	出边情由
李自馨	山西大同府应州山阴县富安坊民。	与赵全一同出边。
王廷辅	山西大同府浑源州黎园里民。	与赵全一同出边。
刘天麒	陕西延安府府谷县民，投老营堡游击李应禄作为家丁。	嘉靖四十一年（1562年）五月，因李应禄剥削军粮及严行捆打，率犯陈世贤、王麒等，持刀杀伤李游击，各骑官马，带领一百三十余口于老营堡丫角山出边，投入俺答部下，送发板升住种。
吕西川	吕明镇子。	因父为白莲教首，惧罪不敢回籍，于嘉靖四十四年（1565年）率四十余人投赵全部下。
杨一休	陕西西安府民，因艰难投偏头关应军食粮，拨在高民墩哨备。	隆庆三年（1569年）二月，与房交通，货换马尾，事发，由本墩出口叛投房营。认吕西川为兄，号称吕小老。
马西川	阳和卫左所已故百户余丁马四子。	隆庆四年（1570年）二月，因与榆次县人李孟阳出边货换马尾，投入赵全部下，往来传泄边情与贩货物图利。

　　从上表不难看出，除李自馨、王廷辅及吕西川外，其余诸人在出边前都具有军事身份，可细分为山西行都司辖各卫所军户、大同镇营兵、将帅家丁三类[1]。第一类有大同威远卫军周元、大同左卫舍余丘富、云川卫右所余丁赵全、大同后卫后所试百户张彦文、阳和卫左所余丁马西川，第二类有大同正兵营通事张彦文、偏头关营兵杨一休，第三类则有老营堡游击李应禄的家丁刘天麒。这几种身份，在明朝军事制度中虽然各自属于不同的系统，但因其共同的军事身份则大体可以归入边军一类，他们的身份恰好可以反映明朝边

---

[1]　关于明代的家丁，学者多将之视为不同于卫所军、营兵、民兵之外的另一军种，如赵中男：《论明代军队中家丁的特点与地位》，载《社会科学战线》1988年第3期，第144~149页；赵中男：《论明代军事家丁制度形成的社会经济条件及其发展》，载《社会科学辑刊》1991年第2期，第86~90页；马楚坚：《明代的家丁》，载氏著：《明清边政与治乱》，天津人民出版社1994年版，第124~162页。但也有学者将家丁与标兵、营兵、守城兵、瞭侦兵、通事一并归入"明代省镇营兵制下的军队"，参见肖立军：《明代省镇营兵制与地方秩序》，天津古籍出版社2010年版，第13~62页。

镇军事体制的变化过程及其复杂性，方逢时对这一变化过程表述得非常清楚：

> 洪、永以后，虏患日棘。大将之设，遂成常员。镇守权重，都统势轻。卫所精锐，悉从抽选。于是正、奇、参、守之官设，而卫所徒存老家之名。此边兵之初变，所繇以始弱也。历年既久，大将或不得其人，训练无法，纪律舛谬，士马之死亡者不补，逃散者不复。尺籍徒存，部曲虚耗。间有健将，急治目前，或扣官饷，或捐私财，召募勇壮，优加恩养，多者千人，少者数百，名为家丁。[1]

大致而言，明代军事体制可以分为卫所军制与营兵制两类，因而军人身份也就有了"军"与"兵"的区分。[2]对于营兵制，又可分为京营兵制与明中后期盛行于京师以外的省镇营兵制两类。[3]卫所军为世兵制，营兵的来源则比较复杂，既有卫所军士，也有募兵。根据前辈时贤对于明代军制史的研究可知，洪武年间卫所制度广泛推行于全国，永乐以后卫所编制逐渐受到破坏，京营和省镇营的编制先后形成，并逐渐得以发展，但卫所军与营兵的双轨制一直持续到明朝结束，到清朝军制改革才发生彻底变化。在边镇地区，由于战乱频繁，将帅又往往私募家丁，作为自己的亲兵，并在历次战斗中发挥了奇效。

具体到大同地区，从军事建制来看，有山西行都司和大同镇的两套体系。大同一带的军卫原隶大同都卫，洪武八年（1375年），大同都卫改为山西行都司，至清初始废。山西行都司下辖卫所"设废频繁"，至成化年间，其军事辖区稳定下来，统辖卫所有：大同左卫、大同右卫、大同前卫、大同后卫、

---

〔1〕（明）方逢时撰：《审时宜酌群议陈要实疏》，载氏著：《大隐楼集》，李勤璞校注，辽宁人民出版社2009年版，第311页。

〔2〕吴晗：《明代的军兵》，载氏著：《读史札记》，生活·读书·新知三联书店1956年版，第92~141页；王莉：《明代营兵制初探》，载《北京师范大学学报》1991年第2期，第85~93页；方志远：《明朝军队的编制与领导体制》，载《明史研究》（第3辑），黄山书社1993年版，第34~44页；范中义：《论明朝军制的演变》，载《中国史研究》1998年第2期，第129~139页。

〔3〕对于京师以外地区盛行的营兵制，学界有不同的称谓：或曰"镇戍制度"，参见罗尔纲：《绿营兵志》，中华书局1984年版，第13页；或曰"镇戍营兵制"，参见刘昭祥主编：《中国军事制度史（军事组织体制编卷）》，大象出版社1997年版，第386页；或曰"省镇营兵制"，参见肖立军：《明代省镇营兵制与地方秩序》，天津古籍出版社2010年版，第1页。

朔州卫、镇房卫、安东中屯卫、阳和卫、玉林卫、高山卫、云川卫、天城卫、威远卫、山阴所、马邑所、平房卫、井坪所，共计 14 卫 3 所。[1]至于大同镇，虽然学界对大同成镇的时间还存在争议，但一般认为至永乐七年（1409年），"置镇守总兵官，佩征西前将军印，驻大同，专总兵事，江阴侯吴高始专任。于是，大同称镇"。[2]作为九边之一的大同镇，其镇戍营兵体制下又分为标兵、营兵、守城兵、瞭侦兵、通事与家丁等多种类别。大同建镇，是依托山西行都司而设，各卫正军和舍余来自山西行都司，营兵则来自于招募普通民户或抽选自卫所军户。因而，山西行都司与大同镇的双重建置互有重叠，如万历《山西通志》所述："国初，大同止设都司，以故军马属卫。至洪熙以后，始设总兵、副、游等官，粮虽系卫，而军马列伍易卫以营。"[3]

赵全案中有几位主犯是卫所军户，其中有三人，包括本案的主要案犯赵全、丘富，均为军余；另有一人为谪发从军；一人为通事因有功擢升为试百户。他们分别来自于大同左卫、云川卫、阳和卫，皆为山西行都司统辖卫所。值得注意的是几位主犯的军余身份。按照明代制度，军户例不得分户，其户下人丁除正军以外均为余丁。他们不论是留居原籍、同居卫所或寄籍州县，都有帮贴军装、继补军役之责。有明一代，对于军余的管理方式也在不断调整，到明中期以后，改变明初的"原籍主义"原则，对于在卫所附近州县购置田产的军余，允许一人附籍纳粮，所谓的"附籍军户"，其余则在卫所当差，所谓"在卫立籍"。但州县对附籍军户的管理权极为有限，他们除纳粮外，只需承担极少的民差，甚至有各种方法逃避差役。而在卫余丁，虽按制度规定应尽数造入卫所军册，但明中后期的军册审编多因循守旧，与实际情况相去甚远。[4]因而，不管是卫所还是州县，对于数量庞大的军余群体，都

〔1〕 郭红、靳润成：《中国行政区划通史（明代卷）》，复旦大学出版社 2007 年版，第 267~275 页。

〔2〕 （明）尹耕：《两镇三关志》卷九。（嘉靖）《山西通志》、（顺治）《云中郡志》也采用此说。另外，也有学者认为大同建镇于永乐十二年（1414 年），参见赵现海：《明代九边长城军镇史——中国边疆假说视野下的长城制度史研究》（上册），社会科学文献出版社 2012 年版，第 300~302 页。

〔3〕 （万历）《山西通志》卷二十五《武备下·将士·官军》，载中国科学院图书馆选编：《稀见中国地方志汇刊》（第 4 册），中国书店 1992 年版，第 474 页。

〔4〕 可参见于志嘉：《论明代的附籍军户与军户分户》，载《文集》编委会编：《顾诚先生纪念暨明清史研究文集》，中州古籍出版社 2005 年版，第 80~104 页；于志嘉：《帮丁听继：明代军户中余丁角色的分化》，载《"中研院"历史语言研究所集刊》2013 年第 84 卷 3 期，第 455~525 页。

不容易进行实质有效的管理，相比起有军役任务的正军而言，军余有着更大的流动性。

具有边军身份的另外三人中，除一人是因生计艰难主动投军被派去守墩外，另外两人的身份值得注意，一人为通事，一人为家丁。通事为翻译，在边镇多充当向导和尖兵，他们大多是从蒙古驻地逃回的汉人，因其通晓"夷语"，了解"夷情"，成为明政府招徕和安置"走回人"的一大去向。至嘉靖二十二年（1543 年），兵部题准"有自虏中逃回者……收作通事，给与月粮"。[1]能够支领月粮，可见也被纳入正规的边军体系中。家丁则是将帅所领之亲兵，在边镇尤为常见，多为边将私募，如嘉靖年间的大同总兵梁震"素畜健儿五百人……前后百十战，未尝少挫"，梁震死后，其家丁编入营伍，"边将犹颇得其力"。[2]在嘉靖中期以前，家丁由将帅私人出饷供养，以后则由官府发放粮饷，成为募兵制的一个组成部分，但仍有将帅以私财豢养忠勇之家丁者。

综上，《赵全谳牍》所涉及的多位案犯都是军人，他们的身份来源和入伍经历反映出明中叶时期边镇多重的军事体制。在这多重体制下，无论是卫所正军、军余，还是普通民户，都可以通过多种渠道成为边军的一员。他们有些是世袭身份，有些则是因为各种原因主动投军。明中叶时期由于边患频仍，如大同一带的北部边镇就大量增加各类军事人员。他们获得边军身份后，就将自己的生活、生计与边镇多重的军事体制建立起了紧密的联系。

三、边军的生存境遇

如上文所述，《赵全谳牍》所涉案犯多为来自不同军事系统的边军，谳牍中对他们的出边缘由与经过又有较为详实的描述。因而，通过解读《赵全谳牍》，我们可以对明中叶时期边军的生活境遇有更多了解，本节仅从谳牍中涉及的内容，尝试做以下几个方面的讨论：

（一）边军与白莲教

据谳牍所记，主犯赵全、丘富二人皆曾跟随吕明镇传习白莲教，正是因

---

〔1〕《嘉隆新例》卷四《兵例》，载《续修四库全书》（第 467 册·史部），上海古籍出版社 2002 年版，第 234 页。

〔2〕《明史》卷二一一《列传第九十九·梁震传》，中华书局 2011 年版，第 5578 页。

为惧怕传教被政府缉捕才叛逃出边,而吕明镇之子吕西川则是因父传教之罪而叛投赵全部下。吕明镇是嘉靖时期活跃在大同一带的白莲教头目,大同巡抚方逢时在其《云中处降录》中记载:嘉靖三十年(1551年),"妖人吕老祖(即吕明镇)以白莲教惑众,构祸于山西、大同之间,有司捕之急,叛投彼中"。[1]白莲教徒因被政府缉捕或惧怕被捕而叛逃到蒙古部落,这是明中期出边汉人中比较常见的一类情况。

对于明朝白莲教的历史,已经有很多学者做过相关研究。[2]但是,主犯赵全、丘富所揭示的卫所军户参与白莲教活动的情形,恐怕不是个例,而现有研究还没有给予足够的关注。这些参与白莲教活动的卫所军人,有些是因传习白莲教而被朝廷谪发充军,如正德年间山西太原府崞县人李福达就因传播白莲教,事发后被先后谪发山丹卫、山海卫永远充军,后因隐藏身份,发财致富,甚至纳银捐得了山西太原左卫指挥使职衔,且一直私下传教。[3]有些则是长期隐匿于卫所体系内的教徒,如嘉靖二十四年(1545年),大同地区发生了明朝宗室成员朱充灼与白莲教首领罗廷玺联络蒙古小王子发动叛乱的事件,而罗廷玺的白莲教组织成员中就有许多卫所军余和各类逃兵。[4]如果按照荷兰学者田海(Barend ter Haar)对于"白莲教"概念的解构,到明清时期,"白莲教"已经逐渐成为模式化的邪教与叛乱意义的标签,是官方和文人逐步建构的概念,那么明朝史料中的各类以"妖言惑众"的"妖僧",大

---

〔1〕(明)方逢时撰:《云中处降录》,载氏著:《大隐楼集》卷十六,李勤璞校注,辽宁人民出版社2009年版,第266页。

〔2〕如[日]野口铁郎:《明代白莲教史の研究》,雄山阁1986年版;喻松青:《明清白莲教研究》,四川人民出版社1987年版;黄景昉:《白莲教与明代建国》,中华书局2007年版;[荷]田海:《中国历史上的白莲教》,刘平、王蕊译,商务印书馆2017年版。另外,在各类中国民间宗教史的总论性论著中,也有大量涉及白莲教史的内容,如连立昌、秦宝琦:《中国秘密社会》(第2卷·元明教门),福建人民出版社2002年版;马西沙:《中国民间宗教简史》,上海人民出版社2005年版。具体到明代中叶北边地区的白莲教活动,则有[美]卡尼T·费什:《天花、商贾和白莲教》,张宪博译,载《明史研究》(第4辑),黄山书社1994年版,第231~241页;董琦:《明代嘉隆时期白莲教活动研究——以明代北边大同地区为中心》,黑龙江大学2017年硕士学位论文。

〔3〕李福达案件始末,可参见(明)不著辑者:《钦明大狱录》,载《四库未收书辑刊》(壹辑·拾伍册),北京出版社2000年版,第637~717页。

〔4〕参见董琦:《明代嘉隆时期白莲教活动研究——以明代北边大同地区为中心》,黑龙江大学2017年硕士学位论文,第19~22页。

多在明中期以降的官方文件中被逐渐视为了白莲教教徒。在这个意义上来说，我们可以将更多的各类"左道邪教"活动与卫所军户相关的事例纳入考察范围中来。

早在宣德年间，山东文登县的"妖僧明本、法钟"等人，"皆栖霞县太平寺僧，以化缘至成山卫，依百户朱胜，因涂改旧领敕谕度牒，为妖言惑众，诈称转轮王出世"，后于宣德五年（1430 年）被擒获。[1]英宗登基之初，就有"妖贼张普祥"自号"七佛祖师"作乱，张普祥本系"真定卫军，以妖书惑众，潜居井陉县，自号七佛祖师，遣其党往河南、山东、山西、直隶等处度人"。[2]田海根据《宁夏新志》和胡适《跋〈销毁真空宝卷〉》等文献，认为明前期，在重兵防守的边境地区存在着活跃的民间佛教以及各种宗教团体，它们在军队中也有一定的信徒。[3]当然，更为学者所熟知的明代民间教门——罗教，其创教始祖罗清，或曰罗梦鸿，其身份就是密云卫军，而传习罗教者也多数是承担漕运任务的运军。创教于明中叶，直到 20 世纪 40 年代被李世瑜先生"发现"后进入学者研究视野的黄天道教，在华北乡村有着相当广泛的传播和影响。该教的创始人李宾也是卫所军人，其墓志中说："祖原籍万全左卫，后拨兑本堡。"[4]"本堡"即宣府万全右卫的膳房堡，位于野狐岭长城脚下，是个军事堡寨，明朝在此堡居住的多为卫所军士及其家属，以及其他到此屯垦的戍卒、配犯。[5]

从上述例子来看，从明初以来，因从事秘密宗教传播而被发配卫所充军，或因惧怕缉拿而避入军中或依附武将自保、又或因卫所军队组织为秘密宗教的传播提供了现成的社会网络等便利条件，在多重动因和不同路径的合力之

〔1〕《明宣宗实录》卷六十一，宣德五年正月戊申，台湾"中研院"历史语言研究所 1962 年版，第 1444 页。

〔2〕《明英宗实录》卷十二，宣德十年十二月己亥，台湾"中研院"历史语言研究所 1962 年版，第 216 页。

〔3〕[荷] 田海：《中国历史上的白莲教》，刘平、王蕊译，商务印书馆 2017 年版，第 140~142 页。

〔4〕李世瑜：《现在华北秘密宗教》，华西协合大学中国文化研究所、国立四川大学史学系 1948 年版，第 15 页。

〔5〕相关研究可参见曹新宇：《明清民间教门的地方化：鲜为人知的黄天道历史》，载《清史研究》2013 年第 2 期，第 1~25 页。

下，包括边军在内的明朝军队系统中有不少民间教派的教首和信徒，应是不争的事实。

(二) 边军的生存困境

瓛牒中的另一案犯刘天麒，本为陕西延安府府谷县民，投老营堡游击李应禄为家丁，因遭李应禄剥削军粮并严行捆打，于是击伤李应禄后率众出边。虽文字极为简略，却可见明中叶边军的凄苦境遇之一斑。邱仲麟新近发表的论文，以丰富的史料展示了明代北边墩军的困苦生活，如军官私役、克扣军饷、军需物资不能如实领用等问题，揭示了明代中后期边军生存困境的普遍状况。[1]

明初，全国普设卫所，每卫拨军屯种，屯田子粒用以养军，但军屯制度的颓坏也很快发生，前辈学者对此已有详尽研究，在此不予赘论。具体到边镇地区，边将占夺屯田和卫所以外的耕地、私役屯军的现象极为严重。正统以后，边镇将领"广置庄田，私役屯军……又纵下人占种膏腴屯田，是致军士怨嗟，兵政废弛"；[2]弘治年间，大同镇将官"役军士多至千人，侵屯地动以万计"。[3]这类记载在明中期史料中可谓俯拾皆是。[4]

由于屯粮不能保障军士的供给，边军粮饷又仰赖民运粮、开中盐粮和京运年例银。但随着明代中期边患频仍，军费开支快速增长，国家财政危机严重，导致边储日虚，边军粮饷普遍不足。[5]宣、大二镇甚至一度出现军饷"经年未支"的情形。[6]而将官还往往克扣军饷，如弘治十一年（1498 年）刑科给事中吴世忠题奏大同边情时说："大同边境视他镇为尤重，大同边储视他镇为尤废……边粮折银，尽当给军，管粮郎中每石克银二钱以待他用……

---

〔1〕 邱仲麟：《边缘的底层：明代北边守墩军士的生涯与待遇》，载《中国边疆史地研究》2018年第 3 期，第 147~182 页。

〔2〕《明英宗实录》卷一〇三，正统八年四月丙戌，台湾"中研院"历史语言研究所 1962 年版，第 2075 页。

〔3〕《明孝宗实录》卷一四五，弘治十一年十二月壬寅，台湾"中研院"历史语言研究所 1962年版，第 2534 页。

〔4〕 更多事例可参见王毓铨：《明代的军屯》（下编），中华书局 2009 年版，第 304~338 页。

〔5〕 可参见赖建诚：《边镇粮饷：明代中后期的边防经费与国家财政危机（1531—1602）》，浙江大学出版社 2010 年版，第 293~308 页。

〔6〕《明世宗实录》卷三，正德十六年六月丁酉，台湾"中研院"历史语言研究所 1962 年版，第 126 页。

管粮者以多克为功。"〔1〕魏焕在《皇明九边考》中这样论及宣府镇边军粮饷欠缺的情形：

> 按边军月饷法曰：折色者六月，本色者六月。在边者折银七钱，在内者折银六钱……然春夏之月，禾稼未登，粟价腾踊，边臣苦于蓄积之未多也，则固与之折银……当其腾踊也，银一钱或止易粟六七升或四五升。是一月折银犹不及半月之粟，如之何其不饥而疲且至死也！〔2〕

所论虽是宣镇，但边镇情况大多类似，所谓"此诸边之通例也"。大同军士久受拖欠军粮、米价昂贵之苦，而大同守将又"抚驭失宜"，驱使军士修堡筑边，役重差繁，使得军中怨气沸腾，最终酿成嘉靖三年（1524 年）和嘉靖十二年（1533 年）的两次大规模兵变。〔3〕这两次兵变虽因大同巡抚张文锦、大同总兵李瑾先后役使军士修堡、浚濠且督工严苛直接引发，但也与边军久积之怨气有着紧密的关联。从史料记载来看，在嘉靖三年（1524 年）的第一次大同兵变发生之前，嘉靖元年（1522 年），由于"宣、大两镇连岁凶荒，军粮久缺，米价腾贵"，已经出现了宣府军士"鼓噪求粮，几至为变"的危局。〔4〕同年七月，以张的祥为首的大同军士以粮饷未给，聚众鼓噪，嘉靖帝不顾兵部"抚处"的建议，下令将张的祥等为首五人于军前斩首示众，其余则调极边哨守，以为惩戒，使大同军士的积怨更深。〔5〕最终，两次大规模的兵变相继发生。事后，参与兵变又未被明廷缉获的军士，多出边叛逃至俺答部中。

---

〔1〕《明孝宗实录》卷一四五，弘治十一年十二月壬寅，台湾"中研院"历史语言研究所 1962 年版，第 2533~2535 页。

〔2〕（明）魏焕：《皇明九边考》卷四《宣府镇》，载《四库全书存目丛书》（第 226 册·史部），齐鲁书社 1996 年版，第 59 页。

〔3〕关于大同兵变的经过，可参见萩原淳平：《明代嘉靖朝の大同反乱とモンゴリア：农耕民と游牧民との接点》（上、下），载《东洋史研究》1972 年第 30 卷第 4 号，第 30~54 页，第 31 卷第 1 号，第 64~81 页；方弘仁：《明嘉靖朝五次兵变初探》，载《明史研究专刊》第 5 期（1982 年），第 63~82 页；赵立人：《嘉靖大同兵变述论》，载《大同职业技术学院学报》2000 年第 3 期，第 30~34 页，第 40 页。

〔4〕《明世宗实录》卷十一，嘉靖元年二月甲午，台湾"中研院"历史语言研究所 1962 年版，第 411 页。

〔5〕《明世宗实录》卷十六，嘉靖元年七月甲子，台湾"中研院"历史语言研究所 1962 年版，第 512~513 页。

（三）汉、"虏"难辨

据谳牍所载，案犯张彦文曾被掳到蒙古部落，"走回"后因"通晓夷语"投充大同正兵营通事，有功升大同后卫后所试百户。在嘉靖三十二年（1553年）大同总兵官岳懋领兵与蒙古人交战之时，因出卖军情给熟识的蒙古首领，致岳懋并五百余名官军战死。后因惧怕此事败露，于是再次出边，投入俺答部下。张彦文是明朝边镇社会存在的大量"走回人"之一，他的人生经历也显示出这一时期明蒙交界地区族群身份的流动性和复杂性。

大同地处明蒙交界的前沿地带，双方的人员流动非常频繁，既有蒙汉人民自发的双向流动，也有明朝政府的纵使和制度层面的原因。

蒙古人入塞多以劫掠为目的，除被明军俘虏外，也有蒙古人自愿来到内地归降者，所谓"不独华人接踵而来，夷种亦多举帐效顺。节据降人传报，虏中诸人节将臣招降牌谕密相传记，或相对感泣。故一岁之间，归降数逾二千有奇"。[1]"降夷"是明代北边将帅家丁的重要来源，边将在历次边境战争中，逐渐招降了一大批骁勇善战的蒙古人，收为自己的私人武装，如王崇古所说："各边纳真夷人之降，以充家丁冲战之用，行之已久。"当然，降明的蒙古人中也有诈降者，实为蒙古人派出的间谍情报人员，即"真虏每有诈降窥伺，旋即逸去，往往谍我虚实，为虏向导，反贻边患。各将领利其骁健，喜为招纳，而不虞其后"。[2]

汉人出边者，身份非常复杂，有被掳掠到蒙地者，也有贫民主动出边者，还有《赵全谳牍》中涉及的叛卒和白莲教教徒。他们中不少人成为蒙古人掠边的向导或哨探、间谍，甚至因颇有才智受到蒙古贵族的器重，成为蒙古诸部对明朝战争的重要参与者，如赵全之流。所以胡宗宪才有"臣闻虏寇之入境也，鸥张乌合，动号十万，然其间真为彼之种类，劲悍难当者，才十之四五耳，余皆吾中国之赤子"的感慨。[3]但与此同时，出边汉人也有重新返回

〔1〕（明）王崇古：《核功实更赏格以开归民向化疏》，载（明）陈子龙等选辑：《明经世文编》卷三一六，中华书局1962年版，第3351页。

〔2〕（明）王崇古：《确议封贡事宜疏》，载（明）陈子龙等选辑：《明经世文编》卷三一七，中华书局1962年版，第3365页。

〔3〕（明）胡宗宪：《题为陈愚见以裨边务事疏》，载（明）陈子龙等选辑：《明经世文编》卷二六五，中华书局1962年版，第2801~2802页。

汉地的情况，按照万历年间御史沈涵的说法，可以分为"归正人"与"走回人"两类，即"内地人叛去复回，名为归正；被虏逃回，名为走回"。[1]如果宽泛一点理解，两者都可以视为"走回人"，明代的史籍中还有对于这类人员各种类似的称呼，如逃回人、回乡人、归乡人、脱归人、逸归人等等。[2]明廷对于这些"走回人"实行招徕政策，主要的安置方式是将之编入边军，特别是在边患严重的正德、嘉靖年间，更是大量起用"走回人"，充入军伍，与蒙古人作战。如正德四年（1509年）四月，"令被虏走回男子，审无父母妻室，并不知乡贯者，听编入军伍，调用杀贼"。[3]甚至还将"走回人"用作明廷的间谍人员，遣回"虏地"，诱降出边的汉人探听"虏情"。如嘉靖元年（1522年）五月，兵部令各边镇巡官在那些出边日久、"谙晓虏情"的"走回人"中，审得"忠实有才略"者，"即留边效用，厚加慰劳，以备咨访，因而资为间谍，诱我汉人，使渐逃归，以孤虏势"。[4]所以王崇古才说："此辈既能通虏，可为虏用，亦可为我用。此辈虽鲜忠勇，颇谙虏情，因用为间，亦可得力。"[5]在出塞的汉人中，本也有被明廷派出常驻蒙古部落中的间谍，如"哨探"者，即"皆诈逃其地，俾与逃叛人民杂处"，寻机诱降出边军民并打探敌情虚实。[6]

因此，明中期北部边镇明蒙之间的边界并非那么明晰和不可跨越，明蒙之间的人口流动异常频繁，而明廷招抚、纳降、行间等政策，使得这些不断流动、改变身份的人拥有了很多不同的身份标签，如"降卒""达官""达

〔1〕《明神宗实录》卷五十六，万历四年十一月己卯，台湾"中研院"历史语言研究所1962年版，第1283页。

〔2〕关于明代"走回人"的界定，可参见赵茜茜：《明代"走回人"研究》，中央民族大学2013年硕士学位论文，第13~14页。

〔3〕《明武宗实录》卷四十九，正德四年四月丙戌，台湾"中研院"历史语言研究所1962年版，第1127页。

〔4〕（明）彭泽：《论待归正人疏》，载（明）陈子龙等选辑：《明经世文编》卷九十九，中华书局1962年版，第869页。

〔5〕（明）王崇古：《禁通虏酌边哨以惩夙玩疏》，载（明）陈子龙等选辑：《明经世文编》卷三一六，中华书局1962年版，第3348页。

〔6〕（明）魏时亮：《题为圣明加意虏防恭陈大计一十八议疏》，载（明）陈子龙等选辑：《明经世文编》卷三七一，中华书局1962年版，第4013页。

臣""虏""民""军""中国赤子""诸逆""奸细""归民""间谍"等,同时也给这批在边境流动的人提供了改变其身份的各种途径。

四、边军生计与边镇的商业传统

《赵全谳牍》中提及因生计艰难投军的杨一休与阳和卫左所余丁马西川,皆因"与虏交通",出边"货换马尾",事发后叛逃蒙古,投入赵全部下,并一直"传泄边情和贩货物图利"。这二人的出边缘由与牟利活动有关,揭示出边军参与到明蒙边境私市贸易的史实。

对于明朝北部边镇的明蒙贸易问题,学界已经有了非常多的研究,根据现有研究成果可知,在整个有明一代,明蒙之间除时断时续的官方互市贸易外,还长期存在着民间的私市贸易。作为明蒙交界前沿地带的大同地区——北控边鄙,是拱卫京城安危的锁钥之地,又因"无山设险",紧邻河套,易攻难守,成了蒙古人入掠塞内的"必窥之路"。[1]所以,大同一带的明蒙私市现象一直非常严重,戍守边镇的武将、边军在其中扮演着重要角色。

早在正统年间,朝廷就发现瓦剌使臣大多带有兵甲、弓矢、铜铳等物,查询其原由,"皆大同、宣府一路贪利之徒私与交易者",因此敕令大同、宣府总兵等官对这类事情严加禁约[2]。能够拥有兵甲、弓矢、铜铳等军备物资,显然这些"贪利之徒"中相当一部分是宣、大地区的边军。明政府虽然一直严禁对蒙古走私武器的行为,但收效并不大。弘治十年(1497年),大同"总兵神英、巡抚刘璘、守臣孙振,贪和畏威,纵虏交易,锅、锹、箭、簇,悉入虏囊"。[3]弘治十一年(1498年),大同前卫指挥佥事刘桂因私自卖给蒙古人武器而被枭首示众。[4]嘉靖二十一年(1542年),"阳和卫前所百户

---

〔1〕(明)魏焕:《皇明九边考》卷五《大同镇》,载《四库全书存目丛书》(第226册·史部),齐鲁书社1996年版,第61页。

〔2〕《明英宗实录》卷一三五,正统十年十一月庚寅,台湾"中研院"历史语言研究所1962年版,第2689页。

〔3〕(明)方孔炤:《全边略记》卷二《大同略》,载《续修四库全书》(第738册·史部),上海古籍出版社2002年版,第250页。

〔4〕《明孝宗实录》卷一四四,弘治十一年闰十一月丁丑,台湾"中研院"历史语言研究所1962年版,第2514页。

李锦及总旗杨泽私与夷人贸易"。[1]

除武官外，还有大量普通的军士也加入到明蒙私市贸易中。如嘉靖年间大同总兵仇鸾所说："各边虏患惟宣、大最急，盖由贼巢俱在大边之内，我之墩军、夜不收往往出入虏中与之交易，久遂结为腹心。"[2]甚至到了"虏代军瞭望，军代虏牧马"的地步。[3]家丁也在其主帅的纵容下卷入边境的私市贸易。在嘉靖后期家丁改由政府出饷供养之前，家丁是由将帅私人出饷供养。为了巩固家丁的忠诚，将帅往往给予家丁高于普通士卒的粮饷和装备待遇，甚至"过额兵十倍"。[4]同时，将帅还纵容家丁出塞劫马，或者从事走私贸易获利。嘉靖年间的大同总兵梁震"在边专练家丁，时时出塞劫虏营……得虏营马，尽与诸出塞劫者，以故人皆效死趋利"。[5]其后继任的大同总兵周尚文也豢养家丁，且"私使其部与虏市"。[6]

边军长期从事明蒙私市交易，经年累月，甚至逐渐形成了一种稳定的交易传统。据王崇古的记载：

> 照得大同各路，逼近虏巢，向缘将士怯懦，虏酋贪狡；索贿买和，苟延岁月。甚至沿边各堡，有月钱之科派；大边墩哨，有分帐之买卖……访得大边哨军每二人贴一，全不坐哨，专事交通，时以粮银私买货物，深入分定虏帐，交结酋妇，展转图利。间得虏情，匿不实报，凡我兵动定，预为虏传。[7]

---

〔1〕《明世宗实录》卷二六六，嘉靖二十一年九月壬子，台湾"中研院"历史语言研究所 1962 年版，第 5266 页。

〔2〕《明世宗实录》卷三六四，嘉靖二十九年八月丁丑，台湾"中研院"历史语言研究所 1962 年版，第 6483 页。

〔3〕（明）瞿九思：《万历武功录》卷七《中三边·俺答列传上》，载《续修四库全书》（第 436 册·史部），上海古籍出版社 2002 年版，第 426 页。

〔4〕（明）沈德符：《万历野获编·补遗》卷三"家丁"条，中华书局 1959 年版，第 871 页。

〔5〕（明）李贽：《续藏书》卷十四《太保梁武壮公》，中华书局 1960 年版，第 284~285 页。

〔6〕（明）瞿九思：《万历武功录》卷七《中三边·俺答列传上》，载《续修四库全书》（第 436 册·史部），上海古籍出版社 2002 年版，第 426 页。

〔7〕（明）王崇古：《禁通虏酌边哨以惩凤玩疏》，载（明）陈子龙等选辑：《明经世文编》卷三一六，中华书局 1962 年版，第 3348 页。

所谓"月钱之科派",是指边军按月收缴一定数额的钱银,交予蒙古人以防其来犯,即"索贿买和"。以至于未能按时缴纳,蒙古人还会催要,"大同各堡纳房月钱,凡有月钱违限者,房即行票催取,未委虚的"。[1]而"分帐之买卖"则是指边军划分与蒙古人交易的区域,三人一组,二人贴一人,即以一人的折银军饷作为资本,购买蒙民所需货物,前往分定的蒙古部落营帐进行交易。据估算,当时大同墩哨军大约有五千人,每人每月行粮二石,按当时价格共折合银万两,以"每二人贴一"计算,光是大同墩哨军每月同牧民的交易额,就至少可达三千两银。若以此银两购买布匹前往牧区交易,则有二万余梭布出口到塞外,同时可进口牛三千头或羊万余只。[2]

　　按明制,作为明初山西行都司军饷主要来源的屯粮、民运粮,都征本色,后相继改为折银征收,大概到正统年间开始实行全面的以银币为中心的边饷政策。边军月粮折银,一方面如上节所述,由于折兑失宜和克扣饷银,加之明中期边镇米价持续居高不下,造成了边军的生活困境并因此激发了多次兵变;另一方面以屯粮、民运粮折银和京运年例银为主体的军饷,也成了边军从事与蒙古人的私市贸易的主要资金来源。通过军饷购买的塞外物资,并不仅仅在边镇一带流动,而是流向了更远的地区,如谳牍中的案犯杨一休与马西川,向蒙古人购买的马尾,就是边镇走私贸易的大宗货物之一,这与明代中叶以马尾作为衣帽装饰的时尚有关,这些马尾主要流向京城和江南地区。[3]同时,边饷折银使得边军的口粮只能通过购买获得,这使得北部边镇形成了一个庞大的米粮市场,加之其他商品的需求,使得"沿长城向东西延伸的明王朝的边境地区,不仅成了国防的第一线,而且成了一大经济消费区"。[4]商品流通和商人活动的频繁,使得边镇的商业传统和商业网络不断发展,并最终推动了边镇的商业化进程。

〔1〕 (明)魏时亮:《题为圣明加意隄防恭陈大计一十八议疏》,载(明)陈子龙等选辑:《明经世文编》卷三七一,中华书局 1962 年版,第 4013 页。

〔2〕 中国北方民族关系史编写组:《中国北方民族关系史》,中国社会科学出版社 1987 年版,第 355~356 页。

〔3〕 具体内容可参见赵世瑜:《时代交替视野下的明代"北虏"问题》,载氏著:《在空间中理解时间——从区域社会史到历史人类学》,北京大学出版社 2017 年版,第 151~154 页。

〔4〕 〔日〕寺田隆信:《山西商人研究》,张正明等译,山西人民出版社 1986 年版,第 120 页。

五、结论

《赵全谳牍》所展现出来的明代边军身份、生存境遇与生计活动，可以作为讨论边镇军事体制、人口流动、民间宗教、商业传统等社会秩序问题的一个切入点。这些问题都分别被学者们从明代军制史、明蒙关系史、秘密宗教史等角度进行过论述，但都没有将之纳入明中叶时期边军的日常生活史这个整体框架内加以考察。关于明中叶时期九边建置、明蒙关系、互市贸易等史实，已经积累了大量的研究成果，但是同质性的研究很多。如何在这么丰富的研究基础上提出新见，除赵世瑜师提出的"内陆史视角"外，循区域社会史的研究视角，从具体人群的活动出发看待明中叶的"北虏"问题，仍然会有很多新的启示。

本文正是尝试以大同地区的边军群体为例，讨论明中叶北部边镇的社会秩序问题。明中叶边镇的军事体制日趋复杂，这种复杂性不仅体现在多重军事建制的重叠上，更体现在边军身份的多元性和流动性。卫所军户和普通民户都可以投军，成为营兵或边将的家丁；因明廷对于秘密宗教教徒的谪发充军政策，或因教徒避入军中的主动选择，导致军队中有相当数量的秘密宗教的教首和信徒；明蒙双方对于敌方人员的诱降、互派间谍"诈降"、明廷对于"走回人"的招徕和安置为军，都使得边境地带居民的族群身份具有很大的模糊性和可变性。这种多元的流动身份使得边军与边将、边军与朝廷之间都难以建立长期的稳定的效忠关系，加之边饷折银政策在实施中的弊端、边镇粮饷数额激增导致的欠饷、米价昂贵、边将的欺压等问题的存在，导致兵变一触即发。因而，出于各种事由的边军叛逃出边事件也就屡屡发生。而长期以来边镇社会存在的明蒙人民私市贸易的传统，使得在官方互市停罢之时，长城内外的商品流通也从未停止。边军是主要的贸易者，这既因边镇官军逐利的诉求，也因其军人身份及承担戍守、哨探、与虏交战等军事任务时可以获得的军备物资与便利条件。明政府的边军粮饷折银的做法，不仅刺激了边镇的商业化，也为边军的私市贸易提供了资金来源，带动了从长城内外到江南商业最繁盛之地的白银与商品流动，将边地的"走私贸易"卷入到一个更大的全国性市场网络中。

于是，在区域社会史的视角下考察明代的"北虏"问题，要提出的问题可能就变成了：明开国以来延续了一两百年的"北虏"问题究竟给北部边疆的地方社会打上了怎样的烙印？或者是，北部边镇及邻近的蒙古部落的地方社会秩序和边民的日常生活，怎样构成了令明廷头疼不已的"北虏"问题？这样的提问方式及相应的解释，相信在这个传统选题上，可以为研究者提供新的讨论空间，这也是笔者将要继续深入研究的方向。

土地、继承与家族：八旗制度影响下的华北地方社会[*]

中国社会科学院古代史研究所　邱源媛

金、元以降，作为国家的政治中心，国家权力对华北基层社会的影响与其他地区有着显著区别，强调华北区域史研究中的"国家的在场"成为学术界的共识。清代华北地区，尤其是畿辅地区的主体居民是"旗人"和以汉人为主体的"民人"，前者隶属八旗系统，后者归州县管理，二者在管理体制、人群构成、社会属性等方面区别甚大，国家权力在两个社会中的渗透方式也截然不同。这一状况对清代、近现代华北农村的发展模式起到了决定性的影响，也由此造就了华北与其他地区诸多不同的社会特性。

近20年来，区域史、社会史以及八旗/旗人的研究受到学术界的高度重视。历史人类学（Historical Anthropology）的引领者华南学派深刻影响着明清史、区域史、社会史的研究，其所倡导的田野调查法、强调以自下而上的视角思考中国历史，对中国史学各断代史、各专门史均产生了不可限量的巨大冲击。与此同时，与八旗制度/八旗人群的相关研究，在新清史强调满洲元素所引发的各种争议之下，得到越来越多非八旗研究者的关注。

颇为遗憾，也让人有些意外的是，兼具两种研究特点，同时也是中国地方社会重要类型的旗人地方基层社会，长期以来却游离在主流研究之外。以本文所讨论的华北区域为例，华北区域史历来是区域史研究的热点领域，海

* 本文系国家社科基金项目"17—20世纪华北地区旗人及其后裔群体研究"（项目编号：15BZS109）的阶段性成果，曾发表于《历史人类学学刊》第15卷第2期（2017年），收入本书的为修订稿，删除了表格及部分注释，相关内容请参考原文。

外学者如黄宗智、杜赞奇、内山雅生、三谷孝、李怀印等以及国内赵世瑜团队、南开大学团队、山西大学团队等对华北区域经济、农村社会进行了诸多开创性的研究，成果卓著，然而有意识讨论华北地区旗人社会的内容却不多。反之，京畿地区的旗人、旗地曾是八旗研究的重点之一，得到治清史、满族史学者的重视，周藤吉之、韦庆远、王钟翰、杨学琛、赵令志等对旗人、旗地做过详实的考察，为研究相关八旗制度奠定了相当坚实的基础，但学者们的讨论从八旗制度本身出发，没有凸显华北地域，读者难以从中体察出旗人与地域（华北）之间的关系。

作为特权阶层的旗人群体，在清代无疑有着至关重要的地位。从八旗制度入手的研究方式，关注了国家层面以及上层贵族社会，推进了王朝话语下宏大事件的考察，但却缺乏从社会史角度把八旗草根阶层人群纳入研究视野的思考。近年来，考察八旗群体生活方式、日常行为、基层社会等问题，开始得到部分学者的关注。定宜庄、郭松义等对辽东地区、刘小萌对清代北京城旗人社会、江夏由树对奉天汉军旗人、定宜庄对老北京人群口述访谈的相关论著，是该方向研究的力作，诸位从不同角度对旗民关系、旗人群体与当地社会的相互影响做了非常精彩的论述。

在学者们不同维度的精彩解构以及多元化问题意识的启发下，清代畿辅地区旗人庄头群体引起了笔者的注意。这是一个数量庞大、遍布京畿，看似富甲一方，实则地位卑微、动辄得咎的八旗边缘群体。本文欲通过讨论该群体的身份、地位、财产支配、分家与继承等问题，考察畿辅地区以及基层旗人群体/社会，希望能以此为起点思考八旗制度对于华北地方社会（包括非旗人社会）所带来的普遍性意义。

一、17 世纪中期的八旗圈地

1644 年，清军进入山海关。除了屯兵京城外，清王朝在畿辅地区，也就是相当于今天的北京、天津、河北等地区，设置了众多八旗驻防，形成层层环绕京师的完整的军事戍防体系，雄踞天下。为了满足皇室、王公与八旗人丁的生活需要，自 1644 年始，清廷即在近京五百里实行大规模圈地，设立庄园，"以近畿五百里内之地给八旗，曰旗圈。以旁州县官田给被圈之户，曰拨补"[1]，这就是民间俗称的"跑马占圈"。"跑马占圈"是一个相当漫长复杂的过程，从顺治入关到康熙初，时间长达数十年之久，仅大规模的圈地就有三次[2]。除了圈占土地之外，还有大量民人（以汉人为主）投充旗下，进入八旗组织。不少投充人带着土地归顺，这批土地又被称为"投充地"。

圈充[3]土地的范围涵盖了77个州县卫，东起山海关，西至太行山，北自长城，南抵顺德府，号称"直隶九府内，除广平、大名二府，远处京南，均无旗庄坐落，毋庸置议外，其余七府所辖有旗庄坐落者，共计七十七州县卫，广袤约二千余里"，直隶地区布满旗地官庄。[4]在被圈占、投充的州县内，民地所剩无几。关于清初圈地的史料很多，据吴振棫《养吉斋余录》，从顺治元年到康熙二十四年（1644—1685年），清廷在四十余年间共圈地153 467.25顷。[5]《石渠余纪》言清初近京府州县圈占土地达154 200顷。[6]各种数据虽有不同，但大体都能体现畿辅地区圈占民地数量巨大的特点。

以上是整个圈地的概数，具体到每个州县，到底有多少土地被圈充以及圈充土地的分布状况，则需要了解每个地区的情况。笔者选用了两种史料：光绪朝《畿辅通志》与各州县地方志，这两类史料对民间原额民地、圈占旗地、投充旗地等信息记录相对完整，又各具特点：光绪朝《畿辅通志》乃李鸿章担任直隶总督期间，延聘莲池书院主讲黄彭年主纂，是清代官修省级地方志，体例完备，数据充实，全书共300卷，由纪、表、略、录、传、识余、叙传等诸体组成，下有若干分目；而各州县地方志，则多以地方人士执笔，

---

[1]《乾隆饶阳县志》卷上《官田志》，载《中国地方志集成·河北府县志辑》（第47册），上海书店出版社2006年版，第25页。

[2] 第一次在顺治元年（1644年），参见《清世祖实录》卷十二（载《清实录》影印本，中华书局1986年，第117页，下同）；第二次在顺治四年（1647年），参见《清世祖实录》卷三十（第245页）；第三次在康熙五年（1666年），参见《清圣祖实录》卷二十。参见王钟翰《清代旗地性质初探》一文第128页。

[3] 圈占与投充，经常以"圈地"统称，下文也如此处理，不再另行说明。

[4]（清）鄂尔泰等修：《八旗通志》卷十八《土田志一》，李洵、赵德贵主点，东北师范大学出版社1985年版，第322页。

[5]（清）吴振棫撰：《养吉斋丛录》卷一《附录》，童正伦点校，中华书局2005年版，第351页，包括了"国初拨给宗室、勋戚庄田"及"拨给官员、兵丁田"。

[6]（清）王庆云：《石渠余纪》卷四《纪圈地》，北京古籍出版社1985年版，第195页。

编撰而成，两类史料分别从朝廷、地方的角度记载了清初畿辅各府州县的圈地情况。

为便于考察，本文以清代顺天府地区为主体，对畿辅部分州县圈地数量进行统计。需要说明的是，清代顺天府在乾隆之后共领五州十九县，即通州、蓟州、涿州、霸州、昌平五州，大兴、宛平、良乡、房山、东安、固安、永清、保定、大城、文安、武清、清河、宝坻、宁河、三河、平谷、顺义、密云、怀柔十九县，又混称为顺天府二十四州县。今天的北京市延庆县，在清代属于宣化府，称为"延庆州"，由于今属北京市，因此也列入

《畿辅通志》25 个州县原额民地共计 86 272.51 顷，圈充地 78 478.54 顷，整体圈充率达到 90.97%。其中圈充率最高的州县达到了 100%，共有四个：良乡县、三河县、宁河县、顺义县；最低的大城县也有 52.06%。圈充率达到 80% 以上的州县共 20 个，占到总州县数（25 个州县）的 80%。地方志 16 个州县原额民地 63 817.63 顷，圈充地 53 872.77 顷，圈充率达到了 84.42%。圈充率最高的是良乡县 100%，最低的是宛平县 67.02%。圈充率达到 80% 以上的州县共 10 个，占总州县数（16 个州县）的 62.5%。

虽然《畿辅通志》和地方志史料所涵盖地区有所不同，《畿辅通志》的圈充地亩比率高于地方志史料，但由两种史料得出近京各州县原民地的 80% 以上变为旗地这样的结论应该是符合史实的。清初畿辅地区圈充地亩总量如此之高，地区分布如此之广，让人惊讶。

二、土地产权与庄头身份

（一）庄园旗地的土地性质

被圈充的土地，成为皇室、八旗贵族和八旗官兵的庄园。庄园制度，始于入关前的努尔哈赤时期，是后金国的一种生产组织单位。庄，大体上可分为皇庄、王庄、八旗官庄等。首先，膏腴上地，也就是最肥沃的土地设立皇庄；其次，按爵秩分给王公大臣设立王庄；最后，分给八旗官员兵丁，称为一般旗地。庄园以壮丁（庄奴）从事生产，并从中选择一名经济条件较好、有管理能力的壮丁充任庄头以管理庄务。庄园种类繁杂、数量甚多，不同庄、园之间，有着严格的界定和区分，相互独立、互不干涉。

根据上文，顺天府旗地占原额民地的 80% 以上，以八旗各类庄园、旗地

的形式存在，可以说清代畿辅地区以庄园、旗地形式存在的土地占了不小的比率，与之相对的则是属于民人（以汉人为主体）的民地。

旗人庄园的土地性质，与汉人民地迥异。庄园土地不能自由买卖，管理体系与民地迥异，缴纳地租也不一样，甚至在18世纪20年代之前（雍正时期），旗人还以缴纳实物地租为主。[1]庄园自产生开始，即努尔哈赤时期，就是王公贵族、八旗兵丁的私有财产，庄头仅仅是他们从壮丁中挑选出来的、管理庄务的人。说得通俗一些，庄头就是一个职务，庄头手下的土地、壮丁均非庄头的个人财产，而属于庄头的主子。比如，皇粮庄头，归内务府管理，其土地属于皇家。王公贵族所属庄头，其土地则归王公贵族个人所有。其他各重要机构所属庄头土地，也归该机构所有。所以，理论上，庄头的土地本不是其个人的，庄头也无权处置个人土地。当然，现实生活中，旗人会采取各种方式偷偷变通，那又是另一个问题。简而言之，八旗庄头统属于八旗制度之下，职务及财产，甚至于庄头本人都归其主子所有。与之相对的民人、民地，则完全不同。民人地主人群归地方州县管理，他们对于土地的所有权与他们所承担的官位无关联，其财产属于家族私有。

庄园制度一直延续至清末时期，据《畿辅通志》记载，顺治初年，畿辅皇庄计332座。乾隆《会典》为322座，嘉庆《会典》为539座，光绪《会典》为373座。至清末，仅中国第一历史档案馆存留的内务府户口册来看，京畿有288个皇庄的老圈庄头。老圈庄头是皇庄庄头的一种，因其庄园人丁是清初从龙入关的包衣庄头，故而称之为老圈庄头。同为内务府属下皇庄的，还有民人带地投充旗下的投充庄头，此外还有种类复杂、为数众多王公贵族、八旗官兵的庄园。直至民国初年，北洋政府接手时，直隶仍然有约16万顷旗地在八旗系统的掌控之下，占全省农地的15%以上。[2]

（二）庄头的家奴身份

旗人在清代，虽号称特权阶层，但他们的人身却被清廷牢牢掌控。八旗内部执行了严格的人群分类，为了管控各类八旗人丁，清王朝建立了"三年

---

〔1〕 邱源媛：《清代畿辅地区内务府皇庄的征纳》，载《纪念王钟翰先生百年诞辰学术文集》，中央民族大学出版社2013年版，第250~262页。

〔2〕 王立群：《北洋政府时期直隶旗地问题浅探》，载《历史档案》2005年第3期，第107页。关于民国时期的旗地问题，天津工业大学王立群博士给予笔者很大帮助，特此感谢！

一比丁"的人口登记制度，有关人口及其家庭情况的各方面情况，均要详细记载，该制度一直执行到清末。庄园旗人世代为奴，较之佐领人群所受束缚更甚，所属人丁被清廷严格把控。以顺义地区大营村革退庄头李永春为例，李一人就有 23 份人丁册，从同治元年（1862 年）一直到光绪三十三年（1907 年），45 岁到 90 岁，每年一次的人口清查，没有漏掉一次。该家族的人口增减，户口册记载得清清楚楚。类似情况，在笔者收集的户籍档案中大量存在。在进行田野访谈时，老人也曾告诉笔者，亲丁需要向庄头报户口：

> 包括王家场的、李遂的、沟北的、柳各庄的，生男孩子必须上他（庄头）这来报户口。[1]

可见，清廷对庄园人丁户口管控之严，这种情况持续至清末。

人丁身份，一旦被户籍确定下来就很难改变，影响每个人一生的方方面面。比如入关前至入关之初，皇庄庄头本人及子孙世代被固定在所管理的土地之上，没有从事其他职业和迁徙的自由，也很难有改变自己和后人命运的机会。康熙后期，政策有所松动，朝廷允许老圈庄头参加科举考试，但投充庄头却一直未见官方允许其科考的正式政令。可见，即便同为庄头，皇庄、王庄、八旗兵丁庄园，甚至同为皇庄的老圈庄头与投充庄头之间，也有明确的界限，不能逾越。

庄头看似拥有大量土地，实为奴才身份，他们稍有差错，便会被罚以枷刑、鞭打，甚至被革退，丧失庄头身份和所有土地、财产，全家发配为奴。惩罚庄头的原因有很多，例如庄头在任期间未遵守规定，或因某些事情得罪主子等，最为严重的则是没有按时完粮，亦即没有按时缴纳贡赋。惩处庄头的方式大致有三种：枷刑、鞭责、革退。革退一般又称为"缘事革退"，是庄头受到的最严厉的惩罚之一，这样的庄头及其家族大多发配为奴，命运悲惨。

从《清会典》等官修史料来看，惩罚庄头的规定在乾隆朝以后才完善：

---

〔1〕 王家场、李遂、沟北、柳各庄均为顺义县村庄名称。访谈时间：2011 年 4 月 25 日；访谈地点：顺义区李遂镇柳各庄村杨大爷家；被访者：杨大爷；访谈者：邱源媛、杨原。

（乾隆）四年……议准庄头、投充人等有拖欠钱粮者，将应征钱粮分为十分，欠一分者，枷二十日、鞭四十；欠二分者，枷四十日、鞭六十；欠三分者，枷两月、鞭八十；欠四分至五分者，枷三月、鞭一百；皆不革退，按分治罪，所欠钱粮，不准宽免，入于次年应征数内，一并严追。欠六分至七分者，枷一月、鞭四十；欠八分至九分者，枷四十日、鞭六十；欠十分者，枷两月、鞭八十，皆革退，所欠钱粮，准其豁免。[1]

清廷把庄头拖欠的钱粮分为十分，欠一分到五分的庄头，处以"枷""鞭"等刑罚，从轻到重，逐级增加。拖欠钱粮六分至十分的庄头，除了更为严重的枷刑、鞭刑外，"皆革退，所欠钱粮，准其豁免"，"充为壮丁"。[2]

该条例虽颁布于乾隆四年（1739年），但事实上，顺治年间已有"惩处庄头"的相关规定。顺治初年定，各庄头职缺均于其子弟内挑选充任。如果是没有子嗣，或者因欠粮而遭革退的庄头，在壮丁内挑选。[3]

康熙时，处罚庄头的条例逐步详细：

凡收粮毕时，各庄头将所收粮数报明。于定额外……缺一石者，责二鞭。其鞭责不过一百。[4]

（康熙四年）依照定例，一两银折鞭四，各鞭一百，余鞭责打额丁，欠银作罢。又，倘若亏欠今年银两，则革退庄头，治罪，拨给别庄为奴。[5]

---

〔1〕《钦定大清会典则例》卷一六〇《内务府·会计司》，载《景印文渊阁四库全书》（第625册），台湾商务印书馆1986年版，第214页。

〔2〕《钦定大清会典则例》卷一六〇《内务府·会计司》，载《景印文渊阁四库全书》（第625册），台湾商务印书馆1986年版，第214~215页。

〔3〕《钦定大清会典则例》卷一六〇《内务府·会计司》，载《景印文渊阁四库全书》（第625册），台湾商务印书馆1986年版，第193页。

〔4〕（清）伊桑阿等纂修：《大清会典（康熙朝）》卷一五〇《内务府二·会计司·粮庄》，载《近代中国史料丛刊三编》（第72辑），文海出版社1991年版，第7255页。

〔5〕《巴喀等为查议欠粮庄头的题本》，载辽宁社会科学院历史研究所、大连市图书馆文献研究室、辽宁省民族研究所历史研究室编译：《清代内阁大库散佚档案选编》（皇庄·上），辽宁民族出版社1989年版，第2~3页。

康熙二十三年（1684年），清廷规定了庄头交纳各项应交差赋的时间，如不按时交纳，即要受到惩处。其中有一案例，即是要求三月初一日前缴纳杂粮，耽误一次，鞭打八十下；耽误两次，鞭打一百下；耽误三次，鞭打一百下（按例不能超过一百），革退庄头，发配给穷庄，充当庄丁。当年就有朱同等63名庄头未在三月初一日以前将应交差赋交纳完毕，所以各鞭八十，并勒限于三月初十日之前交纳，结果有些人十日内仍然未能交完，又各被鞭一百，勒限于六月初一日以前交完。但还有一人，到七月初十日仍然未能交纳完毕，他不仅被鞭一百示众，还被革退庄头，发往山海关外充当额丁。[1]

康熙时期，几乎每到年终，都会有少则数十、多则二百余名庄头遭到鞭打，部分庄头被革退的记录，这种情况在档案中比比皆是。据史料统计，康熙四年（1665年）纳粮不足额庄头的百分比是51%、六年（1667年）为89%、十八年（1679年）为37%、二十五年（1686年）为52%，这些庄头都受到了一定处罚。[2]被处罚的庄头数量之多、涉及面之广，可见一斑。

所有的处罚中，革退庄头是一种最为严厉的方式。按照规定，凡拖欠钱粮贻误官差的庄头，本人以及子孙不但不能充当庄头，还照例要"销除谱档"，亦即开除旗籍。这里以一个发生在乾隆年间的案例作为佐证：

> 乾隆四十四年二月十三日，总管内务府谨奏，为请旨事。……助马口外庄头三丫头、邓世忠、嘉宏、刘住子等四名，先因拖欠粮石革退庄头，将伊等四名并家属一百四十余口，交与该处庄头张思载等名下充当壮丁。今据张思载等呈称，壮丁三丫头等四户，共男妇一百四十余口，渐生日繁，实在无力养赡，照例恳请放出为民，令其各谋生计之处，咨部查照……
>
> 奉旨：此等庄头既因拖欠钱粮革退，本系获罪之人，转因接办之庄

〔1〕《班第等为查议亏欠应送圈馆豆草之庄头的题本》，载辽宁社会科学院历史研究所、大连市图书馆文献研究室、辽宁省民族研究所历史研究室编译：《清代内阁大库散佚档案选编》（皇庄·上），辽宁民族出版社1989年版，第141～143页。

〔2〕《喀等为庄头报粮的题本》《米思罕等为庄头报粮的题本》《噶鲁等为庄头报粮的题本》《鄂勒多等为庄头报粮的题本》，载辽宁社会科学院历史研究所、大连市图书馆文献研究室、辽宁省民族研究所历史研究室编译：《清代内阁大库散佚档案选编》（皇庄·上），辽宁民族出版社1989年版，第4～6、10～11、48～49、89～90页。

头以人多不能养赡，请将伊等之兄弟子孙放出为民，令其自谋生计，内
务府大臣虽系照例议准，日久不能保无流弊。庄头等或欲图出旗自便，
故意拖欠钱粮，罪止革退，而其子孙转得为民，仍可倚以自赡，日后并
可考试，幸登仕籍，皆情理所必有，不可不防其渐。嗣后凡获罪革退之
庄头，其家属有呈请为民者，除疏远族户准仍照例办理外，其本身及子
孙俱应发往打牲乌拉充当苦差，以示惩儆。[1]

通过这条材料，我们对"革退庄头"的性质，可获得一个比较具体的了
解。一旦革退，即系获罪之人，不仅庄头本身，包括他的子孙兄弟均不可享
有出旗为民、参加考试的机会，有的甚至会像那些身获重罪的遣犯一样发往
吉林的打牲乌拉充当苦役。

旗人庄头看似拥有大量土地和财产，富甲一方，与汉人（非旗人）地
主[2]一样称霸地方，实则完全不同，二者存在本质的差别。不少庄头以旗人
身份，"横行乡里，抗拒官府"，[3]更有甚者"骑马直入府州县衙门，与府州
县官并坐，藐视命吏，任意横行。目中既无官府，何况小民。其欺陵鱼肉，
不问可知"。[4]这只是庄头的一个面相，相对民人而言，该人群在得到较多国
家庇护的同时，受到的人身束缚也更为严格。其实他们实为奴仆身份，对土
地只有有限的使用权，没有所有权，不能自由买卖庄园土地，稍有差错，便
会被罚以枷刑、鞭打，甚至被革退，丧失庄头身份和所有土地、财产，全家
发配为奴。

当然，现实操作层面中，无论是庄园旗地的禁止典卖，还是庄园人丁依
附关系的限制，都不可能完全遵守制度，分毫不差地严格执行。尤其清中叶

[1] 中国人民大学清史研究所、中国人民大学档案系中国政治制度史教研室合编：《清代的旗
地》，中华书局1989年版，第652~653页。
[2] 严格来讲，与"旗人"相对的应该是"民人"群体。然而，在畿辅地区，民人以汉人为
主。同时，较之"民人地主"，"汉人地主"一词更为人们所熟悉，也更符合习惯上的称呼。因此，采
用"汉人地主"。下文同，不再另行说明。
[3] 《清世祖实录》卷三十一，顺治四年三月己巳，台湾"中研院"历史语言研究所1962年版，
第257页。
[4] 《清世祖实录》卷五十三，顺治八年二月丁酉，台湾"中研院"历史语言研究所1962年版，
第422页。

之后，旗地、庄园被典卖与民间为业的情况普遍存在，清廷屡禁不止，迫不得已采取各种措施回赎旗地。同时，作为主子的内务府、各旗王公贵族兵丁，毫无缘由地随意更换庄头也并非常态。庄园旗人则时常钻政策的漏洞，游走于八旗制度与州县系统之间，两头获利。然而，制度毕竟是制度，庄园系统一直留存到清末，民国初年 16 万顷旗地依然数量惊人，而庄园制度中产权所属等核心内容，直到清末也依然束缚着该系统下人群的各种社会行为。

三、庄园制度对旗人家族的影响：分家与继承

（一）旗人"顶补"与民人"继承"

通过讨论，可以看到，旗人庄头与汉人（非旗人）地主的根本性差别。八旗庄头统属于八旗制度之下，职务及财产，甚至于庄头本人都归其主子所有。汉人地主则归地方州县管理，他们对于土地的所有权与他们所承担的官位没有直接关联，其财产属于家族私有。

土地是否属于自己的，这在中国古代社会极其重要。庄头是奴仆身份，对土地只有耕作权、使用权，没有所有权。即便是使用权，清廷赋予庄头的权力也是有限的。笔者在历年的田野调查中，多次听到有关旗人庄头家族分家的各种例子：

> 那时候庄头就转让给西门……西门就是在满清末后期的时候，还有民国以前的这个阶段，他是属于旺门。
>
> （庄头）转到西门来了，因为当家啊，那地当然就是归这边（西门）了，怎么说就是归西门人掌握了。
>
> 不是庄头，哪来的地。
>
> 收上租子，给皇上那儿交租子去，我爷爷那阵儿就这样。我爷爷一死时候，就归我大爷掌管了，我爸爸都不是……就一个人，哥们儿都大哥接管，兄弟不能接管。就俺们家，我爸爸分家时，那房屋都没俺们的，没我爸爸的。就归庄头。我们家那么些房子，我那兄弟……都归我大爷的。[1]

〔1〕 访谈时间：2008 年 11 月 15 日；访谈地点：顺义区牛栏山镇下坡屯村商大爷家；被访谈者：商大爷；访谈者：邱源媛、邢新欣。访谈时间：2011 年 3 月 31 日；访谈地点：顺义区李桥镇北河村村委会；被访者：于大爷甲、于大爷乙；访谈者：邱源媛。

为什么旗人庄头要采取这种家产只传一个儿子的做法？为什么不像汉人家族那样均分家产？这并不是庄头的个人行为，而是八旗制度使然。

古代中国，汉人的多子家庭一般采取均分的方式来分家析产，完成祖业传承。这是较为熟悉，也较为普遍的做法。而旗人，或者准确说，庄头家族则不同，所有的财产，包括土地、房产等都只给一个人，这与庄园土地的性质紧密相关。庄头是一种称号，不能分割，名下的财产与职位紧密相连，自然也无法分割。所以，原则上，庄头家族中，谁拥有庄头之名，谁就拥有所有财产；谁继承了庄头职务，谁就继承了庄头的家族财产。

因为没有土地所有权，庄头家庭不仅在拖欠钱粮或者犯有其他过失时，会被施与"枷""鞭"等刑罚，甚至被革退，剥夺土地使用权。即便是老病身故，也不采取父死子继的方式，庄头无权决定谁是自己的继承者，得由他们的主子说了算。换句话说，庄头的家产由谁来继承、继承多少，并不自由，须听命于官方或者个人主子，不少庄头甚至是异姓承替，这与汉人家族的继承方式，存在本质的区别。

庄头出缺之后由谁承替，是维持一个庄园稳定和发展的关键，被八旗组织严格把控。一般地说，庄头缺出的原因有三，即老病、身故以及缘事革退，三者承替的规定各不相同。按朝廷规定，因老病告退的庄头遗缺，俱准更名与长子、长孙，如果没有长子长孙，即依近支、远支依次按次序承替。贯彻该规定，需要有所依据，官方掌握庄头家族直系情况，并以此确定庄头职位的承替，这个依据即是八旗人丁户口册籍。"清代的皇庄，能够较长时期并稳定地存在发展，是由于有一套比较完整的经营管理方法……对庄头的身份地位、顶补、革退等，都有一些具体的规定，并建立丁档、家谱制度，以作查考的依据"[1]。

丁档、家谱，被现代学者统称为"户口册"，是旗人的人口登记册籍。上文提到，旗人人口登记制度一直执行到清末，每三年举行一次，届时有关人口及其家属的出生、死亡、婚姻以及家族与家庭组织等各方面情况，均要详细记载。户口册的作用，除了让清廷严格掌控八旗人丁之外，还供其考察世

---

〔1〕 中国人民大学清史研究所、中国人民大学档案系中国政治制度史教研室合编：《清代的旗地》，中华书局1989年版，"前言"第3页。

职传承，"遇有世职缺出，查对明晰，奏请承袭"〔1〕。对庄头来说，户口册即是其"身份地位、顶补、革退"的依据。〔2〕

关于庄头的承袭，顺治、康熙二朝虽未有相关条例，但该时期档案对此已有明确记载：

> 康熙二十六年正月二十三日，……查得，征银二百两之庄有九十余个，其中有旧庄头子弟接充庄头者，有补放额丁为庄头者，有补放籍没之人为庄头者……补放粮庄头时，预先准备十人，遇有革退之缺、无嗣之缺及初放之缺，即令已备之十人掣签补放。庄头、园头既为一体，嗣后各管领下所空菜、瓜园头之缺，亦似应照粮庄例。〔3〕

可见，最迟至康熙中期，庄头的补放方式就已基本成型，主要有两种：①旧庄头子弟接替；②其他人丁补放，预先准备十人，通过抽签方式决定补放人员。旧庄头子弟，同族、同姓继承的可能性很大；但补放人丁，则很有可能由别的家族甚或异姓来接替庄头职位。该时期通过掣签（即抽签）决定庄头的做法已较为普遍，留存档案很多，此处不再一一列举。

现存史料中，对于"庄头顶补"的明确条例，始见于乾隆四年（1739年）：

> 乾隆四年，奏准，于庄头子弟及家道殷实壮丁内，分东、西、南、北四路，每路各选十人注册，遇庄头阙，其子弟情愿承充者，准其承充外，至欠粮革退者，其子弟亲丁及异姓壮丁内，有情愿代完者，皆准其顶补。如无情愿承充及代完顶补之人，即于所选注册人内按路掣签充补。〔4〕

〔1〕《清世宗实录》卷五十四，雍正五年三月庚戌，台湾"中研院"历史语言研究所1962年版。

〔2〕参见邱源媛：《清代畿辅地区内务府庄头户口册研究》，载中国社会科学院历史研究所学刊编委会编辑：《中国社会科学院历史研究所学刊》（第9集），商务印书馆2015年版，第471~508页；邱源媛：《清代旗人户口册的整理与研究》，载《历史档案》2016年第3期，第129~138页。

〔3〕《鄂勒多等为恭陈管见以益公务的题本》，载辽宁社会科学院历史研究所、大连市图书馆文献研究室、辽宁省民族研究所历史研究室编译：《清代内阁大库散佚档案选编》（皇庄·上），辽宁民族出版社1989年版，第125~126页。

〔4〕《钦定大清会典则例》卷一六〇《内务府·会计司》，载《景印文渊阁四库全书》（第625册），台湾商务印书馆1986年版，第194页。

该条例包括了三种顶补情况：①非革退庄头顶补，由庄头子弟中情愿承担该职务的人充任下一任庄头；②"欠粮革退"庄头顶补，则在子弟亲丁以及异姓壮丁中挑选，而顶补者充任庄头之前，必须先完结上一任庄头的欠粮；③仍是"欠粮革退"庄头顶补，如果没有情愿顶补之人，则依据户口册，抽签决定。

除了以上提到的直系亲属顶补、非直系亲属顶补、异姓顶补外，还有不少通过欺骗、抢占等方式获得庄头职位的事例。这种非"继承性"的顶补方式，在各个庄园上执行，直至清末。

（二）直系、非直系与异姓顶补

中国第一历史档案馆保存了大量与庄头顶补相关的档案，这些档案牵涉面很广，很大一部分牵涉到土地、庄头承替等方面的刑诉案件和纠纷，数量巨大。为了便于分析，笔者将范围缩小，整理出嘉庆年间与庄头"更名"事宜直接相关的 16 条档案，如"为革退庄头遗缺另姓亲丁交纳现年钱粮准其顶替事""为照例更名顶替事""为更名事""为代完欠项钱粮顶替庄头遗缺事""为呈明签掣安放庄头当差事""为更名顶替庄头事"等。这类档案直接针对庄头更名，免除了不必要的枝节内容，人数相对集中，易于分析，既包括庄头老病、身故正常承替，也包括前任庄头缘事革退，更名新任庄头，能比较全面地看出嘉庆时期庄头更名的大概状况。

嘉庆年间（1796—1820 年）庄头更替的 16 条档案中，嘉庆元年 3 条、二年 1 条、三年 1 条、四年 1 条、六年 1 条、七年 1 条、八年 1 条、九年 2 条、十年 2 条、十六年 1 条、二十年 2 条，涉及更名的庄头共计 88 名，分为三类：①直系亲属顶补，25 人；②非直系亲属（亲丁）顶补，47 人；③异姓顶补，16 人。

第一类，直系亲属顶补。此类案例线索很清晰，内容记载也比较直接、简略，比如：

> （嘉庆元年十二月十二日）管理之旗银两庄头处呈，为照例更名顶替事。据崔长萨拉善、德泰、大保等呈报，庄头张常禄病故，遗缺更伊子张永汉庄头之缺；投充邓文病故，遗缺更伊孙邓洪投充之缺；魏即泰病故，遗缺更伊子魏文举蜜户之缺；……详查丁档家谱，均属相符，应将

伊等子弟照例更名顶替。[1]

可以看出，直系亲属更替的程序比较明确，呈报之后，由内务府查阅丁档家谱，证明父子、爷孙的直系关系属实，即可批准，照例更名顶替。

第二类，非直系亲属顶补。这类案例共涉及 47 人，超过半数。笔者选择其中一例：

> （嘉庆二年十一月十五日）会计司呈，为代完欠项钱粮顶替庄头遗缺事。由堂抄出，据热河总管福克精额咨呈内称，前据热河庄头王之培……拖欠钱粮，无从措交……庄头王之培亦经本处呈报内务府革退在案。所遗庄头之缺，定例系革退者向不准伊子孙顶充，俱于庄头族中择其近枝充补。……查缘事革退庄头王之培遗缺，据远派亲丁王之地等三名俱愿充当此缺，当经本司查得家谱内开，尚有庄头王镇名下亲丁等四十名，亦系远派……（经查）庄头王镇名下亲丁等虽系同族一谱，而丁册实系分载，将来王镇缺出，例应由王镇丁册内亲丁补放，即与王之培之亲丁无涉，……今总管遵即将王之培名下亲丁王之地、王铭、王杞等花名详报总管内务府鉴照定拟补放，……经查对丁档家谱，名色均属相符，随将亲丁王之地、王铭、王杞等三名缮写名签，回明王中堂大人，当堂将名签入筒，签掣得亲丁王杞，相应呈明，请将缘事革退庄头王之培遗缺，即准亲丁王杞代完一切欠项钱粮顶替当差。……并将王之培亲子亲孙照例拨给新替庄头王杞名下充当壮丁可也。[2]

较之直系亲属顶补，非直系亲属顶补的程序要复杂许多。首先，需要通过查阅丁档家谱，确认合法的顶补者。比如本案中，前任庄头王之培因系革退，不准其子孙顶充，需要查出近支、远支的亲丁，同时，还要核实这些亲丁是否愿、是否有能力替王之培补上欠项钱粮。然后，经过删选，王之培

---

〔1〕 中国人民大学清史研究所、中国人民大学档案系中国政治制度史教研室合编：《清代的旗地》，中华书局 1989 年版，第 558 页。

〔2〕 中国人民大学清史研究所、中国人民大学档案系中国政治制度史教研室合编：《清代的旗地》，中华书局 1989 年版，第 560 页。

有 3 名近支亲丁和 40 名远支亲丁，又因可以承袭其他庄头，远支亲丁被排除在外。最后，在八旗官员的主持下让 3 名近支亲丁签掣，确定王杞成为新任庄头，王之培的亲子亲孙照例拨给王杞名下充当壮丁。

第三类，异姓顶补。异姓顶补的人数相对较少——16 人，不到整体数量的五分之一。仍以实例说明：

> （嘉庆四年八月二十七日）管理三旗银两庄头处呈，为呈明签掣安放庄头当差事。查本处于嘉庆三年十二月内题销二年分钱粮本内有拖欠钱粮庄头袁瑚、姚嘉谟、曹之纵、姚秉瑛等四名照例革退治罪，伊缺不准伊子孙顶替，如有族中弟兄叔侄情愿充当者，代完陈欠后方准顶替，若本族无人承担，晓谕四路庄头、投充等弟男子侄内有情愿代完陈欠充当者，按三个月限内赴衙门具呈，准其签掣安放。[1]

此后，查阅丁档家谱，发现四个革退庄头 "名下族中俱无亲丁人等"，内务府晓谕庄头、投充等人丁，有能代完陈欠钱粮的人，可以参与签掣。情愿顶替革退庄头袁瑚的 5 名，情愿顶替革退庄头姚嘉谟的 9 名，情愿顶替革退庄头曹之纵的 6 名，情愿顶替革退庄头姚秉瑛的 6 名。其后，在通过查验丁档家谱，证明 26 名人选 "俱系在档合例之人，并无违碍之处，例应一体准其入筒签掣"，最后确认下 4 名新任庄头。新任庄头完结陈欠钱粮的同时，前任庄头的亲子亲孙也会照例拨到其名下充当壮丁。

根据嘉庆年间更名档案，父子、爷孙此类直系亲属的顶补占了 28.41%，非直系（同姓）与异姓顶补占了 71.59%，非直系与异姓顶补的比率很高。按照档案中所体现出来的惯例，但凡是非直系与异姓顶补，前任庄头所有的亲子亲孙会拨到新任庄头名下充当壮丁，身份地位的不确定性大于民人。

通过庄头顶补的程序，可以感受到八旗官方对庄头的掌控力度，牢牢控制了庄头一代又一代的替换。庄头的转换，即便发生在父子之间，在清代官方文书、档案中，也均用 "顶补""顶替" 等词汇，而非我们熟悉的 "继承"，生动而微妙地体现了新旧庄头转换的本质所在。

---

〔1〕 中国人民大学清史研究所、中国人民大学档案系中国政治制度史教研室合编：《清代的旗地》，中华书局 1989 年版，第 566 页。

土地产权、人身属性等根本的不同，造成了旗人与民人、旗人家族与民人家族在生活状态、思维意识上诸多的不同。康熙年间，清廷实行摊丁入亩，废除人头税，丁银变为田赋制度。政府随之放松了户籍控制，民人可以自由迁徙，可以改变自己的身份，其行为合理合法，没有制度上的障碍。地方上的乡绅士人、知识精英往往就是民人地主，他们出而为仕，家乡族人会依靠他们壮大家族势力。当他们年老、生病或者遇有事端时，大部分人又可辞官回乡，在当地依然享有一定声望，家族也依然是地方上的名门。家族的兴衰，虽然与族人是否为官关系密切，但即便失官，绝大部分情况也不会瞬间天差地别。旗人却截然不同，虽号称特权阶层，但他们的人身自由却被清廷牢牢掌控。诸如庄头一类的内务府下属包衣旗人又更为特殊，他们世世代代都是主子的奴仆，所受束缚更甚，稍不留意，即会遭遇枷刑、鞭刑，甚至被革退的处罚。八旗主子掌控了他们一代又一代家族财产的处理权和继承权，一旦失去庄头身份，就立刻丧失诸如地位、名誉、土地、家产等所有的东西，充当壮丁，甚或发配为奴。

四、八旗影响力的遗存与辐射

（一）辛亥之后的庄园旗地政策

辛亥革命爆发之后，经过南京临时政府与清政府议和代表的磋商，南京临时政府方面于1912年2月9日向清政府致送有关清帝退位优待条件的修正案。2月12日隆裕太后代表清廷认可了这一条件，并于次日公布，宣告清帝退位。

末代皇帝溥仪在皇室优待条件的许可下，留居紫禁城，直至1924年被逐出。这期间，皇室的经费来源，除了民国政府岁供银四百万两外，还有大量旧有皇室庄田缴纳的租银，这与优待条件中的条款内容直接相关。清帝退位优待条件的三项条件中均有保护清帝、皇族以及满蒙回藏各族私产的条文，第一项"关于大清皇帝辞位之后优待之条件"第七款：清帝私产由民国政府特别保护；第二项"关于清皇族待遇之条件"第三款：皇族私产一体保护；第三项"关于满蒙回藏各族待遇之条件"第二款：保护其（满蒙回藏各族）私有财产。在此条款下，诸如皇庄、王庄、八旗庄田的各类私产庄田，均属于被保护的范围。

上文提到直至民国初年，直隶仍然残存了约16万顷的旗地，占全省农地的15%以上。也就是说，清帝虽已退位，但清代各类数量巨大的私产庄园仍然属于原有八旗系统，佃户向庄头缴纳税租，而庄头则向诸如内务府、各王府等原来的旗人主子缴纳租子。民国政府对庄园地亩没有直接的管理权力，也不会收取土地赋税。

1912年5月，溥仪内务府函致临时大总统袁世凯，为原皇庄佃户仍旧交租一事通饬各州县：

> 兹据庄头等联名呈称，佃户不明庄头地租仍归皇室私产，妄生悬揣之词，有谓大清皇帝业经辞位，庄头即同消灭者；有谓恐一地交两租者。乡间纷纷传说，实与租差有碍，若不通饬各州县出示晓谕，恐将来租项无法征起等情。呈递前来。当蒙堂宪专修公函特致袁大总统，饬下直隶都督、顺天府尹通饬各州县，一体出示晓谕各佃户等，须知庄头地租，系归皇室私产，佃户仍须照旧交租。并通饬各州县，嗣后遇有庄头控佃追租提案，各该州县，仍须照旧办理，实行特别保护。等因。
>
> ……
>
> 宣统四年三月[1]

1913年12月8日，袁世凯下令严格履行《皇室优待条件》取缔抗租：

> 查大清王公勋戚授田之法，除其赋税，免其差徭，盖以优赉王公，与承种其地之该壮丁等毫无关涉。该壮丁等于各王公府缴纳此项银两，均有历年征收册籍可凭，何得以国体变更意存侵蚀。似此任意违抗，殊失孝定景皇后与民休息之心，益乖本大总统一视同仁之旨……一面饬知地方官谕令各王公府所属各壮丁等，仍照旧缴纳，毋任借词延抗。并着各省民政长饬各属，嗣后，凡清皇族私产，应遵照前颁优待条件，一体认真保护。并严行晓谕各处壮丁人等，照旧缴纳丁粮。[2]

---

〔1〕《溥仪内务府会计司为原皇庄佃户仍旧交租之晓谕》，中国第一历史档案馆藏。原文件时间沿用清旧有年号，编排时一律改为公历。转引自叶志如：《辛亥革命后原清室皇庄土地占有关系的变化》，载《历史档案》1983年第2期，第25页。

〔2〕《袁世凯关于严格履行皇室优待条件取缔抗租之命令》，中国第一历史档案馆藏，馆藏号：26-476-802。转引自王立群：《北洋时期京直地区旗地庄头考述》，载《北京社会科学》2012年第2期，第83页。

这些条款与命令从制度上明确了旧有旗庄的归属性质，至于实际生活中是否能严格执行则是另一层面的问题，本文不展开讨论。[1]就制度层面而言，民国初年的旧有私产旗庄在不短的时间内依然保留了清代的管理体制，归原八旗系统管理，并对其缴纳税租，跟一般老百姓的土地不一样，这一点在政策上得到了确立。

1928年6月，国民革命军进据北京，北洋政府被推翻，南京国民政府中央政治会议第145次会议决议将直隶省改名为河北省，旧京兆区各县并入河北省。此后，南京国民政府先后设立河北兼热河官产总处、河北官产总处及财政部清理河北观察善后事宜办事处负责河北旗产的管理及丈放。1934年，因战事等各种原因，国民政府下令停止办理旗产事宜，遗留下三万余顷未处分旗地，其中分布在河北64县有案可查、未经处分的旗圈地，计13 000馀顷，其他各地还散有394顷21亩；八项旗租地，计10 445顷76亩；未处分拨补地，计6935顷6亩，"自此之后，旗地整理遂行停止"，"未备价留置之旗圈地佃户得以免出资领购，且既无须缴租，又毋庸缴交田赋；八项旗租地则仍由各县按年收租，解交财政厅"。[2]至少有一万多顷原旗地，国民政府无法掌控，这种情况一直持续到土改。

（二）隐形的旗地与华北宗族

黄宗智先生在《华北的小农经济与社会变迁》一书中，利用大量民国时期的华北数据对华北农村的经济与社会变迁做了精彩的讨论，在论及华北宗族方面，黄先生指出：

---

〔1〕 袁世凯下令取缔庄头、佃户抗租，要求壮丁人等照旧缴纳丁粮，也从另一个层面反映出清室、旗人对旧有旗庄的实际掌控能力。从中国第一历史档案所藏档案中，我们可以看到不少佃户甚或庄头欠租、抗租以及庄头霸占产权等案例，毕竟已进入民国时期，清皇室贵族等对其属下庄田、庄头的控制力已不可同日而语，庄头欠租霸租甚至盗卖皇产的事件屡屡发生。参见叶志如：《辛亥革命后原清室皇庄土地占有关系的变化》，载《历史档案》1983年第2期，第83页；[日]末次玲子：《民国初期の旗地政策と华北农村：直隶省の场合》，载[日]小岛淑男编著：《近代中国の经济と社会》，汲古书院1993年版，第152~162页；王立群：《北洋时期京直地区旗地庄头考述》，载《北京社会科学》2012年第2期，第82~87页。

〔2〕 参见王立群、王俊斌：《南京国民政府时期河北旗地管理考述》，载《燕山大学学报（哲学社会科学版）》2008年第2期，第83、87页；王立群：《民国时期河北旗地政策述略》，载赵志强主编：《满学论丛》（第1辑），辽宁民族出版社2011年版，第312~313页。

无论原因何在，冀—鲁西北的宗族组织是比较不发达的。宗族唯一共有财产是几亩坟地。……本区的宗族组织和我们联系南方士绅家族而构想的颇不一样。[1]

华南地区的宗族社会是目前中国宗族社会、地域社会方面研究的典范，弗里德曼（Maurice Freedman）基于福建和广东家族的文献材料，比对英国功能学派的非洲世系群理论，提出了他的宗族模式。弗里德曼认为，宗族是以族产为基础的继嗣团体，"宗族其实是法人（corporation）"，也就是说，宗族作为一个集体，有明确的成员制度，并能够拥有财产，[2]"土地的共同拥有在经济生活中扮演着重要的角色"。[3]弗里德曼在书中引用多位学者关于福建、广东诸地宗族所拥有土地的描述，陈翰笙的研究证实了广东许多地区公共土地的高占有率，"我们可以有把握的说，全省三分之一的耕地为族田……"，"族田是公共土地中唯一占优势地位的形式，对广东的集体地主所有制度（collective landlordism）产生了持续的影响"。[4]1937年，Olga Lang通过对24个广东宗族的研究，指出它们的族田从10%到90%不等，在多数例子中，宗族声称50%至70%的耕地由族人耕作。[5]

正如萧公权、弗里德曼等学者所指出的：宗族的实力，往往与其领导人的财富和地位成比例；最发达的宗族组织，由有势力和富裕的士绅领袖所主持。这些绅士可以向宗族组织捐赠大量的土地，也可能为之开办学校，建义仓等，从而巩固族权。宗族势力与其所拥有的族产数量紧密相系。

类似的情况在华北，尤其是冀、鲁西北的乡村社会当中，却远没有那么普遍。20世纪三四十年代，日本"南满洲铁道株式会社"研究人员在华北平

〔1〕［美］黄宗智：《华北的小农经济与社会变迁》，中华书局2000年版，第245~246页。
〔2〕科大卫：《皇帝和祖宗——华南的国家与宗族》，卜永坚译，江苏人民出版社2009年版，第2页。
〔3〕参见陈翰笙：《中国当代的农民问题》，中国太平洋关系研究院1933年版，第12页。转引自［英］莫里斯·弗里德曼：《中国东南的宗族组织》，刘晓春译，上海人民出版社2000年版，第15页。
〔4〕陈翰笙：《华南的农业问题》，第35、27页。转引自［英］莫里斯·弗里德曼：《中国东南的宗族组织》，刘晓春译，上海人民出版社2000年版，第16页。
〔5〕Olga Lang, *Chinese Family and Society*, New Haven: Yale University Press, London: Oxford University Press, p.174, 1946. 转引自［英］莫里斯·弗里德曼：《中国东南的宗族组织》，刘晓春译，上海人民出版社2000年版，第22页。

原自然村进行了大规模的实地调查。黄宗智先生利用这批材料，整理出河北、山东中 6 个村落的数据，列表说明冀—鲁西北的宗族族产问题。

相对华南宗族，华北宗族族产土地数量较少，"大如侯家营侯姓 84 户一族，也不过只有坟田 2~3 亩。当问及附近最大的族产时，张乐卿——种棉和高度商业化的栾城县寺北柴村的村主任——回答说，邻村的郭氏家族共有族田 40~50 亩，原先是长期未经耕作的一块荒地。这是个别的例子。本区的宗族组织和我们联系南方士绅家族而构想的颇不一样"。此外，黄先生还指出："满铁调查的 6 个村中，没有一个家族设有共同的谷仓、学校或祠堂。没有一个在自然灾害时起过赈济作用，也没有援助其他贫困族人的惯例。"[1]

黄宗智讨论这部分内容使用的材料，主要涉及了河北、山东的 6 个村庄：顺义的沙井（河北）、栾城的寺北柴（河北）、历城的冷水沟（山东）、恩县的侯夏寨（山东）、昌黎的侯家营（河北）、良乡的吴店（河北）。

据《畿辅通志》所载，清初顺天府圈地中有 4 个县的圈占率达到了100%，河北省顺义县（今北京市顺义区）便是其中一个。20 世纪 40 年代初期，日本调查人员在河北省顺义县境内以沙井村为中心，对顺义县的大部分村落做了详细的调查。根据这次调查，可以看到，民国之后不短的时间内，沙井村的旗地依然占全村耕地的 70%，包括内务府造办处、内务府周庄头地、匠役地、韩庄头地、谢庄头地、德公府地、雍和宫香灯地等类型。

类似情况在良乡县（今北京市房山区良乡镇）吴店村也有体现。根据《中国农村惯行调查》记载，当时老百姓对清代吴店村的记忆很清晰：清朝时，城里住着旗人军队和当官，这个地方几乎都是旗人的土地，吴店村也都是旗人的土地。在民国十五年、十六年（1926 年、1927 年）旗产清理的时候，作为佃户的村民买了这些土地。许多村民的地契中有许多是当时"京兆区官产旗产清理处"或者"清室私产清理处"等发给的执照。在典契中记有"……本身老揽旗地一段……"等。原来负责管理这些旗地的，是地方上设置的旗人庄头，以及村子里设置的汉人催头。[2]栾城县寺北柴村本村虽没有旗

---

〔1〕［美］黄宗智，《华北的小农经济与社会变迁》，中华书局 2000 年版，第 245~247 页。
〔2〕中国农村惯行调查刊行会编：《中国农村惯行调查》（第 5 卷），岩波书店 1957 年版，第513~521、615~626 页。

地，但栾城县西南部有 4 万余顷旗地。[1] 由此可见，黄先生研究的这 6 个村庄中，至少顺义沙井村、良乡吴店村，以及栾城县在清代、民国初年的旗地占有量相当高。

黄先生对华北村庄族产的描述中，有两个方面与华南宗族存在较为明显的差异：① 华北宗族族产土地很少、地方宗族势力较弱；② 族产主要是祖坟地。

从庄园旗人群体来看，庄头、园头等旗人看似与民人地主一样，拥有大量土地，实际上却是奴仆身份，只有有限的土地使用权，没有土地所有权。新旧庄头代际顶补时没有自由继承的权利，异姓顶补的情况并不少见。在这样的制度下，旗人社会自然很难出现类似华南的大量族产以及宗族小区，也不太可能形成普遍性的强大地方宗族势力。1928 年政府赎买旗产后，旗地数量虽然大大减少，但近三百年来由八旗制度而衍生的某些乡约俗规依然有其惯性。

族产以坟地为主，这在旗人倒并不鲜见。《红楼梦》第十三回有一段秦可卿与王熙凤的对话，秦氏提醒王熙凤需警惕月满则亏、水满则溢的老话，不思后日，终非长策，"一日倘或乐极悲生，若应了那句'树倒猢狲散'的俗语，岂不虚称了一世诗书旧族了"，并建议王熙凤：

> 莫若依我定见，趁今日富贵，将祖茔附近多置田庄房舍地亩，以备祭祀供给之费皆出自此处，将家塾亦设于此……便是有了罪，凡物可入官，这祭祀产业连官也不入的。便败落下来，子孙回家读书务农，也有个退步，祭祀又可永继。[2]

秦可卿劝告凤姐，趁着现在富贵，在祖茔附近多置祭田、房舍等，因为家族坟地等祭祀产业，即便在抄家之时，也是可以保留下来，不被官府查封。

"祭田、坟园不入官"是个很有意思、相当重要的细节，清朝的政策是否真如小说所述？乾隆《钦定大清会典则例》记载：

---

〔1〕 中国农村惯行调查刊行会编：《中国农村惯行调查》（第 3 卷），岩波书店 1955 年版，第 4、473 页。

〔2〕 （清）曹雪芹：《红楼梦》，吉林出版社 2006 年版，第 38 页。

（雍正十三年）覆准，办理亏空如系坟园房屋人口祭田一概不准入
官，从前有已经入官者，亦请旨令该旗逐一清厘给还本人。……乾隆元
年奏准，凡关祭田，如三项以下即拨出给还本人，如有十余顷者以三项
给还本人，其余仍入官。[1]

可见，雍正十三年（1735 年）之前，祭田、坟地在清代确实不被查抄，
一律给还本人。乾隆元年（1736 年）有所变化，允许保留三顷祭田，余地尽
行入官，此后成为定例，"查变亏空人等家产如系坟茔房屋、守墓、人口及祭
田在三项以内者，俱免变抵，多者，入官抵项"。[2]档案内容也反映了这条规
定，据学者研究，清代已知的抄家案件保守统计有两千余例，其中官员被抄
家案件一千五百余例，明确记载坟园、祭田内容的并不多，但从中依然可以
看到清代抄家中坟园、祭田处理的大体状况。[3]如乾隆五十五年（1790 年），
伊犁锡伯部落领队大臣承安以"玩愒成性"被查抄家产，"遵旨查抄承安名下
各州县地亩及口外地亩、马厂、马牛羊群并当铺买卖等物"，但同时也给其家
族保留了三项祖茔地亩，"伊祖茔处所房屋赏给居住地亩内酌留三项，以为养
赡，其余尽行入官"。[4]光绪和宣统时期，这条规定有了一些松动，朝廷不再
强调"三顷"之数，"凡亏空入官房地内如有坟地及坟园内房屋看坟人口、祭
祀田产，俱给还本人，免其入官变价"。[5]

从目前所掌握的史料来看，乾隆及其之前，该制度应该主要针对旗人，
笔者没有看到官书条例中有涉及汉人或者民人的字样，如"（乾隆）二十八年

---

〔1〕《钦定大清会典则例》卷一七三《八旗都统三·田宅》，载《景印文渊阁四库全书》（第
625 册），台湾商务印书馆 1986 年版，第 484 页。

〔2〕（清）鄂尔泰等纂修：《钦定八旗则例十二卷》卷三《户口·坟园房屋守人口祭田免入官》，
载《四库未收书辑刊》（壹辑·贰拾伍册），北京出版社 2000 年版，第 203 页。

〔3〕云妍：《从数据统计再论清代的抄家》，载《清史研究》2017 年第 3 期，第 116 页。中国社
会科学院近代史所云妍博士在清代抄家问题上，给予笔者很大帮助，下文中笔者引用的多条关键性史
料，均为云妍博士提供，在此特向云妍博士表示感谢！

〔4〕《总管内务府奏为查抄承安家住房数目事》，乾隆五十五年四月初四日，中国第一历史档案
馆藏，内务府奏案 05-0428-015；《奏为查抄承安祖茔房屋等数目事》，乾隆五十五年四月十二日，
中国第一历史档案馆藏，内务府奏案 05-0428-017。

〔5〕故宫博物院编：《钦定大清现行刑律》卷九《仓库下·隐瞒入官家产》，海南出版社 2000 年
版，第 139 页。

议准，八旗应行入官地内，有坟园祭田，数在三顷以下者，准其给还。若在三顷以上，除给还三顷外，余地悉行入官"，[1]这一点在档案中也有所反应。嘉庆之后，官方规定汉员视同一律，"嘉庆十七年八月户部奏准，……查旗员入官地内有坟园祭田数在三顷以下，既准免其入官，汉员遇有此等案件，事属相同，亦应一体准免，请将原例查明修改，以昭画一"，[2]看来至迟于嘉庆年间，该规定既一体施行于八旗与汉员中，以昭画一。

诚然，多种而非单一的因素造成了华北宗族族产较少而且多为祖坟的状况，而其中八旗制度的影响因子不容忽视。随着辛亥巨变，历史话语权发生了转换，记录主体、记录方式、记录内核均出现断裂，导致我们在论证某些具体问题时，不易找到一一对应的直接证据，只能通过证据链之间的相互连接进行推测。庄园旗人对财产分配的有限权力、其身份低微以及不确定性，使得旗人社会不可能大范围产生类似华南地区的宗族形态和宗族张力。"祭田、坟园不入官"对天子脚下的旗、汉家族势必造成影响，相信不少家族在现实生活中会采取类似秦可卿劝诫凤姐多在祖茔附近购置地亩、房产的方式，而这种行为也会对地方基层社会产生波及，形成一定的乡约与习惯。

一直延续到1930年代的庄园旗地政策、北洋政府时期占直隶农耕地15%以上的16万旗地、1万多顷国民政府无法掌控留存至土改之前的原旗地，这些不容小觑的数字提醒我们在探讨民国时期的华北地区，尤其是畿辅地区农村时必须谨慎，八旗/旗人是我们需要认真思考、无法绕行的重要因素。

五、余论

作为国家层面的制度，八旗制度的辐射力和影响面不会局限在八旗范围之内，而有着更为丰富的外延。辛亥革命之后直到今天，由于历史和现实的

---

〔1〕（清）托津等奉敕纂：《钦定大清会典事例（嘉庆朝）》卷一三五《户部·田赋》，载《近代中国史料丛刊三编》（第69辑），文海出版社1991年版，第6114页。

〔2〕故宫博物院编：《钦定总管内务府现行则例二种》（第1册）卷三《会计司·入官地亩》，海南下护板社2000年版，第310页。此后，同治十三年（1874年）刊印的《钦定户部则例》也明确涉及汉员："凡八旗及汉员应行入官地内有坟园祭田数在三顷以下者免其入官，若在三顷以上，除给还三顷外，余地悉行入官"。参见（清）载龄主纂：《钦定户部则例》（同治十三年刊本）卷十《田赋四·存留坟地》，第8页。

原因，华北地区的部分旗人后裔开始淡忘祖先的旗人身份，纷纷改报汉族。然而，身份的淡忘并不意味祖先的遗留完全磨灭，因八旗组织、庄园制度而产生的社会理念、民间习俗、乡约规定依然保留了下来，如同细胞与血液般融入华北农村社会，无法分割。甚至于直到今天，人们还能在一些老习惯中隐约感觉到清代的痕迹。

　　笔者曾经采访过一户庄头后裔——于大爷，他出生于1931年，祖上是清代内务府会计会所属头等庄头，[1]爷爷于池是清末于家最后一任庄头。于大爷的父亲是老二，还有一个哥哥，村里人称哥俩为"于大庄头"和"于二庄头"。于大妈出生于1933年，1949年从通州嫁到于家。据于大爷回忆，父亲和大伯分家，大约在他5岁左右，即1936年左右，离1911年清代灭亡已有25年，距离1934年民国政府宣布结束清理旗产也有2年，旗人的生活已经不再受八旗制度束缚，但于大爷的爷爷依然照着"庄头"家产只传一人的模式进行分家，所有家产全部归于大爷的大伯，也就是村里人称的"于大庄头"。于大妈嫁到于家时，还得"典"（即"租"）大伯家的房子居住。因为家里没有足够的土地，一家人一直靠替别人打短工谋生。

　　　　邱：您觉得庄头跟别的人家有什么不同吗？
　　　　大妈：那就不同，比如说这个庄子，这要是哥儿俩分家，甭说别的，就说有楼房，这一家的儿子都得有，他爸爸（于二庄头）就没有，都归大庄头了。人家分家都是俩儿子都是对半儿劈，他什么都没有。我结婚那阵儿住房都是他大爷的，都是租的房。
　　　　邱：于大爷这边什么都没有，土地也没分到吗？
　　　　大妈：有几亩地，但是房子都归老大了。那阵儿庄头就是自己分，跟汉人不一样。
　　　　大爷：我爷爷叫于池，这是正儿八经的庄头，所有的财产都归我大爷接手了。兄弟不能接手，得大的接。这样我大爷就接了这个庄头，像

---

　　〔1〕自康熙初年始，皇庄就按等第划分为头等、二等、三等、四等、半分五种等级，每个等级所拥有的土地、壮丁数量不一，缴纳钱粮也有差别，头等庄头纳粮最多，此下按照级别，依次递减。参见（清）允禄等监修：《大清会典（雍正朝）》卷二二八《内务府·会计司》，载《近代中国史料丛刊三编》（第77辑），文海出版社1991年版，第14697~14698页。

我们家，一切的房产什么都没有俺们的，都是我大爷的，没权利。

邱：一间都没有吗？您父亲一间房都没有分到吗？

大爷：一间房都没分着。（我们）住两间房，住我大爷的，算典，过去叫典。

大妈：租的，叫典。[1]

我们可以明显地感受到，在老人的眼里，这样的分家方式与庄头身份密切相关，汉人是不会这样做的。可见，即便庄园制度已经取消，庄头身份与庄园土地对庄头后人家族的影响也并没有消失殆尽，甚至于时至今日，老人依然以此作为标准来回忆当年的分家往事。

地方社会、区域研究、国家与基层互动等问题是近年来学术界的焦点。清代的旗人生活区域广阔，大规模居住于今天的东北三省、内蒙古、北京、天津、河北等区域，其他省份如陕西、山西、山东、甘肃、青海、新疆，城市如南京、杭州、福州、广州、荆州、成都等也都驻扎过八旗军队。尤其在北方地区，旗人成为当地社会主要居住人群，旗人社会也成为清代地方基层社会的重要类型之一。同时，在清代国家体制之下，旗人基层社会有着独特性，其特权阶层的身份，不可避免地将这种独特性传递给其他人群，对地方社会、非旗人群体造成不能忽视的重要影响。

存在了三百年的八旗制度，作为有清一代最重要的国家制度，横贯王朝始终。它对中国的影响到底有多大？影响范围有多广？以什么样的方式辐射到不同区域、不同人群？辐射的形式和程度有什么差异？这些问题值得我们深思。当前研究、关注八旗制度、旗人群体的海内外学者越来越多，清史意想不到地成为一门显学。从满洲本位出发，以非汉视角审视清代统治，强调清王朝的内亚性质，这些思考维度极大开拓了学者的视野。然而，目前的研究也显现出其局限性，集中关注东北部、北部、西部地区及其非汉人群，在某种程度上忽略传统汉族区域、忽略传统研究问题即是其中之一，这也导致了此类研究与清代社会史、区域史、经济史等领域在客观上存在隔阂。

---

[1] 访谈时间：2012 年 6 月 30 日；访谈地点：顺义区李桥镇北河村于大妈家；被访者：于大妈、于大爷；访谈者：邱源嫒、邢新欣。

　　以八旗/旗人为圆心，观察八旗制度一层一层向外波及的涟漪，站在涟漪的最外层，那些看似八旗范畴之外的水纹中，反思作为清代国策的八旗制度对非旗人群体/社会的普遍性意义，重新审视八旗制度/满洲因素与传统汉族区域、传统研究问题的关联性，会让我们更为客观、理性、全面地思考八旗制度/满洲因素对清代以及当今中国的影响。将八旗制度与畿辅地方相互联系，即是小文的一种尝试，从地方而非国家的视角，思考八旗因子的多维度与差异性，希望以此抛砖引玉，引起更多学人的关注与重视。

"水权"的生成
——以归化城土默特大青山沟水为例[*]

陕西师范大学西北历史环境与经济社会发展研究院　田　宓

　　水权是水利史研究的核心议题之一。关于这一问题，学界已经积累了较多学术成果。在以往的研究中，学者们大多倾向于用现代产权观念下的所有权、使用权、经营权等概念，界定历史时期的水权。[1]不过，厘清什么是水权，需要回到历史人群所处的具体时空场景和制度环境中去，探讨他们关于水资源的产权观念是什么，又如何在这一观念下行动。归化城土默特（以下简称为"土默特"）大青山沟水自15世纪以来的水利发展史，恰好完整地呈现了水资源产权从无到有、从传统"水分"到现代"水权"的复杂生成过程，为我们分析上述问题提供了一个可供参考的个案，因此，本文尝试以此为中心展开研究。

　　在内蒙古地区的水利史研究中，河套（后套）水利较早进入研究者的学术视线。近些年来，学者们围绕着河套水利开发中的国家权力与灌区社会的互动、以地商为中心的社会组织、资本积累与运作、水利机构与水利制度、水利与蒙旗社会的关系等问题进行了多维度考察。[2]不过，研究者对水权问

---

　　[*]　本文原发表于《中国经济史研究》2019年第2期，在收入本书时，笔者对文章进行了修改。

　　[1]　如萧正洪：《历史时期关中地区农田灌溉中的水权问题》，载《中国经济史研究》1999年第1期；张俊峰：《清至民国山西水利社会中的公私水交易——以新发现的水契和水碑为中心》，载《近代史研究》2014年第5期。

　　[2]　如王建革：《清末河套地区的水利制度与社会适应》，载《近代史研究》2001年第6期；燕红忠、丰若非：《试析清代河套地区农田水利发展过程中的资本问题》，载《中国社会经济史研究》2010年第1期；杜静元：《清末河套地区民间社会组织与水利开发》，载《开放时代》2012年第3期；王海峰：《民国时期绥远河套灌区的水政（1912—1946）》，内蒙古师范大学2009年硕士学位论文；威利斯：《晚清至民国时期内蒙古黄河套区水利与蒙旗（1825—1949）》，内蒙古大学2015年硕士学位论文。

题较少着墨。随着土默特档案和契约文书的挖掘和整理，土默特（前套）的水利史也得到学界越来越多的注意。其中水权问题是学者们聚焦的主要议题之一。麻国庆讨论了蒙古社会从游牧到农耕的历史演变中，水资源利用从"公"到"私"的转化过程。[1]穆俊在水事纠纷的研究视角下分析了土默特地区水权流通和契约保障问题。[2]张俊峰探讨了土默特地区作为商品的水逐步脱离土地被合理合法地转让的过程，并进一步与山西、陕西比较，力图在更为广大的空间范围去认识和理解水权商品化。[3]

与上述研究有所不同，本文侧重在社会环境和产权制度不断变动的情况下，分析蒙汉民众关于水资源的产权观念如何变化，以及怎样使用契约、租水执照等各种文字凭据来证明和维系自身的权益。关于产权制度与凭证问题，杜正贞对浙江龙泉山林所有权凭证与确权方式变革做出了精彩深入的分析，在研究思路上给予笔者诸多启发。[4]笔者近年来收集民间历史文献开展土默特地区研究，也一直关注社会结构演变与文书生成之间的关系。本文着重探讨土默特地区水资源的产权制度与各种凭据制作使用之间的关联，以此认识在特定时空环境、社会结构下，国家的产权制度如何在地方上展开具体实践，国家与蒙旗民众之间的关系又在经历着哪些改变，希冀可以丰富学界对中国产权制度嬗变过程的理解。

本文主要利用土默特档案、水契进行研究。土默特档案起自雍正年间，迄于 1949 年，其中清代满、蒙、汉文档案共 16 000 余件，民国档案 47 000 余件。这些档案记载了土默特地区的政治、经济、文化等多方面内容，是了解当地社会演进的宝贵历史资料。既往学者以这批档案为中心，在财政史、法

---

〔1〕 麻国庆：《"公"的水与"私"的水——游牧和传统农耕蒙古族"水"的利用与地域社会》，载《开放时代》2005 年第 3 期。

〔2〕 穆俊：《清至民国土默特地区水事纠纷与社会研究（1644—1937）》，复旦大学 2015 年博士学位论文。本文撰写过程中，承蒙穆俊博士惠赐博士论文，专此致谢。

〔3〕 张俊峰：《清至民国内蒙古土默特地区的水权交易——兼与晋陕地区比较》，载《近代史研究》2017 年第 3 期。

〔4〕 杜正贞：《晚清民国山林所有权的获得与证明——浙江龙泉县与建德县的比较研究》，载《近代史研究》2017 年第 4 期。

制史等方面展开了学术考察。[1]土默特档案保留了一些大青山沟水方面的记载,详实具体地呈现了地方水利发展的历史面貌。笔者从中捡出清代水利档案 16 件、民国水利档案 84 件,用以探讨土默特地区水资源的产权变更。水契是本文使用的另一类重要史料。在土默特地区土地、水利开发过程中,形成了大量契约文书。这些契约文书对于理解土默特民众的地权、水权观念具有重要价值。以往研究着重利用土地契约分析土默特地区的土地关系、聚落形态等内容。[2]本文着重使用水契探讨这一地区水资源的产权变化。总之,土默特档案和水契为本文的写作奠定了资料基础,使我们可以更加立体细致地了解土默特地区水资源产权的历史进程。

一、没有"水利"的社会——明中叶至清初土默特平原的用水状况

土默特平原是内蒙古西部地区的一块三角形平原,地处蒙古高原南缘,北依大青山(阴山山脉支脉),南临黄河。矗立在土默特平原北方的大青山,挡住了来自蒙古高原的寒冷气流,使这里终年保持着适宜的温度。大青山之中纵横交错着众多山谷,当地称为"沟"。贯通山前山后、南北走向的大沟有

---

〔1〕 相关研究数量较多,兹仅列举著作和学位论文。乌仁其其格:《18—20 世纪初归化城土默特财政研究》,民族出版社 2008 年版;包银山:《民国时期土默特旗财政研究》,中国财政经济出版社 2009 年版;乌仁其其格:《清代至民国时期土默特地区社会变迁研究》,辽宁民族出版社 2017 年版;包银山、乌仁其其格:《土默特财政史略》,中国财政经济出版社 2017 年版;刘欢:《清代归化城土默特地区蒙古女性问题探究——以归化城土默特副都统衙门司法档案为核心》,内蒙古师范大学 2014 年硕士学位论文;关长喜:《乾隆初年归化城土默特蒙丁地研究》,内蒙古大学 2015 年硕士学位论文。

〔2〕 黄时鉴:《清代包头地区土地问题上的租与典——包头契约的研究之一》,载《内蒙古大学学报(哲学社会科学版)》1978 年第 1 期;哈斯巴根、杜国忠:《村落的历史与现状:内蒙古土默特右旗西老将营社会调查报告》,载《蒙古学信息》2006 年第 4 期;牛敬忠:《清代归化城土默特地区的土地问题——以西老将营村为例》,载《内蒙古大学学报(哲学社会科学版)》2008 年第 3 期;牛敬忠:《清代归化城土默特地区的社会状况——以西老将营村地契为中心的考察》,载《内蒙古社会科学(汉文版)》2009 年第 5 期;钟佳倩:《蒙古金氏家族契约文书初探——以光绪年间土默特地区契约文书为例》,中国社会科学院研究生院 2012 年硕士学位论文;程丽:《清朝至民国时期归化城土默特土地契约研究》,内蒙古大学 2013 年硕士学位论文;田宓:《清代归化城土默特地区的土地开发与村落形成》,载《民族研究》2012 年第 6 期;田宓:《清代内蒙古土地契约秩序的建立——以"归化城土默特"为例》,载《清史研究》2015 年第 4 期;田宓:《民国归化城土默特地区的地方动乱与聚落形态》,载《中国历史地理论丛》2015 年第 1 期。

19 条, 俗称 "十八道半沟"。大小各沟均有水量不等的沟水流出, 为大青山前面的土地提供了相对丰沛的水源。优越的历史环境使这里宜农宜牧, 历史上不同人群曾在这片土地上活动。

15 世纪, 土默特部开始在土默特平原驻牧。土默特蒙古人主要以游牧为生。在游牧生活中, 游牧地的选择始终受到水源条件的制约。南宋彭大雅在《黑鞑事略》中留下了关于蒙古人如何 "定营" 的记录, "其居穹庐即毡帐, 无城壁栋宇, 迁就水草, 无常。……得水则止, 谓之定营" [1]。蒙元时期《蒙古秘史》记载了蒙古人掘井取水的情况, 窝阔台为部众划分牧地时, "派察乃、畏兀儿台二人为司营, 去荒原戈壁地方掘井取水" [2]。这种依水草迁止的情况, 一直延续到明代, 土默特蒙古活动的主要范围正是大青山前水源丰富、草木茂盛的地方。

游牧时代, 水主要用于供应蒙古人日常生活的饮用需求, 保持水源的清洁为蒙古人所重视, 也由此形成了一些关于水的禁忌和习俗。蒙元时期《成吉思汗法典》第 58 条规定, "保护水源, 不得在河流中洗手, 不得溺于水中" [3]。这一禁忌的核心思想, 是保持水源的洁净。一旦冒犯禁忌, 会遭到天神的惩罚, 引来令蒙古人惊恐万分的雷击。[4] 此外, 蒙古人形成了对 "水" 的崇拜, 《柏朗嘉宾蒙古行纪·鲁布鲁克东行纪》记载, "他们每天用最早的第一份饭菜和饮料来供奉它们, 而且最喜欢在清晨吃饭甚至饮用东西之前举行" [5]。同时, 蒙古人还举行祈雨仪式, 上引南宋彭大雅所撰《黑鞑事略》描述了祈雨仪式的具体做法, "蒙古人有能祈雨者, 辄以石子数枚浸于水盆中玩弄, 口念咒语, 多获应验。石子名曰 '酢答', 乃是走兽腹中之石" [6]。

〔1〕（宋）彭大雅:《黑鞑事略》; 王国维:《黑鞑事略笺证》, 载《王国维遗书》（第 8 册）, 上海古籍书店 1983 年版, 第 203 页。

〔2〕 策·达木丁苏隆编译:《蒙古秘史》, 谢再善译, 中华书局 1956 年版, 第 274 页。

〔3〕 内蒙古典章法学与社会学研究所编:《〈成吉思汗法典〉及原论》, 商务印书馆 2007 年版, 第 10 页。

〔4〕 耿昇、何高济译:《柏朗嘉宾蒙古行纪·鲁布鲁克东行纪》, 中华书局 1985 年版, 第 218 页。

〔5〕 耿昇、何高济译:《柏朗嘉宾蒙古行纪·鲁布鲁克东行纪》, 中华书局 1985 年版, 第 33 页。

〔6〕（宋）彭大雅:《黑鞑事略》; 王国维:《黑鞑事略笺证》, 载《王国维遗书》（第 8 册）, 上海书古籍店 1983 年版, 第 238 页。

这些禁忌、崇拜和仪式,体现了以游牧为生的蒙古人对"水"的认知与理解。由于史料阙如,明代土默特蒙古人的用水情况,我们不能确知。但只要生活方式仍是游牧,那些先辈们基于日常经验而形成的基本生存法则和思想观念,就会被土默特蒙古所传衍、遵循。

嘉靖年间,俺答汗以强虏而来和主动投奔的汉人为主导,发展了"板升农业"。板升一词为蒙古语,不同史料分别将其解释为"堡子""百姓""屋""城"等意思。虽然具体含义莫衷一是,但研究者们一般都同意"板升"是指汉人居住的聚落。[1]明代的板升主要坐落在大青山南麓和大黑河沿岸等水资源丰沛的地方。今天在这些地区仍有不少以"板升"命名的村庄,其中一些有可能就是明代板升的遗存。在俺答汗等人的支持下,汉人开垦了大片农田。《明实录》记载,丘富等人"筑城建墩,构宫殿,甚宏丽,开良田数千顷,接于东胜川,虏人号曰板升,板升者,华言城也"[2]。据常理推断,汉人在进行农业垦殖时,可能已经开展了一些简单的水利开发。此外,主要以游牧为生的土默特蒙古人也从事一些简单的农业生产,"但其耕种惟藉天,不藉人。春种秋敛,广种薄收,不能胼胝作劳,以倍其入。……倘能深耕灌种,其倍入又当何如"[3]。也就是说,土默特蒙古人在进行农业生产时,并不精耕细作,也不水利灌溉。

天聪六年(1632年),土默特部归附清朝,清廷将其部众编旗设佐、分为左右两翼。此后,土默特蒙古在其属地之内,继续着游牧生活。直到康熙年间,"穹庐簇簇,畜产成群"依然是土默特平原上十分常见的景象。[4]同时,一些内地民人源源不绝地出口谋生,自发地拓荒开地。到康熙中叶,土默特平原的农业生产达到了一定的规模。在长城至归化城一段,一些地方"茅

---

[1] 全太锦:《明蒙隆庆和议前后边疆社会的变迁——以大同和丰州滩之间碰撞交流为中心》,北京师范大学 2003 年硕士学位论文。

[2] 《明世宗实录》卷四八六,嘉靖三十九年(1560年)七月庚午,台湾"中研院"历史语言研究所 1962 年版,第 8100 页。

[3] (明)萧大亨:《夷俗记》(又名《北虏风俗》)之《耕猎》,载薄音湖、王雄编辑点校:《明代蒙古汉籍史料汇编》(第 2 辑),内蒙古大学出版社 2006 年版,第 243 页。

[4] (清)钱良择撰:《出塞纪略》,载沈云龙选辑:《明清史料汇编初集》(第 8 册),文海出版社 1967 年版,第 4054~4055 页。

舍分列，地皆耕种"，归化城附近"地多垦辟，颇饶耕具"。[1]不过，直到这一时期，土默特平原上农田水利灌溉的情况仍未见诸文字记载，这也从一个侧面表明，此时这里的农田水利开发仍然较为初步和简单。

需要说明的是，本文所说的"没有'水利'的社会"，是指在 15 世纪至清初的土默特地区，还没有或甚少农田灌溉意义上的"水利"，但这并不是说生活在这里的以游牧为生的蒙古人，没有自己的用水方式和观念，只是因应游牧生活的特性，蒙古人关于水的思想观念、行事逻辑与农业社会相当不同。不过，随着社会环境的改变，土默特地区的农田水利灌溉逐渐发展起来。

二、因地得水——清中叶以来的水分来历与产权观念

入清以来，由于内地人口增长、天灾人祸等原因，山西民人源源不断地移居口外谋生。康雍乾时期，朝廷数度出兵，西征朔漠。为了解决军粮供应问题，自康熙中叶开始，朝廷先后在土默特平原上放垦了大量土地，招募民人耕种。[2]这些因素都推动了土默特地区农业发展。为了满足生产需要，人们花费工本、筑渠引水，这使原本自然流淌的河流溪水，被赋予了新的意义。乾隆四十八年（1783 年）的一份档案资料，就反映了蒙汉民众共同兴修水利的情况：

> 讯据杨天沼供：小的是太原县人，今年三十九岁，小的祖杨世林于乾隆二十三年，从蒙妇伍把什之夫波罗气名下租地三十亩，永远耕种，小的每年出租银二两一钱，现支过三年租银，被河塌水淹，苦赔租银甚多，退地他也不要，又有三十八、九年、四十四年三次打坝，花费工本钱八千八百零，到四十五、六年，才能耕种。……讯据民人坝头要照、刘德子、蒙古坝头色旺等同供：小的们村里三十八、九年、四十四年三次修筑坝堰，每分地三十亩，共摊花费钱八千八百有零，现有账目可凭。是实。[3]

---

〔1〕（清）钱良择撰：《出塞纪略》，载沈云龙选辑：《明清史料汇编初集》（第 8 册），文海出版社 1967 年版，第 4055、4064 页。

〔2〕田宓：《清代归化城土默特地区的土地开发与村落形成》，载《民族研究》2012 年第 6 期。

〔3〕《详报审断蒙妇伍把什控杨姓一案情形（附书册）》，乾隆四十八年（1783 年）五月二十四日，呼和浩特市土默特左旗档案馆藏（下引档案，如无特别说明，均由该馆收藏，不一一注明），档号 80/5/66。

从上可知，为抵御水灾、保障农业生产，这一村落的蒙汉民众推举要照、刘德子担任"民人坝头"，色旺担任"蒙古坝头"，分别于乾隆三十八年（1773年）、三十九年（1774年）、四十四年（1779年）三次修筑坝堰。也就是说，在从游牧向农耕的社会转型过程中，地方社会正在逐渐发展出一套配合农田作业的水利行事方式，蒙古社会的"自然之水"也由此变为了农业社会的"人工之水"。

生活在土默特地区的蒙古人具有大青山沟水的所有权。乾隆三十九年（1774年）的一份档案资料记载："惟山沟之水，系土默特地之利，理合由各该村蒙古人众作主。"[1]这一权利来源在于乾隆年间朝廷对蒙古户口地的划拨。[2]这一说法一直为蒙古人所申说。直到民国年间，一位蒙古官员还是强调："五百余里逢沟有水，有水者必灌地，此即雍正十三年暨乾隆八年两次赏放户口地亩，水连地，地连水，凡系蒙民自种者，地水随其自用；如租给地户者，地有地租，水有水租，皆属蒙民养命之源，实为生计之命脉。"[3]

水资源首先在蒙古人中分配，这些按照特定计量单位划分的水被称作"水分"。乾隆末期，土默特地区就已经有了水分交易。[4]一份民国档案资料对毕克齐蒙行的追记，透漏了水分分配的具体讯息："窃查蒙行曾于道光年间组设专司各属目水份暨蒙众支付差徭事。"[5]这表明水分是以属目（即苏木，佐领）为单位在蒙古人中划分的。在水分交易中，契约是最重要的凭证。土默特地区的契约由山西汉人带入，其后被蒙古习得，并逐渐在蒙古社会广泛使用。由于土默特地区的户口地不允许买卖，因此清代户口地、水分契约均

---

〔1〕《为查办巴颜察罕村与果咸营等村争渠边地案事的呈文》（满文译件），乾隆三十九年（1774年）十一月二十七日，档号80/33/210。

〔2〕田宓：《清代归化城土默特地区的土地开发与村落形成》，载《民族研究》2012年第6期。

〔3〕《请停止水利公司》。转引自土默特左旗《土默特志》编纂委员会编：《土默特志》，内蒙古人民出版社1997年版，第167页。

〔4〕铁木尔主编：《内蒙古土默特金氏蒙古家族契约文书汇集》，中央民族大学出版社2011年版，第6页"乾隆五十五年（1790年）七月二十五日公庆约"；云广藏：《清代至民国时期归化城土默特土地契约》（第4册·上卷），内蒙古大学出版社2012年版，第113页"一四二 张木素喇嘛约"。

〔5〕《毕镇水利社将各租户租水价额年限详查补报的指令》（1931年6月），档号79/1/721。

为私人之间订立的租地、水白契。[1]

财产能够用于交易，财产来历清晰是重要前提。我们首先来看交易时蒙古人如何在契约中说明水分来历。在土默特蒙古金氏契约中，嘉庆二十五年（1820 年），蒙古人捏圪登与民人杨光彦进行了一笔交易：

> 立出租地文约人捏圪登，今因差事紧急，无处辗转，今将自己云社堡村祖遗户口白地壹顷，随水壹俸贰厘五毫，情愿出租与杨光彦名下耕种为业。同众言定现使过押地钱四十八千零七十文整，其钱当日交足，并不短欠。每年秋后出租，地地普儿，共钱七千五百文。同众言定，许种不许夺，地租不许长支短欠，不许长选。日后若有户内人等争夺者，有捏圪登一面承当，恐口无凭，立约为证用。
>
> 嘉庆二十五年正月初七日立
> 合同约一张
>
> 毛不陆、顾清、八十六、哈不计　　　　　　中见人（十字押）[2]

在这宗交易中，蒙古人表达其土地、水分来历的说法是"自己云社堡村祖遗户口白地壹顷，随水壹俸贰厘五毫"。"祖遗户口地"是土默特地区蒙古人与民人土地、水分交易中的惯常表述。"户口地"就是指乾隆八年（1743 年）朝廷调整划拨土地时，给每个蒙古兵丁分配的土地。[3]"祖遗"的说法意在强调土地和水分由君主授予，表明了其来源的正当性与合法性。而水附着于土地之上，自然来源于蒙古人对土地的占有。

民人的水分是从蒙古人手中租来的，其关于水分来历的表述则与蒙古人有所不同。咸丰八年（1858 年）在广兴园与四合园发生了一宗交易：

---

〔1〕　田宓：《清代内蒙古土地契约秩序的建立——以"归化城土默特"为例》，载《清史研究》2015 年第 3 期。

〔2〕　铁木尔主编：《内蒙古土默特金氏蒙古家族契约文书汇集》，中央民族大学出版社 2011 年版，第 8 页"嘉庆二十五年（1820 年）正月初七日捏圪丰约"。

〔3〕　田宓：《清代归化城土默特地区的土地开发与村落形成》，载《民族研究》2012 年第 6 期。"祖遗"的说法也常出现在其他地区的契约之中，但含义却有所不同。比如，在鄱阳湖地区，契约中的祖遗代表的是当地人阐办认课或从别处购买而获得产权。参见刘诗古：《明末以降鄱阳湖地区"水面权"之分化与转让——以"卖湖契"和"租湖字"为中心》，载《清史研究》2015 年第 3 期。

立出佃永远水地约人广兴园，今将自己原置到田丰应到复信魁租
〔祖〕遗白地叁段，坐落在西包头村南架场地壹段，计地贰拾捌亩，系南
北畛，东至复成魁，西至广泰园，南至解景发，北至老渠，相随第拾天、
长夜水半奉，随蒙古嗯挠土木儿租钱、老金架租钱ᠣᠨ十三一百一
千，又相随蓝池六面、土房叁间，地内一应在内，又场园地块，计地陆
亩五分，系东西畛，北至大道，东至现时本主场面墙根李二疤子、李七
金子，南至老渠，西至复成魁，随蒙古书〔苏〕目上毛扣等，每年地租
一川三十千，又一段计地六亩四分五厘零，系南北畛，北至卜学龄，南
至祥盛园，西至老渠，东至张仁政，每年随蒙古八扣地租钱叁仟贰佰文，
相随第拾壹天轮流大水壹厘，另又贰段一块，东西畛，北至大道，南至
巷，通街出路，东至万兴公，西至现时本主，又粪场一块，东至龙王庙
园地，每年随蒙古地租钱五百文，出与温都儿户，前后共地五块，四至
俱各分明，情愿出佃与四合园，永远耕种管业。同众言定佃地价钱捌佰
千文整，其钱常交不欠，日后若有人争夺者，有广兴园一面承当，恐口
难凭，立出佃水地永远约存照，随去田姓原置老约贰支。

园行总甲+　阎步青+　李瑄+　王辅清+　梁有义+　　赵德+

广兴园立+

大清咸丰八年十二月初二日〔1〕

这份契约中的"佃"，相当于"租"，契文中提到的"立出佃水地永远
约"，指的就是在土默特地区普遍存在的"永租约"。〔2〕此次交易，广兴园共
向四合园佃出土地五块，其中第一块地和第三块地都有相随之水一并出佃。
对前三块土地的来源，广兴园言及的是"原置"和"租〔祖〕遗"，但这里
的"租〔祖〕遗"并非上文所述蒙古人的"祖遗"，而是指广兴园向蒙古人

〔1〕　〔日〕满铁包头公所等：《包头附近の農村事情（外四種）》，载内蒙古大学内蒙古近现代
史研究所、内蒙古自治区图书馆学会主编：《蒙古资源调查报告（外一种）》〔《内蒙古外文历史文献
丛书》第二辑·资源经济系列（一）〕，内蒙古大学出版社2012年版，第507页"咸丰八年（1858
年）十二月初二日广兴园约"。

〔2〕　田宓：《清代内蒙古土地契约秩序的建立——以"归化城土默特"为例》，载《清史研究》
2015年第4期。

租来，成为其"祖遗"。契约中四处提到每年随蒙古地租钱，这既是租地人需向蒙古人交纳的地租，也表明了所租土地和水分的来历。由此可知，民人水分也是来源于租种蒙古人的户口地。

在土默特地区的水分交易中有水随地走、水地分离两种情况。对于这一问题，学者们已经进行了较为充分的分析，本文不打算重复。[1]不过，为讨论方便，兹举两例水分交易契约，简单说明这一情况。[2]

其一：

> 立租约人公庆，自因差事紧急，今将自己云社堡村水地一项，白汗地五顷，随水三俸，空地基一块，东至五把什，南至道，西至道，北至讨圪司，四至分明，情愿出与顾清名下耕种。同人言定，每年一应等出租银四十两整。照粮店行市交办，秋后交足。若有人争碍者，公庆一应承当，许种不许夺，不许长支短欠，亦不许长迷。恐口难凭，立租约存照用。
> 计开随粘单一纸。
> 有买房开地压地约式张共存
> 乾隆五十五年七日廿五日立约 合同约诸有清字语
> 照把什召上租约抄来典租合同约[3]

其二：

> 立租水约人张木素喇嘛，今租到什不吞水半分。同人言定，租钱七钱五分。以良店合钱，使钱三千整。许用不许夺，秋后交租。如交不道〔到〕，许本主人净〔争〕夺。恐口无凭，立租约存照。

---

〔1〕 穆俊：《清至民国土默特地区水事纠纷与社会研究（1644—1937）》，复旦大学 2015 年博士学位论文；张俊峰：《清至民国内蒙古土默特地区的水权交易——兼与晋陕地区比较》，载《近代史研究》2017 年第 3 期。

〔2〕 穆俊博士在博士论文中，曾对土默特地区的水契进行整理，笔者在引用这两例契约时，一方面查考原文，一方面也参考了穆俊整理的契约。穆俊：《清至民国土默特地区水事纠纷与社会研究（1644—1937）》，复旦大学 2015 年博士学位论文，第 292 页。

〔3〕 铁木尔主编：《内蒙古土默特金氏蒙古家族契约文书汇集》，中央民族大学出版社 2011 年版，第 6 页。

合同　[骑缝]

乾隆伍拾六年九月廿五日

中见人：王开正+　水圪兔+　范士珍+[1]

上引第一例契约属于水随地走的情况，第二例属于水分单独流通的情况。正如张俊峰指出的，地水分离、水权商品化的现象，表明了当地民众开始利用市场的力量配置水资源，反映了传统农业社会发展的一些新动向。[2]不过，上述讨论侧重利用契约分析水分交易的情形，但只有在实际的水事活动中，观察蒙汉民众如何使用这些契约，才能更加清楚地看到人们对水资源产权观念的变化。乾隆四十七年（1782年），巧尔报村发生了一起水案：

> 讯据色令多尔济、托克托户、查独忽浪等同供：小的们在巧尔报村务农为生，四月初间，被这哈力不岱村郭老六、邢有、岳金山们与小的本村张成宗、张三子串通将本村河水改挖成渠，往哈力不岱、伍里营子两村拨水浇地，毁坏了草厂二十多亩，张成宗们又暗受水价，浇地一亩，得钱四十文。……讯据张成宗、辛有、郭照进、岳金山、石宗同供：小的们先人自康熙年间租下巧尔气召罗树喇嘛名下沿河荒草地亩，陆续开成熟地，到雍正三年上，与地主商议明白，开渠引水，费用工本有一百多两银子，召里立下文契，不许旁人拦阻，又有桥梁，并不妨碍行人。[3]

在本案之中，原告色令多尔济等宣称被告张成宗等修渠破坏了"草厂"。"草厂"是朝廷命令禁止开垦的土地。[4]但他们并没有拿出相应的文据。民

---

〔1〕 云广藏：《清代至民国时期归化城土默特土地契约》（第4册·上卷），内蒙古大学出版社2012年版，第113页。

〔2〕 张俊峰：《清至民国内蒙古土默特地区的水权交易——兼与晋陕地区比较》，载《近代史研究》2017年第3期。

〔3〕《详送色令多尔济控张成宗等完结销案册》，乾隆四十九年（1784年）闰三月二十五日，档号80/5/77。

〔4〕 田宓：《清代归化城土默特地区的草厂纠纷与蒙汉关系》，载《中国社会历史评论》2016年第0期。

人则强调租了召庙喇嘛的土地，因此可以开渠引水，并订立"文契"。归化城同知和户司参领依据双方供词作出裁断，他们既承认了张成宗等对土地和渠水的占有，允许其依旧开渠灌地，同时"姑念蒙古地面"，断令张成宗等每年向蒙古出一千文的念经钱，两造遂告息讼。地方官员对案件的审理主要是为平息争讼、维护社会秩序，辨析产权并不是他们的目标。但从断案结果来看，地方官员实际上是承认了被告张成宗等提供的文契的效力。这就表明官府和被告张成宗一样，在水权的权属问题上，都依循了因地得水的逻辑。

嘉庆十八年（1813年），保通河村发生了一件水案，在谈到水的权属问题时，原告尔登山等宣称："小的村中先年有户口地十顷，租与南挠尔村张鹏万、张连会，随去水分灌溉，并无立约，亦未使过押地钱，除灌浇十顷地亩外，余水归小的等阖村人等浇灌，已历有年。"[1]尔登山等通过强调对户口地的占有来证明其对水分的占有，但他们没有约据可以佐证。被告武双的子等则可拿出租水合同，"民人武双的子等所供原租两日水分，未限顷亩之语，验有合同"[2]。在此案审理中，官员们的意见出现分歧。户司参领那穆达克、佐领三音五合图等认为武双的子等浇灌蒙古户口地十顷之外，余水应归蒙古自行"管业"。但萨拉齐厅同知佛宁阿则认为民人"现有约据为凭，难以讯断"。双方意见不相统一，因此不得不查阅乾隆二年（1737年）案卷，经查后发现"乾隆二年案卷实有五拉特祖父水分，迨后已将户口地十顷，随水租给民人灌浇，务令先尽民人灌足十顷地亩之数，如有余水断给蒙古自便"[3]。最终此案以乾隆二年（1737年）案卷为准审判。这件水案表明，单独的水分契约缺乏充足的法律效力，记录户口地、水分的案卷才是为官府所仰重的产权凭据。也就是说，水权必须依赖地权予以证明。不过，由于资料的限制，我们并不清楚案中所说乾隆二年案卷具体是什么。

道光十三年（1833年），察素齐、云社堡、古城村三村争水，这个案件

〔1〕《牌行归厅会办尔登山等控武双的子霸水案》，嘉庆十八年（1813年）十一月十一日，档号80/5/129。

〔2〕《牌行归厅会办尔登山等控武双的子霸水案》，嘉庆十八年（1813年）十一月十一日，档号80/5/129。

〔3〕《牌行归厅会办尔登山等控武双的子霸水案》，嘉庆十八年（1813年）十一月十一日，档号80/5/129。

让我们看到官府处理此类争水纠纷的主要依据，除了契约，还有户口地册档。归化城同知在审理案件时向土默特旗户司咨请核查户口地册档：

> 惟查察素齐、巴什板申、荣硕堡三村始初原给蒙古当差分拨户口水旱地亩册档。敝府衙门并无底据，碍难稽核，拟合备文移查。为此合移贵司烦查文内事理。希将此案彼时原给该三村蒙古分拨户口水旱地亩数目及曾否分注每村、分水若干档案一并查明。[1]

户口地册档是乾隆八年（1743 年）朝廷在土默特蒙古中调整划拨户口地时编立的册籍，主要登记了土默特蒙古兵丁的地亩情况。[2]《绥远通志稿》记载，在托克托厅"惟蒙民交涉地亩事件，往往纠葛难清，遇有此等呈词，除亲诣勘视丈量明确外，必须咨查归化城土默特户司档册。令四至界址了如指掌，方足以折服其心，且照例申请副都统添派蒙员会审"[3]。在本案中，户口地册档亦是判定水分来历和权属的重要依据，由此可知水分与户口地处于捆绑状态。这一依据户口地册档判断水分权属的做法一直延续至清朝末年。光绪三十年（1904 年），古城村村民欲"偷使"上述三村之水，由三村共同成立的水神社立碑宣告："夫我察素齐自康熙年间分拨户口以来，向有大沟流出之水，载入户口册籍，把什板申村、云社堡村与我三村轮流浇灌，均沾利益，已奉将军、都统出示定章，成规不乱，诚乃世世不易之常规也。"[4]

通过以上论述，我们可以知道土默特地区在乾隆末年就已经出现了地水分离、水分单独交易的情况，这表明水随地走这一地水关系已经发生了松动。然而，尽管在水分交易中，水契的使用越来越普遍，但无论是在民间还是在官府，在用水纠纷中，水分权属都与户口地权属绑定，在法律上不具备独立的地位，这就使单独的水契在证明水分归属时存在制度上的制约，官府和民

---

〔1〕《为贡楚克与巴力赞等争水份案资查察、云、巴什三村地亩册档》，道光十三年（1833 年）五月二日，档号 80/5/142。

〔2〕田宓：《清代归化城土默特地区的土地开发与村落形成》，载《民族研究》2012 年第 6 期。

〔3〕绥远通志馆编纂：《绥远通志稿》卷七十四《司法》，内蒙古人民出版社 2007 年版，第 537 页。

〔4〕[日]今堀诚二：《中國封建社會の構造-その歷史と革命前夜の現實》，日本學術振興會 1978 年版，第 683 页。

间所仰赖的最重要的产权凭证是户口地册档等官方文书，这一局面到了民国时期开始被打破。

三、"水权"的出现——民国时期的水利法规与产权变更

清朝末期，清廷在边疆危机和财政压力下，推行放垦蒙地政策。水利事业与土地放垦息息相关，也因此成为垦务官员关心的重要事项。时任督办蒙旗垦务大臣、绥远城将军的贻谷，就在与土默特比邻的后套地区（今包头以西临河地区）躬身相度，修治渠道。[1]这些动向扰动了土默特的水利秩序。清末的土默特档案资料记载："事关蒙古生计，且现在时势多艰，屡奉明文，广兴水利之际。"[2]不过，这一时期土默特的水利事业，基本上仍以民间力量为主导。官员们虽然开始在土默特倡行水利，但水资源的产权问题尚未进入其理政视线。

民国肇建，水权的国有化进程加快。1918年8月29日，大理院统字第845号解释："查江河及其他公之水面，其所有权自应属之国家，除国家特别限制使用方法或使用之人外，人民皆有自由使用之权。"[3]大理院解释的要旨在于将水资源所有权收归国家。这一时期，绥远当局也在后套展开将渠利收归官有的举措。[4]这些规定和行动都在不断地改变着土默特社会原有的水利格局。土默特的蒙古官员就表现出对大青山沟水产权被侵夺的担忧，1922年5月20日，土默特旗参领联合上书：

> 伏查绥远实画特别区域，本旗东至察哈尔厢兰旗，西至乌拉特东公
> 旗五百余里，逢沟有水，有水者必灌地，此即雍正十三年即乾隆八年两

---

[1] （清）贻谷：《巡视渠地并带查广觉寺折》，《绥远奏议》，光绪三十三年（1907年）三月二十一日，载沈云龙主编：《近代中国史料丛刊（续编）》（第103册），文海出版社1974年版，第313页。

[2] 《详张庆和控贾荣娃违断填渠案已会审明确请销案批示》，光绪三十二年（1906年）九月十七日，档号80/5/496。

[3] 《大理院致修订法律馆函》[统字第八百四十五号，中华民国七年（1918年）八月二十九日]，载《政府公报》1918年第952期，第17页。

[4] 绥远通志馆编纂：《绥远通志稿》卷四十上《水利》，内蒙古人民出版社2007年版，第591~593页。

次赏放户口地亩，水连地，地连水，凡系蒙民自种者，地水随其自用，如租给地户者，地有地租，水有水租，皆属蒙民养命之源，实为生计之命脉。如系实有组织公司阴谋夺水之举，蒙民当此流离播迁之后，何堪再受此苦。况自民国以来，历任大总统均有优待蒙人暨筹给生计并保护固有私产各命令，墨尚未干，倘旦被其设局实行办理，则蒙民固有私产，必被霸夺，而蒙民之困苦冻馁，转乎沟壑者，亦必在所不免。[1]

在这份呈文中，土默特官员指出土默特蒙民对沟水的所有，依据的是雍正十三年（1735年）、乾隆八年（1743年）的两次赏放户口地亩。同时，民国政府颁布的有关蒙古的法令，也被土默特官员援引，成为其维护沟水产权的重要凭据。民国成立之初，为了稳固和维系其对蒙古地区的统治，曾颁布《关于满蒙回藏各族待遇之条件》等法令，其中有"保护其原有之私产"[2]的规定。不过对于"私产"是什么，这些法令的界定十分笼统模糊。因此，土默特官员申诉的主要依凭仍然是清代因地得水的逻辑，这也就是说水的权属还没有从户口地的权属中剥离出来。

南京国民政府时期，绥远当局在水利方面投注了更多注意力。1928年，绥远建设厅颁布了《绥远建设厅奖励兴办水利章程》；1929年，又颁布了《绥远建设厅河渠管理章程》。[3]其中《绥远建设厅河渠管理章程》第2条规定："凡绥远地上、地下流动或静止之水，为人民公众利益所系，无论何人或团体，不得占为私有，但得依本章程之规定，呈准引用之。"第3条则规定："凡开引河渠经人民呈准后均由建设厅分别注册并发给用水证书，以资保障。"[4]上述规定在法理上否认了清代大青山沟水权属源自户口地权属的证明逻辑，也使原来的民间私契失去了法律效力。这为土默特民众重新确立地方水利秩序制造了机会。武当沟分局长云鹤翔试图改变武当沟沟水的权属，他在1934

---

〔1〕《请转呈停止水利公司立案的呈文》（1922年5月20日），档号79/1/872。

〔2〕《宣统政纪》卷七十《关于满蒙回藏各族待遇之条件》，宣统三年（1911年）十二月下，载《清实录》（第60册），中华书局1987年版，第1296页。

〔3〕穆俊对章程的颁布做了详细的梳理。参见穆俊：《清至民国土默特地区的水事纠纷与社会研究（1644—1937）》，复旦大学2015年博士学位论文，第222~226页。

〔4〕《绥远建设厅河渠管理章程》，载《绥远建设季刊》1929年第1期。

年 7 月 9 日的呈文中称：

> 窃查绥远大青山一带所产煤炭各物所有权完全均归我旗，兹查武当
> 沟河水系活泉水，长年不断，以本旗定章，主权应归我旗所有。……因
> 此鹤翔追问，据该村年老人言谈，此水当初向一蒙人以外兑钱三十千置
> 到，究系何年，该蒙人名姓住址，现在有无后人，尚说不清，惟此水之
> 根据，除所持该蒙人契纸而外，迄今并无其他之字样。伏思此水上流，
> 头约有数十里之远，可想此水之主权，不能归为该蒙人一人私有。即以
> 该沟内各沟所产煤炭，历来租税均归我旗征收，而此水与此煤炭同一出
> 处、同一路线，则主权亦应归我旗公有。〔1〕

从中可知，云鹤翔以"主权应归我旗所有"为由，提出将武当沟沟水收
归旗有。在他看来，汉人与蒙古人签订"契纸"不足以证明沟水的"主权"。
可见，在新的水利法规下，以往通过户口地权属即可证明水之归属的逻辑和
确定产权的私人契约，受到了质疑和挑战。

1942 年，国民政府公布了第一部《水利法》，《水利法》共九章，其中与
水权有关的内容有两章，分别为第三章"水权"、第四章"水权的登记"。第
三章"水权"规定："本法所称水权，谓依法对于地面水或地下水取得、使用
或收益之权。"第四章"水权的登记"指出："水权之取得、设定、移转、变
更或消灭非依本法登记不生效力。"申请水权应提供如下文件："一、声申请
书；二、证明登记原因文件或水权状；三、其他依法应提出之书据图式。"〔2〕
《水利法》援引西方的产权观念界定了水权。同时，通过水权登记，用"水权
状"等官方契据取代原来民间的"契约"。不过，《水利法》颁行之时，中国
正笼罩在抗日战争的战火硝烟之中，并不具备全面实施的条件。

《水利法》公布实施之时，土默特地区正为日本扶植的伪蒙疆政权占据，
当时的伪土默特旗公署延续了此前国民政府绥远当局将水权收归"旗有"的
主张，这在 1939 年北只图村发生的水案中有所反映：

---

〔1〕《五当沟河水主权应收为公有的呈文》（1934 年 7 月 9 日），档号 79/1/153。
〔2〕《水利法（三十一年七月七日公布）》，载《立法院公报》第 121 期《法规》，第 71 页。

旗署以蒙汉同居年久深远，为息讼解和计，既往偏怙，暂不追询，惟沟内之公水既不得归汉，复不归蒙，为此将每周内一天之水利，其水利未统治前，暂归本署管理，浇一亩，暂定水租洋一元，作为了结。……于执行期小满日，又复聚众数百人，意欲欧〔殴〕辱公务人员。复经顾问驾临，维持判决施行。委员局长等，仍行变通，将晚水两股会同巩署长发给水票二纸，蒙汉各一，晚间不能监视。定价洋各三十元，各自使用。该汉社村长孙万章领票使水完毕。收款时，村长不见面，村副张存义一力不付分文。[1]

从上可知，伪土默特旗公署将水利收归"旗有"的解决方案，引起了民众的激烈反对。虽经官员的调停，蒙汉民众同意领取"水票"使水，但这不过是权宜之计。使水完毕之后，民众采用避而不见、拒不交款的方式，对旗署进行抵抗。然而，在各方势力的角力中，北只图村沟水的利权最终还是收归了"旗有"。时隔一年，伪土默特旗公署办事人员在呈文中说："一、查北只图村公水共有七转，本年（即七三五年度）出售租者共有四转，下余三转，被山水冲坏渠坝，不能租售。二、本年度水租至此转水办理完竣，征到租款，除截留十成之三，以作修理渠坝及消耗等费外，下余租款均已解缴旗署。"[2]可见，此时"旗署"已经能够顺利收到水租。与此同时，使水人也申领了"旗署"颁发的"租水三联执照"。[3]

上述伪土默特旗公署将水权收归旗有的实际做法，在1942年化为了一纸正式的计划书。这一年，伪土默特旗公署制定了《土默特旗境内各甲佐水利整理计划书》。其中关于土默特旗境内沟水川流的权属，计划书规定："查本土默特旗境内各甲佐地面，关于沟水川流等水利，及渠道所占之土地，均为固有之权益。"[4]在这一前提下，计划书进一步规定："由旗制发使水执照及水租联单，无论清洪水浇灌地亩，均规定水租，依照土地之肥瘠酌定租率，每亩不得超过一角，以便着手。又凡旧归人民私行起征等费一概取缔，收归

〔1〕《呈报萨县顾问执行施水办法暨经过情形》（1939年5月26日），档号111/1/76。
〔2〕《关于北只图村公水使水情形的呈文》（1940年9月11日），档号111/1/392。
〔3〕《关于北只图村公水使水情形的呈文》（1940年9月11日），档号111/1/392。
〔4〕《发水利整理计划书的训令》（1942年9月9日），档号111/1/258。

旗有云云。"〔1〕从内容上看，这一政策与之前绥远省的水利法规有相同之处，同时这也是对伪土默特旗公署此前即成水利处理做法的认可。

日本败退以后，国民政府恢复了对土默特地区的统治。在其恢复统治秩序时，将水租收归公有的问题提上议事日程："现在国土重光，旗政复员。各项固有之权利，业经逐步收回，力图改进，兹为划一旗权计，拟将此项收入收回公有。不得私相授受，由旗征收，以裕公帑。"〔2〕此时，历经民国政府和伪蒙疆政权的水利改革，土默特民众的产权观念和证明方式都发生很大的改变，这在忽洞沟门村云全福等与杜栋的水利纠纷案件中得到体现。案件原告云全福1946年5月22日呈文称：

> 案查旗属右翼六甲二佐忽洞沟门决坝水利其所有主权向为旗公家操持，私人不得而有之，故其使用权，屡年向钧府承租核定，其来有自。迨至本年，属村蒙民授案，以五千元租，准使用一年，并蒙批示在案。……查民等使用此项决坝水利，完全系暂租性质，其所有权非民三人所私有，曷敢自认水主，擅称本案之当事人被告资格既然无当，无赴案之必要，惟因法警勒令限期出庭，未便拒绝，乃于七月二十日被萨司法处张法官一度庭讯，并令民等被告收受副状，限三日提出答辩。当经叙明本案之原委，并声明此项水权在旗，对方杜栋指鹿为马，妄诉民等为被告，当事人殊不合法，请驳斥原诉能否邀准司法处如此办理，尚不敢知。惟既承租旗公有之水利，民等何敢妄自出庭，然本案事关旗有之权利，而损失民等租金事小，阻碍使用权，贻误浇地，收获受损，当由杜某负责，尤以水利主权在旗，不得不早来禀报。〔3〕

由上可知，云全福等已经对"主权""使用权"等近代意义上的产权术语非常熟悉，并利用这些术语，在水利法规的框架内，声称自己对水资源的权利。不过，案件裁断需要证据证明。在该文呈递司法处之后，司法处指出，

---

〔1〕《发水利整理计划书的训令》（1942年9月9日），档号111/1/258。

〔2〕《呈请实施征收水租并祈颁发章则》（1946年5月22日），档号79/1/264。

〔3〕《被杜栋诬告妄图侵占公有水利请转萨县司法处驳斥的呈文》（1946年7月24日），档号79/1/188。

"查此水既系公家所有，汝速向承包机关与司法处来函证明始能判决"[1]。此后云全福等相继投递了三个呈文，进一步申明其维护水权的诉求。其在呈文中证明杜栋没有水权的重要依据，都是杜栋没有专门的水契。[2]如在1946年12月23日的呈文中，云全福等称："再查沿山一带，买水须立专契，而该杜姓为何不另立水契，仅以地契抵赖，况自来未交过水租，又何能藉词夺水。"[3]云全福等反复提到杜栋没有专门的水契，仅靠地契难以证明水权，这表明在他们看来，水契具有独立的法律效力。土默特旗政府同样强调水契的法律效力。在向绥远省高等法院的呈文中，土默特旗政府表示：

> 据此查沿大青山一带，水利向为蒙旗固有之权利，人民私相授受，悬为历禁，该忽洞沟门决坝水，亦不能例外，是其水权为本旗所有，不过责成该管大领催代为经管，由属目蒙民使用，须按年交纳水租有案。兹据前情，该杜栋既无买水契约，以作凭证，今欲恃强独占。[4]

从前文论述，我们已经知道，以往的水利法规和水利整理，已经在法律意义上使水权从地权中析出，具有了独立的法律地位。租水的专门契据也因此具备了相应的法律效力。民众和官府对专门的水契的强调，正是受这一法律观念不断影响的结果。这与清代判断水分来历主要依据户口地册档的情况形成了明显的对照。

耐人寻味的是，云全福等在指称杜栋没有"水契"时，自己也并没有拿出或提到任何可以证明水权的"水契"。在关于这起案件的卷宗中，能够证明云全福等水权的证据，似乎只有一份云全福等向土默特旗提交的承租申请，这份申请说："窃查旗属右翼六甲二佐忽洞沟门，自被日寇焚毁，全村蒙民流

---

[1]《呈请转函萨县司法处证明忽洞沟之水系公家出租非蒙民私有》（1946年8月4日），档号79/1/191。

[2]《呈明忽洞沟门水利概未立契出卖》（1946年10月15日），档号79/1/193；《呈述忽洞门水利纠葛案请转函萨县司法处核实》（1946年12月23日），档号79/1/194；《呈请保障固有水利主权》（1947年2月16日），档号79/1/198。

[3]《呈述忽洞门水利纠葛案请转函萨县司法处核实》（1946年12月23日），档号79/1/194。

[4]《证明忽洞沟门决坝水为本旗所有请秉公传讯以维水权的函》（1947年4月11日），档号79/1/197。

离，固有决坝小水一股，未利用数年，今者胜利而还，蒙陆续回村，拟本年度承租使用"[1]。申请提交的时间是 1946 年 6 月 10 日。但仅时隔一个多月，就发生了云全福等与杜栋的争水案。如前所述，按照水利法规的规定，租水执照或水权状是证明权属的重要凭证。假如云全福能够提供执照或水权状，这无疑是最为直接有力的证据。但此案中，恰恰缺失了这一关键性的证据。他们为何未能提供，是为了规避执照费用而选择不申请，还是不了解办理执照的政策而未及申领，抑或是其他原因？由于资料的限制，个中原委无从查知。然而，这一证据的缺失也恰恰表明，虽然忽洞沟村村民在呈文中熟练地运用民国的水利法规来维护自己的权益，但这一法规究竟在多大程度上得到了真正的落实，仍然值得怀疑。

四、余论

只有在一个动态的历史过程中，才能理解什么是水权。自 15 世纪以迄民国，归化城土默特地区沟水产权经历了两个关键性的历史演变。一是从游牧社会向农业社会的转型过程中，沟水的产权从无到有，"水分"成为土默特民众表达产权的主要观念。二是民国以来，随着西方产权制度的传入，现代法律意义上的"水权"观念，逐渐被土默特民众接受，并用其证明和争取自己对沟水产权的拥有。

有清一代，朝廷律例对蒙古地区水资源产权没有做相应规定。在土默特地区，大青山沟水产权源自户口地地权。这在沟水的称呼上有所反映，穆俊就注意到"蒙古人的水分因缘于户口地的地权，所以又被称为'户口水'（或蒙古水）"[2]。在水分交易和用水纠纷中，无论是民间还是官府，对沟水产权的证明都是依据地权。因此，尽管在乾隆末期，就已经出现了水分单独交易的情况，但由于缺乏法律支撑，在涉及沟水产权纠纷时，单独的水契往往难以证明沟水归属，必须与户口地档册相互配合，才能证明沟水产权。清末民国时期，西方法律观念、制度的引进和实践，对中国原有的产权秩

---

〔1〕《呈述忽洞门水利纠葛案请转函萨县司法处核实》（1946 年 6 月 10 日），档号 79/1/194。

〔2〕 穆俊：《清至民国土默特地区水事纠纷与社会研究（1644—1937）》，复旦大学 2015 年博士学位论文，第 162 页。

序造成了冲击。民国时期各级政府水利法规的制定、公布和实施，使现代的"水权"观念进入土默特地区。水利法规的厘定意味着水权从地权中析分出来，获得了单独的法律地位。水契与租水执照、水权状等官方契据也相应地具备了独立的法律效力。在实际生活中，这些水利法规和文字凭据为土默特民众竞逐沟水产权提供了契机，从而引发了地方水利秩序的重新盘整。

近些年来，学者们围绕陕西、山西、内蒙古等地的水权问题展开研究，取得了不少学术成果。本文考察的土默特地区，可以与这些地区形成比较，有助于我们丰富对中国北方水权问题的认识与理解。在前人基础之上，本文着重指出如下两点内容：

第一，水资源来历与证明方式的区别反映了王朝与地方社会关系的差异。在陕西、山西地区，地方百姓获得灌溉用水的权利，都以向朝廷完粮纳税为前提。萧正洪指出，关中地区的水资源为国家所有。在唐代以后的关中，农户是否交纳"水粮"，被视作是否拥有水资源合法灌溉使用权的主要标志。明清时期，水册成为关中水权权属的主要凭证。[1]张俊峰也提到，山西的水权与国家的税收挂钩。[2]土默特地区在 17 世纪上半叶进入清帝国的版图，清廷对土默特部众编设蒙旗予以管理。蒙古兵丁需要承担各种差役，朝廷则划拨户口地作为其养赡之资。户口地的所有权归国家，但蒙古人对其具有实际占有权，同时也不向朝廷完粮纳税。大青山沟水的水分源自蒙古人的户口地。在水分和土地的交易与纠纷中，蒙古人的户口地册档、蒙汉民众之间签订的契约文书是重要凭据。水资源来历和证明方式的不同，反映出国家在陕西、山西和内蒙古等地不同的治理方式和地方人群的因应举措，使这几个地方的水资源运作逻辑呈现出各自不同的特点。

第二，明清时期，在山西、陕西、内蒙古地区，渐次出现由地水结合到水地分离的变动趋向，水开始脱离土地进入市场流通领域，其自身价值不断凸显。萧正洪提到，陕西关中地区在清代以前，地权与灌溉水权具有不可分

〔1〕 萧正洪：《历史时期关中地区农田灌溉中的水权问题》，载《中国经济史研究》1999 年第 1 期。

〔2〕 张俊峰：《水利社会的类型——明清以来洪洞水利与乡村社会变迁》，北京大学出版社 2012 年版，第 266 页。

离的性质。清代中叶以后，地权与水权出现了分离的萌芽。及至清末，这一现象才变得较为常见。[1]张俊峰认为山西介休地区在明代万历年间地水关系出现了松动，到乾隆年间实现了地水分离。[2]内蒙古土默特地区在乾隆年间以后水分交易日益频繁。[3]这些研究表明，随着市场经济的发展，在传统中国社会，产权已经出现了日益细碎化的动向。[4]然而，直迄清末，王朝的法律制度并未将这一实际变动纳入其中。就水资源而言，正如赵世瑜所言："在前现代中国，国家并未明确强调对水资源的所有权。"[5]本文在这些研究的基础之上，进一步指出自民国以来，执政当局在构建现代国家的过程中对社会清晰化管理的意图，使实际上已经日益细碎化的产权和用以证明产权的文字凭据，在法律制度上获得了专属的席位。土默特的个案就表明，水利法规的颁布使水权得以脱离地权，获得独立的法律地位，水契也相应地具备了单独的法律效力。而这些法律制度在实践过程中，又成为各个地方的人们竞逐社会资源的管道。这些生活在地方上的人们因应新的历史变局而采取的各种行动，不断地形塑着当地社会的历史面貌。

---

〔1〕 萧正洪：《历史时期关中地区农田灌溉中的水权问题》，载《中国经济史研究》1999 年第 1 期。

〔2〕 张俊峰：《清至民国山西水利社会中的公私水交易——以新发现的水契和水碑为中心》，载《近代史研究》2014 年第 5 期。

〔3〕 穆俊：《清至民国土默特地区水事纠纷与社会研究（1644—1937）》，复旦大学 2015 年博士学位论文；张俊峰：《清至民国内蒙古土默特地区的水权交易——兼与晋陕地区比较》，载《近代史研究》2017 年第 3 期。

〔4〕 刘诗古在对鄱阳湖产权的分析中，同样注意到了湖产细碎化的动向。参见刘诗古：《明末以降鄱阳湖地区"水面权"之分化与转让——以"卖湖契"和"租湖字"为中心》，载《清史研究》2015 年第 3 期。

〔5〕 赵世瑜：《分水之争：公共资源与乡土社会的权力和象征——以明清山西汾水流域的若干案例为中心》，载《中国社会科学》2005 年第 2 期。

清代移民社会商业纠纷及其调处机制

——以重庆为例*

厦门大学人文学院历史系　梁　勇

一、移民在重庆商业领域的活动

在经历明末清初的长期战乱后，重庆载籍人口大量减少，土著纷纷逃亡，作为重庆附郭的巴县同样如此，道光《重庆府志》称，"巴郡经明季献逆之乱，故家乔木，荡然无存。今衣冠门第并复昔日王谢"〔1〕。为此，清政府在四川实行了积极的移民政策，一时间，湖南、湖北、江西、福建、广东诸省的移民在"趋富"心理的指引下，不畏旅途艰险，来到了重庆。各省移民"四方云集"，"故客此者多以为家焉"〔2〕。如现在重庆市巴南区《方氏族谱》载："一世祖二恩公康熙年间由江西自湖来蜀，家于渝州朝天党临江门十字街。"〔3〕移民成为重庆人口结构中的主体部分，如乾隆《巴县志》载："巴渝自奢献频蹣，闲阁旧家，存者益寡；耰锄里氓，亦鲜土著。十二里刀耕火种，楚豫两粤之人为多。"〔4〕这从道光年间重庆朝天坊的烟户册得以窥见。

　＊　本文原发表于《重庆社会科学》2010年第2期，收入本书时有所修订。

　〔1〕　道光《重庆府志·氏族志》，第112页上。

　〔2〕　道光二十六年（1846年）《重修楚庙碑》。转引自窦季良：《同乡组织之研究》，正中书局1946年版，第34~35页。

　〔3〕　《方氏族谱》，2004年4月4日清明节修，藏于重庆市巴南区图书馆。

　〔4〕　乾隆《巴县志》卷二《建置》，第16页下。

表1　朝天坊烟户册

籍贯	四川		江西	湖广	贵州	广东	福建	山西	江南[1]	浙江	河南	总计
	巴县	非巴县										
户	112	30	108	155	2	8	12	4	7	3	1	442
人	314	93	355	446	3	32	36	20	14	11	7	1331

资料来源:《巴县档案》6-3-161。

对上表进行简单的分析,从户数来看,非四川籍贯的外省移民占了总数的68%,而本省籍只有32%;人数方面,非四川籍的占总数的69%,本省籍的占31%。这其中还有很多是非重庆府或非巴县籍,真正的巴县籍居民在这两项中所占的比例仅有25%、24%。这完全印证了地方志上的记载。也可以说,清中前期的重庆城区完全是一个由移民占主体的社会。

重庆具有极为优越的地理优势,地处长江、嘉陵江两江汇合之所,水陆交通四通八达,"内水,则嘉陵、白水,会羌、涪、宕、渠,来自秦。外水,则岷沫衣带会,金沙来自滇,赤水来自黔。俱虹盘渝城下,遥迁吴、楚、闽、越、两粤之舟"[2]。通过嘉陵江、长江两条黄金水道,重庆将现在的四川、陕西、云南、贵州等省份的部分地区都作为了市场腹地,同时,位于长江中下游地区的湖南、湖北、江苏、浙江甚至广东的商船则通过长江来到了四川。来自长江中下游地区的棉花、瓷器、广货、棉布在重庆集中,分发全川各地,而长江上游地区的稻米、井盐、木材、山货、滇铜、黔铅等外销物品,也通过水路源源不断地汇集于重庆。清中期以后,重庆的商业十分繁荣,可谓"千帆蚁聚,百物云屯。大川之利甚溥,外流不竭,内源复裕"[3]。牙行的开设也远多于四川其他地区,"巴为泉货薮,商贾丛集,行帖一百五十有余,

---

[1]　清顺治二年(1645年),改明南直隶为江南省,治所位于江宁(今南京)。康熙六年(1667年),分为安徽、江苏二省。此后仍习惯称此二省为江南省。

[2]　乾隆《巴县志》卷一《形势》,第8页下。

[3]　乾隆《巴县志》卷一《形势》,第50页上。

十倍他邑"〔1〕。移民的到来大大加快了重庆城市建设,乾隆《巴县志》记载了重庆繁华的市容:"巴一叶云浮,万家烟聚,坊厢廛市,傍壑凌严。吴楚闽粤滇黔秦豫之贸迁来者,九门舟集如蚁,陆则受廛、水则结舫。计城关大小街巷二百四十余道,酒楼茶舍与市阛铺房鳞次绣错,攘攘者肩摩踵接。"〔2〕

与其他内陆城市不同的是,重庆的牙行大都由外省移民领帖开设,嘉庆六年(1801年),巴县县令在一份公文中称,"今查渝城各行户,大率俱系外省民人领帖开设者"〔3〕。这从嘉庆初年巴县的一个调查统计中可以看到。

表2　嘉庆六年(1801年)巴县分省牙行数目及承担情况表

	江　西	湖　广	福　建	江　南	广　东	陕　西	四川保宁府
牙行数目	40	43	11	5	2	6	2
百分比/%	36.7	39.4	10	4.7	1.8	5.5	1.8

资料来源:《清代乾嘉道巴县档案选编》(上),第253~256页。

据上表得知,清中期在重庆经商的人以江西、湖广、福建籍为主,而本省籍的行户数量少到几乎可以忽略不计。大量移民商人的到来在繁荣重庆经济的同时,也带来了相当多的管理上的难题。对某些不诚实守信的移民来说,他们可以有意不遵守契约的约定,诈骗财货,远走他处,"出财东门下,代人经营□过食赢余做资生计,离家弯远,财东不能约束挥霍,任意纵赌包娼,大为人心风俗害"〔4〕。又如骗取客商钱财,"始则移甲补乙,及败露而不能掩补,则脱身远扬"。这些都给重庆地方商业秩序带来很大的危害,远道的客商"跋关山、涉风波,数千里贸贸而来者",不料因为各类商业纠纷而"本利尽亏也,他乡浩叹"。〔5〕嘉庆六年(1801年),巴县县令也注意到了这一情况,他在给八省客长的一份公文中,也列举了诸多商业往来中存在的问题:

---

〔1〕　乾隆《巴县志》卷三《赋役》,第41页上。
〔2〕　乾隆《巴县志》卷二《建置》,第24页上。
〔3〕　四川大学历史系、四川省档案馆主编:《清代乾嘉道巴县档案选编》(上),四川大学出版社1989年版,第252页。因本文多次引用该档案集的资料,在后文中,均省略编著者和出版社、出版时间等信息。
〔4〕　乾隆《巴县志》卷十《风土》,第3页上~4页上。
〔5〕　乾隆《巴县志》卷三《赋役》,第41页上~42页下。

（牙户）虽有殷实之户，并有以些小本资装饰齐整行面，有意哄骗客商货物，任意花销者甚多，及至亏空客本，则潜回原籍，名曰放筏。异乡孤客，一旦亏本折资，以致控官守候，甚至流落无归。种种贻害，实堪发指。[1]

可以说，由于移民的流动性，在他们的商业往来中，各种"放筏"行为屡见不鲜。这些各式各样的商业纠纷随着重庆越发繁荣的商业活动而变得更为突出。其纠纷领域也不仅仅体现在买卖活动中，在房屋转让、租赁、劳资关系甚至各种商帮团体的纠纷中，都有移民社会的特殊背景。下面两节，笔者试图从个人及团体的两个不同面相，来对清代重庆中前期的商业纠纷进行分类的描述。

二、个人商业纠纷的类型

清代各省向四川的移民，基本上属于经济性移民，其移民方式，"不可能是举族而迁，只能是一个单一家庭的迁移或单身迁移"[2]。移居重庆城区从事商业贸易的移民更是如此。移民来到重庆后，不管是短暂的经商还是长期的居住，日常生活中都可能遭遇各种不同类型的商业纠纷。从《巴县档案》来看，这些纠纷主要集中在房屋买卖、租赁、债务、合同、劳资纠纷及银钱比率变化等问题。下面分而述之。

（一）房产买卖/租赁

在移民社会，人口流动速度远高于常态社会，移民与本地业主之间因土地、房屋买卖的纠纷也相应较多。雍正二年（1724 年），移民向祥生夫妇买得陈舜道兄弟位于重庆储奇党的祖业瓦屋楼房铺面二间，作为自己的住房和商业买卖之用。乾隆二年（1737 年），向氏夫妇准备变卖房产回原籍。原业主陈舜道兄弟既没钱买也不不许向张氏卖房，"从中阻扰"。无奈之下，急于回家的向张氏将此事告上了衙门。[3]

在房屋租赁过程中，因租金拖欠不给所引起的诉讼也相当不少。道光年

---

〔1〕《清代乾嘉道巴县档案选编》（上），第 252~253 页。

〔2〕 刘正刚：《闽粤客家人在四川》，广西教育出版社 1997 年版，第 72 页。

〔3〕《清代乾嘉道巴县档案选编》（下），第 29 页。

间，丁正发佃租福建会馆积的房产一间开设栈房，每年租金 52 两。可是道光十八年（1838 年）后，丁正发多次拖欠租银，到道光二十年（1840 年），已达 170 余两，福建会馆首事刘成章遂向巴县县令提出了告诉，希望官方能够出面讨回租金。[1]在档案资料中，还有大量的关于私行潜逃、逃避佃资的案子。万寿宫永莲会为江西籍商人筹资设立，在重庆朝天坊置有正街的铺面一间，"放佃收租"，以租金来作为会内的祀神、演戏的开支。道光九年（1829年），会首刘志贵等人向县令呈文称，何大然、邓诚忠等人于道光五年（1825年）以每年佃资 180 两佃房开设糖行，写有佃据。但他们自承佃以来，"拖骗佃银不给"，扣除他们的押佃银外，还欠佃银 90 余两。为了逃避佃资，该年四月，何、邓二人放弃店内的家具、招牌，突然私行潜逃。[2]

（二）债务纠纷

清中期以后，重庆已发展成为长江上游与西南地区最大的商品流通中心[3]，每年都有大量的粮食集中于重庆，通过长江水道运往全国。同时，长江中游地区的棉花也进入了四川区域市场，形成了粮—棉的贸易结构。每年有大量的陕西、湖广商人将棉花运来重庆，以此为转运点，运往四川的其他地方。也因如此，在档案资料中，保留了大量的棉商与行户因为货款未能及时交付而发生的诉讼。

嘉庆十年（1805 年），陕西商人刘志成从湖北贩运棉花 72 包来重庆，将货寄放于本地商人方牛和、方豫泰叔侄所开设的铺房内，托其发卖。这批棉花市值白银 2530 多两，三年过后，方牛和叔侄仅给刘至成白银 836 两，余银不给。嘉庆十三年（1808 年）一月二十日，刘至成将他们告上了县衙。[4]棉花商人与本地牙行的债务纠纷，经常是牙行挪用了外地客商的货款而引发的。嘉庆二十一年（1816 年），湖北商人胡魁顺将一批棉花寄放在千厮门恒裕棉花行，腊月，该行蒋懋德兄弟因为被债主追债，情急之中就将胡魁顺寄放的棉花卖了 8 包，共得银 700 多两抵债。胡魁顺遂将蒋懋德兄弟告上了衙门。

---

〔1〕《清代乾嘉道巴县档案选编》（下），第 67 页。

〔2〕《清代乾嘉道巴县档案选编》（下），第 60~61 页。

〔3〕许檀：《清代乾隆至道光年间的重庆商业》，载《清史研究》1998 年第 3 期。

〔4〕《清代乾嘉道巴县档案选编》（上），第 339 页。

最后裁定，蒋懋德枷号示众，并退还所得的货银。[1]

拖欠货款不给的情况不仅在棉花买卖中存在，在其他货物买卖中也多有出现。赵信成，山西人，时年 51 岁。乾隆四十三年、四十四年（1778 年、1779 年），赵信成分别从外地贩卖草帽到重庆，卖给本地的行户李兴言，除收到了部分钱款之外，李兴言还欠钱 243 213 文。但李兴言欺客，将钱给其子开钱铺，也不愿意及时归还欠款。乾隆四十五年（1780 年），赵信成将李兴言告上了县衙。后经衙门的判决，李兴言父子归还了欠款。[2]

牙行的开设者多在重庆具有一定的势力，这使外地客商在与牙行的商业往来中处于不利的位置。南纪厢码头合兴行山货牙行由李忠、李文林开设。李忠为巴县衙役，李文林为营兵。嘉庆二十五年（1820 年）九月，贵州人傅大元贩卖山芋来重庆，委托合兴行发卖。双方约定，每钱一千收取佣金 110文。不想李忠等人卖货后，并不将货款还给傅大元。傅大元无奈，只有告官。[3]

（三）合同纠纷

移民在重庆经商时，由于个人经济实力不济，经常采用合伙的方式经营。在合伙的过程中，由于账目不清、经营理念不同等原因，经常发生纠纷。唐灿然，监生，巴县人，住直里一甲，时年 37 岁。吴锡龄，江南人，时年 38岁，在直里一甲开有一家南货店。邱品超，江西人，吴锡龄妻兄。秦青选，唐灿然妻舅。嘉庆六年（1801 年），唐灿然、秦青选、邱品超三人各出本钱300 两白银开设振茂南货店，银钱出入及货物买卖账目都由唐灿然负责经理。到嘉庆十年（1805 年），核对货店的出入账目时，唐灿然指责秦青选、邱品超等人侵吞银两，而后者指责唐匿帐不算并私改账目。双方在中人调解不成

---

[1] 6-2-4808。此后凡是这种格式的注，均出自清代巴县档案，该档案现藏于四川省档案馆。按照四川省档案馆对巴县档案的整理归类，第一个 6 为巴县档案的代码，第二个数字为各朝代码，如顺治、康熙、雍正、乾隆朝编为 1，嘉庆朝为 2，道光朝为 3，咸丰朝为 4，5 为同治朝，6 为光绪朝。第三个数据是具体的案卷号，如 147 号就是咸丰的 147 卷。第四个数据是案卷里面的页码号，此数据为档案工作人员自编的，有些卷宗较少的，工作人员就未编页码。笔者在引用过程中针对此一部分，也未具体写出页码，但这并不影响有兴趣的读者日后据此查阅原始档案。

[2] 6-1-1870。

[3] 6-2-4870。

的情况下，告官。[1]

又如饶希圣与吴景昭一案。饶希圣，江西人。道光五年（1825年），饶与吴景昭合伙开设布铺，其中吴景昭出银180两，饶出银175两，双方约定"获利平分"，账目的日常管理由吴景昭负责。道光七年（1827年）二月，因布铺大量进货，欠四家商号白银330多两。饶要求吴景昭把账本拿出来算账，看是否还有余钱，以便在端午节前付清欠账。不想吴景昭却有卷货款潜逃的想法，"不虑交还客帐"。饶不允，双方为此发生矛盾，吴甚至"执棒将蚁在街殴打"。道光七年（1827年）五月十九日，饶希圣向县衙提出了告状。[2]

（四）劳资纠纷

移民在重庆领帖开行或商号，都会雇佣伙计在店内帮工，有时因为工作的原因，有时因为工钱的原因，雇主与雇工会发生矛盾。

余均义、刘廷选均系江西人。乾隆三十九年（1774年），刘廷选之父刘声闻在重庆领了铜铅行帖，因刘声闻年龄较大，便请余均义在行内帮忙照理，每年工钱400两。乾隆四十一年（1776年），刘廷选从江西来到重庆，接替了父亲的行店，并辞退了余均义，余也回江西原籍。乾隆五十六年（1791年），余突然又来到了重庆，希望能够进行店帮忙，但因为此时行店的生意已大不如前，刘廷选便拒绝余的入行要求。余心有不甘，便以多年合伙生理（？）并未拆分为由，向巴县衙门提出了诉讼，希望能够在政府的介入下入行。[3]

范义和，湖北黄州人，在重庆丁字口开设棉花馆。道光二十五年（1845年）正月，雇刘文学在铺内当柜工，每年工资钱24 000文，并预先支付了2000文。但刘文学并不喜欢这门工作，遂辞职不做。正月二十四日，刘文学回铺里拿他的行李，范义和不放，双方为此发生口角并打闹起来。刘文学不服，将范义和告上了县衙。后经县令裁断，范义和应还给刘文学行李。[4]

（五）银钱汇兑

在商业活动中，银钱比率变化极易导致纠纷。乾隆五十五年（1790年），

[1] 6-2-4683。
[2]《清代乾嘉道巴县档案选编》（上），第344~345页。
[3] 6-1-1857。
[4]《清代乾嘉道巴县档案选编》（下），第94页。

陕西人索金满来重庆寻求发展，在太平坊佃李正万铺面一间开汤圆铺。索出押佃镜面银 16 两，每年佃租钱 34 000 文，并约定，"无论钱价起跌，总系一千等还一千"。乾隆五十七年（1792 年），银贵钱贱，李正万不愿意收钱，而只愿意收取白银，"勒要蚁每千给伊银一两"。索金满不服，找到中证郗日林、陈顺等人评理、调停。但这并没有改变李正万的态度，"正万索银心坚，全不由剖"。不得已，索金满于乾隆五十七年（1792 年）二月，向县令提出了告状，"恳赏作主，照约讯断，远民沾恩"[1]。

三、团体商业纠纷的类型

重庆的商业在经过一百多年的发展后，在清代乾隆后期，形成了各种以职业和地域为特征的商帮。同行之间因商业竞争而突显利益的分化，各类矛盾也因此接踵而至。

（一）行业标准的制定

在传统社会，商户之间买卖货物并没有国家或地区性的统一标准，这给跨区域或同行之间的贸易往来带来诸多不便，为此，商户之间都会在政府的协调下，以约定俗成的方式确定本行业交易的规则。但这个规则如何制定，在不同的行户之间经常会发生争议。刘起龙、胡秀章、刘域在重庆开锡匠铺。买锡的秤在乾隆二十三年（1758 年）以前有统一的标准，此后由于标准的秤被火烧毁，各行便自定标准。这样一来，匠铺之间因秤的标准不一样而发生诸多矛盾。乾隆二十七年（1762 年）九月，行户刘起龙、刘域因秤的标准问题就发生过矛盾，双方上诉到重庆府，在八省客长的调解下，达成秤的标准为 18 两 5 钱。乾隆二十八年（1763 年）行户胡秀章、刘域等人又私自把标准改为 18 两。刘起龙知道后，大为不满，遂把胡秀章、刘域等人再次告上了重庆府衙门，同时把负责上次调解的八省客长温成彩、陈用君等人也告了。[2]

重庆的山货贸易同样存在这样的问题。在山货贸易中，供货方九河山客与购买方八行行户，围绕着银色、秤斤的标准多次发生纠纷，乃至于诉讼。乾隆三十六年（1771 年），双方曾定了标准，货物交接时，以政府定制的秤

---

[1]《清代乾嘉道巴县档案选编》（下），第 55~56 页。
[2]《清代乾嘉道巴县档案选编》（上），第 311 页。

为计量标准，每个篓子除皮 18 斤，每 100 斤加 10 斤。银以"九八过验，每两九折扣兑"。嘉庆四年（1799 年）以后，银色的标准变淡，秤的标准也不统一，双方在八省客长的调解下，达成协议，以乾隆年间的标准为标准。这个协议最后经巴县衙门公示后实行。[1]

从上面的两个例子可以看到，货物买卖规则的制定过程，同时也是买卖双方矛盾不断激化、解决的过程。

（二）商帮利益范围的争夺

在重庆的各类商帮，一般来说，都要承担一定的差徭，商帮也以此为借口，划分商业活动范围，在范围之内，拥有对某项商品或业务的垄断权。而这个范围边界的确定，则是一个充满矛盾的过程。

有清一代，重庆水运发达，嘉庆八年（1803 年），在八省客长的提议下，以朝天门为界，将在重庆营运的来往船只分为三帮，分别为大河帮，由长江上游各州县船只组成，包括泸州帮、合江帮、江津帮，等等；小河帮，由嘉陵江上游各州县船只组成，如合川帮、渠县帮、遂宁帮、保宁帮，等等；下河帮，由长江朝天门以下各州县船帮组成，如宜昌帮、忠州帮、宝庆帮、归州帮，等等。三帮各设会首，对内加强管理，对外承办差务。各流域内船只的帮费、厘金由各帮分别征收。在嘉庆白莲教起义时期，军队调动频繁，兵差繁重，三帮在八省客长的帮助之下分别制定了应差规则及抽厘的条规。[2]但三帮之间围绕着如何应差及由谁来抽取厘金，相互之间的诉讼不少。

道光五年（1825 年），小河帮船首侯尚忠称，他们小河帮的船只从朝天门运送客货到大河上游一带时，被大河帮的人拦截，每船要收差钱 700 文。船户们不愿意交，因为他们在小河帮已缴纳过船厘，不应该再缴一次。同时，按照以前的定规，小河帮船只的船厘一向是归小河帮收取的，因此，他们认为，这是大河帮船首在"紊乱船规，勒收帮费"。县令刘衡立即叫八省客长去调查、调解。八省客长调查发现，当初在制定各船户缴纳船厘、应付差务规则的时候，是以帮为单位来承担的，换言之，由大、小、下三河船帮来承担。各船的厘金也就分别由其所属船帮来收取，而不是按航线来收取。但就货物

〔1〕《清代乾嘉道巴县档案选编》（上），第 238 页。
〔2〕《清代乾嘉道巴县档案选编》（下），第 402~403 页。

运输量来说，大河沿线的货物运输比较繁忙，经常有小河帮的船只来大河运送客货。但这些小河帮的船只却不在大河船帮里缴纳船厘，以至引起大河船户的不满，不愿意他们过来抢夺生意。遂发生大河船帮首事拦截小河船帮的事情。

在重庆，不同省籍的背夫，也有不同的业务范围，而业务范围边界的确定，则是一个充满矛盾甚至血腥的过程，"苦力帮最重要的任务是守着势力范围而作营业上的保护"[1]。重庆长江、嘉陵江各码头都"分门别户"，由不同省籍的背夫把持，如太平门就由陕西帮和茶陵帮占据，两帮各有背夫200余人。千厮门码头的货物背运业务，最初由茶陵帮负责。道光初年，由本地人组成的川帮背夫开始在千厮门一带抢夺茶陵帮的业务。双方背夫经常为了争抢生意，而动手打架，也对铺户的生意造成了损害。道光六年（1826年），铺户姚万森、邓太和向县令提出了进行调解的请求，在政府的干预下，茶陵帮和川帮划分了各自的业务范围，规范了背夫的经营秩序。[2]

从上述两个案例可以看出，同行业的商帮由于地域不同，之间的竞争十分激烈。其实，重庆商帮之间的矛盾不仅体现在地域性特征上，也包括不同行业的竞争与矛盾。重庆的棉花铺，分新、旧两个棉花铺帮，双方一直因为各自的业务范围和差务标准不明确而多次发生诉讼。乾隆四十六年（1781年），由巴县县令出面进行裁断，拟定章程10条。通过这个章程，新、旧棉花铺各有分工，新棉花铺只弹新棉花、泡花、新花条子并办理军装及政府各衙门弹棉花的相关差务，旧花铺只弹旧花卷子、旧花条子，同时承办的差务要远少于新棉花铺。并约定，"新花铺不弹旧花卷子，而旧花铺不弹新花"，违者罚戏一台、酒十席。但此章程对新、旧棉花铺内的工匠没有进行约束，仅规定"新旧花铺工匠等，各弹各花，不得紊乱程规"。如果新花铺的工匠去旧花铺弹棉花或旧花铺的工匠来新花铺弹棉花应如何处理，该章程并未作明确的说明。围绕着这一点，新旧花铺在嘉庆二年（1797年）、嘉庆十四年（1809年），多次发生诉讼。[3]

---

〔1〕 全汉升：《中国行会制度史》，百花文艺出版社2007年版，第168页。

〔2〕 6-3-829。

〔3〕《清代乾嘉道巴县档案选编》（上），第238~240页。类似纠纷在巴县档案里还有很多，如制作纽扣的广帮（广东籍）与川帮就曾因对方互做本帮纽扣而多次发生纠纷，见《清代乾嘉道巴县档案选编》（上），第243~244页。

（三）劳资纠纷

在清代的重庆，不仅商人成立商帮来维护自己的利益，工匠也成立了各式的行会。在此背景下，劳资双方的矛盾呈现出了另外一种特色。

在重庆的湖北黄绫子帮，铺主和雇工关系比较紧张。道光年间，当雇工准备设立帮会时，铺主方向县令提出请求，匠方"永不准聚众设会滋事，把持停工"。铺主有问题，应由铺方成立的帮会处罚，而不允许匠方私自罢工，匠方有问题，由铺主和匠方一起处理。同治九年（1870年），工匠熊东狗、傅胆疤等人因事开始罢工，铺主汪庚心、叶载望等人向县令请求，要求匠方停止罢工。[1] 又如道光二十六年（1846年），重庆丝织业"机房"老板汪正兴、许义全因工资纠纷与工匠的诉讼。汪正兴在重庆开设机房，雇有工匠熊立富、廖兴发等人。双方议有规定，工匠工资"每钱一千合银六钱六分，定为钱价，以给工资"，并约定"日后钱价无论高低，亦照合算，永定章程"，也即是说，不管以后的银钱比价如何变化，铺方都只是按文钱 1000 比银 6 钱6 分的比率给匠方。道光二十六年（1846年）二月二十日，匠方首事熊立富等人要求提高钱对银的比例，达到提高工资的目的。在八省客长的斡旋下，双方在重庆府庙商议，八省客长建议按此前的规则办，遭到匠方的拒绝，双方不欢而散。次日，匠方首事熊立富召集机房工匠，在重庆土主庙商议，决定统一立场，和铺方谈判。在土主庙中，匠方内部还发生争吵，熊立富等要求涨工资的工匠与不要求提高工资的陈元盛、张定杰等人还发生肢体冲突，将其殴伤。铺方汪正兴等人知道此事后，立即向巴县官府报告，最后，官方的判决如下：钱银汇兑比例仍是按以前的标准；匠方不能在土主庙随意集会，"把持生事"，禁止匠方成立行会，如若成立，铺方可以禀请官方要求解散；如果匠方对工资标准不满意，铺方可以将其解雇，另外雇请匠师，匠方不得从中阻拦。[2]

有时候，在政府的支持下，匠方也有胜诉的可能。在重庆开设机房的湖广籍铺行中，工匠与铺主在工资问题上存在着矛盾。按照嘉庆以前的定规，铺主支付给工匠的工资是以九二色为标准的白银。嘉庆初年，在巴县知县李

---

〔1〕 6-5-8846。
〔2〕 《清代乾嘉道巴县档案选编》（上），第 249~250 页。

苞任内，工匠不断地在药王庙集合，商讨要提高白银成色，达到提高工资的目的，于是匠方向县令提出诉讼，要求改变此前的银色标准，由九二色改为九四色。虽然铺方强烈地反对这一做法，但在县令的支持下，匠方的要求得到了满足。[1]

四、商业纠纷的调解机制

（一）社区、亲邻的调解能力

前面谈到，移民来重庆寻求发展，主要以单身或核心家庭为单位。这就决定了在发生矛盾或纠纷时，在传统社会中起作用的宗亲或邻里的调解很难发挥效力。同时，移民在生活中遭遇各类纠纷时，也更多地选择告官，向正式的司法审判制度寻求援助。道光三年（1823年）三月，垫江人姜占和为探望生病的母亲，因家贫无盘缠，挑了148个篾桶，一路发卖作为路费。不想刚进城，就被篾桶行匠人蒋门等人看见，称其紊乱行规，将姜占和扭送到土主庙内，要其上会钱1000多文，否则不许卖货，并没收了剩余的120多个篾桶及身上的余钱。除了母亲，姜占和在重庆就还有一位以挑水为生的哥哥。简单的亲属关系显然无法帮助姜取回被篾桶行没收的财物，在走投无路的情况之下，姜只得将蒋门等人告上了县衙，希望能够帮助他"追还钱物"。[2]

社区、亲邻的调解失效还表现在调解家族内部的纠纷上。谭冠士兄弟，湖南人，在重庆合伙经营靛行生意，后因行内账目不清，大哥谭冠士指控二弟欠他白银600余两，要求归还。[3]又如吴世环，江西人，在重庆开铺贸易。陈锦山，吴世环的外甥。乾隆四十九年（1784年），舅甥二人合伙经营。吴世环负责外出买卖，陈锦山在铺内经营。因陈经理不得法，"任意胡为，派费铺本"，吴世环决定不再跟他合伙。双方约定，尚未收回的货款分别由卖货人收回，也就是所有外账均由吴世环负责收账，而铺内卖出的货款由陈负责经受，双方互不相干。未想，陈锦山利用他熟悉账目的便利，私自将应由吴负责收的外账20多两白银收回了。这引起了吴的不满，双方发生口角，并引起

---

〔1〕《清代乾嘉道巴县档案选编》（上），第241页。

〔2〕《清代乾嘉道巴县档案选编》（上），第325页。

〔3〕 6-2-4659。

肢体冲突。吴随即向县衙提出了告状。[1]

从上述两个案例可以看到，在移民社会的早期，家族关系并没有得以建立，"川民并不聚族而居"[2]，亲邻关系也不是十分浓厚，这就导致民间的调解能力很薄弱。移民在发生纠纷时，多直接向衙门提出诉讼，寻求正式司法制度的帮助。如前已提及的向祥生夫妇卖地一案，在此案的初期，亲邻并未参与调解，向氏夫妇最终将地卖出，也是在正式的判决之后完成的。

即使有亲邻等中人参与调解，其调解效果也是有限的，这一点与黄宗智在考察华北农村时中人在商业调解中的效果有很大的不同。如在陕西客商索金满与李正万一案中，在李正万要求按现在的银钱比例换银时，索金满就找到了当时签订佃约时的中人，希望他们能够从中撮合、斡旋，但最终却没有效果。

（二）八省客长的调处

八省客长是由在重庆经商的湖广、江西、广东、江南、浙江、陕西、福建、山西等省的移民在各自会馆的基础上自发成立的会馆联合体，主要负责不同省籍的移民之间日常事务、经济往来活动的协调、斡旋。

先看一个同一省籍的移民之间纠纷的调解。浙江民陈履端、徐养初，同在巴县治城一条街开磁铺，大概是同行的关系，双方关系一直都不好，"履端素斥养初诓夺生意之仇"。嘉庆十一年（1806年）正月二十六日，双方因为算账的事情，又吵起来了，在吵架过程中，陈履端将徐养初的瓷器打坏一些。徐养初很是生气，立即跑到县衙告状，可一时又找不到合适的借口，就谎称陈履端在承办捐米的过程中，有敲诈捐户的行为，请求县令稽查。三十日，陈履端也以诬告为由反控徐养初。双方眼看就要对簿公堂，浙江会馆首事李定安等人不愿看到双方因一点小事就闹上公堂，向县令请求由他来调停。李定安向县令报告了事情的真实缘由。县令对此二人的行为很愤怒，打算对他们进行罚款处理，李定安又代二人求情，说他们开个小店做买卖，生活不易，"实难听罚"。最后双方得以和平解决。[3]

---

〔1〕 6-1-1890。

〔2〕 《清代乾嘉道巴县档案选编》（下），第355页。

〔3〕 6-2-603。

不同省籍之间经济纠纷的协调。道光年间巴县治城杨柳坊居民沈玉隆状告熊源顺一案，八省客长在官方的授权之下调解了此案。巴县龚姓地主在桂花街有铺面四间，嘉庆某年，该房因遭火灾，只剩下地基。龚姓地主此后一直将地基出租给熊源顺，每年佃钱 5 两 2 钱，并在当约上注明，如果龚姓地主将地基收回，熊源顺要"拆房还基"。道光初年，龚姓地主将此地基卖给黄姓商人，黄姓商人不久又将此地转卖给福德土地会。虽然该地基的产权一直在转移，但仍由熊源顺承佃，佃约也一直按照此前的内容书写。道光五年（1825 年），熊源顺瞒着业主将此地基转佃给黄国宝，但黄国宝不愿意在佃约上写明"拆房还基"字样。在高额租金的诱惑之下，熊同意了黄国宝的要求。这让该地的真正地主福德会很愤怒，会首遂将熊、黄二人告上了县衙。县令批示让八省客长"集理说断"。八省客长接手后，调查了此事的来龙去脉，最后建议，由黄国宝直接向福德会佃房，每年租金仍为 5 两 2 钱，若福德会要收回地基建房，黄仍然要拆除所建房屋。这个裁断得到了当事各方的同意。[1]

其实，八省客长参与调解最多的是商帮之间的商业纠纷。在前面提到的重庆大小河帮围绕厘金征收的诉讼案中，八省客长积极参与调解斡旋，最终提出了解决的方案："小河船只装载客货往大河上游行走，帮结差费钱文归大河船首收取差钱；大河船只装载客货往小河上游行走，帮给差费钱归小河船首收取差钱。"也就是说，不论船只属于何帮，只要他们在大河或小河上运送货物，都应该分别由大河帮或小河帮来抽取差钱。此一诉讼遂最终解决。在此后道光二十五年（1845 年）、光绪二十年（1894 年），三船帮还多次发生纠纷，也都在八省客长的调解下，达成和解。[2]

八省客长参与调解并取得成功，更多的是因为政府授权，在道光二十六年（1846 年）熊立富要求增加工钱一案中，八省客长的调解为该案的最终解决立下了基础，之所以如此，是因为巴县县令的授权。在原被两造的呈文中，多次批示"仰八省客长妥议章程"，最后官方公布的解决方案也是八省客长提

---

〔1〕《清代乾嘉道巴县档案选编》（下），第 78 页。

〔2〕 6-3-820、6-6-3643。同样的例子还有很多，如茶陵帮与陕西帮背夫为货物背运所引发的矛盾也是在八省客长的调解下平息的，见《清代乾嘉道巴县档案选编》（下），第 5 页。

议的方案。

（三）正式的司法介入能力

虽然按照我国的传统，"官厅接受诉讼时，若属于民事或商事方面，必先试行调处，及和解绝望才下判决"[1]。但在移民社会的商业纠纷特别是个体之间的纠纷中，民间调解缺失，大量的商业诉讼是没经过民间的调解，就由原告直接上诉到衙门的。如何添锡与秦世丰、蒙景和因佃房引发的案子。何添锡在重庆有铺面四间，佃给客商秦世丰、蒙景和开设栈房。道光五年（1825年），何添锡以银900两的价钱将铺面卖给万寿宫，催促秦世丰、蒙景和退佃搬家。秦蒙二人以还有外账尚未收回为由，拒绝搬家。何添锡于是将秦蒙二人告到了县衙。最后县令裁决，秦蒙二人应该立即退佃，将铺面还给何添锡。[2]也正是在官方正式的司法制度的帮助下，外来客商挽回了不应该有的损失。[3]

当然，在有些案子中，街邻在案发的初期，积极地参与了调解，但并没有多少效果，原、被告双方遂转向正式的司法审理，在衙门的判决下，达成解决问题的办法。龚双全从他人手中佃李广顺位于重庆临江坊的铺面开设酒铺，因生意不好，亏本银300余两，决定邀人合开。杨大通不愿意，要求龚双全还清所欠租金后退佃。龚双全屡投坊长、街邻理剖，都未见成效，最后告官，在官方判决后，达成了解决的办法。[4]

有时，正式的审判结果并不支持民间调解结果。嘉庆二十四年（1819年），刘王氏佃铺房、坐房四间给刘福顺开设煤炭铺，每年租金7两8钱，租金都是按时支付的。在租房期间，刘福顺曾经将房屋进行过简单的维修，花费钱约80 000文。道光十六年（1836年），刘王氏准备退佃，自己开设煤炭铺，刘福顺不允，于是请来坊长陈浩然评理。陈浩然鉴于刘福顺佃居多年，其间又出资翻修过房屋，希望刘王氏能够出银20两作为退佃的赔偿。但刘王氏并没有接受陈浩然的调解，反以他们串通一起为由，将其告上衙门。最后，

---

[1] 全汉升：《中国行会制度史》，百花文艺出版社2007年版，第148页。

[2] 《清代乾嘉道巴县档案选编》（下），第72~73页。

[3] 如嘉庆十一年（1806年）"马乾一等状告郑殿扬一案"，参见《清代乾嘉道巴县档案选编》（上），第339页。

[4] 《清代乾嘉道巴县档案选编》（下），第5页。

县令完全支持了刘王氏的主张，刘福顺必须在 3 日内搬出，刘王氏也不用给他 20 两白银的赔偿。[1]县令的判决完全从法律的角度来考虑，和民间调解的立足点完全不同，以致有不同的结论。

最后，不得不说，如同民间调解一样，官方的依法审判有时候也没有得到确实的执行。如前面谈到的李思纪一案。当县令传票审讯行户谢玉玺等人时，保人陈国泰虽然和谢玉玺一同居住，却声称找不到谢玉玺，意图使此案不了了之。即使有了明确的判决结果，当事人也经常屡判屡犯。这从新、旧棉花铺围绕着业务范围的纠纷一案可以看出。嘉庆十四年（1809 年），新花铺会首鲍三顺因私自弹旧棉花卷被旧花铺控于捕府，由于证据确凿，鲍三顺不得不"备酒设席"，表示不再弹卖旧花。双方的纠纷似乎已经解决。第二年，新花铺依法炮制，以旧花铺匠人"在街滥规，擅弹新花新絮"为由，状告旧花铺违规。双方为此多次出庭，在衙门交锋一年有余也没有得到都能接受的结果。[2]

五、结论

在清代的重庆，由于特殊的历史背景及便利的交通条件，形成了以移民为主体的人口结构，这使得清代重庆的商业纠纷呈现出不同于传统社会其他地方的某些地方性特色。这表现在宗族、社区内部调解机制的无力，许多个体移民之间的商业纠纷往往没有经过民间的调解而直接进入了正式的司法审判程序，并依靠官方的宣判而获得解决。

但在另一个方面，在商人特别是商帮之间的纠纷中，八省客长却每每参与调解并经常取得成功，邱澎生认为，"十八九世纪重庆地方司法官员确实较常命令八省客长协调纠纷与调查案情，这种公开借重民间团体协助解决司法案件的情形，在同时期的苏州城商业纠纷案例中则极难看见"，并把此一现象的原因归于重庆是座特殊的"河港移民型城市"。[3]邱先生的论断大体不错。从清代重庆商业纠纷解决机制的多重性来看，其实质是反映了清代重庆地区

---

〔1〕《清代乾嘉道巴县档案选编》（下），第 64 页。

〔2〕《清代乾嘉道巴县档案选编》（上），第 238~240 页。

〔3〕邱澎生：《国法与帮规：清代前期重庆城的船运纠纷解决机制》，载邱澎生、陈熙远编：《明清法律运作中的权力与文化》，联经出版公司 2009 年版，第 328 页。

特殊的城乡二元结构，即繁荣的都市商业与宗族等传统社会支配势力并不发达这样一个并重的格局。由于这个格局的存在，使得在清代重庆的商业纠纷中，正式的司法审判程序参与了大量个体的商业诉讼纠纷的调解，而大量团体的纠纷则更多地依靠八省客长来调解、斡旋。

法律 · 思想 · 文化

"海瑞定理"形成原因的再考察

中国政法大学人文学院历史研究所　姜金顺

　　与明代的其他官员一样，海瑞养成了一种将职务作品结集出版的习惯。例如嘉靖四十一年（1562 年）五月，海瑞将自己担任淳安知县任内的公文、判词挑选出来，以《淳安县政事》的名义公开出版。按照他的理解，元代以来出版的书籍汗牛充栋，其中很多书籍并无任何出版价值，故而很有必要向秦始皇学习"焚书"；尽管存在"言之未当、议之未详"之处，但是《淳安县政事》肯定不会在"焚书"名单中出现。[1]值得注意的是，该书收录了一份名为《兴革条例》的施政纲领，[2]其中有两段与断案依据有关的文字特别受到关注。出于讨论的便利，有学者将其简称为"海瑞定理"。概括说来，针对容易辨别是非曲直的普通案件，海瑞主张依法断案，反对进行调解；[3]针对难以辨别是非曲直的疑难案件，海瑞主张依据社会损失最小化或者社会财

---

　　〔1〕　陈义钟编校：《海瑞集》，中华书局 1962 年版，第 36 页。

　　〔2〕　相关解读可见高寿仙：《从〈兴革条例〉〈考语册式〉看海瑞的实政精神》，载中国明史学会、北京十三陵特区办事处编：《明长陵营建 600 周年学术研讨会论文集》，社会科学文献出版社 2010 年版，第 337~343 页。

　　〔3〕　原文为："一止讼。问之识者，多说是词讼作四六分问，方息的讼。谓与原告以六分理，亦必与被告以四分。与被告以六分罪，亦必与被告以四分。二人曲直不甚相远，可免愤激再讼。然此虽止讼一时，实动争讼于后。理曲健讼之人得一半直，缠得被诬人得一半罪。彼心快于是矣。下人揣知上人意向，讼繁兴矣……可畏谄而含糊解之乎？君子之于天下曲曲直直，自有正理。四六之说，乡愿之道，兴讼启争，不可行也"。参见陈义钟编校：《海瑞集》，中华书局 1962 年版，第 117 页。

富最大化原则进行判决。[1]

由于忽视了各自的适用范围，黄仁宇对于第二段文字的解读出现偏差："这一段有关司法的建议恰恰暴露了我们这个帝国在制度上长期存在的困难：以熟读诗书的文人治理农民，他们不可能改进这个司法制度，更谈不上保障人权。法律的解释和执行离不开传统的伦理，组织上也没有对付复杂的因素和多元关系的能力。"[2]而苏力最早注意到这种区分，并且从经济学的角度讨论"海瑞定理"的合理性："海瑞的政治生涯也许是失败的，但本文表明海瑞不但追求过和实践过对私人产权的司法保护，而且追求的是有系统效率的保护，不但保护经济资产，而且保护文化资产。"[3]在后续研究中，学者基本上围绕"海瑞定理"概念（特别是在当代中国语境中）的解释力展开讨论。[4]

苏力等人的分析虽然精彩，但毕竟属于个案研究；若要想由点及面，进而讨论"海瑞定理"在明代法律史中所处地位的问题，还需要对一些遗漏或简化的细节进行重点讨论：例如尽管受到海瑞的极力贬低，"词讼作四六分问"的建议为何会受到很多官员的认可、支持？假若将研究时段缩小在明代中后期，它是否具有某种历史合理性？[5]从现在的学科分类看，"与其屈XX，

---

〔1〕 原文为："一疑狱。两造具备，五听三讯，狱情亦非难明也。然民伪日滋，厚貌深情，其变千状，昭明者十之六七，两可难决亦十而二三也……窃谓凡讼之可疑者，与其屈兄，宁屈其弟；与其屈叔伯，宁屈其侄；与其屈贫民，宁屈富民；与其屈愚直，宁屈刁顽。事在争产业，与其屈小民，宁屈乡宦，以救弊也（乡宦计夺小民田产债轴，假契侵界威逼，无所不为。为富不仁，比比有之，故曰救弊）。事在争言貌，与其屈乡宦，宁屈小民，以存体也（乡宦、小民有贵贱之别，故曰存体。弱乡宦擅作威福，打缚小民，又不可以存体论）"。参见陈义钟编校：《海瑞集》，中华书局1962年版，第117页。

〔2〕 黄仁宇：《万历十五年》，生活·读书·新知三联书店1997年版，第139页。

〔3〕 苏力：《"海瑞定理"的经济学解读》，载《中国社会科学》2006年第6期。

〔4〕 如桑本谦：《疑案判决的经济学原则分析》，载《中国社会科学》2008年第4期；石绍达：《司法中的"海瑞定理"？》，载徐昕主编：《司法》（第3辑），厦门大学出版社2008年版，第70~81页；艾佳慧：《调解"复兴"、司法功能与制度后果——从海瑞定理Ⅰ的角度切入》，载《法制与社会发展》2010年第5期。此外，《法律和社会科学》第5卷（法律出版社2009年版）还收录了凌斌、艾佳慧、李清池、沈明、李晟、张巍等学者的批评文章，此处不再一一列举。

〔5〕 或许是法律学者的缘故，苏力倾向于淡化具体的研究时段，并将其归咎于古代官员的个人能力不高、官员的任职期限较短，参见苏力：《关于海瑞定理Ⅰ》，载苏力主编：《法律和社会科学》（第4卷），法律出版社2009年版，第242、251页；尤陈俊将研究时段放在明清时期，并对苏力的观点进行重新验证，参见尤陈俊：《历史语境中的海瑞定理Ⅰ：延伸性讨论》，载苏力主编：《法律和社会科学》（第5卷），法律出版社2009年版，第238~246页。

宁屈 XX"大致属于经济学的思维方式,"以救弊""以存体"大致属于伦理学的思维方式(后者可能是引起黄仁宇误读的一个重要原因)。海瑞为何要将两种不同的思维方式混杂在一起?有鉴于此,笔者拟结合同时期的官箴书进行讨论。

一、"词讼作四六分问"与"海瑞定理"

首先来讨论第一个细节。从字面含义上讲,"词讼作四六分问"包含三层意思:一是"四六分问"并非实指,而是让双方酌情承担责任,最终结果取决于官员对于案件的初步印象;二是受理词讼的官员其实大致能够区分(绝对/相对)过错方、(绝对/相对)受害方,否则也不会说"二人曲直不甚相远";三是出于某种考虑,在案件审理过程中,受理词讼的官员将伸张"法律正义"放在次要位置,所以没有勇气(或者兴趣)追究(绝对/相对)过错方的完全责任。与之相反,出于某种考虑,海瑞将伸张"法律正义"放在最为优先的位置,主张严格追究绝对过错方的责任;即便难以确定绝对过错方,也要确定相对过错方,并且让其承担完全责任。

要想"平等地"对待这两种不同的建议,研究时段的选取至关重要。从概率上讲,"海瑞定理"中出现的"争产业""争言貌"可以出现在秦至清的任何一个时段,根据需要任意截取研究时段可以理解;但是在不同的时段,审理官员所处的历史语境是不同的,这必将影响到他们对于特定案件的审理。将研究时段严格限定在明代中后期,理由在于这段时间出现了很多由于社会转型引发的具有鲜明时代特征的政治议题,生活在其中的地方官员(包括海瑞)势必都要对其做出回应,而审理案件可以视为回应的一种渠道。

(一)"争言貌"

这个问题相对容易理解,随着明代中后期商品经济的发展,地主—佃户、家主—奴仆之间的人身依附关系出现松动。双方出现摩擦、引起纠纷也就在所难免,极端情况下甚至会出现"佃变""奴变"。假若任其发展,士人(他们的另一个身份可能是"地主""家主")区别于农民、手工业者(他们的另一个身份可能是"佃户""奴仆")的既有标准就将失去效力。面对这种身份焦虑,士人至少面临三种选择:要么回归传统,重申既有区分标准(例如"贵贱有别")的有效性;要么有条件地接受现实,不再重申既有的区分标准，转而创造新的区分标准（例如强调品味）；[1]要么置身事外，漠不关心。

　　一旦进入官场，他们对于类似案件的审理自然存在差异：海瑞提出的"宁屈小民"明显倾向于第一种选择；而"词讼作四六分问"则倾向于第二种选择；也有人倾向于第三种选择，即尽量回避争议，最好不要轻易受理此类案件，"凡家主告奴仆盗财物、奴仆告家主奸妻女恐系诬捏，不要轻准。此二事俱要指寔有据、服罪无词，方行决断"[2]。"一人有兄弟告争者，事无证佐，甚是难问，必须服其心方可。如晓谕之不从，将兄弟二人各出一手连镣，着家长带回查勘。如十日不明，调转手镣。如此则行立坐卧不能离散，各亲戚教唆者不能近身，妇人之唆者看了心一不觉，自和同矣。夫妇之欲离散者，审无大过恶，或同监日久，或多方省□，务令完聚，十分不得已方令散也。"[3]

　　（二）"争产业"

　　众所周知，户口、田亩是明代赋役征收的主要依据。可是这套制度很快受到破坏，一个重要原因是地方上的"富户""乡宦"向里甲、胥吏（有可能是攒造图册的里长、甲首、粮长，也有可能是州县衙门誊写图册的书手、算手，及督造图册的官吏人等）行贿，通过采取种种手法逃避或减轻赋役。它带来两个连续的后果：首先，由于逃避赋役的存在，地方官员并不清楚田地所有权的实际归属（当然里甲、胥吏私下非常清楚），他所掌握的鱼鳞图册也就失去真实性；其次，由于鱼鳞图册失去真实性，赋役的征收也就存在不公平的现象，因为空缺出来的赋役会被转嫁给其他民众。解决田赋征收不公的思路有两种：一是解决因为鱼鳞图册失实引发的田赋征收不公问题，例如

---

　　[1]　[英]柯律格：《长物：早期现代中国的物质文化与社会状况》，高昕丹、陈恒译，生活·读书·新知三联书店2015年版，第148页。

　　[2]　（明）不著撰者：《居官必要为政便览二卷》卷下《刑类》，载《官箴书集成》（第2册），黄山书社1997年版，第66页。类似技巧，亦可见（明）不著撰者：《新官轨范·词讼第九》，载《官箴书集成》（第1册），黄山书社1997年版，第750页；（明）蒋廷璧：《璞山蒋公政训·治体·理词讼》，载《官箴书集成》（第2册），黄山书社1997年版，第13页。

　　[3]　（明）蒋廷璧：《璞山蒋公政训·治体·理词讼》，载《官箴书集成》（第2册），黄山书社1997年版，第13页。类似技巧，亦可见（明）不著撰者：《居官必要为政便览二卷》卷下《刑类》，载《官箴书集成》（第2册），黄山书社1997年版，第66页。

清丈田亩，重新攒造鱼鳞图册；二是解决其他原因引发的田赋征收不公问题（因为赋役征收的不公平未必皆由鱼鳞图册的失实引起），例如可以将田地的种类及科则合并起来，将各种税收名目合并起来等。[1]

不同的解决思路肯定会影响到地方官员对于田地纠纷的审理。假若选择前种思路，说明他非常关注田地所有权的实际归属。因此在审理田地纠纷时，他会如同"海瑞定理"显示的那样，一定要区分（绝对/相对）是非曲直，只有这样才能在鱼鳞图册中准确标记出田地所有权的实际所有者；[2]假若选择后种思路（也包括那些仅仅满足于完成田赋征收任务的地方官员），说明他试图回避鱼鳞图册的失实问题，自然没有兴趣追究田地所有权的实际归属。不过出于个人政绩的考虑，他更为关注的是能否按时、按量地完成田赋征收任务。因此在审理田地纠纷时，他可能仅仅关心谁愿意承担田赋（以及补缴可能拖欠、逃避的田赋），然后酌情分配各自承担的田赋份额，"词讼作四六分问"反应的就是这种心态。更为消极的做法是，"将小事批付里长、户首"或者"词讼小事批仰里老拘审回报"，"里长、老人备知情由，虽不尽合理，亦不大冤枉"。[3]

二、《兴革条例》中的"止讼"之道

对于第二个细节，"海瑞定理"中"止讼"一词提供了关键线索。其实无论是普通案件，还是疑难案件，除了审理官员的廉洁自律、秉公断案之外，更重要的是要做到同案同判。亦即无论在何时、何地，涉及何种级别的官员，相同案件都应该做出相同判决。否则，在现实利益的驱使下，原告（或被告）会不断上诉，说不定在哪个环节就能翻案。

为了做到同案同判，解决办法可以很多，《兴革条例》讨论了其中的两种：

〔1〕梁方仲：《明代赋役制度》，中华书局2008年版，"一条鞭法"第17~18、22~23页。该文原发表于天津《益世报》之1936年9月18日、9月27日《史学》专刊。

〔2〕海瑞在淳安知县任上主张丈量田地，并且制定了操作细则，可见《量田申文》《量田则例》，载陈义钟编校：《海瑞集》，中华书局1962年版，第159~160、190~201页。

〔3〕（明）蒋廷璧：《璞山蒋公政训·治体·理词讼》，载《官箴书集成》（第2册），黄山书社1997年版，第12~13页。

第一种解决办法是（至少特定行政区划范围内的官员之间）分享共同的思维方式，或者寻求不同分歧之间的最大共识。从宏观上讲，明代官员基本上都会同意（但又不限于）如下原则：应该兼顾人情、事理、法律；[1]为了让案情（特别是疑难案情）能够水落石出，允许采取刑讯逼供、五听断狱、心理博弈等审理技巧等。[2]但是如果进一步细分，官员之间的分歧就会出现。如前所述，至少海瑞与那些坚持"词讼作四六分问"的官员之间就存在巨大分歧。正是意识到分歧的存在，海瑞才会同时引用经济学、伦理学的思维方式，以便尽可能地争取分别持有经济学、伦理学立场的官员的认可、支持。

第二种解决办法是上级官员充分尊重州县官员的权威，理由是"狱问初情，人之常言也。盖狱之初发，犯者不暇藻饰，问者不暇锻炼，其情必真而易见，威以临之，虚心以诘之，十得七八矣"[3]。海瑞也持有类似观点，这也是他反对翻案的重要理由："曾见霍渭厓奏疏称讼不平者，原讼者诉之县，被讼者诉之府，原讼者诉之司，被讼者诉之院。县之判曰某曲也，府翻焉。司之翻曰某曲者，院翻焉。小民耳目为之眩惑，吏胥案牍由是混淆，然又非特此已也。兴讼启争，实因于是。盖小民不顾理义当否，以讼输为深愧。县判曲，转变情词诉之府；府判曲，转变情词诉之司院；司院判曲于此，犹欲翻招于彼。司院去百姓远，不知所以，逆其苦告，谓必有屈也，纵情辞不可强通，亦少假一二。况又多是转委府县官，被委员亦曰上司原告不可尽抑也。观望上人，亦欲假借。侧闻之人说，被委人有说上司原告，虽甚没理，亦须

〔1〕 如"问事要据事论理按律。如赵甲、钱乙以何事争，以何事打，此事也；得其事，即于所争所打之中论谁曲谁直，此理也；曲者何罪，直者无罪，此律也。事有的据者，但就事论事；无的据者，以理论事。事真不必论理，合律不必论情"，参见（明）佘自强：《治谱》卷四《据事论理按律》，载《官箴书集成》（第2册），黄山书社1997年版，第121页。

〔2〕 如"其问讼时如疑难之事，先摘取状内关紧人证，隔别参鞫，严设刑具，诱以甘言。如欲问牛，先问马；欲问军，先问匠。参伍其辞，察其颜色，少得其情即斥之令下。取原被告一人上前，大声曰：'供证已（原文为'巳'，不确定是已还是巳）明，吾备得真情矣'，观其颜色变动。启言舛错，则因其舛错变动处辨驳之，则真伪百无失一"，参见（明）吴遵：《初仕录·刑属·公听断》，载《官箴书集成》（第2册），黄山书社1997年版，第53页。类似技巧，亦可见（明）佘自强：《治谱》卷四《听讼》，载《官箴书集成》（第2册），黄山书社1997年版，第112页。

〔3〕 （明）汪天锡：《官箴集要·诘初狱》，载《官箴书集成》（第1册），黄山书社1997年版，第279页。

扶持，使后人闻风可告至我处问理，诵我廉明，而我得闻名于上司矣。言之可笑可鄙，不足道也。小民好胜，谓再讼于上，纵不大赢，亦可小胜，将不讼之乎？告愿某官问理，彼必德我为彰明也？得胜可料，将不讼之乎？轻于准理翻案，使民争讼之道也。狱贵初辞，县官所问正初辞也。天下乌乎定？孟子曰'定于一'，凡事皆然。官自为政，人逞己私，事体何时而定乎？县官于民最亲，上司止当责成县官，不可轻为翻案。"〔1〕

当然要想赢得上级官员的充分信任，仅仅强调"县官于民最亲"远远不够，州县官员还需要掌握必要的修辞技巧。毕竟上级官员看到的只是呈递上来的供词、判词，而不是州县官员的实际断案过程。例如由于立场的不同，再加上胥吏舞弊，供词（或招词、供状）、判词（或审语）对于案情的描述可能存在冲突，这也是上级官员着重考察的内容。所以应该先撰写判词，然后再对供词进行调整，"凡审语既定，须令招书照依审语节节衍长。虽文可衍，正意则不可改"。撰写判词时，除了注意"审不离情"，即"官府审语，须一一将犯人情状描写如画"，更要注意"移情就律"。此处的"移情就律"包含两层含义：一是对案情进行必要的调整，以便符合某项法律规定，"若情不移，则律不合，圜土皆死囚矣"；二是注重措辞的感染力，争取打动读者，"至于移情最妙之处，又不但移犯人之情，而且移阅者之情就我作者之情。文章至此，一字一思，一句一巧，所谓智者识精，仁者心苦，方得毒心。拙笔及不耐烦之人，不可语此阴骘解网之道也"〔2〕。

与之相比，海瑞在《兴革条例》中提出的建议更为省事："曾见刑部供案情节不遗，词极简短。今在外衙门供状，每铺叙许多无用说话，遂致吏书得以暗藏字画，出入罪人，官不能究。窃谓当止即官所判断语为供，不用书手，

---

〔1〕 陈义钟编校：《海瑞集》，中华书局1962年版，第116页。

〔2〕 （明）佘自强：《治谱》卷四《听讼》，载《官箴书集成》（第2册），黄山书社1997年版，第113页。类似技巧，亦可见"问断切不可有成心，又不可执拗到底。虽要聪明，又不可太苛刻，亦能误事、起衅、败名。如其人素行为恶，若偶犯一事，未必该治重罪。切不可因而罗织成案，恐罪未必成，反使得以借口，又恐上人谓我不达事体也。由或一事我是如此问，倘上司驳行别官，彼又轻重改易，此亦常事，切勿动念。如事情无大关系，听其改易无妨。如系人命事情，亦须从容辩白，听其自悟。如彼是我非，便当虚心谢答，切不可自是"，参见（明）不著撰者：《居官必要为政便览二卷》卷下《刑类》，载《官箴书集成》（第2册），黄山书社1997年版，第69页。

可免百般奸弊。而上下沿袭不改，自生事可怪!"〔1〕换句话说，如果能够直接删去原被告的供词，或者提供供词的删节版本，两者出现冲突的可能性也就大大降低。不过这种建议应该很难获得实践的机会，因为对于州县官员来说是"省事"，可是对于上级官员来说却是"费事"。

三、《兴革条例》外的"止讼"之道

如前所述，"狱贵初辞"是第二种解决办法成立的前提。可是在很多上级官员看来，这种前提之成立需要很多附加条件。〔2〕至于附加条件有哪些，恐怕受到上下级官员的私人关系、上级官员的知识结构等多种因素的影响，很难一一量化。即便是那些能够摆在台面、公开讨论的附加条件，也有很多可以操作的空间。例如吕坤就主张："狱贵初情……须知初勘者何官，果检验者掌印正官乎？识见精明乎？持法廉正乎？鞫狱虚慎乎？则初情乃确案也。倘初委佐贰首领阴阳省祭老人，才识昏短而群小轻忽，操守卑污而供招苟且，若是，而初情宁可贵乎？"〔3〕如果说"初勘者何官"容易量化，那么"识见精明乎？持法廉正乎？鞫狱虚慎乎？"就很难量化，更接近于一种印象式的评判标准。一旦不符合上级官员内心中设立的附加条件，第二种解决办法也就很容易被推翻。

此外还存在第三种解决办法，那就是惟上级官员是从。从理论上讲，上级官员之所以将州县官员的判决驳回重审（或直接推翻），有可能是因为州县官员的判决不公，也有可能是因为后者的行政级别高于前者的行政级别。即便州县官员的判决后来被证明是对的，上级官员也不可能受到来自州县官员的任何指责。所以揣摩上级官员的心思，也就成为第三种解决办法成立的前提。

就此而言，《治谱》〔4〕一书提供的技巧最为详细：面对上级官员驳回重

〔1〕 陈义钟编校：《海瑞集》，中华书局 1962 年版，第 116~117 页。

〔2〕 参见蒋铁初：《中国古代审判中的狱贵初情》，载《法学研究》2013 年第 5 期。

〔3〕 （明）吕坤：《实政录·风宪约·提刑事宜》，载《官箴书集成》（第 1 册），黄山书社 1997 年版，第 544 页。

〔4〕 有关该书作者与编者的更多考证，可见周毅：《〈治谱〉官箴思想研究》，中国政法大学 2015 年硕士学位论文，第 9~12 页。

审的批词，首先应该进行情绪控制，"问事绝不可有成心，又不可直拗到底。如其素恶所犯者，轻即从轻问。若以平日不善，遂罗织成罪，恐罪未必成，奸人反得以借口，且使上之人以我辈为不谙事体也"[1]；然后根据不同情况做出不同应对，"上司驳招，有因情罪不合律；有虽合律，而犯人、中证之言不与招情合者；有情罪俱当，尚有可矜可疑者；又有各出意见，无一不招驳者，此俱不足动念，只须虚心详审。如不合律，此书手之故也，责而改正；若情词不一，再求妥当；如可矜疑，情重者当反覆为之求生，情轻亦再三为之酌处。若出意见一驳再驳，不妨照原招再申之。只要就所□（驳）□□明白说出，未有不允者。必不得已（原文为巳——作者注），婉曲再作禀帖，听其别批可也"；再者切实提高自身的法律素养，"然招详屡为上司所驳，亦非美事。凡问断须平恕，招情须停妥，方易于批允，又可以服小民之心。若执一己之偏，任一时之情，或其人可恨，情又可恨，即从重；或其人可怜，情又可怜，即从轻。通不论事，通不照律例，则上司见之，以我辈为何如？间有刁民随招辩诉，其言亦易信。若一驳再驳，或别批词语俱厉，则上司已有心矣。此后须凡事仔细，不然事从此败（上司近喜苛罪可恕、词不可恕，切忌'姑念''从轻'等语）"[2]；最后不要轻易推翻上级官员的既定判决，"事有经上司批允，情罪已定。两家覆告，或不知而准，后来审出，仍令照旧。若任一时意气，又翻旧案，径行无此体，申请又不便。久之无可奈何，却又仍旧，大不雅观"[3]。

不难想象，州县官员的上级可以有很多，要想全部揣摩清楚根本不现实。故而有些官箴书转而着重介绍一些推卸州县官员责任的技巧。在《璞山蒋公政训》中，蒋廷璧提到了两个细节：一是在审理"户婚、田土、斗殴等事止该杖罪以下"案件时，州县官员最好将状词、供词、判词粘贴在一起，然后一式三份，分别交由原告、被告、官府保管，"后有番［翻］者，赢家执此赴

---

〔1〕（明）佘自强：《治谱》卷四《平心息气》，载《官箴书集成》（第2册），黄山书社1997年版，第121页。

〔2〕（明）佘自强：《治谱》卷四《上司驳招》，载《官箴书集成》（第2册），黄山书社1997年版，第125~126页。

〔3〕（明）佘自强：《治谱》卷四《批允复告》，载《官箴书集成》（第2册），黄山书社1997年版，第126页。

官，批词、供结明白，事多不改"〔1〕；二是遇到"两疑之事""上司行下公文，中间有碍施行、[理]合申明"时，在呈递正式公文（"申详"）之前，不妨呈递非正式公文（"白头揭帖"），以便试探上司的意见，"若上司以为可行，决意行之；若以为不可，白头揭帖便不参驳，杂逆上意无害矣"〔2〕。

在《治谱》中，佘自强还提到了另一种技巧："近有功名之士，自理词讼多问徒赎，申司道以图迎合；甚至有本无徒赎之人，捏鬼名以申解者。谐世虽工，终不若遇应徒者方行申报之为正大也。近有善宦者，凡自理词讼，遇刁徒强项讼师不服县官责罚者，察言观色，觉有可异，即将此起申招府堂。详内云事乾刁棍重情，合虎申达本府。本府详允后，如此人再告，上司批府，亦难反汗，致谤县官。如批各厅，彼亦相谅，决不相反，亦谐世中一制奸法也。"〔3〕从权限上讲，州县官员拥有笞杖案件的完全处置权，相应判决结果并不需要报经上级官员核准；但是"多问徒赎"则不同，相应判决结果必须报经上级官员核准，因为州县官员并没有徒刑及以上案件的完全处置权。通过这种变通的方式，州县官员能够侧面探听上级官员的意见，然后再对判决结果进行相应调整。由此一来，无论是谁（原告/被告）提出上诉，都将很难获得翻案的机会。此外，成书于万历年间的《松窗梦语》中也有类似记载，担任大名知府的张瀚就曾规定：只要是疑难案件即可正常上报，"余为郡守，预约州邑，凡事难断处者，听其申达。大名有兄弟构讼财产，继而各讦阴私，争胜不已。县令不能决，申解至郡"〔4〕。

随着时间的不断积累，经过上级官员认可或驳回的案例越来越多，总结其中的成功、失败经验也就成为一项重要工作。对于这个细节，《治谱》本来没有涉及；但是《治谱》的编者特意从《初仕录》中摘录了相关内容，作为

---

〔1〕（明）蒋廷璧：《璞山蒋公政训·治体·清词讼》，载《官箴书集成》（第2册），黄山书社1997年版，第14页。类似技巧，亦可见"若经本职问理者，除小事量情发落外，但入杖罪者，俱取招发落，名为杂行卷宗，落房收阁"，参见（明）不著撰者：《居官格言》，载《官箴书集成》（第2册），黄山书社1997年版，第79页。

〔2〕（明）蒋廷璧：《璞山蒋公政训·治体·处疑难》，载《官箴书集成》（第2册），黄山书社1997年版，第16页。

〔3〕（明）佘自强：《治谱》卷四《供招申报》，载《官箴书集成》（第2册），黄山书社1997年版，第114~115页。

〔4〕（明）张瀚：《松窗梦语》卷一《宦游纪》，盛冬玲点校，中华书局1985年版，第13页。

"补遗"一并出版："凡事皆有成规，始无过错。如上司之定夺，前官之申呈如何得允，如何取驳，如何则利在于民，如何则谤归于上，一一考究。前事之成败，即后事之师模也。一应该房归结有大勘合大卷宗，取十余宗参看，则行移体式俱在其中……至于上司见发之事尤宜究心，要见此事曾否问理，有何成案，从头彻尾，仔细考覆。百凡兴革事宜，要考何人创议，何人申否，举行之利弊及根源亦须无碍。"〔1〕

四、小结

从内容上看，"海瑞定理"讨论的是一般案件、疑难案件的审理原则。无论是审理一般案件，还是审理疑难案件，除了要求审理官员廉洁自律、秉公断案外，还需要做到同案同判，才能避免原被告的不断上诉。为了做到同案同判，可以选择的办法有三种：一是分享共同的思维方式，或者寻求不同分歧之间的最大共识；二是上级官员充分尊重州县官员的权威；三是惟上级官员是从。"海瑞定理"选择的是第一种解决办法。正是由于意识到分歧的存在，海瑞才会同时使用经济学、伦理学两种不同的思维方式，以便同时寻求分别持有经济学、伦理学思维方式的官员的认可、支持。

从渊源上看，"海瑞定理"应该是对"争产业"（多为田地纠纷）、"争言貌"两类案件的审理经验的总结。在明代中后期的语境中，地方官员面临很多由于社会转型引发的政治议题，对待这些政治议题的态度直接影响到他们对相关案件的审理。例如是否愿意解决田赋征收的不公平问题，以及如何解决田赋征收的不公平问题，将会影响到地方官员对于"争产业"的审理；是否接受商品经济引发的人身依附关系的松动，将会影响到地方官员对于"争言貌"的审理。而"海瑞定理"及对其极力贬低的做法，可以视为不同的地方官员对于上述政治议题的不同回应。

〔1〕（明）吴遵：《初仕录·立治篇·查旧案》，载《官箴书集成》（第2册），黄山书社1997年版，第41~42页；（明）余自强：《治谱》卷十《查旧案》，载《官箴书集成》（第2册），黄山书社1997年版，第207~208页。

古今之间的清律盗毁神物

——神明崇拜、伦常秩序与宗教自由

中国政法大学法学院　谢　晶

引　言

古今中外的人类社会，均一定程度地存在对超自然、彼岸世界关注甚或崇拜的现象，与此相应，和超自然、彼岸世界相关联的物品常被赋予某些特殊的意涵，或被认为拥有神奇的力量，因而获得超乎普通物品的关注、崇拜。为了论述方便，本文将这类物品统称为"神物"。

对神物的关注、崇拜还常直接体现在法律之中。法律对神物施加超乎普通物品的保护，吉同钧发现，"欧西各国崇尚宗教，凡盗及教堂者，治罪加严。德律，盗礼拜堂内器具及供礼拜神祇之建造物者，处惩役。俄律，盗教堂神物及供奉之灯烛、杯盏、经卷，罚作苦工云云。虽名色各有不同，而其尊敬神道则一也"[1]。在我国历史上，以传统时代的最后一个王朝清代为例，《大清律例》[2]中受到特殊保护的神物主要有神御物、祭祀场所的建筑物内及周遭环境中的物品、坟冢等，而在唐宋等其他时代，佛教、道教的神佛造像也被纳为被律典特别保护的神物。

目前学界还并未有针对传统时代这些规则的整体性论述，仅散见一些对其

---

〔1〕 （清）吉同钧撰：《大清现行刑律讲义》，栗铭徽点校，清华大学出版社 2017 年版，第 247 页。

〔2〕 本文所引《大清律例》条文之参用本为（清）薛允升：《读例存疑重刊本》（三），黄静嘉点校，成文出版社 1970 年版。本文引用律例时不再标注页码，仅注明黄静嘉先生所编之律例编号（为方便起见，本文改原文汉字字符为阿拉伯数字）。

中个别条文或规则的研究，如盗大祀神御物、盗毁天尊佛像、发冢等律例。[1]本文即试图将这些有关神物的规则一并进行讨论，以清代为核心并兼及唐宋以来之演变及清末以降之近代转型，挖掘古今相关规则及背后法律思维、文化之异同，为当下的相关制度、政策提供一些来自历史的正面或反面的经验。

一、儒家的祭祀：从神明崇拜到伦常秩序

正如冯友兰先生言："人在原始时代，当智识之初开，多以为宇宙间事物，皆有神统治之。"[2]商代的人们还比较迷信，奉祀不少神祇，"既有风雨河岳之属的自然神，也有一大批先公先王的祖灵"，《礼记》所谓"殷人尊神，率民以事神，先鬼而后礼"[3]。到周时虽还有对"天"的信仰，但已"明白一切固保天命的方案，皆在人事之中"，"将天命归结为人主自己的道德及人民表现的支持程度"。[4]故周时各类祭祀活动虽尚繁，然已具备了宣示政权、厘定社会关系（伦常秩序）等政治、社会功能，而不仅仅是对神明的崇拜，[5]《礼记》又谓"周人尊礼尚施，事鬼敬神而远之，近人而忠焉"[6]。

子曰："周监于二代，郁郁乎文哉！吾从周。"[7]孔孟儒家大力倡导的包括各式祭礼在内的"礼"，即这类继承自西周的宣示、表彰政治、伦常秩序的人文主义的礼，所祭者并非缥缈玄虚、遥不可及、超然于人的神，而是"法施于民则祀之，以死勤事则祀之，以劳定国则祀之，能御大菑则祀之，能捍大患则祀之"，且即便是对一些自然物的祭祀，也并非简单的"自然神"迷信，而是因

---

〔1〕 如周东平：《论佛教礼仪对中国古代法制的影响》，载《厦门大学学报（哲学社会科学版）》2010年第3期；吕丽、刘玮：《唐律有关祭礼犯罪的立法及其影响》，载《社会科学战线》2007年第6期；刘鄂：《依违于礼教与宗教之间——〈钦定大清刑律〉"发掘坟墓罪"研究》，载《清华法学》2014年第1期；谢晶：《财产何必"神圣"？——清代"盗官物"律例论析》，载（台湾）《法制史研究》2017年第31期。

〔2〕 冯友兰：《中国哲学史》（上），重庆出版社2009年版，第28页。

〔3〕 王文锦译解：《礼记译解》，中华书局2016年版，第728页。

〔4〕 有关商周的这一转变，参见许倬云：《西周史》（增补二版），生活·读书·新知三联书店2012年版，第114~125页。

〔5〕 参见杨宽：《西周史》（上），上海人民出版社2016年版，第883~890页；许倬云：《西周史》（增补二版），生活·读书·新知三联书店2012年版，第294~296页。

〔6〕 王文锦译解：《礼记译解》，中华书局2016年版，第728页。

〔7〕 杨伯峻译注：《论语译注》，中华书局2009年版，第28页。

"日月星辰，民所瞻仰也，山林、川谷、丘陵，民所取财用也"，非有功于民、有用于人事者，均"不在祀典"。[1]与祀典所载官方的祭祀活动内涵同质，在民间，普通人去世之后也会得到在世亲友出于伦理、人情的祭祀。[2]祭祀非为鬼神，而是一种"礼仪规范、道德规范"，体现"报恩、报本"的人文观念，[3]既进行了"理性化的脱巫"，又"珍视性地保留着神圣性与神圣感，使人对神圣性的需要在文明、教养、礼仪中仍得到体现"，[4]此之谓"儒家的祭祀"。

我国传统时代此后的政治、文化、社会即继续沿这一脉络发展，一方面"敬鬼神"，政府及民间均一直保留各类祭祀活动，另一方面又能"远之"，不佞鬼神，对鬼神的祭祀活动也实则着眼于人事、伦常。这一对鬼神的态度也直接体现在清律有关神物的规则之中：一方面对神物有超乎普通物的保护，另一方面严格限定被特别保护的神物的种类、范围以及侵害的方式。

《刑律·贼盗》"盗大祀神御物"律（257-00）曰：

> 凡盗大祀（天曰）神（地曰）祇御用祭器帷帐等物，及盗饗荐玉帛牲牢馔具之属者，皆斩。（不分首从、监守常人。谓在殿内，及已至祭所而盗者）其（祭器品物）未进神御，及营造未成，若已奉祭讫之物，及其余官物，（虽大祀所用，非应荐之物）皆杖一百，徒三年；若计赃重于本罪（杖一百，徒三年）者，各加盗罪一等；（谓监守、常人盗者，各加监守、常人盗罪一等，至杂犯绞斩不加）并刺字。

该律仅针对神物中的大祀神御物。所谓大祀，《礼律·祭祀》"祭享"门内例文有解说："大祀，祭天地、太社、太稷也。"（157-02）至于中祀、小祀[5]等其他级别祭祀中涉及的神物则不在本律处罚范围之内。此外，清末时

〔1〕王文锦译解：《礼记译解》，中华书局2016年版，第604页。

〔2〕当然，前者相较后者有宣誓政权的作用，但在传统时代"家国同构"的政治、社会构架下，政治秩序即扩大的伦理秩序，故官方与民间的祭祀活动可谓"同质"。

〔3〕楼宇烈：《宗教研究方法讲记》，法祇、陈探宇、熊江宁整理，北京大学出版社2013年版，第54~55页。

〔4〕陈来：《古代宗教与伦理：儒家思想的根源》，生活·读书·新知三联书店2017年版，第15页。

〔5〕"中祀，如朝日夕月风云雷雨岳镇海渎，及历代帝王先师先农旗纛等神。小祀，谓凡载在祀典诸神。"（157-02）

将祭孔升入大祀，于是"如盗孔庙祭器等物，应依此律办理"〔1〕，但在此之前的案例则是比本律减一等处理。〔2〕嘉庆年间的成案将盗关帝神像、银什供器也比照该律处理，因刑部认为"关帝虽未载在大祀，为我朝崇敬，较之神祇御用为重"，只是由斩立决"奉旨改为斩候，入于秋审情实办理"。〔3〕但若仅是行窃关帝座前御用之物，则被认为较盗关帝神像情节为轻，故相关案例是比照本律减一等，杖一百、流三千里。〔4〕

神御物，即神祇御用饗荐之物，根据该律，其包括"御用祭器帷帐等物"以及"饗荐玉帛牲牢馔具之属"，为神祇所御用或饗荐于神祇，在殿内或已至祭所，盗之则属"十恶"重罪中的"大不敬"（002-00），故"不分首从、监守常人"，盗之皆斩，嘉庆二十年（1815年）吉二偷窃堂子黄段、咸丰二年（1852年）贾三等行窃天坛皇乾殿内物品即均依此拟斩立决。〔5〕但若"未进神御，及营造未成，若已奉祭讫之物，及其余官物"，"与盗之神前有间"，〔6〕故仅"皆杖一百，徒三年"。清律对盗一般官物（寻常仓库官物）的处罚方式是计赃论罪（264-00、265-00），此律不计赃数皆斩/杖一百徒三年，惟盗后一类大祀神御物计赃重于本罪（皆杖一百，徒三年）者，方较计赃之罪（分别监守、常人盗）加一等。〔7〕

---

〔1〕（清）吉同钧纂辑：《大清律讲义》，闫晓君整理，知识产权出版社2017年版，第53页。

〔2〕（清）祝庆琪等编撰：《刑案汇览全编·刑案汇览续编》（第9卷），法律出版社2008年版，第367页。

〔3〕（清）许梿、熊莪纂辑：《刑部比照加减成案》，何勤华、沈天水等点校，法律出版社2009年版，第59~60页。

〔4〕又因"系新疆回子改发黑龙江交该将军严加管束，仍照例刺字"。（清）祝庆琪等编撰：《刑案汇览全编·刑案汇览续编》（第9卷），法律出版社2008年版，第367~368页。

〔5〕（清）许梿、熊莪纂辑：《刑部比照加减成案》，何勤华、沈天水等点校，法律出版社2009年版，第60页；（清）祝庆琪等编撰：《刑案汇览全编·刑案汇览续编》（第9卷），法律出版社2008年版，第368页。

〔6〕沈之奇详解这类神物："御用之物，未进殿内；饗荐之物，未陈祭所；及营造御用之物，尚尤未成；进奉饗荐之物，祭讫撤回；与其余官物，如七箸釜甑之属，虽大祀所用，而不系御用饗荐者。"（清）沈之奇撰：《大清律辑注》（上），怀效锋、李俊点校，法律出版社2000年版，第553页。

〔7〕从整体上对清律盗官物律例的研究，以及关于"监守"与"常人"之别的辨析，可参见拙作：《财产何必"神圣"？——清代"盗官物"律例论析》，载（台湾）《法制史研究》2017年第31期，第121~156页。

除了"盗"之外，清律禁止的对大祀神御物的侵犯方式还有"毁"。《礼律·祭祀》"毁大祀丘坛"律第二节："若弃毁大祀神御（兼太庙）之物者，杖一百，徒三年。（虽轻必坐）遗失及误毁者，各减三等。（杖七十，徒一年半；如价值重者，以毁弃官物科）"（158-00）"弃毁"为故意，"遗失及误毁"乃过失，前者比后者重三等处罚，"以毁弃官物科"即计赃准窃盗论、加二等，遗失及误亦是较故意弃毁者减三等。（098-00）该律不计赃的原因与盗大祀神御物一样，神御之物较一般官物为重，故亦是惟"价值重者"方计赃，以毁弃一般官物律科罪。道光十七年（1837 年）校尉张士英在南郊大祀之时失足"致将亭顶落下及出籤处略有缺痕"，即本应依本律"误毁者减三等"，但审理者认为"虽讯系一时失足脱肩，惟大祀重典，亭内恭奉神座，并不敬谨将事，非寻常失误可比。其不敬莫大，于是若仅照本律问拟，未免过轻"，拟依大不敬律斩立决，不过上谕并未同意这一看法，仍将其"减为杖徒"。[1]

大祀神御物中的牺牲如"喂养不如法，致有瘦损"，也是清律规定的一种对神物的侵害方式，《礼律·祭祀》"祭享"律规定了相应的处罚方式："一牲，笞四十；每一牲加一等，罪止杖八十。因而致死者，加罪一等。"（157-00）

清律中还有比大祀神御物更为神圣、贵重的神物：大祀丘坛。"大祀天地，有圜丘、方丘，即天坛、地坛也"，"享神之所……天子亲临致敬之处，故重于神御之物"，不论故意与过失，毁损（"大坏曰毁，小坏曰损"）即皆杖一百、流二千里。至于壝门，其为"坛外之坛，有门以通出入者也"，亦即"迎神之所"，同样也是"天子亲临致敬之处"，所以沈之奇笼统指出，壝门也"重于神御之物"[2]。但其实细绎该律，毁损壝门者，不论故误皆杖九十、徒二年半，（故意）弃毁大祀神御物者杖一百、徒三年，（过失）遗失及误毁者，杖七十、徒一年半，亦即仅在过失的状态下方对毁壝门的行为处罚重于对神御物者，在故意的情形下则是对神御物的处罚更重，故实难看出律

〔1〕（清）祝庆琪等编撰：《刑案汇览全编·续增刑案汇览》（第 4 卷），法律出版社 2008 年版，第 206~207 页。

〔2〕（清）沈之奇撰：《大清律辑注》（上），怀效锋、李俊点校，法律出版社 2000 年版，第 386 页。

典有壖门"重于神御之物"之意（158-00）。在实践中，损坏文庙内物品也是被比照本律，杖一百、流二千里。[1]

丘坛地重，故"天地等坛内"禁止"纵放牲畜作践，及私种耤田外余地，并夺取耤田禾把"，违者"俱问违制，杖一百；牲畜入官，犯人枷号一个月发落"[2]（158-01）。接下来的158-02例规定了查禁之责："八旗大臣将本旗官员职名，书写传牌，挨次递交，每十日责成一人，会同太常寺官，前往天坛严查。有放鹰打枪、成群饮酒游戏者，即行严拿交部，照违制律治罪。"据沈之奇说，158-01例云"天地等坛"，故"社稷、太庙皆同"[3]，但158-02例仅涉及天坛，故可看出天坛之地位又较其他丘坛为重。正因为此，在案例中，嘉庆二十一年（1816年）邵亨滢将其师祖所遗天坛内坍塌房屋的木料、砖瓦等出售，虽然"经查明伊祖房屋，并非官为建盖"，但刑部亦认为"天坛重地"不能轻纵，于是将其比照盗大祀神御物律中关于"盗大祀祭器品物、未进神御及其余官物满徒"的规则减一等处罚，杖九十、徒二年半。[4]

值得注意的是，以上律例虽多强调"大祀"，但"祭祀"篇"祭享"律第五节言："中祀有犯者，罪同。（余条准此）"（157-00）那么"准此"之"余条"意指哪些呢？沈之奇言："或谓'余条准此'所该者广，则刑律盗大祀神御物坐斩，中祀亦斩耶？谬矣。曰余条，是言祭祀条内者，非曰余律而可概及也。"[5]吉同钧研究成案之后也发现，《刑律》中的"盗大祀神御物"律确"专指大祀，其中祀、小祀俱不得援引也"[6]。此说应为一般处理原则，刑部在处理相关案例时亦曾强调："中祀以下诸神御用各物，即不得滥引

〔1〕（清）祝庆琪等编撰：《刑案汇览全编·刑案汇览》（第10卷），法律出版社2008年版，第645页。

〔2〕即062-00律。

〔3〕（清）沈之奇撰：《大清律辑注》（上），怀效锋、李俊点校，法律出版社2000年版，第387页。

〔4〕（清）许梿、熊莪纂辑：《刑部比照加减成案》，何勤华、沈天水等点校，法律出版社2009年版，第60页。

〔5〕（清）沈之奇撰：《大清律辑注》（上），怀效锋、李俊点校，法律出版社2000年版，第384页。

〔6〕（清）吉同钧纂辑：《大清律讲义》，闫晓君整理，知识产权出版社2017年版，第53页。

此律。"〔1〕不得滥引，那么该如何处理呢？实践中，道光五年（1825 年）赵大偷窃系属中祀的先农坛内的"其余官物"，刑部判定，律内"并无盗中祀官物作何治罪明文，应比照'盗大祀官物'减等问拟"，但因"该犯两次偷窃，情节较重，……非寻常偷窃可比，自应加重科断"，于是将其直接比照盗大祀神御物律内关于盗"其余官物"的规则杖一百、徒三年，并未减等。〔2〕而同治二年（1863 年）买买提行窃城隍、药王神像胡须，刑部指出"按律只应计赃科罪"〔3〕。

传统时代还广泛存在对已故的人的祭祀活动，祭祀范围上到帝王下到普通人，律典对这类祭祀活动中涉及的神物也有不同程度的特别保护。对已故之人坟冢的保护集中在《刑律·贼盗》"发冢"门中。坟冢是"死者之所藏而不致暴露，生者之所保而不忍发掘者也"〔4〕，不仅是超自然角度上死者魂魄的居所，更是人伦秩序中生者孝道的寄托处。大致而言，对发冢的处罚标准主要有二：其一，根据对坟冢的破坏（暴露）程度，程度越严重相应的处罚越重，反之则越轻；其二，根据发冢者与坟冢主人的亲疏尊卑关系，卑发尊者罪重，反之罪轻（276-00-23）。对一些地位高的人的坟冢还会加大保护，这些人主要有："贝勒贝子公夫人""历代帝王""会典内有从祀名位之先贤名臣""前代分藩亲王""递相承袭分藩亲王""前代分藩郡王""追封藩王"等（276-12）。实践中，并未被列入律典的贵人、公主的陵寝或飨堂也可能得到更多的保护，〔5〕而窃盗先王陵寝的物品则更是直接比照盗大祀神御物律，不分首从皆斩。〔6〕

---

〔1〕（清）祝庆琪等编撰：《刑案汇览全编·刑案汇览续编》（第 9 卷），法律出版社 2008 年版，第 367 页。

〔2〕（清）许槤、熊莪纂辑：《刑部比照加减成案》，何勤华、沈天水等点校，法律出版社 2009 年版，第 418 页。

〔3〕（清）祝庆琪等编撰：《刑案汇览全编·刑案汇览续编》（第 9 卷），法律出版社 2008 年版，第 367 页。

〔4〕（明）雷梦麟撰：《读律琐言》，怀效锋、李俊点校，法律出版社 2000 年版，第 335 页。

〔5〕相关案例见（清）祝庆琪等编撰：《刑案汇览全编·续增刑案汇览》（第 5 卷），法律出版社 2008 年版，第 258～259 页。

〔6〕相关案例见（清）祝庆琪等编撰：《刑案汇览全编·刑案汇览》（第 12 卷），法律出版社 2008 年版，第 750～751 页。

若是历代帝王陵寝及先圣先贤忠臣烈士坟墓，《礼律·祭祀》还有专门的"历代帝王陵寝"律规定"所在有司，当加护守"，"不许于上樵采耕种，及牧放牛羊等畜。违者，杖八十"（160-00）。又有《刑律·贼盗》"盗园陵树木"门对（皇家）园陵内及普通人坟茔内的树木[1]等物有特别保护，对前者之保护重于后者。[2]甚至还规定了两种直接比照盗大祀神御物律处理的情况：其一，"凡山前后各有禁限，如红椿以内，盗坎树木，取土取石，开窑烧造，放火烧山者，比照盗大祀神御物律斩"（263-02）；其二，"凡旗、民人等在红椿以内，偷挖人参，至五十两以上，为首，比照盗大祀神御物律斩"（263-04）。嘉庆十二年（1807年），周明、孙秀在"木门沟大漥地方红椿以内，迭次邀伙，盗坎树数十余株"，即依第一条例文，比照盗大祀神御物律处理。[3]

二、佛道入律：限制与保护中的伦常秩序和神明崇拜

我国传统时代历代之律典有明显的承继关系，清因于明，而明袭于唐宋元。史家向对唐律有颇高评价，"论者谓唐律一准乎礼，以为出入得古今之平"[4]，而对于明律（实则包括清律）与唐律的沿革，薛允升有经典论说，明律因"删改过多，意欲求胜于唐律，而不知其相去甚远也"，出现了所谓的"轻其所轻，重其所重"现象，亦即"大抵事关典礼及风俗教化等事，唐律均较明律为重，贼盗及有关帑项钱粮等事，明律则又较唐律为重"[5]。

应该说，这些说法大致不谬，笼统而言，唐律至少相较其后世之律典为"儒家化"程度最高者，但是，若细绎唐明（清）律的具体条文，如本文所论有关神物者，则这一概括便恐不能尽赅。仅以"盗大祀神御物"律为例，如前所论，明清该律刑罚显重于盗一般官物，凡盗者皆斩，若盗未进神御、

---

〔1〕 "树木为护阴之物。"（清）沈之奇撰：《大清律辑注》（下），怀效锋、李俊点校，法律出版社 2000 年版，第 561 页。

〔2〕 对本门律例的具体研究，可参见拙文《天下无私：清律中的自然资源"所有权"》。

〔3〕 内阁大库档案，登录号 123788-001，台湾"中研院"藏。

〔4〕 （清）永瑢等撰：《四库全书总目》，中华书局 1965 年版，第 712 页。

〔5〕 参见（清）薛允升撰：《唐明律合编》，怀效锋、李鸣点校，法律出版社 1999 年版，"例言"第 1、170 页。

营造未成、已奉祭讫之物及其余官物者皆杖一百，徒三年，计赃重于本罪者，各加盗罪一等。而唐宋该律处罚则仅流二千五百里，"其拟供神御，未馔呈者，徒一年半。已阙者，杖一百。若盗釜、甑、刀、匕之属，并从常盗之法"〔1〕。该律隶属贼盗律，故前后相较，确实符合"贼盗及有关帑项钱粮等事，明律则又较唐律为重"的归纳，但是，亦如前所论，该律保护的是儒家的伦常秩序，故从此而论，该律则不能尽合关于"事关典礼及风俗教化等事，唐律均较明律为重"的说法。

更典型的反例是一条为唐宋律所有而明清律所无的律文——"盗毁天尊佛像"。如前所言，周孔以降的传统时代敬神而不佞神，呈现出鲜明的世俗化、人文主义色彩，此点体现在清律有关神物的规则中，也体现于笔者此前一篇拙文中探讨过的清律对佛道等宗教管理的问题。〔2〕然而，若纵观整个传统时代，则在这一鲜明的主色调之下，仍不乏稍异的色彩，且这一异色恰发生于"一准乎礼"的唐律。

如所周知，儒家思想在西汉被确立为官方正统，但在东汉覆亡之后长达四个世纪的分裂和混乱局面中，"官方确立的正统儒学不仅无法解释分崩离乱的社会现象，而且也无从慰藉人们的心灵"，佛道乘机兴起，至少在理论层面、在士大夫群体的精神世界中，佛道的影响力渐呈盖过儒家之势。这样的状况甚至持续到隋唐，那时的官方也对佛道表示出充分的礼敬与支持，〔3〕"唐代尊崇释、道，以二教为国教，奉佛祖、道尊为先圣，自皇帝贵族至士庶百姓无不顶礼膜拜"〔4〕。在这一趋势的影响之下，唐律虽仍延续汉魏晋以来的"儒家化"脉络，仍从整体而论敬神不佞神，律典中仍有诸如"称道士女官""私入道"这样的律文，以儒家之礼限制、管控佛道，将佛道一定程度上拉回

---

〔1〕《唐律疏议》，刘俊文点校，法律出版社 1999 年版，第 377 页；《宋刑统》，薛梅卿点校，法律出版社 1997 年版，第 334~335 页。

〔2〕 谢晶：《家可出否：儒家伦理与国家宗教管控》，载《北方法学》2015 年第 4 期，第 146~153 页。

〔3〕 思想史上的这一脉络，参见苏亦工：《天下归仁：儒家文化与法》，人民出版社 2015 年版，第 122~124 页。

〔4〕 刘俊文撰：《唐律疏义笺解》（下册），中华书局 1996 年版，第 1361 页。

儒家构建的伦理秩序之中，[1]但是，仅从有关神物的规则即可见得，此时官方对佛道的礼敬与支持态度实已被显著地铸入了律典之中。[2]《唐律疏议·贼盗》"盗毁天尊佛像"律曰：

> 诸盗毁天尊像、佛像者，徒三年。即道士、女官盗毁天尊像，僧、尼盗毁佛像者，加役流。真人、菩萨，各减一等。盗而供养者，杖一百。（盗、毁不相须）[3]

该律不仅禁止道士、女官以及僧、尼盗毁本教神像并定以较重刑罚（加役流或减一等），还规定凡人盗毁者及"道士等盗毁佛像及菩萨，僧、尼盗毁天尊若真人"者亦须徒三年，惟盗而供养者，因"非贪利"，仅杖一百。正如学者所言，该律"着眼点非在盗毁，乃在其亵渎神圣也"[4]，实则将本来是佛道教徒"才应遵守的戒律与礼仪进行普遍化、一般化、刑法化，使之成为必须普遍遵守的强制性的社会规范"，亦即将佛道教礼敬各自神像的戒律、礼仪通过普遍性、强制性的国家法律作用到不信佛道的人的身上，[5]让这一时期的律典沿着世俗化的反方向迈了一步。

佛道日盛的态势直到中唐以后方渐止，以韩愈、李翱为代表的大儒挺身而出，着力辟佛抑道。沿此进路，宋儒更进一步，进行了一场"吸收学习、超越扬弃"的更高程度的批评与论辩，被誉为"理学之大纲""支配我国士人之精神思想凡五六百年"[6]的《近思录》卷十三"异端之学"凡十四章收录的即均是这类著述。[7]不过，理学家这类思想的影响力在宋代至少还未直接、

---

〔1〕《唐律疏议》，刘俊文点校，法律出版社1999年版，第155~157、256~257页。

〔2〕当然，诚如刘俊文先生所论，"唐律此条之设，虽有举国尊崇释道之背景，实亦渊源有自者也"，而并非全然唐律首创，相关渊源参见刘俊文撰：《唐律疏义笺解》（下册），中华书局1996年版，第1361~1362页。

〔3〕《唐律疏议》，刘俊文点校，法律出版社1999年版，第383页。

〔4〕刘俊文撰：《唐律疏义笺解》（下册），中华书局1996年版，第1361页。

〔5〕参见周东平：《论佛教礼仪对中国古代法制的影响》，载《厦门大学学报（哲学社会科学版）》2010年第3期，第111页。

〔6〕语出陈荣捷：《近思录详注集评》，华东师范大学出版社2007年版，"引言"第1页。

〔7〕详见（宋）朱熹、吕祖谦撰：《朱子近思录》，严佐之导读，上海古籍出版社2000年版，第123~126页。

充分体现在律典之中,《宋刑统》"盗毁天尊佛像"律完全承袭自唐。[1]理学的"制度化"达成于元代,[2]而理学家这类思想的影响直接达于相关制度,亦是发生于元代。

元代相关条文有二,其一关于僧侣:"诸为僧窃取佛像腹中装者,以盗论。"其二针对一般大众:"诸盗塔庙神像服饰,无人看守者,断罪,免刺。"[3]在这两种情形之下,窃盗者均不仅并不会被加重处罚(以盗论),且还可能被减轻处罚(免刺)。值得玩味的是,元代其实是传统时代中统治阶层佞佛现象较为突出的时代,"政治局面里,僧侣占到很高的位置。皇室佛事,占国家政费之泰半。……大概当时的社会阶级,除却贵族军人外,做僧侣信教最高",举其著例,泰定二年(1325年)竟"以鲜卑僧言,为全天下立祠比孔子"[4]。而在这样的时代,国家法制竟有这样的变化,更是体现出理学家思想在元代影响之深刻。

薛允升曾提到,"尝阅元史刑法志,亦间有明律相符者,知明律又承用元律也"[5]。明清时代的律典在有关佛道教神像的制度上确实延续了元代的做法,且更进一步,不再有专门关于佛道神物的规则("盗毁天尊佛像"律以及元代的两条均无),可谓进一步世俗化。与此同时,正如笔者已在此前拙文中详论,明清时代较唐宋还新增"僧道拜父母"律,要求僧道"出家"之后仍"在家",继续遵循儒家伦理秩序中的拜父母、祭祀祖先、丧服等第等规则。[6]故而可以说,明清律典至少在佛道教规则的这一减一增,较唐宋律典更加相契于儒家所倡导的伦理秩序,更加世俗化。

---

〔1〕《宋刑统》,薛梅卿点校,法律出版社1997年版,第338页。

〔2〕这一过程可参见葛兆光:《中国思想史》(第2卷·七世纪至十九世纪中国的知识、思想与信仰),复旦大学出版社2013年版,第251~262页。

〔3〕(明)宋濂等撰:《元史刑法志》,载《大元通制条格》,郭成伟点校,法律出版社2000年版,第419、421页。

〔4〕钱穆:《国史大纲》(修订本·下册),商务印书馆1996年版,第654~658页。

〔5〕(清)薛允升撰:《唐明律合编》,怀效锋、李鸣点校,法律出版社1999年版,"例言"第1页。

〔6〕谢晶:《家可出否:儒家伦理与国家宗教管控》,载《北方法学》2015年第4期,第151~153页。

三、积极保护与消极容忍：宗教自由观下的神明和伦常

清末修律以降，传统时代关于盗毁神物的这些规则亦随之被模仿自西洋或东洋的所谓近现代刑法取代。在 1907 年完成的《大清刑律草案》中，与各类祭祀活动有关的罪名主要集中在第二十章"关于祀典及坟墓罪"。第 250 条规定：

> 凡对坛庙、寺观、墓所、其余礼拜所，有公然不敬之行为者，处五等有期徒刑、拘留或一百圆以下罚金。其妨害葬仪、说教、礼拜、其余宗教上之会合者，亦同。

第 251 条至第 255 条则关于发掘坟墓、盗毁遗体及陪葬物。此后清廷及民国乃至 1949 年之后我国台湾地区制定、颁布的历部刑法典或草案的相关条文即均以此为模本，虽常有细节之损益但大体未改。[1] 按照当时立法者的说法，第 250 条沿革自传统时代的"盗毁天尊佛像""毁大祀邱坛"等律，而第 251 条至第 255 条则来自传统时代的"发冢"律，将这些条文合于此章的原因在于：

> 中律祀典向隶《礼律·祭祀》，凡丘坛、寺观俱赅于内。查各国刑法，宗教特立一门，盖崇奉神明之意，中外同此一理。既根于全国之习惯，即为社会秩序所关系，故仍设为专章。至各国正教亦附于后，以符信教自由之原则。
>
> 挖掘坟墓，大率利其棺内财物，自唐以后俱列贼盗。然就广义言之，或挟仇示辱、或贪图吉壤、或指称旱魃，原因复杂，不仅财物一项。兹从各国通例，移辑本章之后。

所谓"坛庙、寺观"，"指载列祀典或志乘者而言"，故言传统律典的

---

[1] 相关条文见赵秉志、陈志军编：《中国近代刑法立法文献汇编》，法律出版社 2016 年版，第 201、236~237、274、314、362、445~446、517~518、579、639、675~676、716 页；陈聪富主编：《月旦小六法》，元照出版有限公司 2014 年版，第 6~32、33 页。

《礼律·祭祀》与其有某种程度的渊源关系，应无疑义，但传统律典与该条有渊源关系的可能并不限于《礼律·祭祀》，如"盗毁天尊佛像"律即隶属"贼盗"，而《刑律·贼盗》中的"盗大祀神御物"律虽被立法者列为第350条（窃盗罪的加重情形）的渊源之一而非此处的第250条，但其实仅从逻辑即可推论，既然毁大祀神御物、盗毁天尊佛像均为其渊源，则盗大祀神御物亦不可不谓其渊源。

不过若仔细对比传统与近代的这些条文，则即便渊源可寻，其相异之处亦不能忽略。相异首先体现在条文所禁止的犯罪行为方式，后者为"公然不敬之行为"，按照民国时期教科书的解说，"所谓公然，即当众之意，所谓不敬，即污渎尊严之意"，"指积极的侮慢意思表示"，"如于公众面前，对坛庙寺观以言语举动表示轻侮意思"。[1]而传统时代则将处罚的行为严格限定为盗、毁以及在特定区域内的放牧、耕种等特定行为（也可被归入广义的盗与毁）。两相比较显而易见，近代被纳入刑罚处罚的侵犯神物行为的严重程度远低于传统时代。

第二点主要的相异体现在所要保护的祭祀活动的范围。"坛庙、寺观、墓所"之外，所谓"礼拜所"，"凡回教及各国正教载在约章，应行保护之礼拜堂均是"[2]。将传统祭祀活动与各国正教合在一处的原因在于"以符信教自由之原则"，从立法者的这一表述来看，是把传统时代的各类祭祀活动亦作为与伊斯兰教、基督教等平等、并立的宗教来看待，1910年《修正刑律草案》的按语再次确认这一观点："祀典为崇奉神明之礼，坟墓为安葬体魄之区，事实固有不同而属于宗教之信仰，初无二致。……本章之规定系为保护宗教之信仰而设，关于祀典之罪与关于坟墓之罪，行为虽异，损害则同，合为一章，似无窒碍。"[3]当代台湾地区的刑法学者亦仍延续此解说，指出亵渎祀典罪是"针对足以破坏宗教信仰自由的犯罪行为"，而传统"风俗习惯上对于祖先均极具孝思，不但永加怀念，而且尚以宗教方式加以祭拜"，故法律将其合成一

---

〔1〕 李秀清、陈颐主编：《朝阳法科讲义》（第6卷），陈新宇点校，上海人民出版社2013年版，第233页。

〔2〕 上文有关《大清刑律草案》的条文及立法理由等内容，参见高汉成主编：《〈大清新刑律〉立法资料汇编》，社会科学文献出版社2013年版，第128~131、165~166页。

〔3〕 高汉成主编：《〈大清新刑律〉立法资料汇编》，社会科学文献出版社2013年版，第546页。

罪章。[1]

尽管有差异，但立法者和学者均强调中外之理同——"查各国刑法，宗教特立一门，盖崇奉神明之意，中外同此一理"，甚至宣称该章"根于全国之习惯"。笔者也不否认，在这一问题上古今中外颇有相通或言暗合之处，然相通或暗合并不能掩盖包括该章在内的整部草案继受外国多于继承传统的事实，将该章与《日本刑法典》第二十章"有关礼拜场所的犯罪"[2]、《德国刑法典》第十一章"涉及宗教与世界观之犯罪"[3]稍加对比便显而易见，[4]且相通或暗合之外的相异的背后，恐怕正能体现出古今中外法律思想、文化的某些重大差异，并可能为今天的有关宗教制度、政策提供一些正面或反面的参考。

首先，这一立法把传统时代的各类祭祀活动亦作为与伊斯兰教、基督教等平等、并立的宗教来看待，所谓"事实固有不同而属于宗教之信仰"，可是，传统的这些祭祀活动是否是"宗教"？对这一问题的回答，须先界定"宗教"的概念，甚至我们还可进一步追问：儒学乃至佛道教是否是宗教？这些话题其实是近代西风东渐以降至今仍在聚讼者。对这些话题的回答难以一言而尽，惟可以明确的是，传统时代的各类祭祀活动（乃至儒学、道教、佛教等）与西方的典型宗教如基督教、伊斯兰教存在较大的差异，其中一个显著的内在的差异即上文所论，传统祭祀表面上是祭祀鬼神，但实则着眼于此岸的人事、伦常。[5]

---

[1] 林山田：《刑罚各罪论》（下册），北京大学出版社 2012 年版，第 347 页。

[2] 张凌、于秀峰编译：《日本刑法及特别刑法总览》，人民法院出版社 2017 年版，第 98~99 页。

[3] 何赖杰、林钰雄审译：《德国刑法典》，元照出版有限公司 2019 年版，第 229~230 页。

[4] 当然，具体细节有别，尤其是将传统身份伦理的问题部分融入了进来（可参见刘鄂：《依违于礼教与宗教之间——〈钦定大清刑律〉"发掘坟墓罪"研究》，载《清华法学》2014 年第 1 期，第 149~161 页），但体例及主要内容仍与德日类似。其中，日本刑法典又以德国刑法典为蓝本，但日本这部"新刑法"之前的"旧刑法"因主要参考法国刑法典，相关立法模式即有较大差别，参见《新译日本法规大全（点校本）》（第 2 卷），李秀清点校，商务印书馆 2007 年版，第 501 页。日本刑法典的继受史参见 [日] 前田雅英：《刑法总论讲义》（第 6 版），曾文科译，北京大学出版社 2017 年版，第 2 页。

[5] 即便是创立于印度、出世精神突出的佛教在来到中国之后，也倡导"以出世心，做入世事"，强调此岸而不太注重彼岸。对于中国传统"宗教"的特点亦即其与西方典型宗教的差异，可参见楼宇烈：《宗教研究方法讲记》，法祇、陈探宇、熊江宁整理，北京大学出版社 2013 年版，第 63~69 页。

刘鄂博士研究传统"发冢"律的近代转型时即指出,"日本、德国等国的刑法对墓地、尸体予以保护,主因是这些国家的丧葬文化多受宗教(如佛教、神道教、基督教等)的影响;而清人,特别是士大夫阶层,保护坟墓、尸体,却更多地是以礼教为本位,以家族为主体"。这一分析颇具启发性,德国、日本的丧葬文化与其宗教信仰同质,故刑法将这两部分内容合为一章,而我国传统上的官方与民间祭祀活动也同质,故律典将这两部放在一处亦应无可厚非,值得讨论者仍在传统祭祀与伊斯兰教、基督教等可否并列为一种宗教并得到刑律(刑法)的同等保护。对此,刘博士的观点是,由于"传统的身份伦理主义对立法"影响至深,故传统律典中的"发冢"规则"实不可以'宗教之信仰'加以解释"。[1]

从这一说法来看,刘博士的观点虽仅及民间普通人的祭祀活动,但由于其理论的依据是"传统的身份伦理主义对立法"的影响,故可推论其对官方的祭祀活动的观点亦是如此。笔者也大致同意这一判断,只是该文因侧重讨论近代修律时对传统伦理观念的"依违"关系,故未再更进一步探讨将难以"宗教之信仰"视之的传统祭祀与伊斯兰教、基督教并立、同等保护之后所可能产生的问题。

对这一问题的解读,即涉及古今中外在此立法目的的重大差异。近代从德日继受而来的该章的立法目的如《大清新刑律》立法者所言:"以符信教自由之原则。""宗教自由"作为一项宪法权利来自于西方,且来之不易,"产生于中世纪对宗教压迫的抵抗,经过其后鲜血淋漓的殉教历史而形成"[2],十字军东征、圣巴托罗缪惨案……大大小小的宗教迫害、屠戮异端事件不胜枚举,正是基于对这些历史经验的深刻反思,宗教自由的诉求方诞生。易言之,西方社会因"宗教不自由"而要求"宗教自由"。这种宗教不自由表现在政治权力"对特定宗教给以优厚保护,而对于其他宗教则施以干预压迫"[3],如早期欧洲各国"政府的强力、财富以及其他大量资源都会支持一个教会或一

─────────────

〔1〕 参见刘鄂:《依违于礼教与宗教之间——〈钦定大清刑律〉"发掘坟墓罪"研究》,载《清华法学》2014年第1期,第161页。

〔2〕 [日]芦部信喜:《宪法》(第6版),林来梵等译,清华大学出版社2018年版,第120页。

〔3〕 林来梵:《宪法学讲义》,法律出版社2011年版,第296页。

种宗教",[1]德国在费尔巴哈的时代，法律及学者还均认为"亵渎神明的行为仅涉及对被德意志帝国法律承认的基督教会的礼拜对象或者崇敬对象"[2]，直到1919年《魏玛宪法》确立政教分离原则，宗教自由亦才随之确立。[3]

由于政教"不分离"，政治权力"对特定宗教给以优厚保护，而对于其他宗教则施以干预压迫"，故宗教自由的诉求即针对这些提出，要求政教分离，要求所有宗教被平等保护、免受干预压迫。在政教不分离的时代，教权足以与世俗政权相抗衡甚至超越政权，"特定宗教"会受到"优厚保护"，在"宗教自由"之后的政教分离时代，虽教权不再能凌驾于政权，但在历史传统的惯性之下，宗教仍旧占有较高的地位，只是在"平等保护"的诉求之下，"其他宗教"也能够受到与"特定宗教"平等的、同样较为优厚的保护。体现在刑法中，即是哪怕仅言语上的、较轻微的"不敬"或"亵渎"行为便可能被认定为犯罪、施以刑罚。[4]并且由于这样平等的地位来之不易，故还在法律中旗帜鲜明地宣告保护宗教自由，体现出一种颇为"积极的"宗教自由。概言之，因"不自由"而要求"自由"，并体现为一种"积极的"自由。

与此形成颇为鲜明对比的是，我国传统时代虽从无"宗教自由"的口号及法律文本上的明确宣告，宗教却向来颇为"自由"，也几乎未有如西方传统那样政教合一或教权能与世俗政权相抗衡的时期，[5]故律典对其一方面"限而不禁"，[6]另一方面通常不会给某种宗教特别的优待，往往采一种视而不见、消极容忍的态度，除非其触犯刑律，或其进行了足以触及刑律的侵犯且

---

〔1〕[美]卡尔·埃斯贝克：《美国宪法中的政教关系》，李松锋译，法律出版社2016年版，第8页。

〔2〕[德]冯·费尔巴哈：《德国刑法教科书》，徐久生译，中国方正出版社2010年版，第265~266页。

〔3〕[德]格哈德·罗伯斯主编：《欧盟的国家与教会》，危文高等译，法律出版社2015年版，第54页。

〔4〕如前引《德国刑法典》第十一章"涉及宗教与世界观之犯罪"、《日本刑法典》第二十章"有关礼拜场所的犯罪"，后者仿自前者。

〔5〕尽管也曾出现过某些宗教地位相对较高的时候，但与西方历史上的政教合一甚至教权大于政权的情形不能同日而语。

〔6〕参见谢晶：《家可出否：儒家伦理与国家宗教管控》，载《北方法学》2015年第4期，第146~153页。

程度较高，如盗、毁。故而相对而言，这里的"宗教自由"是一种相对"消极的"自由。[1]

我国自清末修律以降至民国时期（乃至如今的我国台湾地区），从德日继受而来的相关制度即体现的是"积极的"宗教自由，而放弃了传统的"消极的"自由的模式。不过有意思的是，我国现行法律制度中宗教自由条款似乎又一定程度往"消极模式"回归。《中华人民共和国宪法》第36条对宗教自由进行了原则性宣告：

> 中华人民共和国公民有宗教信仰自由。
>
> 任何国家机关、社会团体和个人不得强制公民信仰宗教或者不信仰宗教，不得歧视信仰宗教的公民和不信仰宗教的公民。
>
> 国家保护正常的宗教活动。任何人不得利用宗教进行破坏社会秩序、损害公民身体健康、妨碍国家教育制度的活动。
>
> 宗教团体和宗教事务不受外国势力的支配。

破坏宗教自由的刑事罚则规定在《中华人民共和国刑法》中，第四章"侵犯公民人身权利、民主权利罪"第251条规定：国家机关工作人员非法剥夺公民的宗教信仰自由和侵犯少数民族风俗习惯，情节严重的，处2年以下有期徒刑或者拘役。一方面要求"情节严重"，另一方面将犯罪主体限定为"国家机关工作人员"，相较"积极的"宗教自由模式"消极"了不少。[2]此外，我国刑法也并未将有关坟墓的犯罪与有关宗教的犯罪并为一章，而是将其列入第六章"妨害社会管理秩序罪"之中，第302条规定：盗窃、侮辱、故意毁坏尸体、尸骨、骨灰的，处3年以下有期徒刑、拘役或者管制。故就这两点而言，当下我国大陆地区的制度相较晚清、民国乃至当下我国台湾地区而言更接近于传统。只是当下的这种立法模式也并非来自传统，而是仿自苏联，《苏俄刑法典》第143条"妨碍举行宗教仪式"罪规定于第四章"侵犯公民的政治权利和劳动权利的犯罪"中，而第229条"亵渎坟墓"罪规定

---

〔1〕 当然，历代的相关制度与实践在程度上又具体有所不同。

〔2〕《中华人民共和国民族区域自治法》《中华人民共和国反恐怖主义法》《中华人民共和国教育法》以及国务院《宗教事务条例》等法律法规中亦有相关宗教自由的条款，但并不涉及刑罚罚则。

于第十章"危害公共安全、公共秩序和人民健康的犯罪"中。[1]

结 论

在古今中外的法律制度中，通常均会有一些对神物的不同程度的、超过对普通物品的保护的规则。我国传统时代亦不例外，一方面对神物有特别保护，另一方面又因受周孔以来人文精神的影响，敬神而不佞神，对神明渐由盲目崇拜转向实则对伦常秩序的关注，于是严格限定被特别保护的神物的种类、范围以及侵害的方式等。

及至清末修律，在法制从整体上"全盘西化"的潮流之下，有关神物的制度亦不能免俗，继受了发端于欧西的规则。这些规则体现出一种"积极的"宗教自由，而"积极的"自由源于"不自由"，源于政教不分离的宗教国家对宗教的优厚待遇，故而在我国这样一个宗教享有"消极的"自由的非宗教国家，是否有必要继受"积极的"的宗教自由其实不无疑义。

首先，既然已颇为"自由"，那么再强调"宗教自由"的必要性有多大呢？其次，这些给予宗教颇为优厚待遇的规则，源自欧西宗教国家的传统，即便仅仅言语上的、较轻微的"不敬"或"亵渎"行为即可能动用刑法的手段来处理。可是，既然欧西也在近代人文主义觉醒之后往"凯撒的归凯撒、上帝的归上帝"的政教分离、世俗化道路上发展，而我国至少自周孔以降即已摆脱神明盲目崇拜的束缚、走向关注伦理秩序的人文主义道路（尽管唐宋律典有佞佛之态，但元明清又继续世俗化），为何两千年后我们又要往反世俗化、反人文主义的方向"倒退"呢？好在我国当代刑法典又一定程度往"消极的"自由方向回复。

特定制度产生于特定社会，特定制度应对特定社会的特定需求，制度的设计须讲究"对症下药"。法律继受虽是古今中外屡见不鲜、无可厚非甚而可谓有益人类社会发展之事，但是，忽略具体法律规则背后立法目的、法律文化、历史传统等因素的继受，则将难免陷于"文不对题"之讥。

---

[1] 当然，虽立法模式相近，但条文的具体内容仍有不小差异。苏联刑法的相关条文，参见北京政法学院刑法教研室编：《苏俄刑法典》，1980年版，第68、109页。

清末立宪派的近代国家想象：以日俄战争时期的《东方杂志》为核心研究对象（1904—1905）

复旦大学法学院　赖骏楠

一、引言

日俄战争时期中国言论界"立宪国胜专制国"话语，在清末立宪史中占据重要地位。在战争爆发之际（1904 年 2 月），国内立宪派便大胆预测作为立宪国的日本必将战胜专制的沙俄，而这一预言也幸运地得到了战争结局的验证。这些人同样深信，以代议制为核心要素的近代立宪政体，非但不会对国家构成约束，反而能赋予国家相比以往远为强大的政治乃至军事能量，并使其在 20 世纪的现代战争舞台上大显身手。这一大名鼎鼎的"立宪强国论"，在促使清廷接受改革倡议、派遣五大臣出洋考察政治、并最终宣布仿行立宪等方面所起的作用，已经为清史学、中国政治史学、中国报业史学、军事史学等领域学者所公认。[1]

略为遗憾的是，现有研究在指出"立宪国胜专制国"一说影响了清末政治走向这一事实之后，却几乎未曾对这一说法本身进行充分分析。这就导致

---

[1]　参见萧一山编：《清代通史》（四），华东师范大学出版社 2006 年版，第 822~825 页；吕思勉：《中国近代史》，译林出版社 2016 年版，第 336 页；李剑农：《中国近百年政治史》，上海人民出版社 2015 年版，第 186~187 页；古伟瀛：《清廷的立宪运动（一九〇五—一九一一）——处理变局的最后抉择》，台湾知音出版社 1989 年版，第 14~15 页；侯宜杰：《二十世纪初中国政治改革风潮：清末立宪运动史》，中国人民大学出版社 2011 年版，第 29~31 页；马光仁主编：《上海新闻史（1850—1949）》（修订版），复旦大学出版社 2014 年版，第 246~254 页；［日］信夫清三郎、中山治一编：『日露戦争の研究』，河出書房新社 1972 年版，第 455~456 页；穆景元、毛敏修、白俊山编著：《日俄战争史》，辽宁大学出版社 1993 年版，第 433~444 页。

以下关键问题未得到有效澄清：以代议制、权力分立和基本权利保护为核心制度要件的近代宪法，究竟与一国军事实力存在何种关联？近代宪法与近代国家建设和国家能力间，究竟存在何种关系？这些问题，或许既萦绕在百余年前中国立宪派的心头，又吸引着当代中国法律人的目光。个人与国家、法治与富强，始终是百余年中国法制现代化历程的核心词汇。通过对百余年前类似讨论的严肃检视，我们将看到这些讨论的贡献和局限，并将更加明了我们今日的理论使命。

近年来，中国近代法律史中的"国家"议题，已受到部分学者的重视。[1] 在这种背景下，对"国家"概念本身做出简要辨析，应不至于毫无意义。在我看来，有必要区分三个层面上的"国家"概念。第一个层面是法权意义上的国家，亦即一国在国际法层面上拥有完整和独立的主权这一状态。有时这种意义上的国家概念还会延伸到国内法层面，即一国公法层面的中央集权。第二个层面是正当性和情感意义上的国家。该意义上的国家，涉及的是近代以来各国的民族主义思潮和国族建构（nation-building）历程，亦即通过各种符号、话语和制度安排，让政治体大多数成员产生对共同血缘、语言、文化和政治经历的认同，从而凝聚成一个拥有统一意志的民族国家共同体。第三个层面是物质、机构和制度的层面。这种意义上的国家，涉及的是国家建设（state-building）这一历史进程。该进程解决的是近代国家机器的建设和国家能力的积累这类问题：一国的军事、财政和行政体制如何得到合理化与官僚制化？国家机器整体如何强化对基层社会的控制，并从基层获得足够的资源以进一步强化自身，从而在近代的民族国家竞争体系中维持自身地位？正如下文分析将显示的，日俄战争时期的"立宪国胜专制国"言论，主要关注的是第二个层面上的国家，但也对第三个层面有所涉及。本文是从宪法理论和社会科学的角度出发，以《东方杂志》中的言论为考察材料，对日俄战争时期"立宪国胜专制国"论调的初步梳理和反思。

---

〔1〕 参见章永乐：《旧邦新造：1911—1917》（第2版），北京大学出版社2016年版；常安：《统一多民族国家的宪制变迁》，中国民主法制出版社2015年版；郭绍敏：《清末立宪与国家建设的困境》，河南大学出版社2010年版；金欣：《中国立宪史上的"宪法—富强"观再探讨》，载《交大法学》2018年第1期，第110~127页；杨昂：《清帝〈逊位诏书〉在中华民族统一上的法律意义》，载《环球法律评论》2011年第5期，第8~25页。

二、"立宪国胜专制国"说的展开

(一) 作为国内立宪派言论汇总的《东方杂志》

《东方杂志》是在近代思想文化界享有重要地位的综合类刊物。它由商务印书馆创办于 1904 年，终刊于 1948 年。在晚清时期，该刊基本上每月发行一次。该刊在最初几年印行时，不注明编辑人员。但可以确定的是，张元济、高梦旦、蔡元培、蒋维乔、夏曾佑等在当时支持变法的人士，都对该杂志有着实质性影响。[1]自 1910 年起，同为立宪派人士的杜亚泉开始担任该杂志主编（直至 1920 年）。[2]鉴于此种背景，《东方杂志》自其创刊之日起，即成为晚清立宪派在中国内地的重要舆论阵地。[3]尤其值得一提的是，该杂志从发行于 1908 年 8 月的第五卷第七期起，基本上每期都以"宪政篇"的专栏，对清末立宪运动的各种进展予以报道和评论。

《东方杂志》在创办初期的"选报"性质，使得它成为考察该时期国内各路立宪派言论的适当参考材料。在"本社撰稿"之外，《东方杂志》的编辑还选取了大量其他报刊上的言论。根据丁文的研究，在《东方杂志》的选报时期（1904 年至 1908 年），总共有 48 种报刊上的言论被收入该杂志，这囊括了当时所有有影响的报刊。[4]具体到本文所研究的日俄战争所经历两个年度的立宪讨论中，《中外日报》（汪康年、汪诒年兄弟主办）、《时报》（兼具康梁和张謇等多重背景）等立宪派日报中的文章，几乎是这时期《东方杂志》的常客，而《大公报》这类知名报纸也得到了《东方杂志》编辑的关注。在"社说""时评"等栏目中，也不时有《东方杂志》自身撰稿人有关立宪或日俄战争的文字。因此，《东方杂志》成为该时期国内立宪派言论的汇总平台。考察《东方杂志》，也就是在考察这一代变法人士的"时代精神"。

---

〔1〕 参见丁文：《"选报"时期〈东方杂志〉研究（1904—1908）》，商务印书馆 2010 年版，第 71~72 页。

〔2〕 参见洪九来：《宽容与理性：〈东方杂志〉的公共舆论研究（1904—1932）》，上海人民出版社 2006 年版，第 44、46 页。

〔3〕 参见洪九来：《宽容与理性：〈东方杂志〉的公共舆论研究（1904—1932）》，上海人民出版社 2006 年版，第 33~42 页。

〔4〕 参见丁文：《"选报"时期〈东方杂志〉研究（1904—1908）》，商务印书馆 2010 年版，第 7 页。

（二）"立宪—富强"的历史谱系

《东方杂志》所见"立宪胜专制"说的第一种逻辑，是口号式逻辑，或者说是无论证的逻辑。它出现于战争初期的立宪鼓吹中。《东方杂志》第1卷第3期（1904年5月10日）"社说"栏收录《中外日报》的《论中国前途有可望之机》一文。该文主张，日俄战争是一个"新世界"出现的契机，"然此新世界，必须日胜俄败，而后出现。若俄胜日败，则世界不能更新"。接着他便迫不及待地判决："今则日俄之胜败，其象渐分。而吾人之拟议，亦稍有起点矣。"[1]实际上，在这个时间截点上，日本陆军刚开始渡过鸭绿江，而海军则在旅顺口外展开伤亡惨重的"堵塞"作战。[2]日胜俄败之后的"新世界"，一方面意味着"黄种将与白种并存于世，黄白优劣天定之说，无人能再信之"，另一方面则意味着"专制政体为亡国辱种之毒药，其例确立，如水火金刃之无可疑，必无人再敢尝试"。[3]对于作为"黄种之专制国"的中国，作者预言其必将走向强盛的立宪国家。文末则是对希望俄胜日败者的谴责："然而中国人中，尚有以俄胜日败为希望者，吾不知其何心也。虽然，窃料此一派人，数年间必归于自然淘汰之例矣。"[4]作为该时期变法宣传中的名篇，该文实际上未提供对"立宪国何以胜专制国"这一问题的解答和论证。

鉴于此种意义上的"立宪胜专制"说并未提供论证，我们亦无从分析其有效性。让我们转入对下一种更为重要的逻辑的考察。

"立宪胜专制"说的第二种逻辑，则是建构出一个"各国立宪导致富强"的历史谱系，并基于此归纳出"立宪国必胜专制国"这一"公理"或"公例"。在《东方杂志》第1卷第12期（1905年1月30日）的"内务"栏中，有一篇选自《时敏报》（当时为立宪派掌控）的、名为《立宪法议》的文章。相比于该时期《东方杂志》的其余文章，该文建构了一个最为清晰的"立

---

〔1〕《论中国前途有可望之机》（录三月《中外日报》），载《东方杂志》1904年第1卷第3期，第54页。

〔2〕参见穆景元、毛敏修、白俊山编著：《日俄战争史》，辽宁大学出版社1993年版，第199~204页、271~283页。

〔3〕《论中国前途有可望之机》（录三月《中外日报》），载《东方杂志》第1卷第3期，第54页。

〔4〕《论中国前途有可望之机》（录三月《中外日报》），载《东方杂志》第1卷第3期，第55页。

宪—富强"之国的历史谱系。在简单地将"立宪导致富强"的原因归结为"合众策,聚群谋"后,作者列举了英、美、日三个国家以立宪收获富强的历史过程:"英吉利名为君主国,然凡百制度,必经劳尔得士门士上下两院三次会议,而后国君决之。故谋无不当,计无不得,国势日益盛";"美国向为英属,自华盛顿立为民主共和国,其国势遂蒸蒸日上,挟其膨胀力,以战英吉利,而英吉利为其摧。以向菲律宾,而菲律宾为其并";近邻日本则"洎乎明治维新,废三职、八局,置上下议院,使民人得参谋朝政,而文明之进化一新,近挟其膨胀势力,纵横于海上,迄今列强咸羡慕之,谓东方将出一英国。洵不诬也"。[1]因此,作者总结道:"夫泰西以立宪而强,是其彰明较著者也。"至于泰西各国何以立宪而强,作者主张"兹不必深论"。[2]

正是在这一谱系的基础上,《东方杂志》第2卷第6期(1905年7月27日)"社说"栏所录《论日胜为宪政之兆》一文才声称:"而横览全球,凡称富强之国,非立宪,即共和,无专制者。"然而,本次战争之前的俄罗斯,似乎对这一谱系之完整性构成挑战:"其国势则称为富强,其政体则称为专制。此事实与公例不合。"[3]作者庆幸地写道,日俄战争的爆发,导致俄国的虚弱得以"揭示于天下"。[4]如此,则"立宪—富强"的历史谱系得到了最终捍卫。

这一谱系无疑存在漏洞。实际上,《东方杂志》上也出现过不同的声音。例如,陆宗舆在《立宪私议》一文中就承认,正是立宪,才导致"西班牙之弱,埃及之衰,波兰之亡"这些历史事实。[5]就历史事实而言,有足够的反例可被用来质疑这一谱系或"公例"。例如,该谱系忽视了奉行绝对主义政体

---

〔1〕《立宪法议》(录十月初六日《时敏报》),载《东方杂志》1905年第1卷第12期,第163~164页。

〔2〕《立宪法议》(录十月初六日《时敏报》),载《东方杂志》1905年第1卷第12期,第164页。

〔3〕《论日胜为宪政之兆》(录乙巳四月十八日《中外日报》),载《东方杂志》1905年第2卷第6期,第115页。

〔4〕《论日胜为宪政之兆》(录乙巳四月十八日《中外日报》),载《东方杂志》1905年第2卷第6期,第115页。

〔5〕陆宗舆:《立宪私议》(录乙巳七月十六日《晋报》),载《东方杂志》1905年第2卷第10期,第166页。

的普鲁士在 18 世纪欧洲军事舞台上的赫赫战功，忽视了拥有贵族议会的 18 世纪的波兰遭到专制的普、奥、俄瓜分这一历史惨剧。该谱系甚至与立宪派的先驱——戊戌变法时期的康有为——提倡的"富强"谱系存在冲突。该时期康氏所崇拜的两个国家，一个是开明专制的彼得大帝治理下的 18 世纪俄罗斯，另一个则是先实施开明专制，直至 1890 年才正式实施君主立宪、召开国会的明治日本。[1] 康的这一谱系，与立宪并没有紧密关联。或许正因此，康氏在戊戌年间提倡的，主要是更为宽泛的"变法"，而非"立宪"。[2]

（三）国族建构意义上的"立宪胜专制"说

"立宪胜专制"说的第三和第四种论证方式，直接涉及本文引言提出的国族建构议题，而且也是《东方杂志》重点阐明之处。这其中的第三种论点，是主张立宪政体，尤其是其中的议会制度，能够消除君民之间的信息和情感隔阂，并以在议场中公开论辩的方式，形成民族国家的统一意志，从而令国家走向富强。在该时期的《东方杂志》中，有大量的文章涉及"上下情通""君民合德""上下一心"等说法。这些说法所针对的一个现实情况，则是同样在该时期《东方杂志》中频繁出现的"蒙蔽"或"壅蔽"现象。

"蒙蔽"是清代政治中的常见话语。在《清实录》所录皇帝上谕和 19 世纪各类经世文编中，这都是一个常见词汇。一般而言，"蒙蔽"描绘的是皇帝本人在相对庞大的家产官僚制的层层阻隔下，难以获取有关地方治理的真实信息，从而难以实现有效治理和对官员控制这一情况。[3] 清帝国广阔的治理疆域、科层制中的文牍主义、地方官行政资源的相对匮乏、难以消除的腐败、权力监督机制的相对不力、对士人言论的钳制、信息技术的落后等原因，共同导致了"蒙蔽"的事实，以及历代君主对此的焦虑。"蒙蔽"的存在，也是正直官员和在野士人间的共识。

---

〔1〕 参见康有为：《俄彼得变政记（1898 年 3 月 12 日）》，载姜义华、张荣华编校：《康有为全集》（第 4 集），中国人民大学出版社 2007 年版，第 33～41 页；康有为：《日本变政考（1898 年 6 月 21 日后）》，载姜义华、张荣华编校：《康有为全集》（第 4 集），第 101～294 页。

〔2〕 关于康有为在戊戌年间的具体变法动议，参见陈新宇：《戊戌时期康有为法政思想的嬗变——从〈变法自强宜仿泰西设议院折〉的著作权争议切入》，载《法学家》2016 年第 4 期，第 86～101 页。

〔3〕 参见［美］孔飞力：《叫魂：1768 年中国妖术大恐慌》，陈兼、刘昶译，上海三联书店 2012 年版，第 265～276 页。

　　《东方杂志》中的文章，也多在以上意义上来讨论"蒙蔽"问题。在《东方杂志》第 1 卷第 6 期（1904 年 8 月 6 日）"社说"栏中，杂志编辑选录了《中外日报》上一篇直接讨论"蒙蔽"问题的文章。该文阐明了专制国君主在理论上权力无边、在实践中却信息有限的悖论："然万机决于一人，而物情之蕃变，岂黼座所能尽悉？天下统于共主，而国门之外，其情状即不能上达。"[1]在"蒙蔽"之下，一国政情将涌现种种弊端，包括中央与地方各级官员对皇帝隐瞒信息，权臣、大小官吏串通一气掩盖腐败，以及权臣狐假虎威、败坏国事。为着治理这些"蒙蔽"，作者最后开出的药方是"殆非立宪不为功"[2]。

　　《东方杂志》第 1 卷第 10 期（1904 年 12 月 1 日）"内务"栏所录《论官场为君民之障碍》一文，也延续着对"蒙蔽"的讨论。在指出中国历代君主专制多为有名无实这一现象后，该文作者声称，清代君权的篡夺者不在外戚、宦官或权臣，而是"散而归诸官而已"。[3]正是这一官场，构成了横亘在君民之间的一大障碍："君欲有所振作其民，不能越此社会，而颁其条教，民欲有所赴诉于君，不能越此社会，而陈其言辞。及其一入此社会，则使其本质，化为乌有，后者貌似神非，另成一物，而君与民之本意，全失焉。今日中国全国之政治，无不自官司之，而官场之腐败，乃至若此，未有当乎君民之间者。所为若此，而其国可活者也？"[4]

　　有作者甚至将"蒙蔽"话语套用在对俄国政治的描述上。在上文已提及的《论日胜为宪政之兆》一文中，作者就将俄国的政治困境归结为"上"与"下"之间的隔阂："俄国国体，本合数种而成。一国之中，既以一种制伏多种，一种之中，复以贵族制伏民族。上下既分，其情必阂。上之于下，恐其压制之未到而已，无所谓教养也。下之于上，惟恐其蒙蔽之未工而已，无所

---

　　[1]《论蒙蔽》（录五月初五日《中外日报》），载《东方杂志》1904 年第 1 卷第 6 期，第 106 页。

　　[2]《论蒙蔽》（录五月初五日《中外日报》），载《东方杂志》1904 年第 1 卷第 6 期，第 109 页。

　　[3]《论官场为君民之障碍》（录九月初二日《时报》），载《东方杂志》1904 年第 1 卷第 10 期，第 126 页。

　　[4]《论官场为君民之障碍》（录九月初二日《时报》），载《东方杂志》1904 年第 1 卷第 10 期，第 127 页。

谓忠义也。真韩非所谓上下一日百战者哉！"〔1〕

因此，无论是对于 20 世纪之前的经世学家或变法人士，还是对于 20 世纪初的国内立宪派而言，关键的问题都在于如何破除"蒙蔽"。来自西方的有关议会的信息，为他们的思索提供了一个出口。在接触西方议会制度的某些表象后，至迟从 19 世纪 50 年代末开始，中国知识精英已开始尝试将"议院"塑造成解决"蒙蔽"问题的一个有力机制。〔2〕至 19 世纪的最后 10 年，郑观应成为这种思路之集大成者中的典型。早在戊戌变法之前，郑观应已经在《盛世危言》中将"议院"理解成去除隔阂、整合人心、塑造统一意志，从而实现富强的有效制度工具。在他的描述下，一旦开设起着朝野上下信息沟通作用的"议院"，"而后君相、臣民之气通，上下堂廉之隔去，举国之心志如一"。一旦这种沟通信息、统一意志的制度能够在中国确立，这个拥有全球最多人口的国度就将"如身使臂，如臂使指，合四万万之众如一人，虽以并吞四海无难也"。这样的中国将不会面临任何外患："上下一心，君民一体，尚何敌国外患之敢相陵侮哉？"〔3〕

在这个议题上，1904 年至 1905 年间《东方杂志》中的宪法观和议会观，基本未能超越十余年前郑观应、康有为和梁启超等人的认识。例如，《东方杂志》第 1 卷第 7 期（1904 年 9 月 4 日）"社说"栏所选《时报》中《论朝廷欲图存必先定国事》一文，就是在这种意义上鼓吹定宪法、开议会的效果："举一切蒙蔽壅塞之稗政，一扫而空之。吾知自此以往，将民之亲其君也，欢如父母，而君之好其民也，芬若椒兰，合四万万人之心为一心，团四万万人之体为一体，虽谓皇基巩固，熙帝载而振万兴可也。"〔4〕但这方面最为经典的文字，当属登载于同期《东方杂志》"内务"栏中的、出使法国大臣孙宝琦对

〔1〕《论日胜为宪政之兆》（录乙巳四月十八日《中外日报》），载《东方杂志》1904 年第 2 卷第 6 期，第 115~116 页。

〔2〕参见潘光哲：《近代中国"民主想象"的兴起（1837—1895）》，台湾大学 2000 年博士论文，第 298 页。

〔3〕郑观应：《盛世危言·议院上》，载夏东元编：《郑观应集》（上册），上海人民出版社 1982 年版，第 311~315 页。这篇文字问世于 1894 年。

〔4〕《论朝廷欲图存必先定国是》（录六月二十日《时报》），载《东方杂志》1904 年第 1 卷第 7 期，第 147 页。

政务处王大臣的一封上书。身为体制内人物的孙氏在 1904 年 4 月上书北京政务处、请求王大臣出面奏请朝廷立宪一事，无疑给国内立宪派以很大鼓舞。[1]《东方杂志》将上书文字予以全文登载，自是情理之中。这篇上书最为清晰地呈现出了当时立宪派所设想的宪法和议会在"破除壅蔽"、整合人心上的作用。孙氏的论证始于诉诸清朝"祖训"。通过引用康熙年间上谕中的文字，孙氏将清朝"祖训"认定为"破除壅蔽，上下一心"。[2]但他进一步主张，要彻底贯彻这一"祖训"，就必须效法"各国之立宪政体"。随后他开始介绍明治日本和欧洲各国是如何通过立宪实现"君民上下一心""合通国之民，共治一国"，从而走向富强的。[3]因此，他恳请王大臣出面呼吁朝廷"仿英、德、日本之制定为立宪政体之国，先行宣布中外，于以团结民心，保全国本"，并主张在立宪的初期，可以现有的政务处和都察院为基础，并结合从地方选派的"平正通达之绅士"，将二者初步改造成上、下"议院"。[4]

用更为清晰的现代语言，我们可以把这种议会观简单地归纳为：从各地选拔（无论官选民选）而来的议员，聚集在位处首都的议会之中，他们通过公开的交流和辩论，能够形成代表民族国家整体的统一意志，而这种统一意志必然是要追求国家的富强，尤其是国家能力（以军事能力为核心指标）的强大。

在今天的眼光看来，这种论证需要面对的第一个质疑是，合议一定能带来统一意志吗？为何不是如同现代议会政治中常见的那样，形成不同意志和不同利益之间的妥协，甚至是（在历史上偶尔出现的）连妥协都未能形成从而导致"宪法危机"？在这一问题上，我倾向于认为，在儒家乐观主义人性论、一元主义真理观等因素的作用下，晚清本土立宪派如同明末清初士人一样，强烈地相信充满"公天下"之心的士大夫或议员，能够在公开、坦诚的交流中，较为轻易地寻找到所有人都能接受的真理（"公议""公论"）。只不过寻找这种真理的机构载体，在黄宗羲那里是学校，在立宪派的脑海中，

［1］ 侯宜杰：《二十世纪初中国政治改革风潮：清末立宪运动史》，中国人民大学出版社 2011 年版，第 35 页。

［2］ 孙宝琦：《出使法国大臣孙上政务处书》，载《东方杂志》1904 年第 1 卷第 7 期，第 81 页。

［3］ 孙宝琦：《出使法国大臣孙上政务处书》，载《东方杂志》1904 年第 1 卷第 7 期，第 81 页。

［4］ 孙宝琦：《出使法国大臣孙上政务处书》，载《东方杂志》1904 年第 1 卷第 7 期，第 81～82 页。

则是议会。[1]

这种论证面临的第二个质疑，则是即使可以形成统一意志，为何这种意志的实质内容一定会是振兴民族国家，提高国家能力？至少在我看来，当康、雍、乾这些清代前中期君主在上谕中不断强调"君臣一体""同心同德""上下一心"时，他们所设想的统一意志的实质内容，乃是政局清明、百姓安居乐业，乃至普及礼乐教化这些传统儒家的政治和社会理想。与其他民族国家一起竞争于世界舞台，此时还没有进入他们的视野。而对于20世纪初清帝国的地方汉族士绅（他们是立宪派的根基）来说，所谓政治真理或者公意，真的一定就是将自己一部分的财产以税收形式奉献给清政府，从而让清政府有足够资源建设陆海军？

"立宪胜专制"说的第四种逻辑，是认为立宪政体通过授予国民各类公私权利，能够激发出国民的爱国心，进而鼓舞其在战场上下保卫国家的士气。在本次战争中，日俄军人在战场上的士气差别，正是《东方杂志》的编辑和作者的一个重点宣传方向。例如，《东方杂志》第1卷第5期（1904年7月8日）"时评"栏中《日本致胜之由》一文，是对英国媒体有关日本军民士气之报道的转载和评价。该文提及了日本海军在旅顺口实施"堵塞"作战（在俄军炮火下以自沉舰船的方式，封锁旅顺口，将俄舰队困在港内）时的一段插曲："又闭塞旅顺港口之举，实为天下最危险之业，当此任者，九死一生可预计者也。而日本当募集决死队之时，应募者实蹢所需之额数倍。其军人视死如归即此可见。"[2]相比之下，俄军则被《东方杂志》的言论认定为士气低下，甚至连征兵都遭遇困难："近闻俄国中央数省，不能如数募兵队，因该处多是下等农人，故皆畏惧不敢应募。"[3]甚至有人推测，俄军在本次战争中的士气，尚不如甲午战争时的清朝军队："士卒怯战之状态，大约较之甲午之中国，有过之，无不及。"[4]

---

[1] 参见（清）黄宗羲：《明夷待访录·学校》，段志强译注，中华书局2011年版，第37~54页。实际上清末立宪派许多作品中的文字风格，都与《待访录》中的文字颇为相似。

[2] 《日本致胜之由》，载《东方杂志》1904年第1卷第5期，第20页。

[3] 《专制国之难募兵》，载《东方杂志》1904年第1卷第6期，第35页。

[4] 《论日胜为宪政之兆》（录乙巳四月十八日《中外日报》），载《东方杂志》1904年第2卷第6期，第116页。

战场上的士气，被《东方杂志》的编辑和作者归结为爱国心的表现。而这种爱国心，又被认定为立宪政体赋予国民各类权利（包括私权利和参政权）后的结果。在《东方杂志》第 2 卷第 8 期（1905 年 9 月 23 日）"社说"栏所选《论勇敢》一文中中，文章作者即主张立宪政体下的国民权利保障和地方自治建设，能够鼓舞国民的爱国心或国耻心："夫经营内政，授民以权利，俾民以自治，皆所以使民知身与国与群与人之关系，而鼓舞其耻心者。夫民固有耻，其不然者，强禁止耳。一旦励而劝之，则其奋志有不可遏，而其勇力有倍加者矣。故东西各国之兴也勃焉。"[1] 在随后一期《东方杂志》（1905 年 10 月 23 日）的"内务"栏中，《立宪浅说》一文也声称："彼欧美日本之兵，所以敢死无前，亦赖有此（指爱国心）而已。而如俄罗斯之兵，则不可得而语是。盖爱国之心之有无，视政体之立宪专制以为判，不待言矣。"[2]

在这些作者眼中，由于立宪国国民有爱国心，所以连征兵也更为容易，而专制政体则相反。《东方杂志》第 2 卷第 10 期（1905 年 11 月 21 日）"内务"栏中的《论立宪为万事根本》一文，将这种逻辑展现得极为完整：

> 彼各国征兵之制，通例自二十岁以上，无不编入军队。而其民奉行其制，亦无不视为当然者。彼固强半立宪之国，其民皆有宪法上之权利，而与有其国之一部分者也。既享此权利，与有其国而为公民，则其必当尽卫国之义务，且即以自卫其权利明矣。而以专制国言之，则路易十四所谓朕即国家者也，国者一人之国，权利者不公遍之权利，其民固无与于国，而无有于国之权利者也，如此则亦无卫国之义务。其为兵也，为保护他人之权利耳。得数饼之银，为保护他人之权利，置其身于可死之乡，募之犹恐不至，何有于征兵乎？[3]

立宪或民主制度激发公民对于自由和祖国的热爱、并促使公民在战场上

---

〔1〕《论勇敢》（录乙巳五月十日日《岭东日报》），载《东方杂志》1905 年第 2 卷第 8 期，第 159~160 页。

〔2〕《立宪浅说》（录乙巳六月初九日《中外日报》），载《东方杂志》1905 年第 2 卷第 9 期，第 150 页。

〔3〕《论立宪为万事根本》（录乙巳七月二十三等日《南方报》），载《东方杂志》1905 年第 2 卷第 10 期，第 173~174 页。

浴血奋战这种说法，是一种对我们而言不算陌生的政治神话。雅典的伯利克里、佛罗伦萨的马基雅维利，都曾歌颂或感慨过守卫民主城邦或共和国的公民战士。[1]与本文故事更相关的是，当19世纪初绝对主义政体下的普鲁士被大革命后的法国在战场上击溃时，普鲁士的军事改革家们也正是感慨于革命激起了全体法国人的民族活力，相比之下普鲁士的士兵却由于机械、专断的政治军事体制，而缺乏足够的爱国心。正是为着在自己的人民当中唤起共赴国难的感情，普鲁士开启了一系列的自由化改革。[2]在一定程度上，至少在"非常政治"（如面临迫在眉睫的外患）的时刻，赋予国民各类平等权利的立宪政体，确有可能激发出强大的爱国精神和作战士气。但这种精神能否长期维持下去，则有待进一步讨论。其他的政体选择，是否一定无法激发出国民或军人的作战士气，也有待进一步讨论。但这些讨论相对而言都超出了本文的核心主题。不过，对于日俄战争时期所谓日本军人的士气及其与立宪政体的关系问题，我们将在本文第三部分进行更为深入的检讨。

（四）国家建设意义上的"立宪胜专制"说

社会科学意义上的国家建设，在许多时刻都位于"立宪胜专制"说之提倡者的视野之外。但部分作者已对此有着初步把握。我们要讨论的该时期立宪强国论的第五种逻辑，就触及近代宪法和国家建设的命脉：财政。《东方杂志》中的相关论述者此时已经能够初步意识到，民族国家的"富强"不能仅仅停留于统一意志、爱国心等精神性层面，而且应当落实于物质和制度层面。具体而言，陆海军建设、铁路建设、普及教育等事项，都关系到中国在弱肉强食的20世纪初民族国家体系中能否存活下来这一核心议题。但所有这些事项都涉及资金问题，也就是征税和募集公债等财政问题。而专制和立宪政体在财政正当性上有着根本差异。《东方杂志》第1卷第7期（1904年9月4日）"社说"栏中《再论中央集权》一文，便涉及君主专制政体由于缺失"民主正当性"，从而导致收税难的问题："盖专制之国，以君为本，一切政治，均谋及其子孙，常保此位而已……而其最不相宜者，则干涉民之财政。

---

〔1〕 参见 [古希腊] 修昔底德：《伯罗奔尼撒战争史》，谢德风译，商务印书馆1960年版，第128~137页；[意] 尼科洛·马基雅维里：《君主论》，潘汉典译，商务印书馆1985年版，第23页。

〔2〕 参见 [美] R.R.帕尔默、乔·科尔顿、劳埃德·克莱默：《启蒙与大革命：理性与激情》，陈敦全、孙福生、周颖如译，世界图书出版公司北京公司2010年版，第241~243页。

若专制之君，不明此理，而横干民之财政，则无论其用意之为善为恶，君位皆不能保。"〔1〕针对当时清政府内开银行、修铁路的动议，《立宪浅说》一文强调，在君主专制政府缺少信用的情况下，国民将缺少为以上事业集资的热情："且也专制之民，匪惟不思其国也，抑亦不信其国，此固积威势之所致也。今使政府欲设银行，而召天下之人，以购其股份，则人将惧其成本轻提，而惴戒不敢从矣。又或欲修铁道，而劝天下之人以投其资本，则人又虑其子金难必，而观望不欲前矣。此实中国今日之现势也。"〔2〕

尽管这些作者并未明确打出"不出代议士不纳税"的旗号，但他们的潜台词无疑是，只有（而且只要）以立宪的方式解决财政制度的"民主正当性"问题，政府才能（而且必能）从基层社会中获取大量财政收入，从而实现国家建设的目标。上文已提及的《立宪法议》一文就声称，一旦开设议院，就会出现议员和国民都争先恐后同意纳税的情形："若设立议院，则议院皆可代表其故，而劝喻之，使之踊跃争先，乐于输将，吾知一人倡于前，而群为和于后矣。"〔3〕

财政建设，无疑是近代国家建设的核心议题之一。《东方杂志》的编辑和作者从财政正当性的角度，来回应财政建设的议题，在一定程度上可被认为抓住了议题的实质。然而，他们只是抓住了部分实质。首先，财政正当性并不等同于增加财政收入的正当性。在立宪政体下，没有人能够确保议会能够在任何时候都同意政府的加税请求。其次，更为关键的质疑在于，这些作者实际上以意识形态和精神性的话语，化解了一系列制度性的难题：即使未来的"大清国会"同意加税，在一个如此庞大而又多元的帝国内，如何不带偏差地将这些税收收集到中央，并保证这些收入被用于必须使用的项目中去？他们基本忽略了从中央到基层的征收机关、各级政府和代议制机构间的预决算制度、国库制度、审计制度等制度面向的问题。然而，财政正当性建设和

〔1〕《再论中央集权》（录七月二十三日《中外日报》），载《东方杂志》1904年第1卷第10期，第151~152页。

〔2〕《立宪浅说》（录乙巳六月初九日《中外日报》），载《东方杂志》1904年第2卷第9期，第150页。

〔3〕《立宪法议》（录十月初六日《时敏报》），载《东方杂志》1904年第1卷第12期，第165页。

财政制度性建设，对于晚清政局而言，无疑都是迫在眉睫的任务。

综上所述，在日俄战争时期《东方杂志》的立宪言论中，立宪政体实际上成为民族国家意志与情感整合的制度工具。在《东方杂志》的编辑和作者眼中，议会制度起到的是破除君主与国民之间的信息与情感隔阂、塑造统一意志的作用；立宪政体对各种私法权利（如财产权）的保障，则能让国民对国家和政府产生感激之情，从而形成爱国心；立宪政体对国民参政权（如选举权）的授予，则能让国民在政治实践中意识到自己是国家的共同所有者之一，从而进一步增强国民在战场上下保家卫国的信念；在以代议制民主的形式解决财政正当性问题后，国民便愿意缴纳更多的税收，以支持国家建设。近代宪法在他们的描绘下，非但与国家（包括民族国家和国家机器两层意义上的国家）毫无扞格，而且实际上能使后者更加强大。因此，他们的宪法观，可称为一种"扩权（力）宪法"的认识。

问题在于，这种描绘在有意无意间，将近代立宪政体的某些本质色彩模糊掉了。至少从法学意义而言，近代宪法在本质上是一种限权宪法。限权宪法的色彩，最为明显地体现在权力分立和法治两大理念之中。出于对专制的警惕，近代宪法的设计者尝试将立法、行政、司法三种权力予以适度分离，从而避免了任何一权走向独大。出于对公民基本权利的保护，近代宪法思想强调依法行政、正当程序、对行政行为司法审查等制度要素，从而实现行政权在实际运行中的规范化和对权利的尊重。[1]

对于清末国内立宪派而言，他们对这种限权宪法的形象，并非惘然无知。早在 1899 年，在由梁启超编译并发表在《清议报》上的《各国宪法异同论》一文中，就已经出现了孟德斯鸠的三权分立学说："行政、立法、司法三权鼎立，不相侵轶，以防政府之专恣，以保人民之自由。此说也，自法国硕学孟德斯鸠始倡之。"[2] 1902 年，梁氏更是在《新民丛报》上以专文阐释孟德斯

---

〔1〕 参见 ［德］卡尔·施米特：《宪法学说》，刘锋译，上海人民出版社 2005 年版，第 135~235 页。

〔2〕 新会梁任译：《各国宪法异同论》，载《清议报》1899 年第 12 期，第 741 页。关于《清议报》在当时中国内地的流传，参见张朋园：《梁启超与清季革命》，吉林出版集团有限责任公司 2007 年版，第 188~190 页。

鸠学说。[1]而这两种刊物在国内都曾有过流通（不论是以合法还是非法的方式）。实际上，在1904年到1905年的各期《东方杂志》中，并非没有出现对限权宪法的认识。在《论朝廷欲图存必先定国事》一文中，就存在着如下表述："订立宪法，布告天下，咸使闻知，以制限主治者之威权，以保护被治者之权利。"[2]曾留学于日本早稻田大学政治经济科的陆宗舆，更是在《立宪私议》一文中明确提及"夫宪政制度，分议法、司法、行政三大纲统，并行而各不相犯者也"，并且主张中国立宪的当务之急，"自先在于行政司法两大政，分司而治，以除积重难返之弊"[3]。

然而，这些声音没有成为该时期《东方杂志》的主流。在一定程度上，这是因为一旦限权宪法的形象得以明了，以宪法来提高国家权力行使效率和增进国家能力的方案，多少会变得模糊起来。然而，伴随着自1906年起预备立宪的正式展开，中国仿行立宪之路，又确实无法摆脱近代意义上的限权宪法进路（即使是日本明治宪法也不否认基本的权力分立原则）。那么，限权宪法，尤其是权力分立意义上的限权宪法，与国家建设和国家能力之间，究竟存在何种联系？这一问题，正是在法学和社会科学的双重眼光审视下，我们对立宪强国论必须提出的问题。该问题将是本文下一部分的议题之一。

三、再思"立宪国胜专制国"话语

（一）天皇制军队与明治宪法

对于日本军人在日俄战争中表现出所谓高昂士气的原因，当时的日本军界提供了一个和中国立宪派看法完全不一样的神话。在军事杂志《偕行社记事》一次面向普通军官的、以《日俄战争的胜负原因》为题的有奖征文竞赛中，有两名日本军官的获奖文章（发表于1906年）都在宣扬传统武士道精神

---

[1] 参见中国之新民：《大法理学家孟德斯鸠之学说》，载《新民丛报》1902年第1年第4号，第13~22页；中国之新民：《大法理学家孟德斯鸠之学说》（续），载《新民丛报》1902年第1年第5号，第13~22页。

[2] 《论朝廷欲图存必先定国事》（录六月二十日《时报》），载《东方杂志》1904年第1卷第7期，第147页。

[3] 陆宗舆：《立宪私议》（录乙巳七月十六日《晋报》），载《东方杂志》1904年第2卷第10期，第166页。

在本次战争中的重要性。军部的公开见解也是如此。而公开出版的各类有关本次战争的图书，也都将战争胜利的原因归结为天皇的圣德和将士的忠勇。[1]有两位军官，即在旅顺"堵塞"作战时沉船牺牲的广濑武夫，以及率部进攻辽阳一处俄军残余据点时阵亡的橘周太，被政府和军方塑造为体现着武士美德的"军神"。[2]在这种话语中，与其说这些官兵是为着保卫一个立宪制国家而赴死，毋宁说他是出于效忠天皇——以及天皇制国家——的缘故，而表现出不畏牺牲的武士精神。

为着对明治时期日本军队的"精神内核"有着更为直观的了解，我们不妨浏览一下在近代史上长期作为日本军人精神教育之根本的、以天皇名义颁布于 1882 年的《军人敕谕》。在这份由山县有朋主持起草的著名文献中，首先出现的是自神话时代神武天皇开国直至"大政奉还"天皇与军队的关系史，以证明"我国军队世为天皇所统帅"以及"朕为汝辈军人之大元帅"。在随后的各具体训条中，军人被期待体现出"尽忠节""正礼仪""尚武勇""重信义""贵朴素"等美德。与其说《军人敕谕》尝试培养出一支有着近代国民与国家意识的"国民军"，毋宁说它试图塑造出一支与（哪怕仅是名义上的）天皇人身直接关联（"朕依赖汝等为股肱，汝等仰朕为头首"），从而绕过立宪精神影响的用近代军事技术武装起来的武士集团。当然，这种对天皇"神格"的崇拜与立宪政体间的激烈冲突，要到昭和前期（1926—1945 年）才会彻底爆发出来。[3]但无论如何，《东方杂志》的编辑和作者将日本军人的士气归结为立宪和民权之结果，无疑与天皇制军队中灌输的忠君和武士道观念是南辕北辙的关系。

但是，近代战争中，士气在决定战争胜负方面的作用，相比冷兵器时代已经大为暗淡。面对机枪和火炮，士兵个体的勇武并不具有根本性的军事效用。当《东方杂志》的作者和编辑们从精神层面来解释"立宪国胜专制国"时，远在欧洲的列宁则从军事近代化的角度，指出了沙俄军队失利的一个更关键原因：

〔1〕 参见 ［日］藤原彰：《日本军事史》，张冬等译，解放军出版社 2015 年版，第 83~84 页。
〔2〕 参见 ［美］爱德华·德瑞：《日本陆军兴亡史：1853—1945》，顾全译，新华出版社 2015 年版，第 172~173 页。
〔3〕 ［日］山崎雅弘『「天皇機関説」事件』（集英社，2017 年）に参考する。

军政界的官僚象农奴制时代一样寄生成性、贪污受贿。军官们都是些不学无术、很不开展、缺乏训练的人……因为现代战争也同现代技术一样，要求有质量高的人才……事变证实某些外国人的看法是对的，这些人看到亿万卢布被用来购买和建造精良的军舰曾感到好笑，并且说，在不会使用现代军舰的情况下，在缺少能够熟练地利用军事技术的最新成就的人才的情况下，这些花费是没有用处的。不论是舰队也罢，要塞也罢，野战工事也罢，陆军也罢，竟都成为落后的和毫无用处的东西了。[1]

在其他因素势均力敌的局面下，由军事技术、军事组织和军人素质等因素构成的军事近代化，相比于单纯的士气，或许更能决定战争的走向。在日俄战争中，被投入到战场上的日俄两军在军事近代化程度方面有着明显差别。尽管俄军的装备总体而言并不比日军落后，但前者各部队间的陆战武器并未统一，且驻扎在远东的俄海军舰艇多为老旧军舰，航速不一，相比之下日军则成功实现了武器装备的统一，其主力舰只也更为先进。在军事组织方面，俄国军官是贵族出身的特权阶层，而士兵则多来自未受教育的农民，两者之间几乎毫无流动性可言。在军人素质方面，依靠门第而被提拔的俄国军官，以及俄国文盲士兵（即使他们与日本军人同样勇敢），也无法和接受过军校教育的日本军官和有着严格训练的日本士兵相抗衡。[2]尽管军事近代化绝非此次战争中日方惨胜的唯一原因，但它无疑是一个重要原因。

因此，破解"日以立宪胜，俄以专制败"这一谜团的关键就在于，明治日本在军事近代化方面所取得的成就，是否为立宪政体——尤其国会制度——促进的结果？这里的答案多少会让日俄战争时期的国内立宪派感到失望。实际上，明治时期军事体制近代化的核心制度要件，都完成于明治宪法颁布（1889年）、国会召开（1890年）之前。在1890年首届国会召开之前，日本本质上处于由天皇在名义上领导、由藩阀在实质上操控的开明专制时代。因此，在这种意义上，明治前中期军事体制改革的过程，几乎可被视为一段

---

〔1〕［苏］列宁：《旅顺口的陷落》，载《列宁全集》（第9卷·1904年7月—1905年3月），人民出版社1987年版，第138页。

〔2〕参见［日］藤原彰：《日本军事史》，张冬等译，解放军出版社2015年版，第80~82页。

由藩阀政府"励精图治"的历史：早在 1870 年，日本陆军就统一为法式编制，海军则统一为英式编制；从 1871 年开始，明治政府开始在地方设置镇台，用属于中央的镇台兵取代各地藩兵；同年，一系列近代军事教育机构也开始设立；1873 年，明治政府首度制定征兵令，以征兵制度逐步取代旧武士阶层对军事职业的垄断；在 1886 年至 1889 年的大范围军制改革中，镇台制遭废除，取而代之的是借鉴自普鲁士的整齐有序的军事编制（师团制）；同时，在军队规模得以扩大的同时，武器装备也得到统一（尤其主要陆战武器实现了国产化），以陆军军官学校为核心的军官养成制度得到进一步完善，乃至步兵训练操典也被统一替换成普鲁士模式。[1]

即使是在国会召开、立宪政体开始运行之后，日本军队的活动和发展也与明治宪法的运转不存在充分关联。根据宪法的规定，陆海军统帅权和编制权、常备兵额决定权，以及宣战和媾和权均专属于天皇。在现实中，这就意味着在天皇羽翼下活动的参谋本部（1893 年之后是陆军参谋本部和海军军令部）独立于内阁，也就意味着军部不受国会监督。负责"军政"的陆、海军大臣的确属于内阁。但在模仿自德意志第二帝国宪法的明治宪法结构中，包括首相在内的内阁成员都是由天皇任命，对天皇负责，结果国会约束政府和军队的主要手段，就只剩下预算权。借用韦伯的话来说，这种德式议会政治，是一种相对无权的"消极政治"。[2]然而，即使是这种"消极政治"下有限的国会预算权力，也在政治现实中被藩阀内阁以各种手段予以消解。藩阀利用自己与天皇的亲近关系，以及行政系统中的丰富资源（如对官职的掌控），对国会各党派议员实施一次次的俾斯麦式的收买、拉拢和分化（以上策略若不成功，则解散国会），从而实现对本就不强大的国会力量的瓦解。此外，由于从甲午战争中获得巨额赔款，陆海军费一度在无须开辟日本国内新财源的情况下，就得到了增加，而国会对此亦无从反对。[3]结果，尽管政府和军队

---

〔1〕 参见 ［日］藤原彰：《日本军事史》，张冬等译，解放军出版社 2015 年版，第 19~55 页。

〔2〕 ［德］马克斯·韦伯：《新政治秩序下的德国议会与政府——对官员和政党制度的政治评论》，载 ［德］马克斯·韦伯：《韦伯政治著作选》，［英］彼得·拉斯曼、罗纳德·斯佩尔斯编，阎克文中译，东方出版社 2009 年版，第 135~136 页。

〔3〕 参见 ［日］升味准之辅：《日本政治史》（第 2 册），董果良译，商务印书馆 1997 年版，第 303 页。

不得不时而面对国会气势汹汹的反对扩军和休养民力的声浪，但后者实际上无力阻止在预算中逐年上升的军费份额和总额。到 1902 年，军费实际上已经占据政府支出总额的 45.7%。[1]由于国会不能对军队事宜产生有效控制，所以国会也就既不能以自己意志来促进军事近代化，又基本不能去阻碍它。

结果，至少在日俄战争之前，日本军事近代化的诸多成就，基本都是在立宪政体约束之外完成的。因此，对于日俄战争性质更为准确的表述，毋宁是发生在一支游离于立宪政体之外的军队和一支彻底不受宪法约束的军队间的一场战争。以"立宪国胜专制国"来界定这场战争，无论是在主观的士气方面，还是在相对客观的军事近代化方面，都不具备充分的说服力。

（二）政体选择与国家能力：历史社会学的初步审视

在检讨完明治日本这一个案后，我们仍有必要从更为宏观的社会科学——尤其是历史社会学——角度来初步探讨"宪法与国家能力"这一议题。限权意义上的近代宪法，究竟对国家能力的积累会产生何种作用？只有解答了这一问题，才能对公理意义上的"立宪国胜专制国"命题做出完整的评判。在我看来，20 世纪有关国家建设和国家能力的社会科学研究，长久以来都沉陷于"普鲁士—德意志中心主义"的迷思之中。在德语世界的韦伯和欣策（Otto Hintze）之研究的影响下，战后历史社会学也一度认定，建立在权力分立基础上的立宪政体通常与"强国家"难以兼容，只有政治权力尽可能集中于特定人身的绝对主义政体，才能实现国家能力最大化。当历史社会学家带着这种迷思去爬梳欧洲近代以来的国家建设历程时，勃兰登堡—普鲁士便被认定为以绝对主义政体完成强国家建设的典范。开明君主斐特烈大帝率领一支纪律严明的普鲁士军队，在 18 世纪中欧战场上立下的赫赫战功，便成为这种迷思所找到的生动案例。直到 20 世纪七八十年代，这种观点仍不时流露于英语世界主流历史社会学家的作品中。[2]

---

〔1〕 参见 ［日］升味准之辅：《日本政治史》（第 2 册），董果良译，商务印书馆 1997 年版，第 335 页。

〔2〕 参见 ［英］佩里·安德森：《绝对主义国家的系谱》，刘北成、龚晓庄译，上海人民出版社 2001 年版，第 279 页；Peter B. Evans, Dietrich Rueschemeyer, and Theda Skocpol, "On the Road Toward a More Adequate Understanding of the State", in Peter B. Evans, Dietrich Rueschemeyer, and Theda Skocpol (eds.), *Bring the State Back in*, Cambridge：Cambridge University Press, 1985, p. 351.

也正是从 20 世纪 80 年代开始，部分学者开始从更为精致的概念体系和更为完整的案例研究的角度，对这一迷思提出质疑和新创见。迈克尔·曼（Michael Mann）首度将"国家权力"（state power）区分为两个层面，亦即"专制权力"（despotic power）和"基础权力"（infrastructural power）。所谓专制权力，是指政府内部的统治精英在没有与市民社会各群体进行例行的、制度化的谈判的情况下，就可以自主行使的"人身性"权力；而基础权力，是指作为一个整体的政治国家，在现实中渗透进市民社会，并持续稳定地在其统治疆域内贯彻政治决策的能力。曼指出，以往的国家理论将注意力过度地集中在专制权力上，从而相对忽视对于民族国家整体发展而言更为重要的基础权力。[1]社会科学意义上的国家能力，在很大程度上即是曼所称的基础权力。而这种权力的强弱与否，取决于是否拥有韦伯意义上的近代官僚制的制度支撑：拥有科层制、职业主义、照章办事等合理化特征的近代官僚制，无疑是支撑起近代国家的行政、财政和军事体制的关键力量。而专制权力在强化或弱化基础权力上的作用，则有待理论和经验上的进一步澄清。

在专制权力和基础权力这组概念的启发下，托马斯·埃特曼（Thomas Ertman）将国家能力主要界定为后一种权力，并通过对中世纪和早期现代欧洲国家的类型学研究，为我们展现出一幅有关欧洲历史上政体选择与国家能力间关系的更复杂图景。埃特曼将法国大革命前夕的欧洲国家分为四种形态：世袭绝对主义（patrimonial absolutism，以法国和其他拉丁国家为代表）、世袭立宪主义（patrimonial constitutionalism，以波兰和匈牙利为代表）、官僚绝对主义（bureaucratic absolutism，以普鲁士为代表）和官僚立宪主义（bureaucratic constitutionalism，以英格兰为代表）。[2]埃特曼的考察表明，绝对主义政体与强国家能力并无必然联系，在拥有相对强大的专制权力的绝对主义政体下，既可能发展出普鲁士这样的拥有较强国家能力的国家形态，又可能发展出十七八世纪法国这种始终未能形成一个统一、高效、合理的官僚体制、官职仍然大范围处于私有化状态（即埃特曼所谓世袭制）的国家形态。而立宪政体

---

〔1〕 See Michael Mann, "The Autonomous Power of the State: Its Origins, Mechanisms and Results", in *European Journal of Sociology*, Vol. 25, Iss. 2, 1984, pp. 185−213.

〔2〕 See Thomas Ertman, *Birth of the Leviathan: Building States and Regimes in Medieval and Early Modern Europe*, Cambridge: Cambridge University Press, 1997, p. 10.

也不必然导致弱国家，虽然波兰和匈牙利国家议会中的贵族精英导致国家军事力量瘫痪，但光荣革命以来英格兰议会中的议员却督促政府的军事、财政和官僚体制不断近代化，并最终造就了日不落帝国。在这场国家能力大比拼中，伴随着波兰和匈牙利的衰落乃至惨遭瓜分、法国君主制被革命者推翻、普鲁士君主制在与大革命后新法国的交锋中败北，作者判定最终的胜者是英国。埃特曼认为，英国式的官僚立宪主义，能够将参与式地方政府与一个具备独立统治能力的强势中央政府结合起来，从而带来了法国大革命之前最为强大的国家能力。[1]

埃特曼作品的最大贡献，与其说在于将早期现代"最强国家"的当选者从普鲁士替换成了英格兰（该结论其实有待其他学者进一步的验证），毋宁说提供了一种有关政体选择（专制或立宪）与国家基础权力之强弱间关系的更为复杂、多元的理论和现实图景。在这幅图景的启发下，我们对于本文关心的核心问题——近代意义上立宪国与专制国究竟"孰强孰弱"——的探讨，也就能够更加具体和明确。鉴于在立宪/专制和强国家能力/弱国家能力这两组概念之间，并不存在固定的对应关系。所以，与其抽象地谈论"立宪胜专制"或"专制胜立宪"，不如仔细思索具体的国家在具体的历史形势下，究竟是运用统治精英本人的专制权力，还是运用立宪政体中的代议制及其对行政权的监督，能够更好地实现基础权力——军事、财政和行政制度建设——的积累。具体到清末的语境中，当代学者能够反思的一系列问题是：在皇室、皇族和最上层汉族官员的"开明专制"，和召集立宪派精英开设国会、监督和整顿行政系统这两种方式中，究竟何种能够更为稳妥和相对快速地实现军事、财政和行政的近代化，从而抵御列强的蚕食和侵略？究竟是清朝统治精英还是立宪派更加具备近代国家建设的意愿、能力和资源？以宪法和国会的方式，究竟能否促使中国各地方精英阶层达至国家建设的共识，从而一方面愿意以税收或公债的形式为国家建设提供资源，另一方面则以自己的政治能力通过议会政治实现对行政系统的监督、控制和近代化改造，并引导后者不断完善全国范围内的财政、军事、教育和交通事业？具体的宪法制度安排，如中央与地方关系、选举权资格和范围、选区制抑或比例代表制、内阁对君主负责

---

〔1〕 See ibid., at 324.

还是对议会负责、议会针对内阁的监督权类型、行政诉讼与普通诉讼机关是合一还是分立，会如何影响当时国家能力的积累？这些议题，或许是今后清末立宪史研究所无法绕过的。

四、结论

1904 年至 1905 年间的国内立宪派在鼓吹"立宪胜专制"时，承担了一个艰巨的理论任务。近代宪法的根本价值依归，是人民主权与公民基本权利。这些价值选择与相应制度安排，都与国家建设和国家能力积累的目标缺少直接关联。鉴于西方近代主流宪法思想没有、也无法给立宪派提供他们想要的论证资源，清末知识人只能在一片混沌中艰苦摸索。对于国内立宪派而言，由于他们中的多数人都缺少长期直接观察西方近代政治的经历，他们有关"立宪国胜专制国"命题的理论建构，也就更为艰辛。通过对日俄战争时期变法鼓吹者所诉诸的"立宪强国"话语的深入考察，我们发现，他们的口号虽然激昂，但却空洞；他们的"立宪—富强"民族国家谱系，经过了人为挑选与加工；他们以议会塑造民族国家统一意志的方案，在很大程度上是对清代常见政治话语的延续，并且与近代议会政治的常态运行未必符合；他们将日俄战争中日军作战时的高昂士气归功于立宪引起的爱国心的做法，实际上是对天皇制军队中忠君和武士道观念的"冒犯"；他们一方面强调代议制民主能够解决财政正当性问题，另一方面却未能澄清如下问题：议会在客观的财政制度建设方面，究竟能提供何种助益？他们中的大部分人甚至避开了限权宪法这一近代宪法的主流认识，从而回避了对统治精英的专制权力予以限制究竟和寻求富强有何关联这一颇难处理的问题。

在一定程度上，日俄战争时期的国内立宪派在为立宪强国论提供种种论据时，未能清晰意识到国族建构和国家建设这两个历史进程间的区别。他们所做出的不容忽视的智识努力，多停留在第一个历史进程的层面。他们倾向于认为，通过议会这一制度渠道，就能够实现对原本分散在各处的全体国民之情感和意志的整合；对国民个体权利的保护，则能强化国民的国家归属感和认同感。一旦实现了这种全民范围的精神总动员，这个"想象的共同体"就能够爆发出巨大的能量，从而在 20 世纪初民族国家的杀伐丛林中战无不胜、攻无不克。在本质上说，立宪强国论是中国近代民族主义思潮的关键组成部分。然而，它并不是足够严肃或合理的法学或社会科学思考。在大部分时刻，"立宪国胜专制国"一说未能从客观和经验的意义上说明，近代宪法和议会制度，究竟在何种条件下、以何种方式，能够对近代国家的军事、财政和行政体制近代化做出贡献。

立宪国胜专制国，是百余年前中国法律史上一个政治神话。这一神话的内容绝非纯属虚构。但它的确常常以直观和情绪的口号，来代替严谨的论证。时至今日，我们终于能够以一种心平气和的态度，来面对这个神话。在对先驱人物艰苦的智识努力表达充分的同情和敬意之后，我们终于可以客观地看待这种努力的成就和局限。与此同时，清末立宪派的问题意识本身，即使在我们身处的时代也有着不容忽视的意义。对于一个拥有13亿人口、崛起中的世界大国而言，国家能力不仅仅是其内治所需，更是这个国家在全球舞台上保卫国民利益、承担国际责任的前提。因此，法治建设在保护公民基本权利之余（不能保护权利的法治当然不是真法治），在完善现代国家、稳固国家能力方面，能够扮演何种角色？这一问题，既考验着百余年前《东方杂志》，又考验着百余年后的中国法学界。

孙中山法治近代化思想中的创新

中国政法大学人文学院历史研究所　刘丹忱

一、孙中山对中国法治近代化的追求与独特的宪法思想

孙中山是数千年来中华民族最优秀的代表之一，在中国近代历史上是"站在正面指导时代潮流的伟大历史人物"[1]。他"全心全意地为了改造中国而耗费了毕生的精力"[2]。孙中山是现代民主法治的最早追求者。改造古老的中国，把中世纪的中国建设成为现代化法治中国，是孙中山毕生追求并为之奋斗的光辉事业。孙中山关于宪法的论述，是其法治思想中最重要的内容。

"法治"一词，在中国的《辞源》中如此定义："谓根据法律治理国家。对'人治'而言。"关于法治近代化的问题，近代西方法治思想的主要诉求是法律作为一种社会规范要在社会治理中处于最高地位，从而确保民主、自由、人权等基本价值的实现。即使是近代法治的发源地——西方先进工业国家，近代意义上的法治也是他们对自己的法传统加以反思、改造的产物。可以说，法治国家的诞生也是西方法治传统近代化的结果。再具体到中国法治近代化，其关键和难点在于处理好西方的法律精神与中国制度传统之间的关系。"如何解决西方法文化与传统法文化的矛盾关系，是一个贯穿百年法制历史的重大

〔1〕《毛泽东选集》(第5卷)，人民出版社1977年版，第312页。
〔2〕《毛泽东选集》(第5卷)，人民出版社1977年版，第564页。

课题，也可以说是跨世纪的重大课题。"[1]中华文明自成体系，在一个相对独立的地理、人文环境中发展、演进，从汉唐至明清，在维持社会稳定、推动社会进步方面，通过积累、创新而形成了独具风格的中华民族政治传统。因此中国法治的近代化绝不应是对西方法文化的简单移植。

晚清修律在不到十年的时间里，基本完成了仿大陆法系的中国近代法律体系，这是中国法制近代化的重要一步。沈家本、伍廷芳等在这一时期做出的历史贡献都是值得肯定的。但毕竟晚清的修律是一个急就章，是通过最便捷的翻译西方法律和聘用西方法学家参与立法来完成的。这种急迫性，一是希望建立仿西方的法律体系以收回治外法权；二是为了适应预备立宪期限的需要。因此难免有简单移植西方法律之嫌，加之当时君主制度尚存，所以从根本上讲是不可能完成中国法治近代化的历史使命的。辛亥革命推翻了帝制，在亚洲历史上建立了第一个民主法治的共和国——中华民国，这是中国法治实现真正意义上近代化的重要前提。

孙中山是现代民主法治的最早追求者。中国的法治近代化首先要从学习近代西方法治思想开始，近代西方法治思想的主要诉求是法律作为一种社会规范要在社会治理中处于最高地位，从而确保民主、自由、人权等基本价值的实现。孙中山对西方法治表现出极其浓厚的兴趣，他认为"立国于大地，不可以无法也。立国于 20 世纪文明竞进之秋，尤不可以无法，所以障人权，亦所以遏邪辟。法治国之善者，可以绝寇贼，息讼争，西洋史载，班班可考，无他，人民知法之尊严庄重，而能终身以之耳"[2]。近代中国第一篇用西方资产阶级法学理论评价中国法律的专篇，是孙中山 1897 年 7 月在英伦《东亚》（*East Asia*）杂志上发表的论文《中国的司法改革》（Judicial Reform in China），这是他"第一次发出了将中国传统法律改造而为近代法律的时代先声"[3]。孙中山深感法治近代化对于中华民族的重要性："中华民国建设伊

---

〔1〕 张晋藩：《中国法制走向现代化的思考》，载张生主编：《中国法律近代化论集》，中国政法大学出版社 2002 年版，第 16 页。

〔2〕《周荩白辑〈全国律师民刑新诉状汇览〉序言》（1923 年），载《孙中山全集》（第 8 卷），中华书局 2011 年版，第 355 页。下文所引《孙中山全集》皆为该版本，略之。

〔3〕 李贵连：《孙中山与中国法律近代化》，载氏著：《近代中国法制与法学》，北京大学出版社 2002 年版，第 333 页。

始，宜首重法律。"[1]同时，提出法律和政权两者具有不可分离的关系。他认为法治就是法律和权势的统一。强调法律的重要性，应该是因法律而生权势，恃权势以维护法律，反之国家必乱。他说："盖国家之治安，惟系于法律，法律一失其效力，则所尚专在势力；势力大者，虽横行一世而无碍；势力少者，则惟有终日匍伏于强者脚下，而不得全其生。则强暴专国，公理灭绝，其国内多数人，日在恐惶中，不独不足以对外，且必革命迭起，杀戮日猛，平时不能治安，外力乘之，必至亡国。吾人对于法律问题，终不敢稍有迁就也。"[2]

　　宪法是西方资产阶级革命的产物，也是近代国家和近代法治的标志之一。孙中山非常重视宪法，他认为"觅一立国的基础。基础为何？则宪法是也。……国家宪法良，则国强；宪法不良，则国弱。强弱之点，尽在宪法"[3]。宪法是"国家之构成法，亦即人民权利之保障书也"[4]。他认为制定一部好的宪法应是当时中国头等大事，"中华民国必有好宪法，始能使国家前途发展，否则将陷国家于危险之域"[5]。辛亥革命后在革命党人的组织和领导下虽然创制了一系列宪法性的文件，但由于当时国内政治形势十分复杂，孙中山的"五权宪法"思想未能反映在这些法律文件之中。《临时约法》是以"三权分立"为原则的，对此孙中山曾说："只有'中华民国主权属于国民全体'的那一条，是兄弟所主张的，其余都不是兄弟的意思。"[6]

　　为把中国建设成法治国家，孙中山很早就探讨了世界各国的治国之道。1896年10月伦敦被难应该是孙中山政治思想发展的一个关键阶段，虽然在他的自述中并未直接提及五权宪法的问题，但当时他常常到大英博物馆去读书。西方政治思想与法律制度不可能不在孙中山的视野之内。他曾回忆道："兄弟

〔1〕《在南京答〈大陆报〉记者问》（1912年），载《孙中山全集》（第2卷），第14页。
〔2〕《与戊午通信社记者的谈话》（1918年），载陈旭麓、郝盛潮主编：《孙中山集外集》，上海人民出版社1990年版，第234页。
〔3〕《宴请国会及省议会议员时的演说》（1918年），载《孙中山全集》（第4卷），第330~331页。
〔4〕《〈中华民国宪法史〉前编序》（1920年），载《孙中山全集》（第5卷），第319页。
〔5〕《在上海国民党茶话会的演说》（1913年），载《孙中山全集》（第3卷），第4~5页。
〔6〕《在广东省教育会的演说》（1921年），载《孙中山全集》（第5卷），第497页。

倡革命以三十余年，自在广东举事失败后，兄弟出亡海外；……奔走余暇，兄弟便从事研究各国政治得失源流，为日后革命成功建设张本。故兄弟亡命各国底时候，尤注意研究各国底宪法，研究所得，创出这个五权宪法。"〔1〕关于宪法的论述，是孙中山法治近代化思想中最重要的内容。孙中山在总结中外法治历史经验的基础上，对西方三权分立制度进行修正，借鉴中国古代科举制度和监察御史制度，提出了"五权宪法"的理论，并且用它来指导革命政权的建设。孙中山的近代法治理念，从思想上看，是欧美议会政治理念、法俄式革命组织理念和中国传统儒家理念的复合体。而他的宪法理论又与中国的实际相结合，随着革命斗争的发展不断丰富、提高。"五权宪法"体现了孙中山独特的宪法思想，孙中山法治思想的全部内涵以"五权宪法"为核心，贯穿"主权在民"这一红线，他的理论建立起近代中国的法律体系，并以这种法律体系为根本，促进中国法治的近代化。

孙中山的法治思想，不仅具有强烈的反专制性质，也带有鲜明的民族意识。它同维新派的法律思想，既有联系、又有区别，联系之处表现为具有共同的资产阶级的法理学基础。维新派中严复、梁启超等人所介绍的西方政治、法律学统，对他也起了一定的启示作用。区别之处在于，孙中山的法治思想，较之维新派的法律思想内容丰富，他没有简单地接受西方三权分立的学说，而是以批判的精神对待西方文明。一方面他从西方资本主义制度暴露的弊端，看到其政治体制的局限性；另一方面他对列强的侵略本质也有所洞察。他不盲目推崇西方，而是实事求是地看待本土文化，他说："吾读《通鉴》各史类，中国数千年来自然产生独立之权，欧美所不知，即知而不能者；此中国民族进化历史之特权也。祖宗养成之特权，子孙不能用，反醉心于欧美，吾甚耻之！"〔2〕在清末民初国人普遍丧失文化自信的历史背景下，孙中山的此类表述显得尤为可贵。他以三权分立为基础，提出了五权宪法。

孙中山以三民主义政治纲领作为基本理论，以"五权分立"作为表现形式，创立的"五权宪法"学说，成为近代历史上较为科学的资产阶级革命的国体和政体理论，后期又提倡直接民权和地方自治，表现了中国资产阶级革

---

〔1〕《在广东省教育会的演说》（1921年），载《孙中山全集》（第5卷），第487页。

〔2〕《与刘成禺的谈话》（1910年），载《孙中山全集》（第1卷），第444页。

命家博大精深的思想和创造人类最先进政治制度的创新精神。

二、创建具有中国特色的"五权宪法"的宪政理论

（一）"五权宪法"的理论是中国近代政治法律思想上的重大创新

"五权宪法"是孙中山在当时中国历史条件下构建的一种有别于西方民主的政治理论，是带有鲜明中国特色的关于资产阶级共和国的政治制度和政权结构的宪政理论。"五权宪法"是孙中山在西方"三权宪法"的基础上，增加了考试、监察两权，以"五权"为核心构建的政权组织形式，以此规定国家的政治、经济、文化、法律等制度以及公民的基本权利和义务。

在中国实施五权宪法，是孙中山一生始终追求的理想和目标。1906 年 11 月 15 日，孙中山在同俄国社会革命党领袖该鲁学尼交谈时，第一次提出五权宪法思想。同年 12 月，在《民报》创刊周年纪念大会上，孙中山再次公开提出："将来中华民国的宪法是要创一种新主义，叫做'五权分立'"，即"是除立法、司法、行政三权外还有考选权和纠察权的五权分立的共和政治"。[1] 孙中山认为，按照"五权分立"的原则制定的五权宪法，就是"将来中华民国的宪法"；只有依照此宪法，才能使中国作为"民族的国家、国民的国家、社会的国家皆得完全无缺的治理"[2]。直到 1925 年 3 月 11 日即逝世前夕他仍念念不忘，认为要"建设新国家，务使三民主义、五权宪法实现"[3]。

孙中山创建的五权宪法学说是这时期最重要的、影响最大的、真正会通中西意义的法律思想。孙中山对中西政治文化采取了实事求是的态度，同时在理论探索中体现出非常可贵的精神和勇气；它承续了西方民主政体中的合理方面，又吸收了中国传统政治模式中的有效部分，既是对中外政治制度的批判吸收，又是对中外宪政学说和基本模式的创新。孙中山曾说："欧美有欧美的社会，我们有我们的社会，彼此的人情风土各不相同，我们能够照自己的社会情形，迎合世界潮流做去，社会才可以改良，国家才可以进步；如果

〔1〕《在东京〈民报〉创刊周年庆祝大会的演说》（1906 年），载《孙中山全集》（第 1 卷），第 330 页。

〔2〕《在东京〈民报〉创刊周年庆祝大会的演说》（1906 年），载《孙中山全集》（第 1 卷），第 331 页。

〔3〕《与汪精卫的谈话》（1925 年），载《孙中山全集》（第 11 卷），第 638 页。

不照自己的社会情形，迎合世界潮流做去，国家便要退化，民族便受危险。我们要中国进步、民族的前途没有危险，自己来实行民权，自己在根本上便不能不想出一种办法。"〔1〕孙中山在五权宪法中所提出的问题实际上是：究竟应当如何使落后的中国独立富强，即创建五权宪法，以依法治国、振兴中华为第一要义；同时实现人民民主政治，使"主权在民之规定，决非空文而已"〔2〕。孙中山对创立五权宪法学说感到极大的自豪。他说，五权宪法"不但是各国制度所未有，便是学说上也不多见，可谓破天荒的政体"〔3〕。

五权宪法学说体现了孙中山对政权结构认识上的独创性，他既看到了历史的变化，也顾及中国国情。这说明他比近代史上许多主张学习西方的思想家更加富有远见，这种思想方法是值得充分肯定的。五权宪法是力图体现中国特色的共和国政体方案，构建了以其为基础的法律框架。它的宏伟气魄充分表现出孙中山面向未来开创人类最先进的社会政治制度的革新向上精神。它开创了中国近代法治建设的新篇章。

五权宪法在政权体制上的精心构思和独特创新，是孙中山革命思想中精彩的一笔。这在中国历史上是空前的，其革命性和批判性，其建设性和启发性，都构成中国政治思想史和中国法制史上极为可贵的一页，是中国法治近代化的一个里程碑。因孙中山开始这一理论创造和政体构思时，苏维埃制度尚未出现，中华人民共和国的人民代表大会制也尚未到来。孙中山在其所处的时代，在世界已有的政体制度之外，找到了一种新的政体形式，其内含的民主精神，已试图对三权分立学说及其制度有所超越，从而以自己的创造为人类政治史和政治制度史添写了新的一页。这一学说的创立把近代民主政体制度从理论上带到了一个崭新的领域。〔4〕孙中山关于把近代化国家建设成一个既有民主主义又有高效率的政府机构的科学思想，为世界各国在建设勤政、民主、高效的政府机构方面提供了重要的理论参考。

---

〔1〕《三民主义·民权主义》（1924年），载《孙中山全集》（第9卷），第320页。

〔2〕《中华民国建设之基础》（1922年），载陈旭麓、郝盛潮主编：《孙中山集外集》，上海人民出版社1990年版，第32页。

〔3〕《与刘成禺的谈话》（1910年）、《在东京〈民报〉创刊周年庆祝大会的演说》（1906年），载《孙中山全集》（第1卷），第445页，第331页。

〔4〕参见《与刘成禺的谈话》（1910年），载《孙中山全集》（第1卷），第444-445页。

五权宪法规定了中华民国国家机器实行"五权分立"制，而"五权分立"的理论基础是人民主权。为实现民有、民治、民享精神，孙中山的五权宪法确定了人民的四权，即选举权、罢免权、创制权、复决权。选举权和罢免权是人民行使民主权，以控制执政者的方式，而创制权和复决权则使人民对于法律的产生和消灭具有决定力，从而使民权在政权的动态运行中处于主动地位，以避免公民参与政治的途径仅限于行使选举权与被选举权。

"五权分立"是五权宪法的重要特征。孙中山以完全开放的心态对西方三权分立的理论和实践进行认真的研究和考察。他在接受上海法文报纸《中法新汇报》总编的采访时表示："我个人赞成汲取美利坚合众国和法兰西共和国的各自长处，选择一种间于两者之间的共和政体。我们很想借鉴其他民族的经验。"〔1〕同时，孙中山不赞成对西学迷信盲从。他说："不徒一般毕业于外洋者，得有博士、学士诸学位者，尝以为未曾学过，而不细为研究，亦殊可惜。今吾对于宪法所主张曰五权，人皆〈以〉为我所发明，其实系中国良好之旧法。所谓五权者，除立法、司法、行政外，一为考试权，一为弹劾权。查我国对此两权流传极久，虽皇帝亦不能干涉者。往年罢废科举，未免因咽废食。其实考试之法极良，不过当日考试之材料不良也。"〔2〕通过研究，他认识到虽然三权分立通过权力的制约，避免了帝制时代集国家大权于君主一人的弊端，但这仍存在严重的缺陷，那就是容易出现议会专制，人民无直接民权。孙中山希望"取欧美之民主以为模范，同时仍取数千年前旧有文化而融贯之"，以"五权分立"制救三权鼎立之弊端。〔3〕他认为在三权分立制度下，缺乏应有的措施以保证政府官员的"学问思想"高尚，以及缺乏"裁判官吏"的独立机关，因而难以保证有良好的吏治。孙中山说："宪法者，为中国民族历史风俗习惯所必需之法。三权为欧美所需要，故三权风行欧美；五权为中国所需要，故独有于中国。"可见，孙中山法治近代化思想的依据是中国的国情，而非照搬西方的法律制度。

设置独立考试权之目的是纠正西方三权分立制度下由胜选政党来录用政

---

〔1〕 陈锡祺主编：《孙中山年谱长编》（上册），中华书局1991年版，第598~599页。

〔2〕 《宴请国会及省议会议员时的演说》（1918年），载《孙中山全集》（第4卷），第332页。

〔3〕 《在欧洲的演说》（1911年），载《孙中山全集》（第1卷），第560页。

府官吏的弊端，以保证政府行政的连续性，避免资源的大量浪费。孙中山认为借鉴中国传统的科举制度就可以纠正之。孙中山强调独立的考试制度，一方面避免了因政党轮替带来的任命官员的不公平性，另一方面也能实现他由专家来治国的政治理想。

设置独立的监察权之目的在于克服议会多数党议员出于党派之私，挟制行政机关的弊病，同时强化监督，防止社会公仆变成人民的"主人"。中国传统政治中的御史制度给了孙中山很大的启发。古代的御史制度，在一定意义上体现了"士"对于"道"的捍卫。孙中山对此非常欣赏，他认为独立的监察制度"代表人民国家之正气，此数千年制度可为世界进化之先觉"〔1〕。"我国历史本素注意政治，所谓正心、修身、齐家、治国、平天下，屡言于数千年前，是吾人政治经验，应算宏且富矣。"〔2〕可见在孙中山法治近代化思想当中兼容了中国传统德治的内容。事实上，构成孙中山知识体系的内容可谓是贯通中西。章开沅先生这样总结孙中山思想的文化取向："主张取中西文化而'融贯'之，兼容并包，择善而从，既珍惜本土文化的精华，又勇敢于汲取外来文化的先进部分。"〔3〕

孙中山对用五权宪法所组织的政府十分赞赏："我们现在要集合中外的精华，防止一切的流弊，便要采用外国的行政权、立法权、司法权，加入中国的考试权和监察权，连成一个很好的完璧，造成一个五权分立的政府。象这样的政府，才是世界上最完全、最良善的政府。国家有了这样的纯良政府，才可以做到民有、民治、民享的国家。"〔4〕

五权宪法使孙中山一贯倡导的三民主义落在了一个具体蓝图上，这是当时一个民主色彩十分浓厚、符合多数人愿望和利益、代表社会发展潮流的政权框架，因而使他一系列民主革命纲领变得更加生动具体，它对动员革命力量起到了很大的推动作用；对于各种复辟势力的倒行逆施，起到了制裁和遏止的作用。

在中国政治思想史上，孙中山第一个提出了在中国建立不是资产阶级一

---

〔1〕《与刘成禺的谈话》（1910年），载《孙中山全集》（第1卷），第445页。

〔2〕《宴请国会及省议会议员时的演说》（1918年），载《孙中山全集》（第4卷），第332页。

〔3〕章开沅：《从离异到回归——孙中山与传统文化的关系》，载《历史研究》1987年第1期。

〔4〕《三民主义·民权主义》（1924年），载《孙中山全集》（第9卷），第353~354页。

个阶级专有，而是一般平民所共有的国家政权的思想，这个国家"主权在民"。辛亥革命后，"主权在民"的观念深入人心，直到今天"主权在民"作为中国社会的基本价值认同之一的地位从未动摇。

孙中山的法治思想是资产阶级民主主义与中国优秀的传统文化以及近代中国实际相结合的产物，是中国最具有代表性的资产阶级法治思想，在中国近代法律思想史上占据重要的地位。孙中山民主、共和、法治思想，是一个不朽的思想宝库，一份优秀的民族遗产，它必将为 21 世纪中国的法治建设起到巨大的资鉴作用。

（二）"权能分开"论体现了孙中山对政权结构认识上的独创性

"权能分开"说，是孙中山政治学说中一种独创性的理论，也是他融贯中西为民主共和国政权结构设计的一条基本原则，具有积极的意义。

在政治学说中，人民与政府间的关系，历来是一个十分重要的问题。如何能一方面绝对尊重民意即民众对政治的最后支配权，另一方面由专家组成政府并使其充分发挥效率，是近代法治学说急需解决的问题。孙中山主张"权能分开"，他认为，"权能分别的道理，从前欧美的学者都没有发明过"，中国人从前也没有这样的观念，这"是世界学理中第一次的发明"[1]。有观点认为，孙中山创立"权能分开"学说，是为了真正实现主权在民的原则。这当然是一种超越中国传统民本思想的政治观念。但笔者认为这只是此理论的一部分意义，而孙中山把建设一个强有力的政府看作是中国迅速摆脱落后谋求复兴的一个重要条件，因此"政府有能"也是此制度设计的另一个重要初衷。当时世界上主流的政治理论是主张建立"有限政府"，给人民更大的自由。但孙中山基于 19 世纪以来对西方之政府能力学说的反思，他认为，从欧美国家现行的情况看，由于权能不分导致政治上没有大进步，在民主政治实行中发生了许多流弊，遇到了许多障碍，最关键的就在于它未能解决民权问题和人民对于政府的态度问题。

"权能分开"理论被孙中山奉为处理人民与政府之间关系的基本准则，也被视为"主权在民"思想与传统贤人政治模式相结合的产物。个人自由主义者主张，从消极的方面考虑避免政府侵害人民的自由，国家的任务只应是维

---

〔1〕《三民主义·民权主义》（1924 年），载《孙中山全集》（第 9 卷），第 322 页。

持社会秩序，而让人民自由发展，好的政府应该是无能的政府。但"权能分开"理论既要解决民权的问题，又要解决政府万能高效的问题。孙中山说："我们现在要解决民权问题，便要另造一架新机器，造成这种新机器的原理，是要分开权和能。人民是要有权的，机器是要有能的。"[1]这样，一方面人民享有充分的民权，可以控制政府；另一方面政府有很强的能力用来治理国家。政府的能，还要在积极方面为人民谋幸福。权能分开，就是"国民是主人就是有权的人，政府是专门家，就是有能的人"。"我现在所发明的，是要权与能分开。""讲到国家的政治，根本上要人民有权，至于管理政府的人，便要付诸于有能的专门家。"[2]

"分工不分权"为五权宪法的一大特点。在吸收西方三权分立制度的基础上，孙中山形成了关于五权宪法的主张与五权政府的设计，因而五权宪法和三权分立在形式上有着某些相似之处，但在内容上两者却存在着重大差别。这差别不仅表现为一个三权，一个五权，更重要的是一个强调权力的"分立"与"制衡"，另一个强调权力之间的分工以及分工条件下的合作。1922年，孙中山发表《中华民国建设之基础》一文，第一次表述了"权能分开"说的基本原则。他所说的"五权"属于"治权"即政府权，其理想是要建立一个强有力的"万能政府"，以行使政府权。要做到这一点，政府替人民做事，要有五个权（五种工作），五个部门分头去做工作，但显然过分强调权力的分立是不行的，必须使其适当地协调和统一。也就是说"分权之中，仍相联属，不致孤立，无伤于统一"[3]。曾任职司法院院长的居正对此有如下的评价："五权政治的原则，亦非如欧美三权政治之着重于互相牵制，互相制衡，乃在使中央政府的五个治权机构，各于法律所赋予之职权内，充分发挥其政治效能，以达成管理众人之事的大目的，以建设一富强康乐之国家。"[4]有别于西方主张通过政府内部的分权制衡来消极地防止滥用权力，孙中山的法治思想更体现出一种积极增进政府效率的设计理念。

---

〔1〕《三民主义·民权主义》（1924年），载《孙中山全集》（第9卷），第342页。

〔2〕《孙中山先生游杭记》，载《民国日报》1916年8月20日。

〔3〕《中华民国建设之基础》（1922年），载陈旭麓、郝盛潮主编：《孙中山集外集》，上海人民出版社1990年版，第35页。

〔4〕居正：《宪法上之权与能》，载《中华法学杂志》1944年第3卷第8期。

"五权分立"制度之所以强调分工合作而不是分权，主要是"权能分开"理论所决定的。它的出发点是为了解决人民与政府间的矛盾，很大程度上是为了解决三权分立制度下议会与政府之间的矛盾。在三权分立制度下，议会对政府的行政权有很大的牵制，因为议会掌握立法权，同时又具有监督行政权的职能。这样就可能会导致两种情况，一个是议会专制，另一个是政府无能。为解决这一矛盾，孙中山将"政权"与"治权"分开。"政权"在地方付诸自治之县人民，由其直接行使；在中央由国民大会间接行使。而"治权"则交给五权政府。五权宪法的核心是把政权与治权分开，由人民掌握"政权"，由政府实施"治权"。它是建立在"人民有权，政府有能"的"权能分开"理论基础上的。当然，孙中山并未否定分权所导致的各部门之间的制约关系及其意义，他说："盖机关分立，相待而行，不致流于专制。"[1]孙中山晚年论述五权宪法时，一个突出的特点是将五权宪法与权能分开理论更加紧密地结合在一起，从而使实施这一宪法的必要性得到了更为有力的理论说明。

孙中山创立"权能分开"说，并在1924年1月至8月间的三民主义系列演说中对其做了系统阐释。根据权能分开原则所设计的国家，在政体上的确带有一种"新"的特色。"权能分开"说的完整提出，使五权宪法制度中各权力结构间的关系在理论上更加清晰，从而也标志着孙中山五权宪法思想的臻于成熟。"五权宪法"这一近代资产阶级革命的国体和政体理论的提出，表现了中国资产阶级革命家博大精深的思想和创造人类最先进政治制度的创新精神。

三、直接民权与地方自治是民主共和制度的政治基础

（一）主权在民是法治近代化的核心与基础

主权在民是近代法治的逻辑起点，是孙中山民权主义和五权宪法思想中的精华，也是孙中山法治思想创新的根源和出发点。

三民主义中的民权主义详细阐述了未来国体、政体的设计原则，是治国方略中的基本内核，五权宪法则是中华民国的政体方案。五权宪法与三民主

---

〔1〕《中华民国建设之基础》（1922年），载陈旭麓、郝盛潮主编：《孙中山集外集》，上海人民出版社1990年版，第35页。

义之间的联系是多方面的，孙中山经常将二者并重。他说："三民主义和五权宪法，都是建国的方略。"[1]"中国将来是三民主义和五权宪法的制度。"[2]甚至在《建国大纲》中也明确规定"国民政府本革命之三民主义、五权宪法，以建设中华民国"[3]。三民主义政治纲领是五权宪法制定的基本理论，也是五权宪法的驱动性力量。"'五权宪法'是根据三民主义思想，用来组织国家的。"[4]五权宪法体现了三民主义的基本精神，以三民主义作为指导思想和直接依据。它作为一种宪法理论和政体模式，其根本法理就是三民主义。作为政体方案的五权宪法，是孙中山法治思想体系中的精华，而这个体系中的核心则是三民主义。以"五权分立"作为表现形式的"五权宪法"所内涵的"万能政府"思想和"直接民权"思想，实际上是三民主义——"民有""民治""民享"精神的具体化和法律化。

三民主义思想是一个动态的体系。旧三民主义主要以西方天赋人权的自然法理论为依据，带有较为浓重的理想主义色彩。孙中山早年的民权观把争民权落实到争取个人的平等、自由以及各项基本权利上。经历了辛亥革命，军阀政府以专制的约法取代了《临时约法》、将民选的国会变成军阀御用的工具等事变后，随着形势的发展，孙中山思想发生了重大的转变，认识也进一步深化，进而他重新阐发了三民主义的民权观。新民权观，在本源上澄清了民权不是天赋的，而是革命争取的结果。孙中山认为，不自由和不平等是人为造成的，那么自由和平等的实现，也只能是人为的。据此，他重新阐释了民权的内涵，以及权利本位、自由与秩序的关系。

民权主义"是政治革命的根本"[5]，在三民主义思想体系中占有十分突出的地位。民权主义体系中关于民主共和国的构想由两部分内容组成，一是有关国家性质的规定，即强调共和国为一般平民所共有而非少数人所私有；二是关于国家政体的设计，包括"权能分开""直接民权""地方自治""五权宪法"等政权构成的原则或具体的设计方案。孙中山创造五权宪法理论，

---

〔1〕《在广州对国民党员的演说》（1923年），载《孙中山全集》（第8卷），第572~573页。

〔2〕《与长崎新闻记者的谈话》（1924年），载《孙中山全集》（第11卷），第365页。

〔3〕《国民政府建国大纲》（1924年），载《孙中山全集》（第9卷），第126页。

〔4〕《孙中山选集》（下），人民出版社2011年版，第596页。

〔5〕《孙中山选集》（上），人民出版社2011年版，第87页。

旨在建立一个比欧美资本主义国家更民主的人民主权的国家。五权宪法是实行民权主义的有力保障，也和民权主义思想体系要求相一致，它真正体现了"人民权利之保障书"的性质，满足了"民治"或"主权在民"的需要。

关于孙中山民权主义思想的具体组成，学界比较普遍的观点是"欧美民主和儒家民本的中西合璧"，当然具体的比例构成还有较大的争议。[1]有学者分析，民权主义的思想来源有两大部分：核心理念和主要制度架构来自于西方，尤其是借鉴了欧美民主国家制度；思想渊源来自于对民族文化的承传。[2]

孙中山继承儒家重"群体"观念的传统，如此解读民权之"民"："什么是民，大凡有团体有组织的众人，就叫做民。"[3]显然，孙中山"主权在民"的"民"的概念，指的是人民的整体，而非具有公民意义的个体。同时，他抛弃了西方个人本位的自由平等观，转而主张民族和国家自由。他认为，自由"如果用到个人，就成一片散沙。万不可再用到个人去，要用到国家上去。个人不可太过自由，国家要得完全自由。到了国家能够行动自由，中国便是强盛的国家"[4]。孙中山主张的国家自由，也就是国家独立。国家的强盛，也就是国家的复兴。赞成把个人的自由寓于国家强大之中。

其"主权在民"思想同样也经历了从模仿欧美模式，转变为中国传统资源自创的有中国特色的模式的过程。他说："我们现在要恢复民族的地位，便先要恢复民族的精神。……除了大家联合起来做成一个国族团体以外，就要把固有的旧道德先恢复起来。有了固有的道德，然后固有的民族地位才可以图恢复。"[5]回归以固有道德为特征的整体主义立场，更强调社会整体的民权与民生。

在新民权思想的基础上，孙中山提出直接民权和地方自治作为民主共和制度的政治基础，实现人民政治地位的平等和自由，创建共和国，让人民享有真正民主权利。孙中山的法治思想有其内在的联系性和典型性，在阐述直

---

〔1〕 王钧林：《孙中山的民权主义与儒家的民本主义》，载《文史哲》2001 年第 1 期。

〔2〕 黄明同等：《孙中山的儒学情结》，社会科学文献出版社 2010 版，第 100 页。

〔3〕《三民主义·民权主义》（1924 年），载《孙中山全集》（第 9 卷），第 254 页。

〔4〕《三民主义·民权主义》（1924 年），载《孙中山全集》（第 9 卷），第 282 页。

〔5〕《三民主义·民权主义》（1924 年），载《孙中山全集》（第 9 卷），第 243 页。

接民权时，他又和"五权宪法"联系起来，进一步说明人民和政府的相互关系。他指出人民有选举权、罢免权、创制权、复决权四个权来管理政府的行政权、立法权、司法权、考试权、监察权五个权，那才算是一个完全的民权的政治机关。有了这样的政治机关，人民和政府的力量，才可以彼此平衡。孙中山在主动的直接民权的规制之下，采取了精英治国的代议制作为间接民主的制度设计，这是一种直接民权与间接民权相结合的模式。

"主权在民"思想作为近代法治的逻辑起点，在辛亥革命后成为近现代中国社会的基本价值认同之一而不可动摇。孙中山注重中国革命的实际需要和国情的特点，把民权与国家独立和全民民主政治结合起来，使内容更为丰富。他又特别强调人民掌握政权的重要意义，认为这既是民主政治的基础，也是个人权利的前提；并把国民参政的范围加以扩大，对民权内容作了新的概括。孙中山说，"今以人民管理政事，便叫做民权"，实行民权"是要把政权放在人民掌握之中"。[1] 这是孙中山对西方民权主义创造性的补充和发展，都是具有重要的理论意义和实践意义的。

（二）直接民权是实施地方自治制度的核心内容

直接民权的理论是孙中山民权思想发展的最高峰，是"主权在民"的最好形式。它明确地表现出孙中山"主权在民"的政治理念。直接民权为民权主义的最高形态，是实施地方自治制度的核心内容。

在新民权思想的基础上，孙中山提出直接民权和地方自治作为民主共和制度的政治基础，实现人民政治地位的平等和自由，创建共和国，让人民享有真正的民主权利。孙中山的法治思想有其内在的联系性和典型性，在阐述直接民权时，他又和"五权宪法"联系起来，进一步说明人民和政府的相互关系。他指出人民有选举权、罢免权、创制权、复决权四个权来管理政府的行政权、立法权、司法权、考试权、监察权的五个权，那才算是一个完全的民权的政治机关。有了这样的政治机关，人民和政府的力量，才可以彼此平衡。孙中山在主动的直接民权的规制之下，采取了精英治国的代议制作为间接民主的制度设计，这是一种直接民权与间接民权相结合的模式。

"直接民权"并非孙中山早期就有的政治主张。1916 年以后，孙中山的

---

〔1〕《孙中山选集》（下），人民出版社 2011 年版，第 719、798 页。

民权思想逐渐发生了变化。民众对于袁世凯帝制自为的漠然甚至是附和的态度，使孙中山认识到培育民主共和的社会土壤的重要性。他已不满足于欧美各国行之已久的代议政治，也即所谓"间接民权"。他首次提出要进一步实现直接民权的主张。他认为在五权宪法之上，"更采直接民权之制，以现主权在民之实，如是余之民权主义，遂圆满而无憾"[1]。五权宪法一定程度上否定西方代议制，在制度层面把国民大会和立法院都设计成不同于代议制下的代议机构，国民大会高居政府之上，不仅有选举权，还有罢免、创制、复决权来控制政府。立法院则只是由立法的技术专家组成的"治权"机构。

"直接民权"在民权主义体系中占有举足轻重的位置。1921年3月孙中山在为《国民党恳亲大会纪念册》所写的序中，把民权主义的实现归结为直接民权的实现。他的理由是"若欲贯彻此民权主义，非实行直接民权不可"[2]。1924年国民党一大宣言也明确写上了"国民党之民权主义，于间接民权之外，复行直接民权"。孙中山把国家权力结构划分为"政权"和"治权"两个系统，直接民权使人民有权，使"人民有充分的政权可以直接去管理国事"[3]。孙中山说："我们在政权一方面主张四权，在治权一方面主张五权，这四权和五权各有各的统属，各有各的作用，要分别清楚，不可紊乱。……政府替人民做事，要有五个权，就是要有五种工作，要分成五个门径去做工。人民管理政府的动静，要有四个权，就是要有四个节制，要分成四方面来管理政府。政府有了这样的能力，有了这些做工的门径，才可以发出无限的威力，才是万能政府。人民有了这样大的权力，有了这样多的节制，便不怕政府到了万能没有力量来管理。政府的一动一静，人民随时都是可以指挥的。象有这种情形，政府的威力便可以发展，人民的权力也可以扩充。有了这种政治和治权……造成万能政府，为人民谋幸福。中国能够实行这种政权和治权，便可以破天荒在地球上造成一个新世界。"[4]

---

〔1〕《中国革命史》（1923年），载《孙中山全集》（第7卷），第61页。
〔2〕《〈国民党恳亲大会纪念册〉序》（1921年），载陈旭麓、郝盛潮主编：《孙中山集外集》，上海人民出版社1990年版，第29页。
〔3〕《孙中山先生游杭记》，载《民国日报》1916年8月20日。
〔4〕《三民主义·民权主义》（1924年），载《孙中山全集》（第9卷），第354~355页。

（三）地方自治是实现"直接民权"的重要保证

民国成立后的动荡与坎坷，使孙中山痛感培植"民治"基础的重要性。他认为"必须地基于人民身上，不可自政府造起，而自人民造起也"。他开始对地方自治予以高度重视，强调"地方自治为建国基础"，表示"今后当注全力于地方自治"[1]。实行民治，孙中山列举了四条：分县自治、全民政治、五权分立、国民大会。他强调这四条是"实行民治必由之道，而其实行之次第，则莫先于分县自治"[2]。

孙中山视直接民权为民权主义的最高形态和彻底实现，由地方自治制度作为民国基石的建国制度是实行"人民主权"政治理念的最佳方案。他表示，"有此直接民权，始可谓之行民治"[3]。"吾人今既易专制而成代议制政体，然何可固步自封，始终落于人后。故今后国民，当奋振全神于世界，发现一光芒万丈之奇采，俾更进而底于直接民权之域。代议政体旗帜之下，吾民所享者只是一种代议权耳。若底于直接民权之域，则有创制权、废制权、退官权。但此种民权，不宜以广漠之省境施行之"，"其道必自以县为民权之单位始也"。[4]他由县级直接民权进而展望"全国之直接民权"。以县为单位的自治也是防患地方割据于未然的一种制度设计。

地方自治是关系到民主共和国能否巩固的大问题。在孙中山的思想中，以地方自治为建国之基础同以人民为建国之基础本质上是一致的。他如此重视的主要目的是：希望通过地方自治，促成其政治理想即建立真正强大之民国这一目标的实现。地方自治是革命方略中必不可少的重要组成部分；地方自治是中华民国建设之基础；地方自治是为实现民治之要端；地方自治是充分实现直接民权的重要保证。孙中山主张先以县为自治之单位，于一县之内，努力于除旧布新，以深植人民权力之基本，然后扩而充之，以及于省。孙中山将直接民权视为实施地方自治制度的核心内容。他致力实现地方自治方案，就是在县级自治单位内使人民享有直接民权。直接民权还和五权宪法一起成

[1]《在沪举办茶话会上的演说》（1916年），载《孙中山全集》（第3卷），第326、327页。
[2]《中华民国建设之基础》（1922年），载陈旭麓、郝盛潮主编：《孙中山集外集》，上海人民出版社1990年版，第35页。
[3]《在桂林对滇赣粤军的演说》（1921年），载《孙中山全集》（第6卷），第26页。
[4]《在沪尚贤堂茶话会上的演说》（1916年），载《孙中山全集》（第3卷），第323~324页。

为孙中山创立权能分开治国理念的两大基础。孙中山多次表示，只有实现直接民权，"始可谓之行民治"。作为一种基本政治制度的地方自治制，是以人民直接行使政治权利，即直接民权付诸实施作为标志的。因此所谓地方自治制的实施，就一定意义而言，就是直接民权的实施。

孙中山主张用人民的四权来管理政府的五权，又用政府的五权确保人民的四权。"有了这九个权，彼此保持平衡，民权问题才算是真解决，政治才算是有轨道。"[1]有学者认为："孙中山的良苦用心，便在于通过将政府和人民权力划清，各自在权力许可范围内充分活动，维持两者之间的适当平衡，既最大限度地发挥民权的制衡作用，又能让政府功能有最充分的发展空间，成为强有力的'万能政府'，促进国家政治的现代化。"[2]这种平衡，可以被视为"权"与"能"的平衡，也即"自由与秩序的平衡"，反映了孙中山法治思想中道平衡的理性价值取向。

孙中山关于地方自治的思想和主张，具有重要的意义。他真诚地相信，这样不仅可以妥善处理中央与地方以及统一与分权的关系；而更重要的是这样把直接民权制与地方自治制紧密结合起来，强调政治上的主权由人民直接掌握，人民直接行使选举、罢免、创制、复决四权。但直接民权在实际操作中所遭遇到的困境是多方面的，比如在中央层面上，民权的行使并没有突破间接民权，而各县选出的代表是各自区域利益的代言人，当与整体利益冲突时难以达成共识而形成统一的国家意志，等等。尽管如此，我们需要看到，作为伟大革命先行者的孙中山，在理解和消化西方民主法治思想的基础上试图完成超越是需要一定历史过程的，其勇于探索创新的精神还是给我们留下了一笔宝贵的财富。

结　语

孙中山是站在以"继往开来"的战略使命和结合中国国情而创新的思想视野推动中华民族振兴的高度上，来理解中国法治近代化问题的。

孙中山毕生追求和为之奋斗的是中国的独立、民主、法治、富强；首先

---

〔1〕《孙中山选集》（下），人民出版社 2011 年版，第 829 页。

〔2〕 张磊主编：《孙中山与中国近代化》，人民出版社 1999 年版，第 513 页。

提出"废除君主制，实行民主共和国"；喊出"振兴中华"口号。他提倡民族自觉精神，宣扬三民主义治国理念；设计"五权宪法"的政体构建。他在权力结构和运行机制上的殚精竭虑、刻意探求、不断创新，触到了民主制度和民主精神的"合理内核"，不愧为民主政治的思想精华。孙中山独创的具有中国特色的近代法治理论，是中国法治近代化的一个里程碑，在中国法律思想史上占据重要的地位。

民国时期的法治建设受到孙中山法治近代化思想的深刻影响，五院制的政府架构以及"六法全书"的制定，都可以说是近代中国法治建设的重要成果。当然，局限于特定动荡的时代环境，后来的国民政府并没有真正实现孙中山的法治理念。但孙中山的这些思想，可以说已经纳入人类思想精华体系当中，他的思想指导着 20 世纪中国资产阶级的民主革命。在 21 世纪，他的思想仍具有强大的生命力。

今天，在中国经济崛起并谋求中华民族伟大复兴的历史背景下，全面依法治国、建设法治国家也成为我们这个时代的最强音。对孙中山法治近代化思想进行深入的研究具有重要学术价值和现实意义，对于我们的政权建设和民主法治建设，仍有重要的启发作用和借鉴意义。

抗战时期的战区检察官

——以国民党特务人员从事司法工作为中心

中国社会科学院近代史研究所　李在全

清末以降，以司法独立为主旨的西式司法理念与制度渐次在中国展开。1912 年中华民国建立后，赓续其事，这反映了民国北京政府对司法独立、超越党派政治的诉求。但从 20 世纪 20 年代起，随着国民革命的兴起和国民党党国体制的建立，北京政府时期宣扬的"不党"司法逐步被"纳入"国民党党国体制之中，司法开始"国民党化"。

一、"党务人员从事司法工作"：战前国民政府的司法党化

1923 年孙中山第三次在广州开府设政，"以俄为师"，学习苏俄的党国体制，推行"以党治国"，建立国民党党治政权，司法领域的"国民党化"由此开始。此后，在国民党与国民政府领导者之中，倡导"司法党化"者，不乏其人，如 1926 年至 1927 年任广州、武汉国民政府司法部长的徐谦，[1]1929 年前后任司法院长的王宠惠，[2]1934 年、1935 年之交出任司法行政部长的王用宾，均宣称要"党化司法"。[3]但是，持续不断的"司法党化"论调并未获得多少司法界人员和社会人士的认同。有人对此分析道：司法界的

---

〔1〕李在全：《从党权政治角度看孙中山晚年的司法思想与实践》，载《近代史研究》2012 年第 1 期；《徐谦与国民革命中的司法党化》，载《历史研究》2011 年第 6 期。

〔2〕王宠惠：《今后司法改良之方针》，载张仁善编：《王宠惠法学文集》，法律出版社 2008 年版，第 285~290 页。

〔3〕《革命司法人民司法生产司法与地方司法》，载《安徽政务月刊》1936 年第 25 期，第 28~30 页。

很多人是保守的，对"党化"两个字没有十分习惯，这缘于他们长期深受"司法独立"思想的影响。"司法独立"是 18 世纪以来西方国家的"天经地义"，依照西方传统观念，司法独立的一项重要条件是司法官不卷入党政的漩涡，因此，许多国家都在法律上规定司法官不得加入任何政党。民国北京政府也规定在职司法人员不得为政党党员或政社社员。到南京国民政府成立时，这种规定在中国已经有十多年的历史了，可以说，司法官不得参加政党的思想已经"深入人心"了。"加入政党"这句话不仅为人们所怕说，就是"党"这个字也为很多人所不乐闻。结果，不但有许多服务司法界的人不愿谈"党"，就是社会上一般关心司法的人也不希望他们与"党"有何关系。所以，很多人一听见"党化司法"这几个字，便觉得刺耳，难以接受。此外，在南京国民政府成立之初，一些在司法界资历很深的人没有得到升迁，他们眼见很多"党化的分子"却升官加俸，自然心存愤恨，迁怒于"党化司法"；有些对司法现状不满的人，也不免将其归咎于"党化司法"。[1]

到 1935 年前后，国民政府司法中枢进行了一番权力与人事的调整。1934年 10 月，国民政府宣布，司法行政部重新隶属司法院，这也迫使主张司法独立的司法行政部长罗文干离职，由司法院长居正暂时兼任其职务。1934 年 12月，王用宾出任司法行政部长；次年 7 月，焦易堂出任最高法院院长。王、焦二人均为革命元老，都主张司法党化。由革命元老、司法院长居正为核心的司法中枢在强化司法政治性（如司法党化）问题上颇具共识。居正等人察觉到司法界普遍存在的"司法独立"意识与现象，以及由此造成的司法界"国家意识"淡薄问题。这实际上是司法与政治的疏远。作为党国元老，居正很容易将司法建设与国民党关联起来，从强化国民党因素的角度寻求司法变革之道，让司法系统更紧密、有效地整合进入国民党党国体制之中。居正倡导和践行的"司法党化"即在如此历史情境中登场。

针对当时各界对于司法如何建设认识不一致的状况，居正撰写了《司法党化问题》长文。该文最初发表在《中华法学杂志》上，半年之后，又在《东方杂志》"司法问题"专栏中重刊，引起广泛的社会反响。在该文中，居正首先统一各界对"司法党化"的思想认识。居正认为在"以党治国"这样

---

〔1〕 杨兆龙：《党化司法之意义与价值》，载《经世》第 1 卷第 5 期，1937 年 3 月 15 日。

一个大原则统治着的国家里，"司法党化"应该被视为"家常便饭"，在这样的国家里一切政治制度都应该党化，因此，司法必须党化。居正提出"真正"的司法党化必须包含以下两个原则：主观方面，司法干部人员一律党化；客观方面，适用法律之际必须注意于党义之运用。[1]

居正所言的司法党化，大体可分为党义化与党人化两方面。在推进司法党义化方面，除通过举行总理纪念周等常规方式灌输国民党党义外，当局还很注意在司法官的考选、培训环节灌输党义。在选拔司法官的考试中，加重有关党义党纲题目的比例，录取人员送入法官训练所受训。该所组织条例第1条，明言："司法院为确立三民主义之法治基础，培养健全司法人才，特设法官训练所。"[2]学员入所后，研究党义被列为学习的重要内容，训练所为此特制定《职员学员研究党义细则》。[3]司法党义化虽在努力推行，但这种思想道德层面的说教，成效很难说，往往流于空谈。可实际操作的还是司法党人化，包括将司法人员拉入国民党组织中、委派党务人员直接从事司法工作等方式。

在司法党化过程中，法官训练所是一个大本营，[4]尤其是在1934年底国民党CC系骨干分子洪兰友担任该所所长后，司法当局利用这一训练机构，把大量司法人员拉入国民党组织中，同时，派"忠实"国民党员进入司法系统。1942年12月洪兰友在一份给国民党中央的密呈中，简要回顾了自己在法官训练所的工作业绩："（洪兰友）主持法官训练行将十载，计办理中央党务人员从事司法工作及高考及格司法人员之训练，与现任法官之调训，已十四班，综计毕业学员一千二百五十六人，均已分发各地法院任职"；重申："本所训练之任务，其重要者为使党与司法合为一致，而司法进为党化为宗旨，是以训练党员为法官者居半，训练法官为党员者亦居半"；法官训练所学员主要来源有二："一、为中央举行考试及甄审及格之党务人员；二、为考试院举行高

---

〔1〕居正：《司法党化问题》，载《东方杂志》第32卷第10号，1935年5月16日。

〔2〕《司法院法官训练所组织条例》（10条），载《司法公报》第27号，法规，1935年3月15日，第9~10页。

〔3〕《司法院法官训练所概览》，司法院法官训练所1935年9月编印，第60~61页。

〔4〕法官训练所成立于1929年，其成立及早期运作情况，可参见《司法院法官训练所概览》，司法院法官训练所1935年9月编印，第1~2页。

考及格之司法人员。"[1]

1935 年开始，大量党务工作人员通过"考试"途径进入司法领域，即"党务人员从事司法工作"。[2]1935 年 2 月 28 日，国民党第四届中执会第 160 次常务会议通过了《中央及各省市党部工作人员从事司法工作考试办法大纲》，明言：中执会为使中央及各省市工作同志得实际从事司法工作，特举行现任工作人员考试，其及格人员交由司法院法官训练所，训练后分发各司法机关尽先任用；凡现任中央及各省市党部工作人员志愿从事司法工作者，均得应考，省市党部工作同志由省市党部保送之；等等。为落实上述大纲，国民党中常会还通过了大纲的《施行细则》，规定考试分为甲乙两种进行。[3]

为此，国民党中央推定：居正、戴传贤、叶楚伧、覃振、陈立夫、陈公博、钮永建、王用宾、陈大齐为此次考试委员，居正为委员长，洪兰友为秘书长。[4]从报名情况来看，党部人员相当踊跃，这既因为掌控党务组织的 CC 系之运作，也因为党部人员的职权、待遇、发展空间均不如政府部门人员。[5]在国民政府中，司法部门虽不算好部门，但与党务系统相较，还算是不错的选择。藉此途径，很多国民党党务人员开始"服务"于司法界，成为党治体制下的司法人员。

1935 年 6 月，国民党中央及各省市党部工作人员从事司法工作考试在考试院举行，"计录取司法官彭年鹤等 126 人，承审员陈大鹏等 9 人，监狱官萧巩叔等 6 人，法院书记官陈玉润等 8 人"，司法官及承审员考试及格人员由司法院发交法官训练所，与司法行政部司法官临时考试及格者涂怀楷等 18 人，

〔1〕《裁撤法官训练所由中央政校办理高考司法官初试及格人员训练事宜案》（1943 年 1 月 20 日），中国国民党党史馆藏，会议记录档案 5.3/195.7。

〔2〕 实际上，在此之前，国民党中央已经开展了"党务人员从事政治工作"。1934 年 7 月国民党中常会通过《选送中央党部工作人员从事政治工作办法》，载《中央党务月刊》第 73 期，法规，1934 年 8 月。

〔3〕《中央及各省市党部工作人员从事司法工作考试办法大纲》《中央及各省市党部工作人员从事司法工作考试办法大纲施行细则》，载《司法公报》第 29 号，院令，1935 年 3 月 25 日，第 1~4 页。

〔4〕《推定中央及各省市党部工作人员从事司法工作考试委员》，载《中央党务月刊》第 80 期，纪事，1935 年 3 月，第 242~243 页。

〔5〕 王奇生：《党员、党权与党争：1924—1949 年中国国民党的组织形态》，上海书店出版社 2003 年版，第 7 章。

合为法官训练所第四届法官班，8月开学。[1]入所受训一年期满后，"分发各司法机关尽先任用"。1936年7月，国民党第五届中常会第17次会议通过《中央及各省市党部工作人员从事司法工作考试及格人员分发办法》[2]，规定：中央考试甲种司法官及格，在法官训练所毕业经再试及格者，按其成绩分别分发任用，再试在75分以上者，分发各省以正缺推检任用；75分以下者，以候补推检任用，仍尽先补缺；愿赴边远省区者，以正缺推检任用。9月、10月，这些由党务人员转变而来的司法人员分发各地任职，[3]成为令人"另眼相看"的"党法官"。[4]

二、战时体制与战区检察官的出笼

1937年7月7日卢沟桥事变爆发，日军全面侵华，中国军队奋起反击。8月，国民党中央决议，设立国防最高会议，为全国国防最高决策机关，对国民党中央执行委员会政治委员会负其责任。与此同时，国民政府设立统率指挥全国抗战的大本营，进行抗战动员与部署，整个国家进入战时体制。

全面抗战爆发后，在日军优势兵力进攻下，华北、华东、华南等地大部国土沦陷。1937年11月，国民政府宣布迁都重庆。面对抗战的严峻形势，为统一党内各方面的认识，制定领导抗战的路线方针政策，国民党中央决定召开一次全国代表大会，但处于战争的非常时期，无法在全国范围内举行选举工作，国民党中常会决定以1935年原出席第五次全国代表大会的代表为这次临时全国代表大会的代表。1938年3月29日，国民党临时全国代表大会在重庆开幕，同日晚上，预备会及第一次正式会议在武汉举行。此次会议确定了"抗战"与"建国"并举的主题，通过了国民党指导抗战的纲领性文件——

---

[1] 《司法院法官训练所概览》，司法院法官训练所1935年9月编印，第5~6页。

[2] 《中央及各省市党部工作人员从事司法工作考试及格人员分发办法》，载《司法公报》第136号，院令，1936年9月10日，第6页。

[3] 《分发各地充任地方法院候补推检（75分以下）的人员名单》，载《司法公报》第139号，部令，1936年9月25日，第8~9页；《分发各地充任各地正缺推检（75分以上）的人员名单》，载《司法公报》第144号，部令，1936年10月20日，第7~8页。

[4] 蔡晋：《国民党统治时期的上海司法界》，载上海市政协文史资料委员会编：《上海文史资料存稿汇编》(12)，上海古籍出版社2001年版，第3页。

《抗战建国纲领》。纲领总则明确两点："确定三民主义暨总理遗教为一般抗战行动及建国之最高准绳""全国抗战力量应在本党及蒋委员长领导之下,集中全力,奋砺迈进";确定国民党在抗战中的外交、军事、政治、经济、民众、教育等方面的基本方针政策。[1]根据战时体制之需要,此次大会还确立了国民党的领袖制,蒋介石任总裁、汪精卫任副总裁。

《抗战建国纲领》也成为抗战时期司法领域的指导文件,司法系统亦进入战时体制。作为国民政府司法最高长官的居正(司法院院长)明确指出:"战时国家之政策,及社会之动向,均与平时有异,欲以平时之法律,适应于此特殊之环境,实属有所不能,势必另有战时法律,方足应付裕如。"[2]当时,有论者即指出:"所谓战时司法,系在战时国家为期司法裁判之迅速,妥当公平以利人民;改善处置监犯,以期囚犯之安全;救济战区司法人员,集中司法人才;厉行检举汉奸,安定地方;检举营私舞弊役政人员,免妨碍役政进行,而增强抗战力量。故订定战时处理司法种种例规,以适应环境之需要,而达成抗战建国之任务。"[3]抗战爆发后,国民政府的司法机构设置、人员任用与救济、诉讼程序修订、监所人犯处置等各方面,均转入战时状态。[4]

具体落实到检察权与检察官,司法中枢要员也认为必须适应整个国家的战时体制。居正认为:抗战"后方之所需者为何?曰:秩序与福利而已。秩序定则各种建设进行利而人民之心理一。秩序安定之方,首在各种事物循规以进,刈除秕政,便利军役;次至侦查间谍搜捕奸细,以及防止一切危害国家之行为,固赖警宪紧密查察,然此项任务,以司法方面有检举权之检察官为最宜"。居正明示,抗战军兴后,他已先后密令各级法院检察官,"对上述罪犯,务须时加留意,认真举发"[5]。居正还强调:"法院检察官系代表国

---

〔1〕 荣孟源主编:《中国国民党历次代表大会及中央全会资料》(下册),光明日报出版社 1985 年版,第 484~488 页。

〔2〕 居正:《战时法律研究之重要》,载陈三井、居蜜主编:《居正先生全集》(上册),台湾"中研院"近代史研究所 1998 年版,第 322 页。

〔3〕 李生泼编著:《战时司法》,商务印书馆 1939 年版,第 1 页。

〔4〕《司法院战时工作概况》,司法院 1938 年 7 月 7 日编印。

〔5〕 居正:《抗战与司法》,载陈三井、居蜜主编:《居正先生全集》(上册),台湾"中研院"近代史研究所 1998 年版,第 291 页。

家行使监督检举之权，在此抗战期间，对于侦查间谍，搜捕奸细，以及防治一切危害国家之行为，尤赖检察官之克尽职责，亟应甄选人材，严格训练，以发挥检察官之效能。"[1]时任司法院秘书长的张知本也认为：抗战期间，要充实司法机关，司法官本身能够尽力负起超非常时期审判和检察责任，尤其是对于非常时期的各项法律要注意，而行政方面对于检察人员，尤其应该予以极大便利，并且帮助他们实行职权。[2]除司法中枢要员之外，不少社会人士也认为必须强化战时检察权，"检察官为国家之代表，凡有触犯国家刑章，均负检举职责"，"故代表国家之公益之检察官，对于刑事诉讼，除告诉乃论之罪外，均有干与检举之权。至战时国家代表之检察官，其职责更宜加重"；[3]在1939年2月举行的国民参政会第一届第三次大会上，国际法学家、参政员周鲠生等人联名提交《充实司法机构案》，称道"我国现行司法机构弱点颇多，亟应充实加强，以树立法治之基础"，并提出具体办法，即包括充实检察机关与人员。[4]

实际上，抗战爆发后，国民党中央很快把司法系统纳入战时体制之中，"战时检察官"即例证之一。1938年4月11日，陈立夫、居正、叶楚伧、洪兰友在国民党第五届中常会谈话会中，提出中央党务工作人员（主要是特务人员）通过甄审、训练后充任检察官职务一案。[5]4月21日，在汉口，由汪精卫主持，国民党第五届中常会第74次会议通过了《中央党务工作人员从事司法工作甄审办法大纲》[6]，明确"中央执行委员会为使中央党务工作人员实际从事司法工作，担任各地检察官任务，特举行甄审"。甄审事宜由中央组织甄审委员会办理，"凡中央党务工作同志从事调查工作5年以上，卓著劳绩

〔1〕 居正：《一年来司法之设施》，载陈三井、居蜜主编：《居正先生全集》（上册），台湾"中研院"近代史研究所1998年版，第300页。

〔2〕 张知本：《法治与抗战建国》，载《抗战与司法》，独立出版社1939年版。

〔3〕 李生浚编著：《战时司法》，商务印书馆1939年版，第16页。

〔4〕 曾代伟：《抗战大后方司法改革与实践研究：以战时首都重庆为中心的考察》，重庆出版社2015年版，第10页。

〔5〕 《甄审中央党务工作同志使受训后充各地司法工作之检察官任务以应现时需要案》《五届中常会第74次会议记录》，中国国民党党史馆藏，会议记录档案5.3/74.26。

〔6〕 中国第二历史档案馆编：《中国国民党中央执行委员会常务委员会会议录》（第22册），广西师范大学出版社2000年版，第251~252页。

者（酌）得应甄审"。甄审程序由甄审委员会拟订，呈报国民党中央核准实行。甄审及格人员由司法院先交法官训练所训练，毕业后交付司法行政部以检察官任用。受训人员，依其学历，分为甲、乙两种：在法科毕业者，训练期间为三个月；在大学或高中毕业者，应补习法科必要之课程，其训练期为一年（实际训练时间有变）。

在抗战初期的 1938 年上半年，陈果夫、陈立夫等人为何把特务人员通过甄训转任检察官？此与抗战之初党务系统人员处境极为不佳的状态有关。全面抗战爆发后，在日军进攻下，大片国土沦陷，作为全国执政党的国民党，其党务人员与党员在抗战中毫无作为，无甚踪影，备受各界强烈批评。据《王世杰日记》所载，1938 年 1 月 26 日，在为留在武汉的国民党中央执行、监察委员举行的招待会上，蒋介石公开"斥责数年来党部工作不力，以致我方军队所到之处，不见党部人员或党员之协助或存在"；两天后，王世杰又记述："近日党部受军队及其他方面之攻击甚烈，陈果夫、陈立夫甚愤慨。"[1]对于党务现状，陈果夫本人也叹息道："余办党务约七年，可说有罪无功。但言组织、办组织，而不注重训练，致党员不知组织之运用，至今不能健全。虽原因系多方面，而余总不能辞其咎。"[2]与此同时，在紧迫、繁忙的战事当中，蒋介石仍不断思考如何改进国民党党务、统计调查工作、党员监察网等问题（这些问题均与"战区检察官"相关）。[3]在如此形势下，长期掌控国民党党务系统的陈果夫、陈立夫等人，只能谋求有所作为，改善观瞻，将特务人员甄训充任检察官，自然是其中选项之一。

---

〔1〕 林美莉编辑校订：《王世杰日记》（上册），台湾"中研院"近代史研究所 2012 年版，第 86 页。

〔2〕《陈果夫日记摘录》（上），载中国社会科学院近代史研究所《近代史资料》编辑部编：《近代史资料》（总 131 号），中国社会科学出版社 2015 年版，第 174 页。

〔3〕《蒋介石日记》（手稿），斯坦福大学胡佛研究院藏（下同）。1938 年 1 月 28 日，注意"改造本党之方针"，预定"党部之改进"；1 月 29 日，注意"改称党名，收容新党员"，"商议改组本党方针"；2 月 17 日，预定"党务改革"；2 月 18 日，"完成全国政治监察网"；3 月 25 日，注意"党监察网之人选与组织"；4 月 13 日，"监察与司法权，应直接到最下层，乃为治大国之要旨"；5 月 1 日，本月工作"调查统计局之组织"；5 月 3 日，预定"调查局长人选"，"特工之整顿与组织"；5 月 9 日，预定"特务工作会议"；5 月 11 日，注意"监察制度与系统"；5 月 28 日，预定"特务工作之改组"；6 月 9 日，预定"特务工作事之解决"；6 月 22 日，预定"编组青年模范团，分组训练，以备组成全国监察网之用"；6 月 24 日，预定"训练各种技术人才，组织监察网"；等等。

三、甄训与人员构成

经过两个多月的筹划与甄审[1]，1938 年 7 月 13 日，应甄人员资格审查结果产生：①合于甄审办法第 3 条及第 6 条甲款者：薛秋泉、林光耀、戴宗尧等 30 人；②合于甄审办法第 3 条及第 6 条乙款者：高振雄、朱依之、李光月等 87 人；③不合甄审办法之规定者：刘敬修、张毅忱等 8 人；④与甄审办法第 3 条所规定之年限稍有不足而合于第 6 条甲乙两款，曾在党部工作有年、著有成绩者：蔡寅裳、杨世忠、杨敬时等 26 人；⑤与甄审办法第 3 条所规定之年限稍有不足，而合于第 6 条甲乙两款，服务司法对于法学有研究者：邓纯、王克迈、艾承普等 26 人；⑥复旦大学法律系毕业生志愿受训者：胡经明、水范九、赵桥深等 9 人。档案记述："先后报名应甄审者凡 174 名，因为战争，各地尚未如期填表者委署尚多，报名手续完备者 94 人，甄审表格 94 分。"最终准予以甲种资格受训者：张道同、刘德清、郑大纶等 30 人；准予以乙种资格受训者：余建中、张济传等 138 人。[2]数日之后，中央党务工作人员从事司法工作甄审及格人员名单出炉：（甲）合于甄审办法第 3 条及第 6 条甲款者：薛秋泉、林光耀、戴宗尧等 30 人；（乙）合于甄审办法第 3 条及第 6 条乙款者：高振雄、朱依之、李光月等 87 人；（丙）准以甄审办法大纲第 6 条乙款之资格受训者：蔡黄裳、杨世忠、艾承普等 52 人。[3]

在正常情况下，上述各员应立即进入法官训练所受训，然而，当时处于抗战军兴之非常时期，不少甄别合格者因为各种原因不能入训，员额不满，

---

[1] 在中统特务人员甄训转任检察官过程中，背后实际操控者当是中统特务头子、陈立夫表弟徐恩曾。张文：《中统 20 年》，载江苏省政协文史资料委员会编：《中统内幕》，江苏古籍出版社 1987 年版，第 249 页；郑大纶：《中统向司法部门渗透点滴》，载全国政协文史资料委员会编：《文史资料存稿选编》（特工组织·上），中国文史出版社 2002 年版，第 60 页。

[2] 《中央党务工作人员从事司法工作应甄人员资格审查结果案》（1938 年 7 月 13 日），中国国民党党史馆藏，会议记录档案 5.3/85.9。补充说明：1938 年 7 月 13 日国民党第五届中常会第 85 次会议通过甄审及格名单：合于甲款者 30 人、合于乙款者 87 人 [中国第二历史档案馆编：《中国国民党中央执行委员会常务委员会会议录》（第 23 册），广西师范大学出版社 2000 年版，第 195～196 页]，这份名单并不完整。

[3] 《党工人员从事司法工作甄审合格之人员名单》（1938 年 7 月 21 日），中国国民党党史馆藏，会议记录档案 5.3/86.16。

司法当局不得不有所调整，呈报国民党中央递补员额，"检察官训练班乙班受训学员之法校毕业者，请提会准予归入甲班受训及遴选合格人员递补未能受训人员之空额"〔1〕。法官训练所所长洪兰友呈请国民党中常会，决议递补办法，国民党中常会第 98 次会议通过了《司法工作甄审同志提升及递补办法》。〔2〕因此，在开学一段时间之后，受训人员的班级等次名单又有所调整，据洪兰友呈报："中央党务工作人员从事司法工作甄审及格人员，甲种班原报到者，计刘仲策等 22 人，现将乙种班邓纯等 20 人提升该班，共计 42 人；至乙种班原报到者，为 109 人，除邓纯等 20 人提升甲种班外，共计 89 人。"〔3〕

按照司法院院长居正说法：甄审合格人员送入法官训练所训练，训练时间：甲种人员为 6 个月，乙种人员为 18 个月。训练纲领："补充其法律学识与司法实务及侦查技术，养成为特殊技能之检察官；发挥其致力党务工作之本能，循率司法程序，从事检察实务，以增进党治下检察制度之效率。"〔4〕据司法行政部后来公布的资料来看，甲种 43 人，于 1938 年 9 月送交法官训练所第五届法官班受训，次年 5 月，训练期满，经再试及格者 41 人；乙种 87 人，于 1938 年 11 月送交法官训练所第六届法官班受训，1940 年 12 月，训练期满，经再试及格者 85 人。〔5〕这些人员大多分发各战区，即抗战时期的"战区检察官"。〔6〕

按照国民党中常会通过的甄审办法，此次甄审对象是"中央党务工作同

〔1〕《中央党务工作人员从事司法工作甄审及格人员未能受训者可否核补案》（1938 年 10 月 6 日），中国国民党党史馆藏，会议记录档案 5.3/96.34。

〔2〕《中央党务工作人员从事司法工作甄审及格人员升补问题案》（1938 年 10 月 27 日），中国国民党党史馆藏，会议记录档案 5.3/98.42。

〔3〕《中央党务工作人员从事司法工作及格学员名册》（1939 年 1 月 13 日），中国国民党党史馆藏，会议记录档案 5.3/111.12。

〔4〕居正：《一年来司法之设施》，载陈三井、居蜜主编：《居正先生全集》（上册），台湾"中研院"近代史研究所 1998 年版，第 300 页。

〔5〕《战时司法纪要》，司法行政部 1948 年版，第 21 章"储备司法人员"，第 1 页。

〔6〕在通常的中国近代史、法律史、检察史著作中，绝少言及"战区检察官"。以笔者阅读所及，关于"战区检察官"的学术研讨，主要有两篇论文：［日］三桥阳介：《日中战争期的战区检察官——中华民国重庆国民政府法制的一考察》，载《社会文化史学》第 50 号，2008 年 3 月 25 日，第 67~86 页（此文承蒙中国社会科学院近代史研究所郭阳博士帮助查找，谨此致谢）；罗久蓉：《从 1938 年甄审看国民党对司法的"渗透"》，载黄自进、潘光哲主编：《蒋介石与现代中国的形塑》（第 2 册），台湾"中研院"近代史研究所 2013 年版，第 31~89 页。

志从事调查工作 5 年"者。实际上，这一标准不易认定，何为"调查人员"就颇有歧出，故在甄审过程中，充斥着诸多不确定的人为、派系因素。[1]在甄审过程中，不少人动了"手脚"。据中统特务分子、甲种甄审及格者郑大纶以后供述：时任中统局主任秘书的濮孟九[2]负责主持甄审的实际工作，濮通知郑参加甄审。当时甄审及格的甲种人员实际只有 27 人，乙种人员有 80 多人（不包括"准以甄审办法大纲第 6 条乙款之资格受训者"，引者注）。在甲种甄审及格人员中，真正从事调查工作 5 年以上的，只有郑大纶、王之倧等 5 人；有一部分人员，如水范九等 4 人，是新从复旦大学毕业的学生，据说都是通过中央委员等私人关系介绍参加甄审的，他们根本没有参加过调查工作，也没有特务的组织关系；[3]其他如张道同，是新从持志大学毕业的学生，也是既未在中统系统工作过又无中统的组织关系，是由他胞兄、中央委员张道藩[4]介绍来的。[5]按规定，甄审时须缴验大学或法专文凭，郑大纶没有上过大学，没有文凭，他就伪造了一张江西私立豫章法政专科学校法律本科毕业的文凭。其他人据说都是大学法律系或法律专科学校毕业的。[6]

---

〔1〕 罗久蓉：《从 1938 年甄审看国民党对司法的"渗透"》，载黄自进、潘光哲主编：《蒋介石与现代中国的形塑》（第 2 册），台湾"中研院"近代史研究所 2013 年版，第 48~62 页。

〔2〕 濮孟九（1898—?），江苏松江人，上海浦东中学、德国威慈堡大学毕业，历任国民党中央党部组织部调查处处长、书记、总监察、中统局特工总部秘书、中统局局长室主任秘书、侍从室第七组组长等职，1949 年后赴台（张宪文、方庆秋等主编：《中华民国史大辞典》，江苏古籍出版社 2002 年版，第 1916 页）。据《蒋介石日记》1938 年 5 月 6 日记载：预定"见濮孟九（恩曾介绍）"，"令戴（笠）、徐（恩曾）保荐特工最有能力者"。可见，蒋介石不仅过问，而且介入战区检察官的甄训事务。

〔3〕 档案记载，甲种人员中标明"毕业未久"者有 3 人：钱永定，男，26 岁，江苏武进人，江苏东吴大学法律系毕业；胡经明，男，27 岁，湖北汉口人，上海复旦大学法律系毕业；水范九，男，25 岁，湖北武昌人（未写毕业院校及专业）。《法官训练所第五届毕业学员名册》（1939 年 6 月），台湾"中研院"近史研究所档案馆藏，朱家骅档案 301-01-14-011。

〔4〕 据陈立夫晚年忆述，在抗战爆发后的 1938 年 3 月，陈立夫转任教育部长，即发表"与我共事较久的"张道藩为教育部常务次长。《成败之鉴：陈立夫回忆录》，正中书局 1994 年版，第 238 页。

〔5〕 档案记载：张道同，男，26 岁，贵州盘梁，上海持志学院毕业，国民大会选举总事务所办事员。《法官训练所第五届毕业学员名册》（1939 年 6 月），台湾"中研院"近史研究所档案馆藏，朱家骅档案，301-01-14-011。

〔6〕 郑大纶：《中统向司法部门渗透点滴》，载全国政协文史资料委员会编：《文史资料存稿选编》（特工组织·上），中国文史出版社 2002 年版，第 60 页。

对于某些党国要员在甄审过程中所动的"手脚",以及不少应甄人员伪造文凭等问题[1],相关部门有所了解。中央党部秘书、亲身参与此次甄审具体事务的王子壮,在日记中写道:"比来余对于甄审工作积极进行,监察委员会工作同志又拨6人,共同审查。有多数待决问题,借取鉴铨叙部,如学籍之确定、学校之立案否,均借录铨叙部之册藉,以资检对。此次甄审工作,虚伪假造之证件,恐不在少。但如完全依法不予丝毫假借,又恐真正为党服务之同志,因手续稍差致多向隅,不得已责重于党务工作。因此,此次甄审即所以救济党务工作同志,凡确有正式党部之委任书状,虽手续稍差,亦予通融,否则,亦不予审,所以免冒滥也。"[2]可见,对此次甄审工作,相关部门还是比较重视的,亦意识到伪造文凭等问题,但在很多情况下,还是予以通融。在王子壮等中央党务部门人员看来,这次甄审含有"救济党务工作同志"之意。从事后甄审通过的名单来看,大多确是国民党的中统特务人员。[3]

甄审通过者,送入法官训练所受训,受训期满并经再试后,最终人员是甲种41人、乙种85人。甲种41人中:从性别而言,除2名女性(印铭贤、王爽秋)外,男性39人;年龄方面,最大的是42岁(李华龙),最小为25岁(水范九),主体是30岁左右的中青年人;从学历看,除1人(水范九)未标明毕业院校之外,40人都是大学或专门学校毕业,且绝多数是法律专业(当然,其中一些是伪造文凭者),从形式上看,符合检察人员的专业背景。[4]乙种85人中:从性别而言,女性4人(苗维汉、蔡炳彤、高益君、黄觉),男性81人;年龄方面,除2人年龄不明之外,83人中年龄最大者46岁(叶

---

〔1〕 参加甄审人员必须填写《中央党务工作人员从事司法工作甄审表》,涉及党籍(入党年月、入党地点、党证字号、入党介绍人、所属党部)、学历、工作年月及经历、证件、相片等内容。《中央党务工作人员从事司法工作甄审程序》,中国国民党党史馆藏,特种档案30/183.4。

〔2〕《王子壮日记》(第4册),1938年5月17日,台湾"中研院"近代史研究所2001年版,第453~454页。

〔3〕 CC系是国民党内以陈果夫、陈立夫为首的政治派系,该派系长期掌控国民党党务组织,控扼很多党机器资源,是国民党众多派系中最有影响力的。"中统"全称为"中国国民党中央执行委员会调查统计局",很长时期里是CC系的组成部分,即CC系中从事调查统计工作者。

〔4〕《法官训练所第五届毕业学员名册》(1939年6月),台湾"中研院"近史研究所档案馆藏,朱家骅档案301-01-14-011。

敷英），最小者 27 岁（3 人，高硕仁、杨镇荪、戴志钧），主体也是 30 岁左右的中青年；从学历看，除学历不明者 1 人（李成儒）外，明确是中学毕业者 1 人（马德馨），大多是各种各类公私大学、专门学校毕业（肄业、修业），而且所学专业颇为庞杂（其中伪造文凭者应亦不少），明确是法律专业毕业者很少。[1] 就性别、年龄而言，甲种与乙种人员均较符合战区检察官的职业要求；与甲种人员相比，乙种人员的学历与专业层次低了不少，以致在一些司法人员晚年忆述中，认为法官训练所"第六届学员（主要是乙种人员，引者注）全是中学生"[2]，显然，如此忆述未必准确，但大体反映了乙种人员的学历不高与专业之杂乱。从受训者的此前履历观察，多数人员与党务、调查工作有关，但甲、乙两者显然有别，甲种层级较高，乙种级别较低（履历也更为庞杂）。[3] 需注意，在抗战全面爆发后的 1938 年，不少人员是从沦陷区逃难到武汉、重庆等后方的，在战火连天、兵荒马乱之时，能应甄入选者，多数还是与党务、调查系统存有关系者。

1939 年前后，沦陷区、交战区的各级司法人员大量撤退、逃难到重庆等地，后方各级司法机关无处安置，只能由司法行政部门发给生活费。法官训练所第五届的新毕业人员，在后方各省市的法院中自然无法安置；与此同时，国民党高层也意识到必须派一些年富力强的司法人员从后方前往战区，以改变国人对战时军政人员尚未撤退前、司法人员即纷纷逃往后方的不良观感；第五届新毕业的多数人员也深感在后方没有出路，同意前往战区。故此，司法行政部指令：法官训练所第五届毕业人员以战区正缺检察官分发各战区，[4]

---

〔1〕《中央党务工作人员从事司法工作及格学员名册》（1939 年 1 月 13 日），中国国民党党史馆藏，会议记录档案 5.3/111.12；〔日〕三桥阳介：《日中战争期の战区检察官——中华民国重庆国民政府法制の一考察》，载《社会文化史学》第 50 号，2008 年 3 月 25 日，第 75 页（原表列名 86 人，其中 1 人在训练期间死去）。

〔2〕陈嗣哲：《1912 年至 1949 我国司法界概况》，载全国政协文史资料委员会编：《文史资料存稿选编》（政府·政党），中国文史出版社 2002 年版，第 459 页。

〔3〕从战区检察官以后的发展情况来看，甲种人员的职位、发展、晋升明显优于乙种人员。

〔4〕此前，按照推事、检察官任命升迁程序，初任地方法院的推事、检察官，必须经过半年至一年的学习候补阶段，补缺后才能成为正式的推事、检察官，才能按月支领荐任薪俸。学习阶段，担任候补推事、检察官时期，只能领取补助费，只能帮助正缺推事、检察官办案和草拟判决书，不能独立办案。

且在经费方面给予便利，作为前往战区的优待条件。不久之后，法官训练所第六届毕业人员也以正缺检察官分发战区。但是，再后来的法官训练所第七、八、九届毕业人员，不再享受如此优待，恢复了老规矩。显然，这是对中统分子居多的战区检察官的特殊优待政策，背后离不开 CC 要员徐恩曾、洪兰友与司法中枢的磋商与运作。[1]"战区检察官"出笼的台前幕后，在其他司法人员晚年忆述中，基本得以证实。有人就回忆说：经过中统头子徐恩曾、司法行政部次长洪陆东、法官训练所所长洪兰友等人磋商，"决定从中统特务中挑选 150 名学员，办两届法官训练班。第五届吸收大学生和专科学校法科毕业生，学习半年；第六届吸收高中毕业生，学习两年，学习期间薪金照发。挑选下来，第五届收了学员 27 人，第六届收了 89 人。第五届 1939 年 2 月开学，9 月毕业；第六届 1940 年开始学习，实际只学习一年，就结业了。因为当时后方各城市的法院都挤满了人，这批人便分配到了湖北、江西、安徽、江苏、浙江、陕西等省，称为战区法院检察官"[2]。其中一些具体细节未必准确，但大体情况不差。

四、职权与活动

据司法行政部的公开信息，第一批战区检察官（甲种）在 1939 年 5 月训练期满并经再试后，派赴战区。[3]作为战区检察官执行职务的法律依据与规范，《战区检察官服务规则》却是到半年以后的 1940 年 1 月才公布，这表明，战区检察官的活动存在"先实践、后规范"问题。据亲历者郑大纶（甲种第一名）晚年供述：我们接到司法行政部派令后，反复琢磨"战区检察官"这一名词的特殊含义，考虑怎样显示中统甄训检察官的特殊作用，认为中统甄训检察官、战区检察官，应该不同于后方各级法院的一般甄训检察官，它应该配置在高等法院或分院，在专区以内之各县巡回检察，不受地方法院首席的约束，并且以"锄奸肃反"为主要任务；不应该配置在地方法院，办理普通刑事案件。为此，我们挖空心思，草拟了《战区检察官服务规则》。我们将

---

〔1〕 郑大纶：《中统向司法部门渗透点滴》，载全国政协文史资料委员会编：《文史资料存稿选编》（特工组织·上），中国文史出版社 2002 年版，第 61 页。

〔2〕 柴夫编著：《中统兴亡录》，中国文史出版社 1989 年版，第 41 页。

〔3〕 《战时司法纪要》，司法行政部 1948 年版，第 21 章"储备司法人员"，第 1 页。

该《服务规则》提交法官训练所第五届全体同学会议讨论通过以后，经报洪兰友（法官训练所所长）同意，函送谢冠生（司法行政部部长）批准，便以命令发布战区各省高等法院，这样，战区检察官的特殊任务，便有了法律根据。[1]可见，在该《服务规则》制定过程中，主导者就是这些身为战区检察官的中统分子。

《战区检察官服务规则》共 16 条，大体内容包括：战区检察官分区执行职务，分区由各省高等法院首席检察官按照高等法院或分院管辖区域定之，每区分配人员之数额，由该省高等法院首席检察官定之。战区检察官在法院县司法处，及兼理司法之县政府管辖区域内，均得执行职务。战区检察官之职务，与一般检察官同，"关于妨害抗战建国犯罪之检举，尤应特别注意"。战区检察官在法院执行职务时，与配置该院之检察官同，并应受该院首席检察官或兼行首席职权之检察官指挥监督。战区检察官在县司法处或县政府管辖区域内，办理不起诉案件，仍应制作不起诉处分书。战区检察官向县司法处或县政府起诉时，仍应提出起诉书。战区检察官侦查犯罪，如认为普通司法机关无审判权者，应附具意见书移送当地有审判之权机关办理。除依法调征司法警察外，战区检察官尤应与当地有关侦查工作之机关密切联系。战区检察官得支给必要之旅费，等等。[2]

作为参与制订规则的主要人员，郑大纶认为《战区检察官服务规则》之要点有三：一是战区检察官的任务为办理妨害抗战建国案件。这点用意在于：显示战区检察官任务的特殊性、重要性，其不同于一般检察官之任务，即办理普通刑事案件；1938 年 4 月国民党公布《抗战建国纲领》，一切违反该纲领的言行，都可以"妨害抗战建国案件"进行干涉和检举，如此一来，对于中共、民主党派、民主人士的言行，即可以"妨害抗战建国纲领"论处。二是战区检察官配置在战区各省高等法院或分院，得在本专区管辖范围以内的各县进行巡回检察。该规定的用意在于，可以在各县调查中共和各民主党派的活动，向中统局提供情报。三是战区检察官对于军法机关审判的案件，侦

〔1〕 郑大纶：《中统向司法部门渗透点滴》，载全国政协文史资料委员会编：《文史资料存稿选编》（特工组织·上），中国文史出版社 2002 年版，第 61~62 页。

〔2〕《战区检察官服务规则》（1940 年 1 月 15 日司法行政部公布，1940 年 2 月 2 日司法院令准备案），载司法行政部编：《司法法令汇编》（第 2 册），上海法学编译社 1947 年版，第 268~270 页。

查终结以后，应制作意见书，移送军法机关审判。当时的地方法院一般无权过问禁烟禁毒、惩治贪污、惩治匪特的案件，有此规定作为依据，战区检察官可以进行侦查，并可制作意见书移送军法机关审判，"意见书"可以起到"起诉书"的作用，军法机关对"意见书"不能等闲视之。此规定也表明，战区检察官不只可以办理法院一般的刑事案件，还可以办理侦查特种刑事案件，亦体现不同于一般检察官的特殊性。[1]

战区检察官职权特殊，在党国体制中地位特殊，加之，这些人员善于揣摩上意、工于钻营，往往具有各种"通天"能力。在台北国民党党史馆所藏的特种档案中，保存着当时任职于湖北宜昌的战区检察官郑大纶草拟的一份《战区检察官工作纲领》油印本，拟订时间为 1941 年 7 月 7 日（卢沟桥事变四周年），题写"吴秘书长教正，郑大纶敬赠"字样，"吴秘书长"即时任国民党中央秘书长的吴铁城。[2]可见某些战区检察官的"通天"能力。

《战区检察官工作纲领》分两部分：第一部分"工作原则"，共 7 条，第 1 条即"秉承三民主义暨国父遗教，积极推进党化司法"；第 2 条："遵守中央抗战建国同时并进之基本国策，一切工作措施，力求配合战时环境，适应国家实际需要。"第二部分"工作实施"，共 10 条：铲除抗建障碍、厉行自动检举、运用检察手段、实行巡回检察、建立县侦查网、整顿司法警察、联络侦查机关、切实视察监所、培养革命精神、办理登记统计。每条之下，又列出细目，例如，在第 1 条"铲除抗建障碍"之下详列：①肃清汉奸反动，巩固抗战基础；②检举贪官污吏，澄清地方政治；③追诉妨碍兵役，充实军事力量；④制裁囤积居奇，安定国计民生；⑤根绝鸦片毒品，增进民族健康；⑥查究酿酒熬糖，减少粮食浪费。在第 3 条"运用检察手段"之下详列：①侦查案件，务求迅速完备，一切诉讼程序，随到随办，随办随结，尤不得有片刻之搁压；②对于刑事简易案件，依法尽量声请以命令处刑，俾案件得以迅速终结，以免讼累；③对于刑事轻微案件，依法采取便宜主

---

〔1〕 郑大纶：《中统向司法部门渗透点滴》，载全国政协文史资料委员会编：《文史资料存稿选编》（特工组织·上），中国文史出版社 2002 年版，第 61~62 页。

〔2〕 刘维开编：《中国国民党职名录（1894—1994）》，中华书局 2014 年版，第 103 页。

义，以消弭社会间不必要之纷扰；④对于因执行有关抗战之政令而有犯罪嫌疑之案件，应注意政令推进效率，慎重办理；⑤司法与行政，实有密切关系，应依司法独立之精神与行政机关取得工作之联系，以免扞格。[1]郑大纶呈递的这份工作纲领，内容可谓详尽，很多条文显系官样文章，空洞难以操作，估计也未实际生效，但这从侧面反映了战区检察官的广泛且肆意之职权。

相对于既有司法官员，"战区检察官"是个新花样，职权特殊，故颇引人瞩目。在很多司法人员眼中，战区检察官是"一种新的官名"，是享受特殊职权、待遇、使命的"黄马褂"，他们"在一省范围以内，可以流动行使职权。其常驻地点，虽原则上规定由高等法院首席检察官酌予安排，但这批'黄马褂'可以自请派驻某院。在工作来说，他们可以接受所在地法院首席检察官的监督指挥，承办一些检察事务，这是一种掩护的方式；他们肩负的更主要的任务是：所在地法院首席无权过问的'锄奸肃反'。'反'是指共产党人和反对国民党的爱国进步人士，对这些人他们认为是必肃的；而对汉奸之类的'奸'，则还要看具体情况，认为可以利用的还要勾结。他们有权逮捕侦讯现役军人，但须移送军法机关审判。他们的特务工作是秘密的，直接受中统特务头子徐恩曾领导，并与当地省党部'调查统计局'密切联系和合作。每个战区检察官都有美制手枪一支，证明中统身份可以调度军警力量的'派司'一份，随身携带，耀武扬威。"[2]战区检察官很多并非法科专业出身，也未受完整的司法检察业务训练，故若从业务水平而言，确实差强人意。据一位与战区检察官打过交道的司法人员回忆："抗战期间，我在鄂西法院与他们（战区检察官）接触过，其中有几名，按照规定，还由我对他们所写文件作过鉴定，除个别较好外，多数的文化和法律水平均较一般还差。"[3]

在战区检察官诸多职权与活动中，"锄奸肃反"是重点，"反共"则是重

〔1〕《战区检察官工作纲领》（1941年7月7日），中国国民党党史馆藏，特种档案9/20.40。

〔2〕金沛仁：《略谈谢冠生与国民党司法界》，载全国政协文史和学习委员会编：《文史资料选辑》（合订本·第27卷·总第78—80辑），中国文史出版社2000年版，第57页。

〔3〕左开瀛：《民国时期的司法官场》，载武汉市政协文史学习委员会编：《武汉文史资料文库》（第6辑·社会民俗），武汉出版社1999年版，第335页。

中之重。据郑大纶忆述：在他们这批战区检察官分发各地以前，国民党中统局局长朱家骅[1]、副局长徐恩曾，在重庆上清寺新生花园，以西餐招待即将赴任的全体战区检察官，餐后，所有战区检察官各自填写了《党网登记表》和誓词，都被吸收参加了中统新的特务组织——"党员监察网"[2]，战区检察官便成了中统的特务检察官，负有反共的特殊使命。为了使战区检察官与当地中统调查统计室密切联系配合，拟订了《各省市调查室与当地战区检察官联系办法》，主要内容为：战区检察官应与当地调查统计室密切联系，互助合作；各省市调查统计室应吸收当地战区检察官参加高干小组，出席会议；战区检察官办理案件，必要时可请调查统计室协助；各省市调查统计室有关法律问题，应征询战区检察官的意见；战区检察官有关中共和各民主党派的活动情报，应随时送交调查统计室。[3]战区检察官乃中统特务人员，与各省市保持极为密切联系，在当时司法界几乎是公开的秘密。一位司法人员后来忆述：国民党各省的省党部都设有"调查统计室"，与这批人员（战区检察官）勾结办事，因此，事实上这些人都是特务。由于国民党在各地势力情况不同，战区检察官在各地的待遇与处境也有别。当时山西、云南、广西等地形成割据地区，对这批人员采取敷衍态度。在国民党控制下的浙江，情况则不同。在国民党CC系核心人物、浙江高等法院院长郑文礼所控制的浙江司法，是厉行"司法党化"的，郑文礼和王秉彝（浙江高等法院首席检察官）把这批"黄马褂"安排在重要地区，使其能在从事"通常司法"的幌子下，大做CC派所特交的任务。"凡系'战区检察官'所办的某些案件，他们要向省党部'调查统计室'汇报情况；中统特务头子徐恩曾利用交通部次长地位，

---

〔1〕 朱家骅原本与陈果夫、陈立夫关系密切，朱氏颇得二陈提携。抗战爆发后，朱氏先后担任国民党中央秘书长和组织部长，一度兼任中统局长，逐渐网罗人马，自组班底，开始与二陈争夺资源，双方矛盾日深，但在推进司法党化和派遣战区检察官方面，朱氏与二陈当有共识。

〔2〕 抗战时期国民党的"党员检察网"是旨在强化国民党员的纪律观念，增强党组织的凝聚力的监察制度，具有浓厚的特务色彩。详见李强：《论抗战时期国民党的党员监察网》，载《西南大学学报（人文社会科学版）》2006年第2期；王昶、何志明：《战时国民党的党员检察网》，载《抗日战争研究》2013年第3期。

〔3〕 郑大纶：《中统向司法部门渗透点滴》，载全国政协文史资料委员会编：《文史资料存稿选编》（特工组织·上），中国文史出版社2002年版，第62页。

借名视察交通，到各地督导，其底细非门外人所能洞悉。"[1]

　　不可否认，在抗战洪流中，战区检察官在检举贪污、惩治匪特、维护兵役等方面有所作用。[2]湖南是战区检察官派遣人数较多的省份，据《大公报》报道：1939年司法行政部派法官训练所毕业者6人[3]，充任湖南战区检察官，分配于高院所在地之长沙，以及高等分院所在地的沅陵、桂阳、常德、邵阳、衡阳。1941年4月，司法行政部又派法官训练所新毕业生20名，充任湖南战区检察官，"各员颇能称职，检察方面，已感充实"[4]。湖北也是派发战区检察官人数较多的省份，战区检察官活动颇为密集。湖北秭归县政府谍报员李子章，"籍查烟案，勒索人民财务"，湖北宜昌地方法院的战区检察官刘有容，"依法检举，连同意见书解送鄂保安司令部审讯属实，判处死刑，执行枪决"[5]。在抗战中，一些战区检察官付出了生命，如分发江苏的战区检察官赵启震，于1942年3月间，"化装前往苏州巡回检察，道经无锡县甘露镇，为当地敌军某队严加盘诘，侦悉系司法人员，乃移至无锡伪县政府，旋解至江阴敌军指挥部军事法庭，每隔数日审讯一次，敌军威胁利诱，无所不用其极，赵氏始终坚拒，卒为杀害"。为此，江苏高等法院首席检察官呈请司法行政部予以褒扬，法官训练所所长洪兰友闻讯后开会追悼。[6]可见，抗战中的战区检察官，并非一无是处。

五、结语

　　一般认为，现代检察官源于中世纪法国的"国王代理人"，后来逐渐演变为国家司法官员。大体而言，现代检察制度之创设与发展，与以下问题相关：一是刑事诉讼模式之变革。在早先的纠问式刑事诉讼中，法官独揽控诉与审

---

〔1〕　金沛仁：《郑文礼与浙江旧司法界》，载浙江省政协文史资料研究委员会编：《浙江文史资料选辑》（第2辑），内部发行1962年版，第110页。

〔2〕　[日]三桥阳介：《日中战争期の战区检察官——中华民国重庆国民政府法制の一考察》，载《社会文化史学》第50号，2008年3月25日，第77~79页。

〔3〕　此六人应为邓纯、王子兰、马希援、王克迈、张道同、胡经明。参见《湖南各级法院暨监所职员录》，湖南高等法院书记室1941年8月编印（油印本，无页码）。

〔4〕　《湘省地方法院明年将增加十个》，载《大公报（桂林）》1941年8月30日，第4版。

〔5〕　《严惩贪污，鄂枪决一污吏》，载《大公报（重庆）》1942年9月14日，第2版。

〔6〕　《司法界忠贞斗士赵启震殉职》，载《大公报（桂林）》1942年11月2日，第2版。

判权，近代以降，刑事诉讼模式变为控诉式，法官权力削弱，成为单纯的审判官，与此同时，赋予检察官主导侦查程序及公诉的权力，通过分权与制衡，以求达成诉讼结果的客观与正确。二是检警关系。通过检察官来控制警察活动的合法性，以避免"法治国家"异化成"警察国家"，这点在某些"检察官领导警察侦查"的西方国家刑事诉讼体制中表现较为突出。三是从法理层面而言，检察官是国家法律的守护人，由其保障国家与国民的公共利益。

中国现代检察制度肇始于清末新政时期。清末司法改革，远师欧陆，近法日本。清廷在删修旧律、制定新法的同时，筹设各级新式司法机构，设立与大理院及各级审判厅相应的检察厅。光绪三十二年（1906年）颁布的《大理院审判编制法》，已规定检察官"于刑事有起公诉之责""可请求用正当之法律""监视判决后正常施行"等基本原则。[1]次年颁布的《各级审判厅试办章程》列有"各级检察厅通则"专章，全面确立了检察制度，规定"检察官统属于法部大臣，受节制于其长"，确定全国检察"一体主义"："各级检察厅联为一体，不论等级之高下，管辖之界限，凡检察官应行职务，均可由检察长官之命委任代理。"相对于审判机关，检察官独立行使检察职权，包括：对刑事案件提起公诉；收受诉状、请求预审及公判；指挥司法警察官逮捕犯罪者；调查事实、搜集证据；在民事方面，保护公益，陈述意见；监督审判并纠正其违误；监督判决之执行；核查审判统计表；等等。[2]换言之，经检察官起诉的案件，审判厅不得无故拒绝审理，被害人也不得私自和解；对于刑事案件实行侦查，提起公诉，充当民事案件的诉讼当事人和公益代理人，并有权监督审判和执行。宣统二年（1910年）颁布的《法院编制法》，最终在国家基本组织法层面确立了审检合署并立、各自独立行使职权的日式检察制度。[3]中华民国成立后，民国北京政府基本承袭清末检察制度，机构与人员有所扩展。南京国民政府成立后，裁撤检察厅，在各级法院内配置检

---

〔1〕 上海商务印书馆编译所编纂：《大清新法令（1901—1911）》（点校本·第1卷），李秀清等点校，商务印书馆2010年版，第381页。

〔2〕 上海商务印书馆编译所编纂：《大清新法令（1901—1911）》（点校本·第1卷），李秀清等点校，商务印书馆2010年版，第403~405页。

〔3〕 《宪政编查馆奏核订法院编制法并另拟各项章程折》，载《政治官报》第826号，宣统二年（1910年）一月九日，第15~16页。

察官，将原有的检察长及监督检察官改称各级法院首席检察官，仍独立行使检察职权。1932 年 10 月，国民政府公布的《法院组织法》规定：最高法院设检察署，置检察官若干人，以一人为检察长，其他各级法院及分院各置检察官若干人，以一人为首席检察官，检察官员额仅一人时，不置首席检察官；检察官虽内置于法院，但独立行使检察职权。[1]

综上所述，清末民国时期，虽然检察机构设置有变，时而审检并立，时而配设于审判机关之中，但其独立行使检察职权未变。检察官之职权，亦大体不出清末来华参与修律的日本专家所言："检察官之职务涉及民事、刑事、行政、国际各法，其范围甚广，而常以关于刑事法为其最重要者"，"关于刑事法之检察事务，以公诉事宜为其中心"。[2]

抗战时期，随着战区检察官的出笼，中国现代检察权发生很大变动。此变动与两大体制背景相关：国民党的党国体制与抗战时期非常的战时体制。从法理上讲，检察官确是国家主体的代理者，检察机关确属司法机关，但具有浓厚的行政权力色彩（这点与审判机关不同）。在国民党的党国体制中，在诸多领域中党与国是重合的，作为国家主体代理者的检察官，在党国体制中即可转换为党的代理者。抗战时期，掌控全国政权的国民党，在战时体制的架构中，自然试图通过强化检察机关，增强抗战与建国之能力。但是，国民党并非统一体，其内部派系重重，这时掌控国民党党务系统的是以陈果夫、陈立夫为首的 CC 系，负责调查统计工作的特务人员是 CC 系手中一支重要力量。特务人员与战区检察官在某些职权方面确有相似之处，故 CC 系将中统分子安插、渗透进入检察系统之中，自是自然。与一般检察官相比，战区检察官的职权大为扩张，不仅可以办理普通刑事案件，还可办理侦查特种刑事案件，尤重于"锄奸肃反"。战区检察官的"锄奸肃反"，不仅包含反共、反日伪、反民主党派等，也暗含着反对国民党内部的非蒋派别，从事实情况看，战区检察官确实深度卷入了国民党内部的派系纷争。从理论上言，面临外敌入侵之际，在战时体制的架构之中，国民党当局强化作为国家主体代理者的

---

[1] 谢振民编著：《中华民国立法史》（下册），张知本校订，中国政法大学出版社 2000 年版，第 1047~1049 页。

[2] [日] 冈田朝太郎等口授，郑言笔述，蒋士宜编纂：《检察制度》，陈颐点校，中国政法大学出版社 2003 年版，第 39 页。

检察官，扩充其机构，充实其人员，扩展其职权，本无可厚非，问题是战区检察官的实际运作与此渐行渐远：本应为抗战中的国家利器，变为执政党（国民党）维护专政的工具，进而衍异为国民党内的派系斗争工具。换言之，战区检察官本应该是对外、抗日的，实践中却变成对内、反共（民主党派）的。

论董康和程树德两位法史专家的不同选择*

中国政法大学人文学院历史研究所　郑云艳

董康（1867—1947 年）和程树德（1877—1944 年）都是晚清法律改革过程中成长起来的民国法律史专家。董康因入仕早，亲自参与了清末律法修订；程树德因入仕晚，则参与了民初的律法修订。同时，二人都对中国法制史有一定研究。此外，二人都在抗战期间滞留北平，但两人的政治和学术倾向则完全不同。董康追随日本，风光一时，晚节不保；程树德守节不屈，疾寒而逝，名垂青史。以往学界少有将二人进行对比的研究，事实上二人留平期间的选择，是前清遗老们在新时期所持两种典型的政治和学术路径的产物。

一、清末民初的仕途

（一）清朝最后的进士

董康和程树德在清末获得了"进士"身份，但途径却有所不同。董康，字授经，号涌芬室主人，江苏武进人。1889 年，他取得了"举人"身份。次年庚寅恩科，年仅 23 岁的董康又获得了"进士"身份。程树德进入清廷的途径则有所不同。程树德，字郁庭，福建闽侯（今福州）人，10 岁丧母，寒窗苦读，终获"举人"身份，后官费留学日本，被赐"法政科进士出身"。

董康较程树德年长约 10 岁，但在董康进入清政府后的 10 年间，清廷发生了翻天覆地的变化。通过传统科举考试进入政府的难度日增，科举也面临

---

* 本文为教育部哲学社会科学重大项目攻关项目"近代救灾法律文献整理与研究"（项目编号：18JZD024）的阶段性成果。

被废除的危险。但同时一些新机会却涌现了出来。如 1904 年科举废除之前，胡玉缙等 27 人通过"癸卯经济特科"（1903 年）被授予了"知县"或"候补知县"以上官职。[1]

1904 年科举正式废除之后，又出现了"游学毕业进士"名目。早在"洋务运动"时，中国已有游学生。但当时为奖励游学，留学归国者多被直接授官职。直到 1903 年，方始参照科举流程，实行乡试、会试、殿试，授予出身，再授官。科举制度被废后，此授予留学生"进士出身"的传统却并未被废除。[2]据《清实录》可知，1905 年金邦平等 7 人获得"进士出身"，1906 年陈锦涛等 8 人获得"进士出身"，1907 年章宗元等 8 人获得"进士出身"。

程树德后人曾称，程氏留日前已获"进士"身份，但查自程树德 1877 年出生后到 1904 年科举废除之间，《明清进士题名碑录》所记历届 [1880 年、1883 年、1886 年、1889 年、1890 年（恩科）、1892 年、1894 年（恩科）、1895 年、1898 年、1903 年、1904 年] 进士名单，均未见程树德之名。

实际上，程树德是在科举废除后，通过"游学毕业进士"这个新机会获得"进士"身份的，他也是最后一批这样的留学生。1908 年清廷引见游学毕业生，程树德等 18 人获得了"进士出身"。其中程树德获得的是"法政科进士出身"。

董康在清末科举考试废除之前取得了"进士出身"，并顺利进入清政府。程树德则在废科举之后通过出国游学的形式，获得"进士出身"。这代表了晚清学人的两种不同入仕途径。

（二）清末的仕途

由于进入清廷的时间以及学识根基之不同，董康和程树德在清廷的仕途也有所差异。早入仕的董康得以在政府大展身手，程树德则不能。

董康于 1890 年通过科考入仕，并被分配在刑部学习，后被擢升刑部提牢厅主事兼陕西司主稿，兼办秋审。[3]在他之前担任过以上职务的是清末著名法律专家沈家本。沈家本（1840—1913 年）是进士出身，幼习经典。1900 年

〔1〕 关晓红：《科举停废与近代中国社会》，社会科学文献出版社 2013 年版，第 73~77 页。

〔2〕 商衍鎏：《清代科举考试述录》，故宫出版社 2014 年版，第 206~214 页。

〔3〕 龚延明：《中国历代职官别名大辞典》，上海辞书出版社 2006 年版，第 227 页。

"庚子事变",清廷流亡西安,他临危受命,返回北京任刑部右侍郎。[1]伍廷芳(1842—1922 年)曾自费留学英国伦敦大学,攻读法学,后成为李鸿章幕僚。沈家本和伍廷芳分别作为中、西法制研究专家的代表,担任修订法律大臣,主持修订《大清律例》。

董康正是因沈家本的赏识,方能参与新政。董康任职的"修订法律馆"和"京师法律学堂"都曾由沈家本主持,而董康赴日考察也是因沈家本保举。1902 年,"刑部"改为"法部","刑部律例馆"改为"修订法律馆"。"修订法律馆"中,设提调官 4 人,总核官 1 人,总纂官 5 人,纂修官 12 人,协修官 12 人,校理官 3 人,校对官 3 人,集掌管 2 人。董康在"修订法律馆"中担任纂修官。1905 年,沈家本奏请成立"法律学堂",以培养法律人才。1906 年,该学堂正式成立。除沈家本外,该学堂中还设有提调 5 人,监学 3 人,管理员 1 人,教员 8 人。董康在"法律学堂"中担任学堂提调(教务提调)。[2]1905 年,沈家本奏请派员考察日本,董康就是其推荐的 3 位赴日考察人员之一。

董康虽是传统官僚出身,但通过多年的修法实践,开始接触外国法制。他参与修订的法律包括《大清新刑律》《国籍法》《民法》《民事诉讼法》等。

程树德以公费出国留学回国之后,也加入了清廷的最后改革,但其主要角色则是教师。程树德从事教学的时机源于法政学堂的开设。1906 年孙家鼐奏请各省添设"法政学堂",随后清廷在首都及各省设法政学堂。[3]程树德最初在家乡的法政学堂授课。1907 年经福建地方官员奏请学部,在福建设立了法政学堂。[4]程树德曾在此担任短期教务长。1908 年程树德来到京师,并被赐"法政科进士出身"。

自此,他开始了在北京长达几十年的学术和职业生涯。1907 年,即董康任职的"京师法律学堂"设立的第二年,"京师法政学堂"成立了。前者由"法部"主持,后者由"学部"主持。"京师法政学堂"设监督 1 人,教务长

---

〔1〕 刘运亚主编:《世界十大法学家》,四川民族出版社 1998 年版,第 283 页。

〔2〕 李贵连:《沈家本评传》,南京大学出版社 2005 年版,326 页。

〔3〕 朱有瓛主编:《中国近代学制史料》(第 2 辑·下册),华东师范大学出版社 1989 年版,第 475~476 页。

〔4〕 陈遵统等编纂:《福建编年史》(下册),福建人民出版社 2009 年版,第 1577~1579 页。

2 人，庶务长 1 人，教员若干，而程树德在其中担任教员。

此时，程树德的兴趣还集中在外来法制。如 1907 年，程树德尚在日本留学期间，上海普及书局已出版了程树德译自日本横田秀雄的《民法物权篇》。他在"京师法政学堂"所授课程也是"民法物权"。[1]

总之，民国以前董康和程树德都已是法律专家。董康专注实践，他从旧式司法官员转变而来，通过清末司法改革实践和赴日考察，接触到西方法制，主张改革传统礼治。程树德专注教学，他从旧式学者转变为留学生，再进入清廷，但其主要是在扮演教师、而非官僚的角色。

（三）民国初年的仕途

民国初年，程树德以修律官员身份正式出仕，这也是董康曾经的身份。1912 年"法制局""法典编纂会"两个法制机关成立。"法制局"常设局长 1 人，参事 8 人，秘书 1 人，佥事 8 人，主事 4 人。"法典编纂会"负责编制民法、商法、民事诉讼法、刑事诉讼法及其附属法和各项法典。常设会长 1 人（法制局局长兼任），纂修 8 人，调查员若干，法律修订完毕，即解散。程树德担任了"法制局"参事和"法典编纂会"纂修。

董康在 1911 年清亡之后曾避难日本，但他于 1914 年回国后，也很快加入了北京政府的法制机关。1914 年署大理院院长、任法律编查会副会长、兼中央文官高等惩戒委员会委员长。1915 年任法典编纂会副会长、全国选举资格审查会会长。1918 年任修订法律馆总裁。1920 年任内阁司法总长。1922 年任财政总长。同年赴欧洲考察商务。1923 年回国，担任大理院长、法权讨论委员会副委员长。[2]

很显然，在民国初年，作为前清遗老的董康和程树德都进入了政府机关。董康除了继续承担修律工作外，还兼任了不少其他司法职位。而程树德正式进入政府机关之后，则主要承担修律工作。

二、抗战前的思想倾向

民国时期政局动荡，许多知识分子由政转学，而 20 世纪二三十年代，董

〔1〕吴朋寿：《京师法律学堂和京师法政学堂》，载全国政协文史资料委员会编：《文史资料选辑》（第 142 辑），中国文史出版社 2000 年版，第 167~172 页。

〔2〕何勤华：《董康其人其书》，载《国家检察官学院学报》2005 年第 2 期，第 138 页。

康和程树德都开始逐渐由政转学。20 世纪 20 年代，董康和程树德分别在南方和北方授课。20 世纪 30 年代，他们都在北平授课。他们的思想倾向也逐渐发生了转变。[1]

（一）程树德的学术公德心

程树德自 20 世纪 20 年代开始由政转学，不再涉猎政治。他曾在北京大学、北平大学法学院、朝阳法学院、清华大学政治系等北京高校授课。

在 20 世纪二三十年代，中国法制史研究大兴。许多法学专家认为中国传统法制体系是适应中国国情的体系，不主张机械式地"移植西法"。如 1930 年吴瑞书在为朱方《中国法制史》作《序》时，称"今之学者，震于欧美之文明，辄不惜孜孜研究，此固无可厚非者。然偏于彼者，往往又失于此。及其结果，数典忘祖。对于拿破仑、华盛顿，则知之甚祥，而唐尧虞舜之为何人，则茫然矣"，"一国之典章法治，自有一国之精神所在，虽有时不妨撷人之长，然亦不能尽弃吾人所固有"，"法律者，非能创造社会，乃顺适社会者也"，"将固有之一切典章法制，尽付东流，而专拾取他人之所有，以资应用，则其不能得群众信仰者，盖亦固其所也。故立法者于此必先求诸成规，考诸习尚，采诸民情，而后顺适之以定其标准。绝非可闭门造车也"。[2]

因此，当时许多法学专家试图论证中国法制并不落后于西法。[3]如 1933 年丁元普在《中国法制史》中称，中国法系是与印度、英吉利、罗马法系等并列的世界五大法系之一，"中国法系最古，日本当明治维新以前，其制度典章，皆采自中国，即其刑法，又本乎《唐律》及《明律》。逮变法以后，乃大革从前之法制。几一一以欧陆为模范，近年法制逐渐改良，乃更倡独立之论调"。"我国号称五千年文明古国，典章制度灿然可观"，"为人类行为之规范者，有宗教，有道德，有习惯，有舆论，有法令"。[4]

程树德在此种学术氛围影响下，一边教学，一边从事中国法制史研究，撰写了《魏律考》《晋律考》《后魏律考》《隋律考》《南朝诸律考》《北齐律

---

[1] 李祖荫：《北京大学点滴回忆》，载全国政协文史资料委员会编：《文史资料存稿选编》（第24辑），中国文史出版社 2002 年版，第 43 页。

[2] 吴瑞书：《朱方中国法治史》之《序》，上海法政学社 1932 年版，第 1~2 页。

[3] 王振先：《中国古代法理学》，商务印书馆 1933 年版，第 1~2 页。

[4] 丁元普：《中国法制史》，上海法学编译社 1937 年版，第 1~3 页。

考》《后周律考》。1927 年，以上各篇被汇编成《九朝律考》出版。1931 年，作为京师法科学生教材的《中国法制史》出版。1931 年出版了《比较国际私法》，"比较国际私法"是他早年日本留学的专业，也是他回国后的教学课程。1934 年他的《九朝律考》被收入上海商务印书馆的《大学丛书》（教本）再版。

在整理中国法律史料的过程中，程树德开始梳理中国法史。1927 年程树德在《九朝律考》中称，"汉晋士大夫，往往治律，马融、郑玄、羊祜、杜预皆律家也。六朝以后，祖尚玄虚，律令科条，委之胥吏，其治此者，非陋则俗"，"今古律之存者，皆自唐以下"。他以九朝之律令为基础，划定了中国律法系统沿袭表。[1]1931 年出版的《中国法制史》则又以现代"章节体"的形式系统呈现中国法制史。

在系统梳理中国法制史的基础上，程树德逐渐倾向于研究中国的传统礼治。在 1933 年出版的《宪法历史及比较研究》中，程树德表明了自己专攻古籍的学术旨趣。他自省道，其早年著述（指《国际法》等），在"欧战后，皆成陈腐。自是始悟，凡有时效性之书，皆可不作。戊午以还，以十年之功，成《九朝律考》二十卷。戊辰成《说文稽古编》二卷。庚午《续明夷待访录》二卷。于新籍未一措意也。辛未续成《稽古篇》付书局印刷，而版因沪变毁于火，并初稿失之。今夏，欲检点旧稿，重为编次，会友人有宪法新资料见饷者，遂竭两月之力，先成此书，明知浪费光阴可惜，然古人中如朱熹一生精力在《四书集注》，而未尝不兼注《参同契》，兼注《楚辞》，亦孔氏贤于博奕之意也"。他感叹，"欧化东渐，国人迷信四方文明已成积重难返之势"。[2]

可见，程树德从"法治"向"法礼结合"的思想转变在抗战前夕便已初见端倪，但将其完整阐发出来的，则是其抗战期间完成的《论语集释》。

（二）董康的政治功利心

相比程树德而言，董康的活动地域频繁变更。1924 年自北京赴上海之后，董康成立了上海法科大学，并与章太炎一起担任校长。1926 年因被孙传芳通

---

〔1〕 程树德：《九朝律考》，商务印书馆 1927 年版，第 1 页。

〔2〕 程树德：《宪法历史及比较研究》，朝阳学院出版部 1933 年版，第 1~2 页。

缉，再次逃亡日本。次年返回，继续担任法科大学校长。之后辞职，担任东吴大学法律学院院长，并开律所。期间多次赴日讲学，并访书。1927 年，他从日本访书回来之后出版了《书舶庸谭》，记其访书经历，其主要访书内容是戏曲小说。

在南京国民政府统治期间，董康的主要活动区域也转移到南方。1927 年从日本归来后，正式受聘于南京政府司法部，成为法官第二、三届训练所教务主任、所长，并讲授了"中国古代刑法"等课程。自此名声大作，成为当时的法学界的权威。

董康离开北京的这段时间，日本迫于压力，开始比照英美等国，退还庚子赔款，并将其中一部分用于中国文化事业。中日双方在北京成立了三个机关：1925 年成立的"东方文化事业委员会"，确定了该基金用于发展中国文化事业的方向；1927 年成立的"人文科学研究所"，使《续修四库全书总目提要》成为其中一项优先发展的文化事项；1927 年成立的"东方文化事业图书筹备处"，正式开始编纂《续修四库全书总目提要》。[1]

董康很早便对此项目表示了兴趣，但实际上他扮演的角色却并不起眼。据张升考证，董康曾是力促"东方文化事业委员会"设立的重要人物之一，这包括首倡此事之功，提出许多具体建议之功，以及推荐大量编辑人员之功。[2]但在以上三个机构的委员名单中，都未见董康之名。可见，董康最初并未直接参与其中。

未能在早期直接加入以上三个机构，其个人贡献也因此未得彰显。董康最感兴趣的是戏曲小说，而《续修四库全书总目提要》的收书范围之一则是《四库全书总目》中未能收录的"词曲、小说及方志等类书籍"。[3]然而，傅惜华是《续修四库全书提要》"小说戏曲类"整理工作的主要负责人。[4]据

---

〔1〕 罗琳：《前言》，载中国科学院图书馆整理：《续修四库全书总目提要（稿本）》，齐鲁书社1996 年版，第 2~8 页。

〔2〕 张升：《董康与〈续修四库全书总目提要〉》，载《新世纪图书馆》2006 年第 5 期，第 68~69 页。

〔3〕 罗琳：《前言》，载中国科学院图书馆整理：《续修四库全书总目提要（稿本）》，齐鲁书社1996 年版，第 8 页。

〔4〕 《提要撰者表》，载中国科学院图书馆整理：《续修四库全书总目提要（稿本）》，齐鲁书社1996 年版，第 3 页。

考证，孙楷第和董康事实上也是此类提要的撰稿人。孙楷第的贡献直到 1983 年其《中国通俗小说提要》问世，才开始为人所关注。[1]但是，董康所撰此类提要的贡献至今仍未得彰显。

董康曾对未能加入此项文化项目表示过不满。《四库全书总目提要》编纂计划最初被提出来时，中国当权者是段系军阀；而董康与段氏军阀不合。董康满腹牢骚，称"北京文化事业委员会本专保存旧学而设，委员纯由段政府延揽，因胪举委员姓名，余心目中如李木斋、章太炎、章式之、王静庵、傅沅叔等，并无一人厕列其间"。

最终董康加入了此项目，但他却似乎并不热情。根据《续修四库全书总目提要》的《提要撰者表》可知，董康分撰了"第四册第七百五五页上至第四册第七八三页下"。[2]据张升考证，《续修四库全书总目提要》中董康所撰 49 篇提要，都是依据 20 世纪 20 年代中期董康受嘉业堂主刘承干之托所编《嘉业堂藏书志》得来，即董康后来虽参与了提要编纂工作，但并未专门为此撰写大量提要。[3]

由此推测，董康早期之所以牢骚满腹，不是出于他不能参与整理中国传统文化之盛举，而在于其个人政治失意。

董康在享有较高学术声誉之后，回到了北平。1933 年，他重返北平，并被北平大学法科和国学研究所聘为教授。授课之余，他著有《前清法制制度》《民法亲属继承两篇修正案》《秋审制度》《中国法制小史》等学术作品。

总之，董康虽享有极高的学术声誉，但他这种醉心政治的心态也决定了其在抗日战争爆发后的政治立场。

三、抗战期间的选择

（一）程树德转向古籍研究

1937 年"七七事变"发生以后，程树德未离开北平。据记载，程树德于

〔1〕 倪莉：《中国古代戏曲目录研究综论》，知识产权出版社 2010 年版，第 161 页。

〔2〕《提要撰者表》，载中国科学院图书馆整理：《续修四库全书总目提要（稿本）》，齐鲁书社 1996 年版，第 1 页。

〔3〕 张升：《董康与〈续修四库全书总目提要〉》，载《新世纪图书馆》2006 年第 5 期，第 68~69 页。

1932—1936 年在清华大学政治系担任讲师。〔1〕但有关他抗战期间的具体事迹无详细记载。据其后人回忆，程树德在抗战期间，滞留北平，但未在任何高校任职，也未出任伪政府公职。由于失业，生活来源断绝，且子女亦南迁，程树德不得不变卖房产，并在搬家途中，因病且寒，于 1944 年 1 月 1 日逝世。〔2〕

1933 年出版的《说文稽古录》是程树德抗战前夕的专攻。从标题看来，此书似乎是"语言文字学"著作，但其实际是藉"文字"考证"历史"。他在《序》中谈道，"西人嗜古者，恒以掘地以考古代文物"，"次则采蛮民之窟，以求原始人类之状态"，罗振玉"假龟板以研求古史"，为中国"考古家新开一途径"。他称，"泰西文字主于谐声，我国则并及象形、会意、指事、假借、转注诸法，恒可因制字之故窥见上古逸史与其社会之情状"〔3〕。

沿着这样一种中国学者的传统治学路径，程树德开始了《论语》研究，并在抗战期间定稿。1933 年程树德患血管硬化症，但并未辍笔。他在《自序》中提到，抗战期间，他以"足不能行，口不能言"的带病之身，撰写了《论语集释》。该书采清以前诸家之说，分为考异、音读、考证、集解、唐以前古注、集注、解别、余论、发明、按语，共 10 类。

但是程树德并非毫无时政关怀。在 1933 年《宪法历史及比较研究》中，他便指出，"中国古称华夏，有四千余年之历史，岂得妄自菲薄。是书，凡与自国历史有关者，必略述其沿革或参论其得失"〔4〕。

程树德于抗战期间定稿的《论语集释》也有类似的时政关怀。此书出版于 1943 年，他在《自序》中阐明了著述初衷，"自孔祀罢，经籍废，风会所趋，至悍然灭伦毁纪，侮圣诋儒而复无忌惮，天下之乱极"，故出现了两类人：一类是"倡读经救国之论者，孙雄是也"，一类是"效鲁仲连，义不帝秦，蹈东海而死者，王国维是也"。"顾亭林所谓王天下者不国"，"今日而适

〔1〕 陈俊豪：《生不逢时的法律学系——20 世纪二三十年代清华法律学系设立之周折》，载许章润主编：《清华法学》（第 9 辑），清华大学出版社 2006 年版，第 52 页。
〔2〕 程俊英：《关于程树德先生卒年的一封信》，载《法律科学》1991 年第 3 期，第 73 页。
〔3〕 程树德：《说文稽古篇》，商务印书馆 1933 年版，第 1 页。
〔4〕 程树德：《宪法历史及比较研究》，朝阳学院出版部 1933 年版，第 2 页。

若相反"。[1]因此，程树德开始钻研古籍。

他表面是在注疏《论语》，实际是在阐发中国传统礼治思想，并对醉心西化或卖国求荣者予以警示。他在《自序》中还提到，"夫文化者，国家之生命；思想者，人民之倾向；教育者，立国之根本，凡爱其国者，未有不爱其国之文化"，"毁灭其文化，移易其思想，变更其教育，则必不利于其国者也"。"自清季，欧化盛行，国人醉心西方文明，已成积重难返之势。政府提倡于上，学者鼓吹于下，回顾祖国，一若无一事及人者，驯至裂纲纪伦常，而国以不立。"他提醒国人，"木腐而蠹乃侵，自侮而患乃集"，"孔夫子之道无古今，无中外，一也。由之则治，悖之则乱"。他不惜风烛残年，坚持写作此书的目的则是，"欲以发扬吾国固有文化，间执孔子学说不合现代潮流之狂喙"[2]。

（二）董康转向政治投机

1937 年，"七七事变"之后，日本在北平成立"华北临时政府"。董康出任该政府委员、常务委员，并担任司法委员会委员长。1940 年，汪精卫在南京成立伪国民政府后，"华北临时政府"改称"华北政务委员会"，董康担任委员。[3]1945 年抗战胜利后，他又因病免于被俘。[4]1947 年，他在北平一家德国医院病逝，时年 80 岁。

20 世纪 20 年代的董康也曾是"中华法系"推崇者。他在 1927 年《新旧刑律比较概论》中指出，法律根据土地风俗习惯，而形成系统，中国属于"亚东法律系统"。该法系覆盖范围包括日本、朝鲜等，他甚至怀疑"英之系统，亦出东亚或即所谓东来法之一"，认为"东亚法系固亦横亘，世界与罗马法对峙不可磨灭之物也"。董康在法律上还比较倾向于"礼法结合"，并指出，曾"以礼教论、法律论为二事。殆今叠遇战争，社会未至溃决者，道礼二字互相教诏，得以维持于万一也。旧法向主明刑弼教，现虽失其效力，不妨参酌其精神"[5]。

---

〔1〕 程树德：《论语集释》，华北编译馆 1943 年版，第 1 页。

〔2〕 程树德：《论语集释》，华北编译馆 1943 年版，第 1~2 页。

〔3〕 曹子西主编：《北京历史人物传》（下册），北京燕山出版社 2014 年版，第 871 页。

〔4〕 北京市档案馆编：《绝对真相：日本侵华期间档案史料选》，新华出版社 2005 年版，第 394 页。

〔5〕 方潇主编：《东吴法学先贤文录》（法律史卷），中国政法大学出版社 2015 年版，第 297、300 页。

20 世纪 20 年代的他也曾推崇过英美法系，并认为其与中国唐律有暗合之处。如 1923 年他在《前清法制概要》中提出，"东方之法律统系，历二千余年，当与罗马律并峙"，中国"并非法学之人才比较各国为退步也。鄙人曾在英伦律师公会与诸学者讨论，知英之律书，雅近唐律"，"古来东西之典章文物，相同之点本多，惜未谙西文，无从比较其同异也"。[1]

直到 20 世纪 30 年代初，他对中国修律成效的评价还是比较正面的。如 1930 年他在《我国法律教育之历史谭》中，认为中国古代"以经义及策论为主，并缺律令一课，固无足称为法律教育"，清末"创办京师法律学堂，人才极一时之盛。斯法律教育，蒸蒸日上"。[2]

抗战期间，他却开始极力推崇以日本为代表的大陆法系，对以英美为代表的海洋法系进行攻击，并否定了清末修律以后的中国法律体系。其论证逻辑是，日本与中国同属"大陆法系"，但清末修律之后，中国法系因受英法影响而存在缺陷。1942 年他在《集成刑事证据法》中指出，"法律之规定有限，而人情之变幻无穷。仍须于习惯及条理之间，予以裁量之权"，认为"昔人所谓以经义断狱者，庶几近之也"，而"自清季改订法律，专采大陆制，趋向自由心证，于判牍之认定事实中，抛荒物与人二证，纯出以推定之词"。他提出"吾国法律思想之发达，仅属刑事，若争财之讼，推阐道德本义以溶化之。故汉《九章律》，户增于李悝六篇之后。传留之成文法，如唐明等律，亦同斯旨"，"兹乃连类及之，所以揭东方法家之统系也"。[3]

董康的研究实乃承日本之托。如他在同书《清秋审条例》部分的《绪言》中提到，他曾"承狩野博士询及此制，罄其所知以答。博士娓娓忘倦。许谓有清一代详刑，属笔之于书，以补史官之遗漏"。当时，他并未马上完成此写作任务，直到抗战时期，受政府嘱托，"依实录、圣训及会典事例诸书，草成《秋审制度》，约十五六万言"，"兹仿现代法文体，揭其概要，凡若干条，将来详检制度，亦犹览《四库全书》，由简明目而阅提要，由提要而进读原书，不致茫无崖"。[4]

〔1〕 方潇主编：《东吴法学先贤文录》（法律史卷），中国政法大学出版社 2015 年版，第 279 页。
〔2〕 方潇主编：《东吴法学先贤文录》（法律史卷），中国政法大学出版社 2015 年版，第 473 页。
〔3〕 董康：《中国法制史》，司法官养成所 1942 年版，第 1 页。
〔4〕 董康：《中国法制史》，司法官养成所 1942 年版，第 2~3 页。

抗战期间，董康因个人学术声誉极高，受聘于日本在京所设奴化教育机构。1938年，"新华学院"在北大校园成立。该机构名义上隶属于"华北临时政府"，但实际受制于日本。共招生300余人。生源除了来自公开招考外，还包括伪政府在职人员。毕业生被派往日本观光，再被分配到各级政府任职。直到1945年日本投降，该机构才被迫关闭。董康曾在此机构任职。1942年司法官养成所根据董康在"新民学院"的授课讲义，出版了《中国法制史》，含《集成证据法》和《清秋审条例》两部分。[1]他在书前称，"丁丑事变（七七事变），风鹤之中，镇摄心神，撰《中国历代证据考》一卷"[2]。

　　总之，程树德和董康二人治学观点的根本分歧源于二人的人生态度；而其人生态度又最终决定了二人不同的政治选择。二人同为清朝遗老，且同治中国法制史，但二人最后却在学术和政治上作出了截然不同的选择。程树德彻底从混乱的时政中抽身出来，投身于教学和科研，保持着最初的学术公德心；董康则为时政所累，其学术和政治地位虽都曾显赫一时，却最终只不过是昙花一现。

---

　　〔1〕　中共北京市委党史研究室：《北京革命史简明词典》，北京出版社1992年，第101页。

　　〔2〕　董康：《中国法制史》，司法官养成所1942年版，第1~2页。

附　录

"多元视域下的近世法律与中国社会"
学术研讨会综述

中国政法大学人文学院历史研究所　崔李酉子

　　由中国政法大学人文学院主办、中国政法大学人文学院历史研究所承办
的近代法律与社会转型学术研讨会，旨在为法学界与史学界致力于法律史研
究的学者提供一个交流和对话的平台，至今已在各方学者、专家的指导和支
持下举办到第三届。本届学术研讨会的主题是"多元视域下的近世法律与中
国社会"，于 2018 年 11 月 2 日至 4 日在北京举行，来自国内著名高等院校及
科研机构的 30 多名学者出席了会议。本次会议共有 26 位学者发表主题报告，
分别围绕法律史研究的文献与方法、族群史与法律史、地方档案与法史研究、
区域社会史与法律史、基层社会的法律实践、中西历史文化比较视野下的法
史研究、近现代法制改革等主题展开，现将会议情况综述如下。

一、法律史研究的文献与方法

　　两场主题演讲皆围绕法律史研究的文献与方法展开。

　　赵世瑜（北京大学历史学系）做了题为"文献的变身与'法史'是什
么"的演讲，指出现今的法律史研究除了传统的法典、判牍之外多依靠司法
档案作为原始材料，而档案是个"大杂烩"，利用这些文献进行法史研究需要
回到文献的"原生态"，也就是需要分辨后来用作诉讼证据的文献最初是在何
种情形下制作出来的。他认为法史具有多重面向，是生活史的一部分，是人
际关系史，是秩序破坏与重建的历史，更是国家制度、乡里制度与人的生活
实践的互动史。研究法史时最常被关注的法律史、诉讼史，其实只是"法史"
的一个片段，希望致力于法史研究的学者可以将法史作为一种方法论，把更

多元的历史内容涵盖其中，使法史不再仅仅是一个学科的分支领域，可以拥有更广阔的发展空间。

张小也（深圳大学人文学院）演讲的题目是"区域社会史与法制史"，她表示法制史的研究路径应当是多种多样的，区域社会史的方法是其中一种。清代以后，有关诉讼和争产的记载是民间文献最常见的内容，在利用这些民间文献进行法制史研究时，既要看到它的结构性特征，也要将之还原到区域社会的发展脉络当中，从而形成对法制史与区域社会的理解。她以湖北麻城帝主庙的研究为例，当地毛氏家族的族谱记载了毛氏与五脑山寺庙争产并在胜诉后将宗祠移至山上的经过，类似事件的记载多见于族谱当中，既可以作为司法审判时的重要依据，也能够从中窥见地方社会的状况，更是对大历史的反映。

主题演讲后的研讨会分为六场，共有24位学者发表了主题报告。

二、族群史与法律史

族群之间基于历史、文化、地域、宗教、血缘等因素而将"我族"区别于"他者"，这种区分必然会引起政策、法律、对外交往等层面的差别。4位学者从身份认同、边疆危机、犯罪问题、官员的民族构成等不同视角，探讨了清代的满人、旗人、回回与汉人族群围绕法律问题发生的互动关系。

邱源媛（中国社会科学院古代史研究所）提交的论文《清代八旗投充人丁科举问题浅探》，以乾隆年间玉田县内务府正白旗庄头宋九岳之子宋钰私入民籍中式进士的个案引入，探讨清代畿辅地区的投充旗人在科举入仕时受利益驱使，利用制度漏洞，选择性跳跃于八旗制度与州县系统之间的生存状态，揭示出华北基层社会因旗、民分治与杂居而呈现的复杂性和多样性。

丁慧倩（中央民族大学历史文化学院）的《"哈密之狱"与清前期北京回回人》一文，利用清代道光年间北京人沈凤仪抄录的回民赵士英的私家著作《冈志》，讨论了由明至清北京回回人社会的延续与变化，认为康雍两朝都强调回部之人与直省回民之间的差别，不愿因准噶尔部的叛乱牵连直省回民，而乾隆中期因西北形势的变化使得统治者对直省回民的态度发生了转变。冈上回民聚居区对直省回民具有重大意义，它的开放与封锁是统治者对直省回民态度的晴雨表。

李典蓉（中国政法大学法律史学研究院）提交的论文《清初言官眼中的"光棍"行径：兼论叩阍法制变迁》，以国家图书馆典藏清顺治朝"刑科杨雍建等题疏档"中的满文题本为主要材料，注意到清初京城光棍行径与旗下势力有关，一时蔚为风气，言官可直议朝政是非，上书言光棍事，此后随着奏折制度的发展而逐渐式微，并指出光棍与叩阍制度的发展颇有关系，可视作清京控制度发展中的一环。

胡祥雨（中国人民大学清史研究所）的报告《清末新政与京师司法官员的满汉比例（1901—1912）——基于〈缙绅录〉的分析》，依据李中清、康文林研究组研制的《缙绅录》量化数据库，在大量统计数据的基础上，说明丙午官制改革前后官员满汉比例的变化。他认为，清末司法官员满汉比例的变化同官员选用方式的转变密切相关。法部、大理院民人官员数量和比例的不断增加，证明了清末组建新的审判与检查机构时，没有按照相应比例转入原来刑部的旗人官员。丙午改制后，旗人在司法官员的选拔中不占优势，清末提倡的破除"满汉畛域"在司法官员的任用上具有切实的政治内涵。

三、地方档案与法史研究

随着法律史研究的不断深入，学者们普遍意识到仅仅依靠官方颁布的法典和留存下来的中央司法档案难以揭示法律史的完整面貌。近年来，地方档案已逐渐成为法律史研究的重要文献。本场发言的学者分别以冕宁档案、土默特档案、巴县档案和南部档案为例，探讨了利用地方档案进行法律史研究的理论、方法与实践。

龙圣（山东大学儒学高等研究院）提交的论文《地方档案与社会史研究——基于冕宁档案整理、研究的几点体会》，对冕宁档案的基本情况及整理、研究现状进行了概述，认为既有研究主要是围绕法律制度史、思想史展开的，社会史视角的研究还非常不够。他通过自己的研究实践指出，社会史与法制史研究在利用地方档案时存在几点不同：在研究方法上，社会史将档案梳理与田野调查相结合，而法制史更注重档案本身；在问题意识方面，社会史主要关注社会历史的发展，法制史主要关注司法制度及其地方实践；在研究时段上，法制史往往利用某一时段的地方档案探讨当时的法律制度，社会史研究却不一定局限于某个特定时代。

田宓（陕西师范大学西北历史环境与经济社会发展研究院）的报告《"水权"的生成——以归化城土默特大青山沟水为例》，主要利用土默特档案和水契，分析了明中叶至清初土默特社会甚少农田灌溉意义上的"水利"，入清以来，民人的大量涌入和耕种土地的行为推动了土默特地区水分交易的开展，"因地得水"成为普遍共识。民国时期，水利法规的出台使水权从地权中析出，具有了独立的法律地位。她指出，水资源来历与证明方式的区别反映了王朝与地方社会关系的差异，水的价值不断凸显，有关水权的法律制度在实践的过程中成为各个地方的人们竞逐社会资源的管道。

吴佩林（曲阜师范大学历史文化学院）、白莎莎（西华师范大学历史文化学院）提交的论文为《从〈南部档案〉看清代州县的生员诉讼》，以南部县档案为主要史料，从官方规定的生员诉讼程序及限制条款出发，探讨生员在地方衙门中实际的诉讼活动及地方官对生员案件的审理和判决情况，指出生员作为诉讼活动中的积极分子，在诉讼程序及诉权限制的法律条款方面与其他群体有别，州县官对涉案生员的审断结果也并非完全依照律例规定，而是会根据实际情况使审判合乎情理，量刑上也会控制在杖罪以下等相对较轻的惩罚范围。

梁勇（厦门大学人文学院历史系）的《清末审判厅的建立与州县行政变革——以重庆为例》以巴县档案为主要史料，还原了清末重庆两级审判、检察厅和巴县行政办事处的建立过程，注意到各级审判厅、检察厅建立后提高了对具体负责案件办理的人员的要求，指出清末司法改革对中国传统以吏役为核心的衙门行政系统造成了颠覆性的冲击。

四、区域社会史与法律史

涉及婚姻、田土的诉讼纠纷在基层社会极为常见，它们通常折射出地方社会的权力格局、经济生态和资源竞争等多重面向。因此，围绕基层社会诉讼纠纷展开的法律史研究，可以作为探究地域社会结构及其历史过程的切入点，当然也就可以被纳入区域社会史的研究视野和路径加以考察。

邓庆平（中国政法大学人文学院历史研究所）提交的论文《边军与明中叶北部边镇的社会秩序——以〈赵全谳牍〉为中心》，在以往学者对于赵全事件与明中期"北虏"问题研究的基础上，从《赵全谳牍》所记赵全等人的身份及出边情由谈起，指出边镇地区复杂的军事体制、边军身份和族群界限的流动性、长期存在的明蒙私市贸易传统、边军的生存困境、秘密宗教的民间传播，构成了明中叶北部边镇社会秩序和结构性问题的主要内容。抛开传统的游牧民族南侵与明蒙关系的解说框架，北部边镇的社会秩序也是理解明代"北虏"问题不可或缺的区域社会历史脉络。

罗桂林（南昌大学历史系）的报告《从"奉宪示禁"到"阖乡公约"——明清时期同安县的规约碑铭与地方秩序》，将福建同安现存的规约碑铭分为"奉宪示禁"和"阖乡公约"两大类，通过对大量碑铭的分析，认为从前者到后者的转变体现出了近世乡族规约形成和运作的流动性特征，在这一时期大量出现的规约碑铭可以视作国家和乡族集团这两大控制系统在社会动荡的情形下重建社会秩序的积极尝试。

杜洪涛（内蒙古师范大学历史文化学院）的《明代辽东法制史初探》，通过对明朝辽东档案中的天顺七年（1463年）仗势勒索案、嘉靖二十六年（1547年）逼夫致死案、万历二十年（1592年）土地纠纷案三个司法案件的分析，描绘了明代卫所体制下司法实践的轮廓，揭示了部分辽东人的法律意识以及他们利用法律的策略。

五、基层社会的法律实践

法律的制订离不开对基层社会的考量，反之，基层社会的法律实践也会影响法律的实际效力和变化调整，对于基层社会法律实践的考察无疑是法史研究中相当重要的一环。4位学者分别从田产与赈灾、官箴书、文字狱及"锁系"等不同切入点，展现了近世以来基层社会多种多样的法律实践。

张京凯（中国政法大学法学院）的论文《安民固本：宋代户绝田的流转与灾伤赈济》，通过爬梳《宋会要辑稿》《续资治通鉴长编》和《宋史》等文献，认为宋代将户绝田运用于灾伤赈济的创举，极大地推动了赈济措施的制定和实施，而这一举措的出现主要是由于经济思想的变化和广惠仓的置废。官府通过对户绝田的充分再利用，提高了应对灾害的应急保障和赈济能力，有效促进了宋代赈济制度的多元化、规范化发展。

姜金顺（中国政法大学人文学院历史研究所）的《官箴书是怎样炼成的：兼论明清官箴书的解读方法》指出，明清官箴书在解读上的难题很大程度上是由于研究者很少去追问与“文类制作”有关的问题。官箴书的作者多使用压缩、改写等方法使官箴书成为展现个人才能的工具，因此具有“不可靠”“不深邃”等缺点，只有将社会史、文化史的方法结合起来，才能使官箴书真正为学术研究所用。

桂涛（中国政法大学法律古籍整理研究所）提交的论文《清代文字狱与18世纪基层社会》，通过对清代文字狱案犯身份背景的分析，指出更多的人是因模仿上层士绅而触犯禁忌。这一现象隐含着识字率提高的社会背景，越来越多的基层民众掌握了文字，但其文化水平又不足以领会和避免朝廷对于意识形态设定的种种禁忌。清代文字狱案的背后是清代皇权、官僚政治、基层治理三者的相互纠葛。

张田田（沈阳师范大学法学院）的《重责久禁：清代“锁系”研究——从樊增祥惩治讼师切入》，以晚清老吏樊增祥利用“锁系”之法惩治“讼棍”为切入点，分析了“锁系”之法的由来及用以严惩讼师的局限，认为此法不仅成效存疑，更成为中外诟病传统司法时的明证，与之相对的则是传统矜恤理念与西学尊重“人格”在变法论说中的交汇。

六、中西历史文化比较视野下的法史研究

近代以来，中国法制的变化与西方的影响密切相关，中国在借鉴西方现代法律精神的同时，也根据国情进行了各种积极的尝试和调整，形成了一套适用于中国的现代法律系统。在此意义上，对于近代以来中国法制史的研究不可缺少中西历史文化比较的视野。

谢晶（中国政法大学法学院）提交的论文《古今之间的清律盗毁神物——神明崇拜、伦常秩序与宗教自由》，以清代为核心集中讨论中国古代法律中关于盗毁神物的规则，兼及唐宋以来的演变及近代转型。作者认为到了清末以降有关神物的制度继受了发端于欧西的规则，这些规则体现出一种“积极的”宗教自由，源于政教不分离的宗教国家对宗教的优厚待遇，故而在我国这样一个宗教享有“消极的”自由的非宗教国家，是否有必要继受“积极的”的宗教自由其实不无疑义。

赖骏楠（复旦大学法学院）的论文《清末立宪派的近代国家想象：以日俄战争时期的〈东方杂志〉为研究对象（1904—1905）》，以日俄战争时期

中国立宪派的重要言论平台——《东方杂志》为主要史料，分析了立宪派"立宪胜专制"的话语偏重强调宪法在国民意志整合、爱国心塑造等主观层面的作用，相对忽视近代宪法与客观意义上军事、财政和行政现代化之间的关联，但他们关于变法与国家建设间关系的问题意识仍能带给当代中国法律人以重要启发。

高翔宇（中国政法大学人文学院历史研究所）的《民元黄兴进京与民族问题之应对》，通过对民国元年（1912年）黄兴应袁世凯之邀进京后的一系列活动和发言的分析，认为革命党人积极践行了"五族共和"基本原则，但引进西方资产阶级民族观后产生的"民族大同"思想仍具有局限性。

张晓宇（福建社会科学院历史所）的报告题目为《近代领事裁判权体系下的华洋船舶碰撞案——1887年万年青号事件的法律交涉》，探讨了1887年中英万年青号船舶碰撞事件的交涉与解决过程，将之作为近代领事裁判权体系下海事碰撞案件处理的一个典型，指出中国政府和民众并未因政治角度的屈辱感而将领事裁判法庭拒之千里之外，而是在实践中积极参与到这一制度中来，尽最大可能维护自身之合法权益，政治话语和法律实践是并行不悖的。

邓文初（中国政法大学人文学院历史研究所）的《大清何以错过国际法，以致在国际战略中处处被动》一文认为，中俄《尼布楚条约》的签订是近代中国对外关系史上对国际法原则的首次接触与实践，但国际法并未通过尼布楚谈判与条约的签订在清朝域内得到传播，这次成功的实践反而使得传统中国天下主义原则得到强化，国际法被"封锁"在了尼布楚，成为中国在国际战略中处处被动、屡遭打击的一个根源。

七、近现代法制改革

法制改革是近现代中国国家与社会转型的重要内容之一，本场发言的4位学者分别以北洋时期宪政的失败、孙中山的"五权宪法"理论、抗战时期国民党特务的司法工作以及抗战前后的法史专家的抉择等不同角度，对近现代中国法制的变革与社会转型问题进行考察。

赵垫均（西南大学历史文化学院）的报告《北洋时期宪政失败的原因再探》，从近代中国国家整合进程的角度对北洋时期宪政失败的原因进行了再探讨，他介绍了旧国会在北京恢复以后的议宪行动及与此相关的诸般政象，认为北洋宪政失败的真正原因亦即产生派系斗争的结构性原因在于当时中国政治场域的"碎片化"与"极化"，正是清末以来国人接受法实证主义的预设导致了对于"宪政"观念的误解，他们忽视了中国政治场域的实际情况，试图以西方式立宪解决中国近代化转型问题，在复兴之路上走了弯路。

刘丹忱（中国政法大学人文学院历史研究所）的报告题目为《孙中山"五权宪法"理论中的传统法治观》，从民族复兴的视角对孙中山五权宪法促进制定良法以及普遍守法的问题提出了自己的见解，认为孙中山法治思想的出发点不仅是要保障自由民主和限制统治者的独裁权力，更多的是站在振兴中华、民族复兴的高度上，想要把传统的中国建设成为现代化的法治中国。

李在全（中国社会科学院近代史研究所）提交的论文《抗战时期的战区检察官——以国民党特务人员从事司法工作为中心》，按时间顺序分析了战前国民政府的司法党化、战时体制与战区检察官的出笼、甄训与人员构成、职权与活动，认为国民党当局在抗战之前就已启动把司法系统纳入党国体制的进程，但因其内部派系重重，反而异化为党内派系斗争的工具，党国体制的无规则性、肆意性被引入原有一定规则可循的司法系统之中，破坏力甚巨。

郑云艳（中国政法大学人文学院历史研究所）的论文《论抗战前后两位法史专家的不同选择》，将民国时期两位著名的法史专家董康与程树德作为研究对象，发现抗战期间前者依附日本、后者退而著述的不同选择与二人在抗战之前的学术路径和人生经历密切相关，他们的人生经历实际上代表了前清遗老在新时期的两种不同人生选择。

八、余论

总体而言，本次学术研讨会呈现以下三个特点：

第一，注重运用不同的文献和方法进行法律史研究，体现了本次会议的主题，即"多元视域下的近世法律与中国社会"。与会学者提交的论文，无论是研究时段和主题，还是运用的史料与研究方法，都极为丰富和多元。传统的法律史文献，如成文法典、中央司法档案、判牍、官箴书，等等，仍受到与会学者的重视，但在既有研究的基础上，提出了新的解读方法或研究角度；而地方档案、碑铭、契约文书、族谱等民间文献，也成为法史研究的新史料，在如何运用、解读这类文献方面，与会学者从宏观的理论、方法及微观的研究实践上，都进行了有益的尝试和讨论。

第二，通过法律史的研究深化对于近现代社会变革的认识和反思。"近代法律与社会转型"研讨会是由中国政法大学人文学院历史研究所主办的系列学术会议，此次会议是第三届，举办这个系列学术会议的初衷正是在于从法律变迁透视近代中国的"社会转型"问题，此次会议仍在这个主旨上继续推进。不仅在研究时段上有所上延（上溯至唐宋以降），将"近代法律与社会转型"问题放置在更为长时段的时间框架内加以贯通和理解，同时，在讨论问题的广度和深度上也有了大的拓展，与会学者从不同程度探讨了司法机构和人员、立宪、民族观、宗教政策、基层社会的法律实践、中外法律交涉等问题，他们抛开了单纯的宏大历史叙事，多从细小处着手，以具体人、事、空间的历史，呈现中国近现代社会转型的过程和结果。虽着重分析过往，意义却在当代，这些研究可以帮助我们更好地认识中国法制发展在较长时段内的特征与经验，对今日法治中国的建设也具有借鉴意义。

第三，为从事法律史研究的法学界和史学界学者提供了一个很好的对话和交流的平台。不同学科的法律史研究，有各自不同的学术史源流和知识体系，只有两派学者相互尊重和沟通，在坚守学科本位的同时借鉴吸收对方的视角和方法，法史兼修、研究视野更为开阔，才能在实践中不断推进对于中国传统社会法律沿革及其变化规律的研究，从而加深对现今社会及法律体系的体察和认识。在此意义上，近代法律及社会转型学术研讨会在未来仍需发挥其特有的作用，在推动致力于法律史研究的史学界与法学界两派学者交流互通的道路上越走越远。